本书为吉林省社会科学院出版资助成果

民国文献
辨伪学研究

佟大群 著

中国社会科学出版社

图书在版编目（CIP）数据

民国文献辨伪学研究／佟大群著. —北京：中国社会科学出版社，2018.5
ISBN 978 - 7 - 5203 - 2315 - 4

Ⅰ.①民…　Ⅱ.①佟…　Ⅲ.①文献—辨伪—研究—
中国—民国　Ⅳ.①G256.22

中国版本图书馆 CIP 数据核字（2018）第 073660 号

出 版 人	赵剑英
责任编辑	安　芳
责任校对	张爱华
责任印制	李寡寡

出　　版	中国社会科学出版社
社　　址	北京鼓楼西大街甲 158 号
邮　　编	100720
网　　址	http://www.csspw.cn
发 行 部	010 - 84083685
门 市 部	010 - 84029450
经　　销	新华书店及其他书店

印刷装订	北京明恒达印务有限公司
版　　次	2018 年 5 月第 1 版
印　　次	2018 年 5 月第 1 次印刷

开　　本	710 × 1000　1/16
印　　张	18.5
插　　页	2
字　　数	301 千字
定　　价	78.00 元

凡购买中国社会科学出版社图书，如有质量问题请与本社营销中心联系调换
电话：010 - 84083683

目　录

前　言

一　研究综述

民国时期在中国文献辨伪学研究史上，是一个异样活跃的历史阶段。民国文献辨伪学，是一个颇受关注的学术论题。20世纪50年代以降，国内外许多学者，均究心于此，从史学史、学术史、文献学等角度，进行了深入探讨。时至当下，各类论著，已数以百计。其中许多观点，均卓有见地。今择其梗要，评述如下。

（一）文献学论著中的有关评述

民国学者的文献辨伪研究，是文献学研究的重要论题之一。目前出版的此类论著，已不止数十部。其中，如张舜徽《中国文献学》（中州书画社1982年版）、孙钦善《中国古文献学史》（中华书局1994年版）等，或在研究综述中，或在专门章节中，都曾述及民国时期的文献辨伪。此外，较有代表性的，一是杨绪敏的《中国辨伪学史》（天津人民出版社2007年修订版）；二是拙著《清代文献辨伪学研究》（人民出版社2012年版）；三是刘重来在《中国二十世纪文献辨伪述略》（《历史研究》1996年第6期）一文中，也曾纵论民国学者的文献辨伪研究，并评述顾颉刚等人所取得的学术成就。

20世纪80年代以来，国内学者的文献辨伪研究，成就较为突出，尤其港台地区的学者。其中，既有系统的理论总结，也有扎实的资料辑录。譬如，林庆彰的《清初的群经辨伪学》（文津出版社1990年版），虽然以清初学者的经籍辨伪为主旨，但是，林先生的视角、方法，对本论题的深入探讨，不无借鉴意义。郑良树在《古籍真伪考辨的过去与未来》（《文献》1990年第2期）一文中，就如何评述民国文献辨伪学史，提出许多富有价值的论断。此外，郑良树的《续伪书通考》（台湾学生书局 1984 年版），是继民国时期张心澂《伪书通考》之后，又一部文献辨伪资料汇编，可令后学省去不少为辑录史料而翻箱倒箧的烦琐。其他如屈万里、余英时等人，只言片语，都有见识。限于篇幅，兹不缕述。

文献辨伪，从来就不是单纯的"文献整理"问题。但是，从学术史、思想史等角度，探讨该问题的成果并不多见。值得关注的，有路新生的《中国近三百年疑古思潮研究》（上海人民出版社 2001 年版），以及张京华等合著的《二十世纪疑古思潮》（学苑出版社 2003 年版）。前者旨在探讨近三百年来中国疑古思想之始末，其中涵盖民国初年的部分内容；后者则将考察重点，聚焦在一度激荡民国学术的"古史辨"运动。近年来，人们对"疑古辨伪"的反思，尤其全面深刻。其中如伍铁平的《怀疑和学术批评对发展学术的意义》（《学术界》2003 年第 1 期）、杨善群的《论古籍辨伪的拨乱反正》（《学术界》2007 年第 4 期）均从各自视角，切入该论题。个别批判，不乏尖锐之剀切。

（二）1949 年以来对"古史辨"的反思

20 世纪 20 年代至 40 年代，近 20 年间，以胡适、顾颉刚、钱玄同及其再传弟子为主体的"古史辨"①，曾在中国学术界扬名立万。其延续时间之久，涉及领域之广，关联学者之多，都未见匹敌。

"古史辨"的学术，基本不超出"疑古辨伪"的范畴。顾颉刚等"古史辨"学人，除了究心于"史事""传说"等真伪虚实的考辨之外，也对诸如《古文尚书》《周礼》《诗序》等传世文献的真伪是非，给予了极大的关注，并发表了大量"勇猛"且"骇人"的言论，致令"冤假错案"在在皆有。其流风余韵，绵延至今；有关批驳，也不鲜见。因此，"古史辨"的文献辨伪，不仅是 20 世纪中国文献辨伪学史的重要组成部分，也是 20 世纪 50 年代以来学术史、思想史研究的题中应有之义。

作为"古史辨"的领军人物，顾颉刚先生如何认识和评价他们发起的"文献辨伪"呢？早在中华人民共和国建立之初，顾颉刚就坚持通过"文

---

① 《古史辨》是"古史辨"的论著汇编。自 20 世纪 30 年代以来，相继有朴社、上海书店、上海古籍出版社、海南出版社等多个版本。海南出版社的本子，印行时间不长，较为易得，本书引据，多依此本，特此说明。

献辨伪"，实现"批判继承古文化"的客观必要性："批判接受的前提就是要作一回大整理"，因此"《古史辨》的工作还该完成"。① 言下之意，"辨"与"不辨"是一回事，"辨对"与"辨错"是另一回事。20世纪80年代，顾颉刚在发表《我是怎样编写〈古史辨〉的?》一文中，再次强调指出，《古史辨》承接宋、清以来之统绪，以考证的方式，"发现新事实，推倒伪史书"。② 顾先生所言，意在强调"古史辨"的辨伪，秉中国文化传统之精神，承中国古代学人之余绪，是一项继往开来的工作。

对"古史辨"的文献辨伪成就，表示理解、认同、赞赏的学者，不乏其人。如顾颉刚女儿，即顾潮女士，曾言："（顾颉刚）先生将自己与他人讨论古史古籍的文章编为《古史辨》，创立了'古史辨派'，在国内外学术界之影响历久不衰。"③ 曾著《古史续辨》的刘起釪先生，也对顾颉刚先生大为激赏，称其为"以疑古辨伪擅名于学术界"，并"开启新的史学之门"。④ 顾颉刚的另一个女儿顾洪女士，也对"古史辨派"的文献辨伪研究，给予了"理解之肯定"，她说道："疑古本身就是一种释古……疑与信是站在不同立场上解释古史。"⑤ 言外之意，顾颉刚等"古史辨"的文献辨伪，其学术论辩之初衷，其对中国古史研究之贡献，都无可厚非。

胡绳在顾颉刚先生百年诞辰之际，从史料的辨伪和整理的角度，对顾颉刚先生等文献辨伪暨古史考辨的贡献，称赞道："所谓'层累地造成的古史'是史料学范畴内的一个命题，用意在使人不要盲目地信从前人关于古史的各种记载，这个命题对于整理周秦两汉时代的记载古史的文献是有用的。……中国远古历史的史料笼罩在重重烟雾里，层累地造成古史的观

① 顾洪编：《顾颉刚学术文化随笔》第3编，《〈古史辨〉与史料学》条，中国青年出版社1998年版，第251页。

② 顾颉刚：《我是怎样编写〈古史辨〉的?》，载顾颉刚《我与〈古史辨〉》，上海文艺出版社2001年版，第216—217页。

③ 顾潮：《顾颉刚先生小传》，载刘梦溪主编《中国现代学术经典·顾颉刚卷》，河北教育出版社1996年版，第3页。

④ 刘起釪：《序》，载顾潮、顾洪《顾颉刚评传》，百花洲文艺出版社1995年版，第3页。

⑤ 顾洪：《探求治学方法的心路历程》，载顾颉刚《我与〈古史辨〉》，上海文艺出版社2001年版，第6页。关于"古史辨派"的提法，林甘泉等学者并不赞同。林先生在一次访谈中，曾指出："并没有形成严格意义上的学派，顾颉刚的弟子有些意见跟他一致，有些并不一致，方法上也未必完全一样，只能说疑古代表了当时的一种思潮。"参见沈颂金《论古史辨的评价及其相关问题——林甘泉先生访问记》，《文史哲》2003年第2期。顾颉刚自己也曾说道："疑古并不能自成一派。"见顾颉刚《我是怎样编写〈古史辨〉的?》，载顾颉刚《我与〈古史辨〉》，上海文艺出版社2001年版，第216页。因此，本书一般不采用"古史辨派"的提法。

点确是提供了考辨古史传说的一个有用的钥匙。"①

与此同时，胡绳又指出："在1925年左右顾颉刚先生在'古史辨'的名义下进行的一些工作是不应当被抹煞的，在这些工作中表现着的'疑古'精神是当时反封建思潮的一个侧面。"② 胡绳的评述，并非溢美之词。如上文所述，顾颉刚及"古史辨"学者的"文献考辨"，确实是要在文化、思想上，对"封建主义"，作一个全面彻底的"清算"。

裘锡圭先生从"疑古思潮"与"古典学"关系的角度，评估"古史辨"的贡献。其言："从20年代到30年代，疑古逐渐成为古典学界的主流思潮，传统的古典学在很多方面受到清算。经书的神圣外衣完全被剥除，很多先秦古书的年代被推迟，有不少书被看作汉以后的伪作（这里所说的书包括书中的单篇）。虽然怀疑古书之风早就存在，但是只是到了这一次才发展成主流思潮，怀疑的广度和深度也大大超过以往，从而明显地改变了古典学的面貌。"③

裘锡圭先生的言辞较为和缓，但提出的问题却较为尖锐："古史辨"对传世文献，特别是维系古代社会政治思想之根本的《尚书》《周礼》等，进行"清算"，从而"明显"改变了"古典学"暨中国传统文化的面貌。

对此，时人徐旭生先生，也曾言及："古史辨"的"最大的功绩"，就是把在古史中的"最高权威"，即《尚书》中的《尧典》《皋陶谟》《禹贡》三篇的著作年代，"归还在春秋和战国时候（初写在春秋，写定在战国）。……由于疑古学派（广义的）历史工作人及考古工作人双方的努力，才能把传说时代和狭义历史时代分开，把盘庚以前的时代叫作传说时代，以后的时代叫作历史时代"。④

---

① 胡绳：《顾颉刚古史辨学说的历史价值：纪念顾颉刚先生诞生100周年》，载陈其泰、张京华主编《古史辨学说评价讨论集》，京华出版社2001年版，第297页。

② 同上。

③ 裘锡圭：《中国古典学重建中应该注意的问题》，载北京大学中国古文献研究中心编《北京大学中国古文献研究中心集刊》（2），北京燕山出版社2001年版，第2页。

④ 徐旭生：《中国古史的传说时代》（增订本），文物出版社1985年版，第23页。据徐先生自序，《中国古史的传说时代》初版成于抗战初年，后有增订。徐旭生先生，生于清光绪十四年（1888），早年留学法国，1919年学成回国。先后任河南留学欧美预备学校教授、北京大学哲学系教授、北京大学教务长（1926年）、北京师范大学校长（1927年）、国立北京大学第二师范学院院长（1929年）、北平研究院史学研究会研究员（1932年）、中国史学研究所所长（1937年）。中华人民共和国成立后，先后任北平研究院领导小组主任委员、中国科学院考古研究所研究员。徐旭生回国任教之时，正是顾颉刚等在校求学之际。徐先生生逢其时，对"新文化运动"及"古史辨"都有深刻体悟和见解。

因此，从这个意义上讲，对"古史辨"学者的"文献辨伪"研究，只作"单纯的"文献学解释，无论如何，都会停留在表象之描述，而不能触及问题之实质。这是"文献辨伪学研究"中，最值得关注，也是最需要避免的问题。

此外，著名史学史专家陈其泰先生，在谈到"古史辨"的学术贡献时，特别强调了他们的"求真"精神与"平等"讨论的态度。① 这种精神与态度，与顾颉刚等"古史辨"学者的文化理想和学术追求，息息相关，应结合起来，作全面系统的诠释。

严格地说，"古史辨"的疑古辨伪，是致力于弘扬"民主"与"科学"的"疑古辨伪"，其与古代学人为维护"圣道治统"而进行的疑古辨伪，"殊途"且不"同归"。因此，顾先生所谓"继往开来"的观点，是值得斟酌的。

故而，民国以来，对"古史辨"的文献辨伪，提出异议、质疑的学者，一直不在少数。中华人民共和国成立后，顾颉刚等学者及其学说，长期以来，都为政府及学界所尊重。公开批评"古史辨"文献辨伪成就的言论，并不多见。改革开放后，批评的声音多起来。其中，以李学勤先生为代表。

20 世纪 90 年代，李学勤针对"疑古思潮"，提出了"走出疑古时代"的观点。1992 年，李学勤先生在一次学术座谈会上，作了题为"走出疑古时代"的发言。发言稿刊发在《中国文化》第 7 期上。两年后，李学勤出版了题为"走出疑古时代"的论文集。1997 年，又刊行该论文集的修订版。其中新增两篇——《谈"信古、疑古、释古"》《对〈走出疑古时代〉的几点说明》——文章。1998 年 9 月，李先生在北京召开的"二十世纪疑古思潮回顾学术研讨会"上，又作发言。该发言经整理后，以《疑古思潮与重构古史》为题，发表在《中国文化研究》1999 年第 1 期上。

李先生认为，现当代学者，应从弥漫的"怀疑风气"中走出来，对古老传说多一份尊重，对传世文献多一份信任。其观点，在学界产生了较大反响。李学勤先生的"走出疑古时代"，虽然不仅仅针对"古史辨"的"文献辨伪"而发。但由于文献辨伪，确确实实在"古史辨"的学术研究

---

① 陈其泰：《"古史辨派"的兴起及其评价问题》，载陈其泰《史学与民族精神》，学苑出版社 1999 年版，第 527—549 页。

中，占有相当重要的篇幅和地位。因此，有关民国时期文献辨伪学研究的回顾，李学勤先生的论著及观点，都值得深入体味。

此外，作为与胡适、顾颉刚同时代的钱穆先生，晚年也曾对"古史辨"的疑古辨伪，再次提出批评。其言："傥中国古史尽由伪造，则中国人专务伪造，又成何等人。"① 其评价之倾向极为鲜明。

"古史辨"学者如钱玄同、顾颉刚等，承今文学家之余绪，论定《左传》《周礼》都是伪书。对此，杨向奎、杨伯峻等后辈学者，都曾作出了批驳和回应。以"《左传》伪书说"为例，杨向奎曾撰文指出："《古史辨》在冲破伪的古史方面，在由怀疑古史而加以抨击时都发生过积极作用。但在怀疑和抨击古史方面有时过头，以致玉石俱焚，比如《左传》是一部好的古代史，但他们怀疑它是伪作，这给当时的古史研究者添加了许多麻烦，以致有人用了很大力气证明《左传》不伪。"②

杨伯峻在仔细研究了《左传》本身和战国、西汉的流行情况后，也认为它成书年代在公元前 403 年以后，公元前 386 年以前。③ 胡念贻对《左传》本身也作了透彻研究，从助词的用法着手，认为《论语》《孟子》是用鲁国方言写的，称为"鲁语"。他说《左传》"作于春秋末年，后人虽有窜入，但它还是基本上保存了原来面目"④。经过上述学者的考订，可以证实《左传》确为先秦古籍。

（三）考古学新发现的纠偏补正

20 世纪五六十年代，仰韶文化、龙山文化遗址，在全国多地被相继发现。20 世纪 70 年代以后，我国的考古发掘，又有一系列新的重大发现。特别是一大批简帛文献的出土，诸如《老子》《孙子》《六韬》《尉缭子》《晏子春秋》《鹖冠子》《文子》等曾被世人证伪的文献，重见天日并被革去伪书之谤。

---

① 钱穆：《维新与守旧——民国七十年来学术思想之简述》，《幼狮杂志》（台湾）1980 年第 12 期。

② 杨向奎：《论"古史辨"》，载中华书局编辑部编《中华学术论文集》，中华书局 1981 年版，第 28 页。

③ 杨伯峻：《〈左传〉成书年代论述》，载杨伯峻《杨伯峻学术论文集》，岳麓书社 1984 年版，第 225 页。

④ 胡念贻：《〈左传〉的真伪和写作时代问题考辨》，载中华书局编辑部编《文史》第 11 辑，中华书局 1981 年版，第 11 页。

对此，李学勤有言："近 20 年来，各地考古工作中发现了大量战国、秦汉时期的简帛佚书，经过学者们整理研究，证明'疑古'思潮中的'辨伪'，有好多是不正确的。"① 又言："最近这些年，学术界非常注意新出土的战国秦汉时期的简帛书籍。大量发现的这种真正的'珍本秘籍'，使我们有可能对过去古书辨伪的成果进行客观的检验。事实证明，辨伪工作中造成的一些'冤假错案'，有必要予以平反。"② 郑良树先生曾言："就古籍辨伪而言，竹简帛书出土所带来的震撼，恐怕与古史辨学派新说的震撼不相伯仲。"③

在这样的学术背景下，证传世文献"不伪"，一时间成为文献辨伪学研究中的热门话题。在"证真"过程中，人们再次对存世文献之真伪，以及 20 世纪上半叶的文献辨伪学史，进行了深刻反思。

20 世纪初年，诸子学勃兴。老子其人及《老子》一书，成为学界关注的热点。梁启超、钱穆、冯友兰等人，认为《老子》成书于战国中晚期。其中，顾颉刚的观点更显激进："在《吕氏春秋》著作时代，还没有今本《老子》存在。"④ 由是，"《老子》晚出说"，一时盛行。

1973 年，长沙马王堆三号汉墓帛书，有《老子》甲乙两本，均抄写于秦汉之际；1993 年，湖北荆门郭店楚墓中出土竹简，有《老子》甲乙丙三组抄本。裘锡圭据此认为："把《老子》形成的时代定在战国早期，还是比较合理的。"⑤ 出土简帛证明，老子确实是与孔子同时代的人物，"《老子》晚出说"被推翻。

《孙子兵法》与《孙膑兵法》的成书年代及真伪，自南宋以来，疑者日众，聚讼纷纭。进入 20 世纪，梁启超在评估清儒辨伪成就时指出，"清儒经三百年多少人研究讨论的结果，已经解决的十之三四，尚未解决的十

① 国务院学位委员会办公室编：《中国社会科学家自述》，上海教育出版社 1997 年版，第 791 页。
② 李学勤：《谈"信古、疑古、释古"》，载陈其泰、张京华主编《古史辨学说评价讨论集》，京华出版社 2001 年版，第 466 页。
③ 郑良树：《论古籍辨伪的名称及其意义（代序）》，载郑良树《诸子著作年代考》，北京图书馆出版社 2001 年版，第 3 页。
④ 顾颉刚：《从〈吕氏春秋〉推测〈老子〉之成书时代》，载罗根泽编著《古史辨》第 4 册，海南出版社 2005 年版，第 318 页。
⑤ 裘锡圭：《郭店〈老子〉初探》，载陈鼓应主编《道家文化研究》第 17 辑，三联书店 1999 年版，第 30 页。

之六七"①。就《孙子》十三篇而言，梁启超认为，该书"旧题孙武作，不可信。当是孙膑或战国末年人书②。"钱穆也主张：孙武"其人与书，盖皆出后人伪托"③，又称"孙膑之称，以其膑脚而无名，则武殆即膑名耳"④。日本学者斋藤拙堂也认为孙武和孙膑实际上是同一个人，《孙子》的作者是战国时的孙膑。武内义雄亦然其论。⑤ 上述观点，几成定谳。

1972 年，山东临沂银雀山汉墓，出土了一批竹简，年代约为西汉初年，其中有《六韬》《孙子兵法》《尉缭子》《孙膑兵法》等篇。从而证实了孙武、孙膑都确实存在，并各有兵法传世。郑良树根据地下出土资料，认为："《孙子》十三篇作成的时代应该在春秋末年，战国早期（战国始年以《史记》为准），也就是大约孙武卒后的四十余年间。"⑥

杨伯峻则主张："我认为《孙膑兵法》的编定，和一些先秦的其他古籍一样，当出于其门弟子之手。自然，也不必排斥这样一种推断，即《孙膑兵法》的一部分或大部分是孙膑的原著，最后经过他的弟子增补编定。但无论如何，编定的年代，当在孙膑死去以后了。"⑦

《古书辨》中没有专门讨论《孙子兵法》的文章。但据《顾颉刚书话》可知，直到 1972 年前后，顾颉刚先生同样持有这样的观点：《史记·孙武传》全不可信；《孙子兵法》决不作于春秋时，而成书于战国时期；《孙子兵法》的作者想必是孙膑。⑧ 据学者考证，顾颉刚先生对银雀山汉墓出土的《孙子兵法》与《孙膑兵法》一事，是了解和掌握的。但依然没有将其运用到文献辨伪中来，这实在是"20 世纪学术史上最令人惋惜的一件憾事"⑨。

《文子》是一部颇有争议的传世文献。近代以来，多有学者承袭唐宋

---

① 梁启超：《中国近三百年学术史》（新校本），商务印书馆 2011 年版，第 313 页。

② 同上书，第 312 页。

③ 钱穆：《先秦诸子系年》卷 1《七、孙武辨》，商务印书馆 2001 年版，第 14 页。

④ 钱穆：《先秦诸子系年》卷 3《八五、田忌邹忌孙膑考》，商务印书馆 2001 年版，第 305 页。

⑤ 转引自郑良树《竹简帛书论文集》，中华书局 1982 年版，第 53 页。

⑥ 郑良树：《论〈孙子〉的作成年代》，载郑良树《竹简帛书论文集》，中华书局 1982 年版，第 72 页。

⑦ 杨伯峻：《孙膑和〈孙膑兵法〉杂考》，载杨伯峻《杨伯峻学术论文集》，岳麓书社 1984 年版，第 193 页。

⑧ 印永清辑：《顾颉刚书话》，浙江人民出版社 1998 年版，第 161—165 页。

⑨ 张京华：《顾颉刚与考古学》，《古籍整理研究学刊》2008 年第 2 期。

学者旧说，视其为伪书。章太炎说道："今之《文子》，半袭《淮南》，所引《老子》，亦多怪异，其为依托甚明。"① 胡适也认为："《文子》实伪书，只可算是一种《淮南》节本。"② 1973 年，河北定县八角廊西汉墓葬（汉宣帝元凤二年，即公元前 56 年），出土了一批简牍，其中有《文子》残简，与今本《文子》相似，且有今本《文子》不见之佚文。③

整理者对竹简本与今传本《文子》作了认真比较。④ 定州汉简《文子》虽为残本，但说明至少在汉初，《文子》就已存在。据此，李学勤认为："今本《文子》至少一部分还是真书，过去全加否定，实在是冤枉了。"⑤

经宋、清学者考订，《孔子家语》是"王肃"伪作，几乎成为定论。顾颉刚同样认为：清人王柏所言的"王肃杂取伪托"说，"绝对正确"⑥，《孔子家语》不但是"一部伪书"，而且是一部"杂凑书"⑦。1977 年，安徽阜阳双古堆 1 号汉墓出土木牍文书中，许多语句在今本《孔子家语》中可以见到。李学勤据此认为："早在汉初确已有《家语》的原型，《史记》世家、列传很可能参考过此书。刘向编集《说苑》，也收录了其中文字。王肃作解的今本《家语》，大约就是在简本的基础上经过几次扩充编纂形成的。"⑧

胡平生也根据阜阳汉墓木牍和《说苑》简的材料，讨论了《家语》的真伪及成书年代，结论为：《家语》在流传过程中，有亡佚、改易、增益等各种情形，皆属传世古籍所遭遇的普遍问题，不能据此论定其为伪书。⑨

---

① 转引自顾实《汉书艺文志讲疏》，上海古籍出版社 1987 年版，第 117 页。

② 胡适：《淮南王书》，商务印书馆 1934 年版，第 12 页。

③ 国家文物局古文献研究室等：《河北定县 40 号汉墓出土竹简简介》，《文物》1981 年第 8 期。

④ 河北省文物研究所定州汉简整理小组：《定州西汉中山怀王墓竹简〈文子〉的整理和意义》，《文物》1995 年第 12 期。

⑤ 李学勤：《世纪之交与学术史研究》，载李学勤《重写学术史》，河北教育出版社 2002 年版，第 429 页。

⑥ 顾颉刚：《王柏〈家语考〉》，载印永清辑《顾颉刚书话》，浙江人民出版社 1998 年版，第 313 页。

⑦ 顾颉刚：《战国秦汉间人在造伪与辨伪》，载王煦华编选《古史辨伪与现代史学·顾颉刚集》，上海文艺出版社 1998 年版，第 168 页。

⑧ 李学勤：《简帛与汉初学术史》，载李学勤《李学勤学术文化随笔》，中国青年出版社 1999 年版，第 370 页。

⑨ 胡平生：《阜阳双古堆汉简与〈孔子家语〉》，载北京大学传统文化研究中心编《国学研究》第 7 卷，北京大学出版社 2000 年版，第 543—544 页。

　　1994 年，上海博物馆从香港购买了一批战国楚竹书，其中《孔子诗论》中有孔子对《诗·召南·甘棠》的解说，将之与《孔子家语》相比较，两者基本接近，因此朱渊清确信，《孔子诗论》是孔门弟子所记的孔子《诗》说，《孔子家语》则很可能就是在《孔子诗论》之类原始本子的基础上"钞撮编成"①。《孔子家语》王肃伪托说，也被彻底推翻。

　　此外，1973 年长沙马王堆帛书《老子》卷前佚书《黄帝书》中，亦有不少与《鹖冠子》相同或相似的语句，说明《鹖冠子》的著作年代不会晚于秦代。1973 年河北定县八角廊 40 号汉墓发掘出土了一批竹简，其中根据汉简的简型、内容和字体等，被认定为《六韬》的竹简共有 144 枚，证实了《六韬》决非伪书。②

　　除了出土简帛与传世文献的相互印证，人们在对出土简帛文献的研究中，又发现古书体例中的诸多规律。有学者将其归纳如下：

　　（1）古书不题撰人；（2）古书多无大题，而以种类名、氏名及篇数字数称之；（3）古书多以单篇流行，篇题本身就是书题；（4）篇数较多的古书多带有丛编性质；（5）古书往往分合无定；（6）古书多经后人整理；（7）古书多经后人附益和增饰；（8）古人著书之义强调"意"胜于"言""言"胜于"笔"。③

　　于是，诸如佚失无存、名亡实存、后人增广、重编合卷、篇章别行、异本并存等现象④，自会常见。因此，根据撰人、篇目、卷帙、附益、增饰等，遽尔论定传世文献之真伪，是武断且不符合古书体例之实际的。

　　此外，对诸如龙山文化的考古发掘，证明了《尚书·禹贡篇》对九州的区域划分，自有其根据，从而修正了 20 世纪初年以来，部分中国学人对《禹贡篇》的盲目质疑。⑤

---

　　① 朱渊清：《从孔子论〈甘棠〉看孔门〈诗〉传》，载上海大学古代文明研究中心、清华大学思想文化研究所编《上博馆藏战国楚竹书研究》，上海书店出版社 2002 年版，第 130 页。

　　② 河北省文物研究所定州汉墓竹简整理小组：《定州西汉中山怀王墓竹简〈六韬〉的整理及其意义》，《文物》2001 年第 5 期。

　　③ 李零：《出土发现与古书年代的再认识》，载李零《李零自选集》，广西师范大学出版社 1998 年版，第 22—57 页。

　　④ 李学勤：《对古书的反思》，载李学勤《李学勤学术文化随笔》，中国青年出版社 1999 年版，第 79—85 页。

　　⑤ 参见徐旭生《尧、舜、禹》（上），中华书局编辑部编：《文史》第 39 辑，中华书局 1994 年版，第 1—26 页。邵望平：《〈禹贡〉"九州"的考古学研究》，载苏秉琦主编《考古学文化论集》（二），文物出版社 1989 年版，第 28 页。

总之，20 世纪 70 年代以来的考古学新发现，对包括文献辨伪学研究在内的中国学术思想，都产生了重大且深远的影响。

二　理论与方法

民国时期的文献辨伪是中国文化史上一个特殊且重要的文化现象。其中，形形色色的文化思潮、各式各样的政治主张、林林总总的历史事件，碰撞交织，形成了一幅波澜壮阔的历史画卷。在其间，任何历史人物、历史事件，都是时代主题、社会变迁的演绎和呈现。

通过上文对国内外研究现状的回顾，不难发现，既有的"文献辨伪学"类论著，在剖析 20 世纪上半叶的文献辨伪学现象时，往往存在这样的问题：对个别学者的方法、几种论著的优劣、个别文献论定的是非等，只作"单向度"的梳理和总结，而普遍缺少文化史、思想史、社会史等维度的关照。

民国时期的文献辨伪，除了文献真伪的甄别之外，还涉及思想、学术、文化、社会、历史、现实、经济、政治等一系列复杂问题。因此，对民国学者的文献辨伪进行研究，需要综合运用文献学、学术史、思想史、文化史等多种理论方法。民国时期的文献辨伪活动，是理论与实践、思想与学术、历史与现实等诸多辩证关系的汇聚与凝结。要想全面深入剖析这段文献辨伪学发展史，必须对上述关系，有正确的认识和把握。基于这种考虑，本书拟采用以下理论方法。

（一）历史唯物主义

研究中国辨伪学史，需要以历史唯物主义为指导。20 世纪 20—40 年代，各种学说在中国盛行，人们的价值取向迥异。在这样的时代及社会背景下，胡适、顾颉刚、钱穆、张心澂等学者的文献辨伪，在考辨方法、判断标准、指导思想等方面，均存在各种各样的问题。后来学者对这段历史的评价，也见仁见智，褒贬不一。笔者认为，要想系统梳理民国文献辨伪学史、全面掌握期间所取得的研究成就、正确评价当时学者的理论观点及主张，非常有必要充分发挥历史唯物主义的理论价值。

（二）　文献学的方法

民国学者的文献辨伪，除《辨伪丛刊》《伪书通考》以外，其研究成果，更多地散见于"不以辨伪为职志"的论著当中。仅据论著题名，不足以勾勒民国文献辨伪学研究之全貌。因此，必须借助文献学的理论方法（包括目录学、版本学、校勘学等），进行全面系统的梳理，方能将结论建立在丰富翔实的文献资料的基础之上。

（三）　学术史的方法

民国学者的文献辨伪研究，渊源有自。因此，必须借助学术史的研究方法，否则不能对他们的辨伪成就、学术地位及影响等，作出准确的评估与定位。对胡适、钱玄同、顾颉刚等学者的文献辨伪研究，仅仅勾稽出考辨文献多少，运用方法如何，是远远不够的。因为比起上述这些，我们还有必要了解到他们的考辨，因袭了什么，扬弃了什么，对中国文献辨伪学发展有何影响等。诸如此类问题的解决，除非借助学术史的理论方法，否则不能实现。

（四）　思想史的方法

汉唐以来，中国学者的文献辨伪，从来都不是对传世文献真伪的简单的、机械的甄别考辨。从某种意义上，其所主张的，比起其所考辨的，更值得关注。因此，笔者的一贯主张是"没有无思想的学术研究，同样也没有无思想的文献辨伪"。在民国时期的文献辨伪研究中，同样存在这类现象。如许多研究者所言，顾颉刚等学者的文献辨伪暨古史考辨，旨在推翻旧权威、旧学术。一言以蔽之，就是"反封建"。许多看似断然决然，甚至是草率武断的论说，若非借用思想史的理论方法，否则不足以参透其背后的思想主张。

（五）　社会史的方法

近年来，社会史的理论方法，在中国史学界方兴未艾。人们普遍认识到，在诠释师承学派、学术分歧背后的人事纠葛等方面，社会史的理论方法，有其不可比拟的优势优长。因此，民国时期文献辨伪研究中的许多问题和现象，譬如胡适与顾颉刚的"反目"等，除非借助社会史的理论方法，否则难见真相。借助社会史的理论方法，能从另一个维度观察民国文献辨伪学研究的走向。

三 内容及创新

从时代变迁与社会发展的角度，综合运用多种理论方法，全面审视民国时期文献辨伪学发展的历史，揭示文献考辨背后的思想文化渊源，是既有研究中的薄弱环节，同时也是本书的基本内容与主要创新。

（一）主要内容

民国时期的文献辨伪既非单纯的文献整理问题，也非单纯的学术思想问题。如何认识这场声势浩大的文化运动，如何评估这场立意高远的文化"破坏"，如何接续这条已然断裂的文化传统，实在是一个严肃的世纪命题，具有重大的理论价值和现实意义。但时至今日，仍未见有人真正从文献辨伪的角度，解读这个看似俗套的文献辨伪问题。

考察民国时期的文献辨伪，需要综合运用多种理论方法，否则不足以得出较为真切的认识。在全面回顾研究现状的基础上，本书分九章，对这个牵涉颇广、意蕴丰富的学术现象进行了系统探究。其中既有人物研究，也有学案研究；既有部类文献研究，也有代表论著研究。本书的篇章架构和内容，兼顾了人物与事件、专题与个案、纵向与横向、共性与个性的辩证统一。

从文献辨伪与时代变迁、社会发展、文化转型之间关系的角度，探究民国学人，如何在文献辨伪活动中，实现思想和学术、传统和现代、继承与创新之间的互动与融合，从而推动20世纪中国思想文化及社会的发展进步。

透过具体的文化考察，我们发现，自汉唐以来，中国古代学者即有通过文献辨伪表达思想主张的传统。梁启超、胡适、钱玄同、顾颉刚、钱穆等学者的文献辨伪，看似"改弦更张"或"破旧立新"，但实际上，其旨趣、方法与古圣先贤并无二致。

只可惜整合古今、弥缝中西的任务太过宏大，加之梁先生垂垂老矣；胡先生国学根浅；钱先生意气太重；顾、钱等后起之秀又有待历练，人才的"青黄不接"，终究让这场显赫一时的"文化革命"半途而废，只留下

"不古不今、不中不西"（借用南怀瑾先生语）之残局待今人重整。

民国时期的文献辨伪，在思想上是一场叛逆与救赎之间的博弈；在理论上是一段技法和心法之间的纠结；在方法上是证真与证伪之间的彷徨，是一场影响深远、发人深思的文化运动，是一次试图沟通古今中外而未竟的文化革命。

民国时期的文献辨伪研究，在形式上继承了传统文献辨伪学的"统"，在实质上却革去了传统文献辨伪学的"命"。对此，我们既要给予理解之同情，也要进行客观之评述，尤其需要对打断的文化传承，进行足够深刻的反思。这是本书的主旨，也是研究的重点，或许还是一个略有新意的"发明"。

（二）主要创新

1. 文献辨伪学理论方法的创新

基于何种理论框架，是文献辨伪学史研究中，一个非常值得讨论的问题。笔者的研究，与既有论著的一个显著区别，就是综合运用包括文献学在内的多学科理论方法，而没有将"文献辨伪学史"的考察，仅仅局限在人物、著作、方法等"要素"的简单描述之中。

我们认为，文献辨伪实际上是先贤追求"真善美"的文化实践。其所取得的成就，直接标注了这个时代、社会和文化发展的空间维度。文献辨伪既是思想文化的风向标，也是学术和社会发展的显示器，同时更是成就学术和社会大繁荣、大发展的必要条件。因此，在涉及研究理论、研究方法选择的问题上，应该有足够广泛的关照。

2. 中国文献辨伪学史研究的深入

中国的文献辨伪研究，从来就不是对传世文献真伪的简单考辨，更不是"文献整理"四字所能概括。笔者曾在拙著《清代文献辨伪学研究》（人民出版社 2012 年版）中，对清代及清代以前千余年的文献辨伪学史，进行了较为系统的梳理，并突出强调了文献考辨中政治、思想、文化的意蕴及影响。

同样，在本书研究中，笔者对民国时期文献辨伪研究的社会环境、文化背景、思想渊源、学术成就、历史意义等问题，给予了充分关注。这在客观上，或许能够起到推动中国文献辨伪学史研究不断深入的作用。

3. 民国学术史、文化史研究拓展

20 世纪上半叶的文献辨伪研究，不仅仅是中国文献辨伪学史研究的

"题中应有之义"，同时也是民国学术史及文化史研究的重要组成部分。因为许多围绕传世文献真伪的论争，背后牵涉的，是更复杂的学术思想、文化主张等问题。

但是，受学科理论、研究方法等因素制约，人们有关民国文献辨伪学史的讨论，对其学术史、文化史领域的意义及影响，依然发掘得不够系统深入。本书在探讨民国文献辨伪学史的过程中，将解读的视角与诠释的重点，有意识地聚焦在学术思想及文化发展等问题上，从而在一定程度上，拓展了民国学术史与文化史的"想象空间"。

4. 对文献辨伪研究意义的充分发掘

中国历史上，无论汉唐、两宋，抑或明清，每一次文献辨伪研究的空前活跃，都与其所处时代的社会及文化繁荣相始终。每一次文献辨伪活动的高度发展，都吹响了学术争鸣的号角，都揭开了思想解放的序幕，并将这个时代的社会文化，推向了一个全新的高度。

民国时期的文献辨伪，经历了一个巨大的时代变迁和社会转型。需要通过文献辨伪的学术实践，探究如何融合古今、中西、新旧等一系列复杂的文化元素，是一场任重道远的文化革命。但是我们仍旧注意到，文献辨伪学两千余年的文化传统和文化精神，依然在批评中传承并绵续不断。

笔者将民国学者有关传世文献是非、真伪的讨论，置于时代转型、"世纪命题"的大背景下考察，超出了"文献辨伪学就是梳理辨伪方法"，或者"民国文献辨伪学就是'古史辨'"的理论局限，进而对文献辨伪研究的学术意义给予了充分发掘。

适逢深入贯彻国家文化发展战略，全面复兴传统文化，着力构建有中国底蕴、中国特色的思想体系、学术体系和话语体系之际。认真审读百年间文献辨伪的历史，诠释文化传统的现代意义，探究辨伪存真的当代价值，协调传统和现代的复杂矛盾，理顺学术和社会的辩证关系，无疑具有重要的学术价值和现实意义。

笔者通过梳理民国辨伪学演绎的过程及成就，尝试从"文献辨伪"的角度，重新解读民国学术思想史。与此同时，还期待通过对民国学者具体言论之剖析，探究他们如何在文献辨伪的实践中，贯彻其求真务实之精神、追求其继承创新之理想、圆满其振兴国运之夙愿。

第一章　世纪命题

文献的证伪与证真，是一场历久而弥新的学术思辨。但是，纵观中国学术思想史，文献辨伪从未有如民国时期这般展开。在这个思潮激荡的年代，文化的解构与重建，成为一项任重而道远的世纪命题、一场史无前例的文化革命。其间，人们不但勇于质疑经典，而且多以批驳传统为能事。"科学主义"以前所未有之势，为部分民国学人所执着。"拿证据来"以摧枯拉朽之势，棒人人倒、击花花残。虽然"现代考古"在新一轮文化寻根中崭露头角，但始终未能纠偏匡正。在这样的时代背景下，胡适、顾颉刚等学者，以饱满的文化热情，在传统与现代、"向东"与"向西"的纠结中踽踽独行，给中国的文献辨伪研究及思想文化发展，都打上了鲜明的时代烙印。

一　覆古思潮

近代以来，中国的思想文化，经历了一系列"启蒙"与"运动"的洗礼。其中对"传统文化"反思最深刻、冲击最强烈的，非"新文化运动"莫属。其所坚持的，可以称为"反传统思潮"，或者简称为"覆古思潮"。

民国时期文献辨伪学的发生、发展，就处于这样的思想文化背景之下。其所主张的、秉持的、宣扬的许多理论观点，特别是一些"离经叛道"，甚至是"石破天惊"的言论，都可以从新文化运动中找到根源。

众所周知，民国初年以来，"尊孔复古"之思潮，一度席卷政坛。①

---

① 李先明曾以康有为在民国初年发起的"孔教运动"为对象，探究造成康有为"儒学转型"何以失败的诸多因素。他曾指出，康有为的"儒学转型"，在儒学失去制度庇护而成为"游魂"的背景下展开，这是非常值得关注的时代背景。没有了"帝制"的庇护，却要依托帝制，其失败在所难免。近代化思潮中的"经学研究"，究竟路在何方？实际上，康有为的失败，不是他本人的失败，而是一个旧时代的失败。参见李先明《康有为载儒学近代转型路上的三个失误》，《船山学刊》2010年第2期。

1915年袁世凯复辟! 1917年张勋复辟! 其间, "孔教" 应否列入《宪法》、如何保存 "国粹", 又成为政府内部及社会各界热烈争论的话题。

就此, 学界普遍认为, "新文化运动" 至少可以在民国初年以来的 "反封建" 运动中找到社会根源。故而, 依据李大钊、戴季陶、傅斯年等时人之言论, 虽然可以确认 "新文化运动" 的概念, 真正为社会各界所普遍接受及使用, 是1919年 "五四运动" 爆发以后的事情。但是, 人们还是将《新青年》杂志创刊的1915年, 视为 "新文化运动" 的起点。①

"新文化运动" 与 "传统文化" 的关系, 是学界中又一个见仁见智的论题。笔者认为, 姑且不论 "新文化人" 的 "文化批判", 是否有 "传统文化" 的根源②, 单就他们对 "传统文化" 猛烈批判的 "史事" 而言, 其对 "传统文化" 的建设性意义, 确实寥寥无几。

以 "新文化运动" 的领军人物陈独秀、李大钊两位先生为例。陈独秀在题为《孔子之道与现代生活》的文章中, 指出 "孔子学说" 的封建性, 及其与 "共和制度" 的根本对立。③ 李大钊则声明: 历代 "专制君主", 均 "利用" 孔子, "资以为护符", 孔子早已成为 "保护君主政治之偶像"④, 必打倒而别无选择。

当然, 维护孔子及其学说的, 也不在少数。但在那个易于激烈的时代, "打倒孔家店" 的呼声, 似乎更为人所熟知和乐见。其间, 作为章太炎先生的高足, 古文大家钱玄同的言论, 比起李大钊、陈独秀, 甚至胡适诸君, 更惹人关注, 同时也更惹人非议。其言:

> 中国文字, 论其字形, 则非拼音而为象形文字之末流, 不便于识, 不便于写; 论其字义, 则意义含糊, 文法极不精密; 论其在今日

---

① 在 "新文化运动" 起点问题上, 有三种主张: "新文化运动" 始于1919年 "五四运动" 以后; 始于1918年欧战结束; 始于1915年《新青年》创刊。此外, 有关 "新文化运动" 概念、内涵、意义及影响的讨论, 也是观点歧出。对此, 郑师渠先生曾进行较系统的梳理。详见郑师渠《"五四" 后关于 "新文化运动" 的讨论》,《北京师范大学学报 (社会科学版)》2010年第4期。

② 欧阳哲生:《"五四" 新文化人与清代学术思潮》,《开放时代》1992年第1期。又可参见欧阳哲生《新文化的传统: 五四人物与思想研究》, 广东人民出版社2004年版。

③ 陈独秀:《孔子之道与现代生活》, 载陈独秀《独秀文存》, 安徽人民出版社1987年版, 第80—87页。

④ 李大钊:《自然的伦理观与孔子》, 载李大钊《李大钊选集》, 人民出版社1959年版, 第80页。

学问上之应用，则新理新事新物之名词，一无所有；论其过去之历史，则千分之九百九十九为记载孔门学说及道教妖言之记号。此种文字，断断不能适用于二十世纪之新时代。①

故而，钱玄同主张：欲救亡图存，必须先推翻孔学，改革伦理。进而指出："欲废孔学，不可不先废汉文；欲驱除一般人之幼稚的、野蛮的、顽固的思想，尤不可不先废汉文。"② 同时声称，废汉字后，可代之以世界语或某一种外国语，将汉字"拼音化"，未尝不是个可行的好办法。③

好一个废汉字、废汉文！如此决绝、断然之主张，真可谓"惊世骇俗"！新文化运动对中国传统文化批判之尖锐，其给中国传统文化造成之冲击，由此可见一斑。

在这场思想文化的狂飙中，北京大学奠定了"新文化运动"大本营的历史地位。一大批浸淫其中的青年学生，身体力行，成为"新文化运动"的坚定支持者，《新青年》《新潮》等杂志报纸，则成为"宣传新文化""抨击旧文化""反孔非儒"，暨阐述和介绍新思想观念的重要媒介和平台。

一时间，凡是"古圣先贤"的"正统"学说理论，都被视为"新思想""新文化"传播的阻碍；凡是以孔孟学理为旨归的传统文化，都被视为需要"唾弃""打倒"的"封建糟粕"；凡是与封建文化脱离不了干系的传统文化，都被斥为"腐朽的""落后的"之流，而难逃被抨击批判的命运。

新文化运动从北京、上海到全国各地，从文化精英到贩夫走卒，从报纸杂志到文学作品，从舆论宣传到学术研究……几乎无不波及，无不牵涉。其在文献考辨领域，新文化运动的影响同样值得关注。譬如 20 世纪 20 年代，顾颉刚等人发起的"古史考辨"及"文献辨伪"，矛头直指"封建文化"。至于自称"疑古玄同"的钱玄同，则决心要澄清"谬妄"之"经说"，彻底打破经学上的"偶像地位"及"权威"。他本人有关文献真伪的言论，同样带有浓郁的反封建色彩。

---

① 钱玄同：《中国今后之文字问题》，载《新青年》第四卷第四号（1918 年 4 月 15 日），群益书社 1918 年版，第 354 页。

② 同上书，第 350 页。

③ 同上书，第 354 页。

　　如同西方列强炮口下的大清帝国，西方学说视域下的中国文化，也鲜有尊严和荣誉。受此影响，进入民国时期，在反封建、反传统的疾风骤雨中，居于传统文化核心地位的"经学"黯然退场，一切传世文献都被"拉平"了高度，一切文化批评都因为鲜有"忌惮"而颇为恣意。自此，经得起推敲的文献越来越少，经得起信重的文化寥寥无几。

　　在思想信仰与学术研究相疏离的话语体系中，一切传世文献都成为需要接受"审查"的"史料"，过去高高在上的思想信仰、不可触及的文化权威颜面扫地。于是，民国时期的文献辨伪学研究，呈现出迥异于前代的现象与特征。民国文献辨伪学，是一场"勇猛"的文化批评和文化解构。然而，遗憾的是，"旧文化"打倒以后，这场"以辨伪求解放"的文化运动便草草收场，"新文化"建设成为又一个新的"时代命题"。

二　科学主义

　　民国时期，"科学主义"在中国一度盛行，并成为考量中国传统文化的标准和权威。西方的"科学主义"，萌生自17世纪欧洲的自然科学领域。又经过18世纪的发展，到了19世纪，其理论体系已渐趋完善。随着"科学主义"的形成发展，西方的人文领域，也曾掀起了"科学化"的浪潮。①

　　西方自然及人文领域的"科学主义"，对民国学者的影响真可谓深刻。这方面的例证比比皆是，不惮枚举。② 然而，必须注意到，用西方的理论方法，辨析中国的文献及学说，固然也能取得一定的成就，但由此而产生的隔膜与冲突，同样更值得关注和反思。

　　其一，历史进化论理论。

　　所谓的"历史进化论"，是生物进化论在人类社会发展研究中的比附与投射，是一种庸俗化的历史发展观。该理论旨在说明，人类历史的发展，也是一个新陈代谢、不断演进的过程。亦言之，人类的历史与文化，都有一个类似于"生物学"意义上的来龙去脉。19世纪末20世纪初，严

---

① 参见曾欢《西方科学主义思潮的历史轨迹》，世界知识出版社2009年版，第85—87页。
② 有关研究，可参见以下两部著作［美］郭颖颐《中国现代思想中的唯科学主义（1900—1950）》，雷颐译，凤凰出版传媒集团、江苏人民出版社2010年版；李丽《科学主义在中国》，人民出版社2012年版。

复率先将进化论学说，介绍给国人，并迅速传播。新文化运动期间，进化论理论被引入包括伦理道德在内的中国文化研究诸领域。① 譬如胡适，他本人十分推崇进化论。留洋回国后，胡适便向中国学界，大力推介这种"新"思想、"新"观念。他曾撰文指出："进化观念在哲学上应用的结果，便发生了一种'历史的态度'（The Genetic Method）。怎么叫做'历史的态度'呢？这就是要研究事务如何发生，怎样来的，怎样变到现在的样子：这就是'历史的态度'。"②

顾颉刚等一批北京大学的青年学生，对进化论理论深表认同。就此，顾颉刚曾言："过去认为历史是退步的，愈古愈好，愈到后世愈不行。到了新史观输入以后，人们才知道历史是进化的，后世的文明远远过于古代，这整个改变了国人对于历史的观念。"③ 这种历史观，是对中国传统观念的全面颠覆。基于"进化论"的视角，胡适、顾颉刚等中国学者，开始对传世文献的成书年代及真伪问题，做出了迥异于前人的诠释和理解。

其二，美国实用主义史学方法。

美国的实用主义，是"实证主义"的应用。它在本质上，也可视为"科学主义"的演绎。作为一种应付生活环境的方法论，实用主义产生于19世纪的美国。该理论强调：哲学应以"解决人的问题"为核心，应以人生的"实际价值"为关照。作为一种理论方法，实用主义之所以能够在中国传播，其与胡适的宣扬、推介有直接关系。

---

① 王富仁：《对全部中国文化的现代化追求》，载中国社会科学院科研局、《中国社会科学》杂志社编《五四运动与中国文化建设》，社会科学文献出版社 1989 年版，第 269 页。

② 胡适：《实验主义》，载胡适《胡适文存》第 1 集，黄山书社 1996 年版，第 216 页。

③ 顾颉刚：《当代中国史学》（南京胜利出版公司 1947 年初版），上海古籍出版社 2006 年版，第 3 页。顾颉刚的类似记叙还有许多，如他在 1919 年 1 月 12 日的日记中，写下他读胡适论文后的感受："胡先生评他根本论点，只是一个历史进化观念；并谓语言文字的问题，是不能脱离历史进化的观念可以讨论的。此意非常佩服。吾意无论何学何事，要去论他，总在一个历史进化观念，以事物不能离因果也。"在 1 月 17 日的日记中又写道："下午读胡适之先生之《周秦诸子进化论》，我佩服极了。我方知我年来研究儒先言命的东西，就是中国的进化学说。"以上，均转引自顾潮《顾颉刚年谱》（增订本），中华书局 2011 年版，第 49 页。在为《古史辨》第一册撰写序言时，顾颉刚曾回忆道："适之先生带了西洋的史学方法回来，把传说中的古代制度和小说中的故事举了几个演变的例，使人读了不但要去辨伪，要去研究伪史的背景，而且要去寻出它的渐渐演变的线索，就从演变的线索上去研究。"见顾颉刚《自序》，载顾颉刚编著《古史辨》第 1 册，海南出版社 2005 年版，第 44 页。顾颉刚又称，他当年"听了适之先生的课，知道研究历史的方法在于寻求一件事情的前后左右的关系，不能把它看作突然出现的"。见顾颉刚《自序》，载顾颉刚编著《古史辨》第 1 册，海南出版社 2005 年版，第 53 页。

胡适早年在美国留学时，深受实用主义哲学家杜威（John Dewey）教授的影响。胡适将杜威教授，称作"实验主义的领袖"①。胡适回国后，通过多种途径，传播美国的实用主义理论。缘此，有学者认为："20世纪的名学人中，胡适是最先有方法自觉的一位。"②

胡适指出，杜威的研究法"只有两个"。第一个，是历史的方法。胡适称之为"祖孙的方法"。第二个，是试验的方法。在介绍"实验的方法"时，胡适强调了以下"三个要点"：

> 第一点注重具体的个别事实；第二是一切学理都只是假设，给我们参考用的，却不是天经地义；第三是一切学说、制度等等，甚至真理都要经过试验。他不主张做古人的奴隶。③

在应用上，胡适将杜威的学说理论，概括为"大胆的假设，小心的求证"④。胡适"实用主义史学方法"，在中国史学史上，产生了相当大的影响。⑤ 尤其值得关注的是：该理论引导研究者，不把一切学说、学理，看作是"天经地义"的"真理"，而"须用实行来试验"，唯有"实验"，才是真理的"唯一试金石"。⑥

实用主义对民国文献辨伪研究的深刻影响，是不言而喻的。概言之，实用主义给予胡适等人，以认识论的依据、方法论的指导，以及"质疑"一切的勇气。

其三，德国兰克实证主义史学的影响。

德国的"兰克学派"，特别重视"原始资料"的价值，以及"如实直书"的意义。兰克学派的史学研究，强调"客观主义"的学术态度与研究方法。德国兰克学派的"客观主义"，与美国实用主义的"科学精神"，

---

① 胡适：《实验主义》，载胡适《胡适文存》第1集，黄山书社1996年版，第230页。

② 许冠三：《新史学九十年》（上册），香港中文大学1986年版，第137页。

③ 胡适：《杜威先生与中国》，载胡适《胡适文存》第1集，黄山书社1996年版，第277—278页。

④ 胡适：《治学的方法与材料》，载胡适《胡适文存》第3集，黄山书社1996年版，第93页。

⑤ 白寿彝：《中国史学史教本》，北京师范大学出版社2000年版，第405页。

⑥ 胡适：《杜威先生与中国》，载胡适《胡适文存》第1集，黄山书社1996年版，第278页。

在本质上并无二致，故而被视为"实证主义"的另一个重要流派。

提及实证主义史学在中国的传播，傅斯年是一个非常关键的人物。1927 年，傅斯年学成归国，在中山大学创办了语言历史所，立志"以自然科学看待历史语言之学"。傅斯年提出了"史学便是史料学"① 的口号。因为在傅斯年看来，只要能做到材料与工具"兼备"，历史学就可以成为一门"放之四海而皆准"的科学。

经过傅斯年的表彰，兰克史学在中国学界，曾一度风行。故而，傅斯年有了"中国的兰克"之美誉。傅斯年宣扬的兰克史学，与胡适鼓吹的实用主义，虽然路径不同、观点方法有别，但是在本质上，都是"实证主义"的具体演绎，而且均对 20 世纪中国的学术思想，产生了不可替代的作用与影响。

20 世纪初，在新文化运动中，科学主义大潮高涨。进化论、实证主义、实用主义等西方的哲学思想，相继进入中国，并受到高度重视，甚至"吹捧"。在西方与中国、理想与现实、传统与现代的纠结中，胡适等人，提倡用"实证主义""科学主义"的理论方法，考辨中国的古书、古史。顾颉刚等青年才俊，为胡适等人之主张而精神振奋，且为破解这一时代命题，做出了一系列努力和尝试。有鉴于此，时人周予同曾言：所谓"拿证据来""用建设的材料做破坏的工具"，真是"研究古史真相"的秘诀，也是"一切治学治事"的法门。②

邵东方在论述胡适、顾颉刚的学术思想时，曾言：

> 对照之下，西方哲学中的怀疑论有两个特点：一是怀疑人类认识真理的能力；二是由怀疑自身的能力继而主张放弃判断，以至走向不可知论。这是对客观世界和真理的是否存在以及人们能否认识真理，

---

① 傅斯年：《历史语言研究所工作之旨趣》，载傅斯年《傅斯年选集》，天津人民出版社 1996 年版，第 177 页。在《史料与史学》发刊词中，傅斯年再次重申这一思想："此中皆史学论文，而名之曰《史料与史学》者，亦自有说。本所同仁之治史学，不以空论为学问，亦不以'史观'为急图，乃纯就史料以探史实也。史料有之，则可因钩稽有此知识；史料所无，则不敢臆测，亦不敢比附成式。此在中国，固为司马光以至钱大昕之治史方法，在西洋亦为软克莫母森（笔者按，兰克莫母森）之著史立点。"见傅斯年《〈史料与史学〉发刊词》，载傅斯年《出入史门》，浙江人民出版社 1998 年版，第 88 页。

② 周予同：《顾著〈古史辨〉的读后感》，载顾颉刚编著《古史辨》第 2 册，海南出版社 2005 年版，第 236 页。

即人的认识能力表示怀疑。西方怀疑论通常把尚无证据的事物当作是未知的，只是怀疑自己的认识能力。而崔述以及胡适、顾颉刚则是把尚无证据的事物当作是假的，尽管大胆地否定研讨对象的真实性，却从不怀疑自己的认识能力。①

胡适、顾颉刚等人的"自信"，与其说是对"自己的认识能力"的自信，不如说是对"科学主义"的自信。其心可悯，其情可宥。

但是一个不能回避的问题是，西方的"和尚"能否读懂东方的"经典"？西方的"实证主义"和"纯文本解析"，能否解决中国古书的真伪问题？单纯的事实判断，能否展现中国文献辨伪学领域的全部内涵？就目前而言，我们给出的答案是"不能"！而且，这是一个至今都未能妥善解决的问题。

科学主义是建立在西方自然科学迅速发展基础上的学说体系，有其存在的现实性与理论的合理性。但是，片面强调人的理性，无限夸大工具理性的功用，其所带来的负面影响，也是显而易见的。就文献辨伪而言，"科学主义"的负面影响，就是大批传世文献被证伪。随之而来，就是赖以承继的传统文化被否定，中华民族的自信心被消解，文化虚无主义也缘此而一度盛行。

三　考古新风

20 世纪 20 年代，诸如"北京大学考古学研究室""中央研究院考古学组"等机构相继建立。随后，一批专业学者在山西、河南等地，相继开展了田野调查和发掘。② 专门学术机构的设立，以及考古发掘的进行，是中国考古学诞生的"重要标志"。③

现代考古学（Archaeology）发端于欧洲，并随生物学、地质学的进

---

① 邵东方：《论胡适、顾颉刚的崔述研究》，载邵东方《崔述与中国学术史研究》，人民出版社 1998 年版，第 277 页。

② 1922 年，北京大学研究所国学门成立考古学研究室，1924 年又成立考古学会。1928 年，"中央研究院历史语言研究所"成立之际，即在该机构下设"考古学组"。1929 年，中国地质调查所"新生代研究室"、北平研究院史学研究会，亦分别设立"考古学组"。

③ 知原：《面向大地的求索——20 世纪的中国考古学》，文物出版社 1999 年版，第 17 页。

步，而取得长足发展。① 现代考古学的理论方法，自引入中国后，对中国的古史研究，对中华文明的重建，对订"疑古辨伪"之偏，都有非凡的意义及价值。

20世纪上半叶的中国考古学，尚处于创立阶段。其间的重大考古发现，有以下数端：清光绪二十五年（1899），河南安阳甲骨文的发现，被学界视为"中国考古学诞生的前兆"②。清光绪二十六年（1900），敦煌石窟壁画、文书被发现。1921年，北京周口店发现"北京人"遗址，在河南渑池又发现"仰韶文化"遗址。1926年，中国学者李济、袁复礼等人，在山西夏县西阴村遗址，开展田野调查及考古发掘。1928年，傅斯年等组织专家，开始对安阳殷墟遗址进行考古发掘。直到1937年的全面抗战爆发，前后共发掘十五次。1929年，裴文中在北京周口店，发现"北京人"头盖骨，此事轰动国际学术界。1930—1931年，李济、梁思成等人，又发掘了位于山东历城龙山镇的城子崖遗址。据此而出版的《城子崖》，是中国第一部大型田野考古发掘报告。1934年，梁思永等人，又在河南安阳后岗遗址，发现了一段长约70米的夯土墙，由此而揭开了中国史前城址考古发掘之序幕。

综上所述，以甲骨文的发现，以及安阳殷墟的发掘，意义尤其重大。根据甲骨文，王国维于1917年写成《殷卜辞中所见先公先王考》。同年4月，王国维又完成《殷卜辞中所见先公先王续考》。③ 二文初刊于上海仓圣明智大学的《学术丛编》中。1921年，又收入《观堂集林》第9卷中。1925年，复经改写，收入王国维题为"古史新证"的讲义之中。该讲义的一、二章，又被顾颉刚收录1926年出版的《古史辨》第1册中。

对王国维先生的论著，顾颉刚曾言：

　　自从甲骨卜辞出土之后，经王静安（笔者按，王国维）先生的研究，发现了商的先祖王亥和王恒，都是已在汉以来的史书里失传了

① ［德］丹尼尔·格林（Daniel Glyn）：《考古学一百五十年》，黄其煦译，文物出版社1987年版。西方考古学传入中国之初，人们对"考古学"与"金石学"的联系与区别，尚不能明确区分。随着现代考古及研究工作的不断深入，这一状况有所改观。

② 中国大百科全书出版社编辑部编：《中国大百科全书·考古学卷》之《中国考古学简史》条（作者王世民），大百科全书出版社1986年版。

③ 刘寅生、袁英光：《王国维年谱长编》，天津人民出版社1996年版，第197、200页。

的。他加以考核，竟在《楚辞》，《山海经》，《竹书纪年》中寻出他们的事实来，于是这个久已失传的故事又复显现于世。①

屈万里也对王国维的卓越贡献，给予了高度肯定，他曾说道：

甲骨文字虽然发现于清光绪二十五年，而用它来证史则始于王国维……他固然纠正了《史记·殷本纪》中不少的错误，可也证实了《殷本纪》所记殷代帝王的世系大致正确可信。这告诉人们对于《史记》所记的古史，固然不能全盘相信，但也使疑古的人们对于《史记》增加了不少的信心。利用甲骨文的材料，重建殷代的信史，王国维的这两篇文章，无疑是开山之作。②

李济对殷墟出土文物的文化价值，进行了高度评价：

1. 肯定了甲骨文的真实性及其在中国文字学上的地位。
2. 将史前史的资料与中国古史的资料联系起来。
3. 对于殷商时代中国文化的发展阶段，作了一种很丰富而具体的说明。
4. 把中国文化与同时的其他文化中心，作了初步的联系，证明中国最早的历史文化不是孤立的发展，实在承袭了若干来自不同方向的不同传统，表现了一种综合性的创造能力。③

一言以蔽之，现代考古学的引进及发展，为中国文化发展，开创了新纪元。其对世人的影响，可从顾颉刚的一段回忆中得到印证。顾颉刚曾言：

[一九] 十二年秋间，我到北京来，地质调查所的陈列室已经开

---

① 顾颉刚：《〈周易·卦爻辞〉中的故事》，载顾颉刚编著《古史辨》第 3 册，海南出版社 2005 年版，第 4 页。
② 屈万里：《中国传统古史说之破坏和古代信史的重建》，转引自袁英光、刘寅生《王国维年谱长编》，天津人民出版社 1996 年版，第 207—208 页。
③ 李济：《安阳发掘与中国古史问题》，载李济《安阳》，商务印书馆 2011 年版，第 585 页。

放；我进去参观，始见石器时代的遗物，使我知道古代的玉器和铜器原是由石器时代的东西演化而成的：圭和璋就是石刀的变相，璧和瑗就是石环的变相，铜鼎和铜鬲也就是陶鼎和陶鬲的变相。那时河南仰韶村新石器时代的遗物发见不久，灿然陈列，更使我对于周代以前的中国文化作了许多冥想。

……近数年来，国立学校经费愈窘，研究所中考古学会在十分困难里勉强进行，时有创获，孟津出土的车饰数百种尤为巨观。我虽没有余力加入研究，但向往之情是极热烈的，倘使在五六年前见了，我一定要沉溺在里边了。

现在既深感研究学问的困难，又甚悲人生寿命的短促，知道自己在研究古史上原有专门的一小部分工作——辨伪史——可做，不该把范围屡屡放宽，以致一无所成。至于许多实物，自当有人作全力的研究，我只希望从他们的研究的结果里得到些常识而已。

在研究古代实物的人，我也希望他们肯涉猎到辨伪方面。例如章演群先生（鸿钊）所著的《石雅》，不愧为近年的一部大著作，但里边对于伪书伪史不加别择，实是一个大缺点。他据了《拾遗记》的"神农采峻锾之铜以为器"，《史记》的"黄帝采首山铜铸鼎"，说中国在神农黄帝时已入铜器时代；又据了《禹贡》的"厥贡镠铁银镂"，《山海经》的"禹曰，出铁之山三千六百九十"，说三代之初已知用铁。

这种见解，很能妨碍真确的史实的领受。若能知道神农、黄帝不过是想像中的人物，《禹贡》和《山海经》都是战国时的著作，那么，在实证上就可以剔出许多伪妄的证据，不使它迷乱了真确的史实的地位了。[①]

据顾颉刚所言，中国20世纪20年代初年的考古学发现，不但非常值得关注，而且给中国的文化研究，也带来了深远影响。

譬如甲骨文与安阳考古，证明司马迁《史记·殷本纪》所载的商代历史，大致可信，中国信史可以上推到商代中后期。但是，就总体而言，当

[①]　以上均引自顾颉刚《自序》，载顾颉刚编著《古史辨》第1册，海南出版社2005年版，第31—32页。

时的中国考古学发展，并不尽如人意。商代中前期及以前的史事，特别是三皇、五帝的历史，仍处于无法以史料印证的"真空"状态。① 因此，其距"文明再造"的目标，尚有相当大的差距。于是，人们普遍存在着悲观情绪，因为"古代的文献可征的已很少，我们要否认伪史是可以比较各书而判定的，但要承认信史便没有实际的证明了。"②

20 世纪 20 年代的傅斯年，在写给顾颉刚的长信中，对考古学的未来发展，就持有"岂是可以常希望"③ 的低调态度。④ 时人陆懋德也认为，中国的考古学发展，程度有限，不足以重新构筑中国的古史系统。⑤

1929 年，恒慕义（Arthur W. Hummel）在《美国史学评论》（*The American Historical Review*）发表了题为《中国史学家研究中国古史的成绩》（*What Chinese Historicans Are Doing in Their Own History*）的文章中，这样说道：中国的考古学，"偶然的发掘，并且很带商业性质的发掘，二千年来就已进行。不过那从地下发掘起来的骨上所刻的文字，现在可以了解的还是很少。若非这些文字将来可以完全了解，并且可以很明确地断定它们发生于什么文化的中心，就算在它们求得什么结论也是徒然。"⑥

1935 年，在考古学界已负盛名的郭沫若，曾言：

照现在由地下发掘及古器物古文字学上所得来的知识而论，大抵殷商以前还是石器时代……我们要断定夏代还是传说时代，可说是不

① 如顾颉刚曾言："夏，我们从种种方面知道商以前确有这一个大国，但究竟是怎样状况，因为没有得到他们的遗物，已经'茫昧无稽'。三王尚且如此，何况三王以前的五帝，更何况五帝以前的三皇！"见顾颉刚《三皇考·自序》，载吕思勉、童书业编著《古史辨》第 7 册，海南出版社 2005 年版，第 274 页。杨宽也提出："以战国秦汉之人而侈谈三皇五帝虞夏之事，可信乎？不可信乎？"见杨宽《中国上古史导论》，载吕思勉、童书业编著《古史辨》第 7 册，海南出版社 2005 年版，第 44 页。

② 顾颉刚：《与钱玄同先生论古史书》，载顾颉刚编著《古史辨》第 1 册，海南出版社 2005 年版，第 75 页。

③ 傅斯年语，转引自傅斯年《谈两件〈努力周报〉上的物事》，载顾颉刚编著《古史辨》第 2 册，海南出版社 2005 年版，第 216 页。

④ 傅斯年语，见傅斯年《谈两件〈努力周报〉上的物事》，载顾颉刚编著《古史辨》第 2 册，海南出版社 2005 年版，第 216 页。

⑤ 详见陆懋德《评顾颉刚〈古史辨〉》，载顾颉刚编著《古史辨》第 2 册，海南出版社 2005 年版，第 273—277 页。

⑥ 恒慕义原注，转引自［美］恒慕义《中国史学家研究中国古史的成绩》，王师韫译，载顾颉刚编著《古史辨》第 2 册，海南出版社 2005 年版，第 314 页。

成问题的。断定夏代是传说时代，并不是说夏代没有。有是有的，不过不会有多么高的文化，有的只是一点口头传下来的史影。①

1938 年，杨宽作《中国上古史导论》时言："迩年吾国考古之学，已由试探工作而进于研究，"但是，"虞夏之文字迄今未有发现，殷商以前为先史时代，已为国内外一般史学家所公认，是不特三皇十纪之古史传说来源为可疑，即五帝虞夏之古史传说，亦同为可疑矣！"② 当时，另一学者陈梦家，有鉴于考古发掘之实际，认为"夏史全从商史分出，因而不认有夏之一代"。③

于是，在这样的文化背景下，中国学者对传世文献的考辨，基本因袭"旧有"之模式。1930 年 8 月，《古史辨》（第二册）出版，顾颉刚在该书"自序"中说道：

> 有许多古史是考古学上无法证明的，例如三皇、五帝，我敢豫言到将来考古学十分发达的时候也寻不出这种人的痕迹来。大家既无法在考古学上得到承认的根据，也无法在考古学上得到否认的根据，那么，希望在考古学上证明古史的人怎么办呢？难道可以永远"存在而不论"吗？④

在顾颉刚看来，他在替考古学家，完成他们"不可能"完成的任务。尔后，顾颉刚又曾说道：

> 我开始辨古史是在民国十年，那时中国的考古工作只有地质调查所做了一点，社会上还不曾理会到这种事，当然不知道史料可从地底下挖出来的……我在那时，根据《六经》诸子，要推翻伪古史而建设

---

① 郭沫若：《先秦天道观之进展》，载郭沫若《中国古代社会研究（外二种）》（上），河北教育出版社 2000 年版，第 303—304 页。

② 杨宽：《中国上古史导论》，载吕思勉、童书业编著《古史辨》第 7 册，海南出版社 2005 年版，第 44 页。

③ 转引自《中国上古史导论·顾颉刚案语》，载吕思勉、童书业编著《古史辨》第 7 册，海南出版社 2005 年版，第 170 页。

④ 顾颉刚：《古史辨第二册自序》，载顾颉刚编著《古史辨》第 2 册，海南出版社 2005 年版，第 3 页。

真古史，我自己既觉得这个责任担当得起，就是社会上一般人也都这般的承认我，期望我。①

在史前考古发掘令人"渐感失望"的情绪中，顾颉刚等人，依然故我，继续其考论文献真伪、针砭文化传统的工作。正如顾颉刚所言："我常想，也常说，我只望做一个中古期的上古史说的专门家，我只望尽我一生的力量把某几篇古书考出一个结果。"② 与此同时，也有一些学者，开始利用神话传说，探索中国文明起源、重建古史体系的尝试。

不过，值得关注的是，民国时期的考古发掘，虽然没有给顾颉刚等人，提供佐证己说的素材。但是，随着考古学的深入发展、考古发现的相继涌现，人们开始意识到：古籍文献有关中国古史的记载，其框架及脉络是基本正确的，对传世文献的年代及真伪，需要有更加客观理性的态度和判断。

对此，著名考古学家张光直先生有言："民国初年，顾颉刚、钱玄同等一班人向由传说建立起来的古史宣战，将三皇、五帝和夏代都归入传说的范畴，以商为中国史之开始，将商以前的古史都寄望于考古工作。"值得庆幸的是，"数十年来的考古工作"，在很多方面，"证实了传说中的古史里面很多内容的可靠性，而且看来夏代的证实也是指日可待的了"。③

由此可见，考古学的长足发展，已经为文献辨伪的"辨伪"、文化批判的"批判"积蓄力量，虽然这并不是考古学研究的根本追求。

四　时代使命

通过学术史的回顾，可以知道，古往今来，文献辨伪都是一个历久弥新的论题。但是进入 20 世纪，特别是新文化运动以后，中国文献辨伪研究出现了新状况。

其一，破解学术悬疑，不再是推进民国学者文献辨伪研究的直接动

---

① 顾颉刚：《战国秦汉间人的造伪与辨伪·附言》，载顾颉刚《汉代学术史略》，世纪图书出版集团、上海古籍出版社 2005 年版，第 210—211 页。

② 同上书，第 211 页。

③ 张光直：《台湾史必须包括原住民的历史》，载张光直《考古人类学随笔》，生活·读书·新知三联书店 1999 年版，第 96 页。

力；其二，反对封建文化、重估一切价值，成为民国学者文献辨伪学研究中的鲜明时代主题；其三，顺应"新史学"发展，不论是非，只辨真伪，以及用工具理性，"狙击"传世文献的价值理性，成为民国文献辨伪研究中的最鲜明特征。

首先，受各种复杂因素影响，有些传世文献，似真而实伪；有些传世文献，则似伪而实真。因此，辨疑似伪书、破无名论断，一直是中国古代文献辨伪学研究的永恒主题。而且，迄至清末，诸如《古文尚书》《周礼》《孙子兵法》等传世文献的真伪及年代，确实存在众说纷纭，无一定论的问题。因此，按照中国古代文献辨伪学发展的一般规律，承前启后，辨伪存真，应该成为 20 世纪中国学者文献辨伪学研究的"基本任务"。然而，民国文献辨伪学发展，并非沿着这条道路发展。破解学术悬疑，不再是文献辨伪研究的直接动力。

其次，在反封建思潮中，审视一切传世文献，重估一切文化价值，成为民国文献辨伪学研究的时代主题。顾颉刚本人即一再强调，他的辨伪思想，是五四时代思潮暨新文化运动的产物①，他的古史考辨及文献辨伪工作，其本身就是"新文化运动的一个支流"②。这个表态是非常值得注意的。中国古代学者的文献辨伪，有经学研究中的辨伪，有史学研究中的辨伪。前者以"卫经卫道"为旨归；后者的辨伪以"秉笔直书"为标准，但不逾"准以六经"的界限。因此，古代学者的文献辨伪，无论经学、史学，乃至诸子学，其标准是一贯的，其理论是自足的，其体系是完整的。但是，清末民初以降，特别是新文化运动以来，在倡导民主、鼓吹科学，反对旧文化、旧道德的社会思潮中，"旧经学"研究一落千丈，"新史学"研究蔚然兴起，中国学者的学术研究及文献辨伪，都出现了迥异于前代的现象。就史学研究而言，民国学者因为少了"卫经卫道"的旨趣和禁忌，将四部一切文献的等级拉平、区别抹去。于是，一切文献的一切虚妄言

---

① 顾颉刚有言，他的《古史辨》工作，是对封建主义的"彻底破坏"，他要使古人"仅为古人而不为现代思想的权威者"，要把"宗教性的封建经典"，剥掉它的尊严，送进"封建博物院"。顾颉刚：《我是怎样编写〈古史辨〉的?》，载顾颉刚《我与〈古史辨〉》，上海文艺出版社 2001 年版，第 215 页。

② 白寿彝：《悼念顾颉刚先生》，载白寿彝《白寿彝史学论集》，北京师范大学出版社 1994 年版，第 393 页。杨向奎也曾撰文指出：顾颉刚等人的疑古辨伪工作，是在五四运动后发生反对封建社会的基础上产生的，其"本身也就构成反封建之一环!"见杨向奎《中国古代史论》，齐鲁书社 1983 年版，第 104 页。

论、伪托之说，都在推敲之中、破除之列。

末次，"新史学"研究蔚然成风，一切传世文献都成为"新史学"打量、拿捏的对象。所谓"新史学"之"新"，是相对于"旧史学"之"旧"而言。如上文所述，新文化运动以来，人们破除了对"道统"的信仰和认同，开始用"科学"的眼光，考量一切传世文献。改"准以六经"的经学研究，为"准以科学"的史学研究，这种迥异于前代的"新"，给传统的文献辨伪学、传统文化以前所未有的冲击。"新史学"的研究者为得到"科学"的认识或结论，强调对旧伦理、旧道德、旧文化的超越，主张对史料进行"纯客观"的甄别，并将"真实性""客观性"置于至高无上的地位。

这正如郭沫若所言："无论作任何研究，材料的鉴别是最必要的基础阶段。材料不够固然大成问题，而材料的真伪或时代性如未规定清楚，那比缺乏材料还要更加危险。因为材料缺乏，顶多得不出结论而已，而材料不正确便会得出错误的结论。"① 实际上，这种看似客观的"辨伪存真"固然有其意义和价值，但是摆脱"史料"产生的社会环境、文化背景、思想渊源，而作"纯客观"的分析，其与"求是""求实"的初衷之间难免背道而驰。

显而易见，为了科学而科学，终究是"伪科学"；为了辨伪而辨伪，未尝不是"假辨伪"。因此，"问题"与"主义"之争、"技法"与"心法"有别，确实是民国文献辨伪学研究中一个非常值得玩味的话题。

我们认为，1840 年鸦片战争以来，外敌入侵，国门洞开。在西方列强坚船利炮的威逼之下，中国社会各界曾做出过各种各样的探索，如何处理文化批判与文化重建，如何调和西方文化与中国文化等，成为中国知识精英必须直面的重大时代命题。

民国时期，受新文化运动影响，胡适、顾颉刚等人在古籍整理领域，以文献辨伪的方式，表达他们对文化批判、文化解构与文化重建的认识和理解。这是民国文献辨伪何以矛盾杂糅、备受争议的深刻时代背景。民国文献辨伪研究之所以勇猛粗率，并造成伪书泛滥、文化缩水的局面，根本原因是"三千年未有之大变局"，给中国知识精英以前所未有的冲击和

---

① 郭沫若：《古代社会的自我批判》，载郭沫若《十批判书》，东方出版社 1996 年版，第 2 页。

震撼。

中国的文献辨伪学研究，是一个前后相继、不断发展的文化历程。虽然每个时代都有其独特的命题和任务，也有其诠释的理论和方法。但无论古今，都要妥善处理技法与心法、继承与创新、改良与革命等之间的辩证关系。自古以来，中国的文献辨伪就存在"价值判断"和"事实判断"相互影响、融会贯通的现象及特征。在儒家思想居于国家意识形态及社会文化主流的中国古代社会，"价值判断"和"事实判断"是有机统一的，"离经叛道"成为考辨文献真伪的基本原则与最高标准。在儒家学说体系中，文献辨伪既是一个基于价值判断的事实判断，也是一个表现为事实判断的价值判断。

与之形成鲜明对照的，是民国时期的文献辨伪。民国学者的文献辨伪，从学理的角度考量，也是"价值判断"与"事实判断"的有机统一。不过，它的"价值判断"是对西方"科学"的顶礼膜拜，而非中国传统文化中蕴含的"圣人道统"；它的"事实判断"是对西方自然科学中"拿证据来"的实践，而非中国文化传统中的"准以六艺"。民国时期文献辨伪的旨趣、标准、方法、形式，较之中国古代，都发生了"划时代"的变更。

近代以来，国门洞穿之后，国人开始饱受劫难。西方列强给中国"厚往薄来""和谐万邦"的理念以一记响亮的耳光。坚船利炮之下，中国人的制度自信、文化自信荡然无存，文化心理的创伤与扭曲，以反封建、反传统的形式，在文化批评、文化反思中不断呈现。

当"经学"被人从中国文化的"神坛"上拉下，当一切经典都成为"西方科学""现代理性"解析的对象，当儒家经典所蕴含的文化价值、古圣先贤所享有的神圣尊严，不再为世人所关注且屡受抨击，当一切"神圣"都归于平凡，古典文献辨伪学的时代便宣告终结。

因而，不难理解，胡适、钱玄同、顾颉刚等人的文献辨伪，何以不惮于"数典忘祖"，何以充满了"功利主义"。胡适等人的文献辨伪、文化追求，其所折射的，终究是国人心中那股挥之不去的屈辱和卑微。这不但是中国学人的悲哀，也是西方"列强文明"的悲哀！在世界民族之林中，只要"丛林法则"不改、"强盗逻辑"不变、"霸权政治"不灭，只要没有强大国力支撑，一切"自信"都无从谈起。

民国时期的文献辨伪，始终都不是简单的文献整理，更不是单纯的文化研究问题，此前的研究视角和研究方法，都有进一步拓展的必要和空间。

第二章　梁启超与辨伪学

梁启超先生是前清举人，"维新变法"运动的重要参与者，是声名卓著的政治家、教育家、文学家、史学家。由于其深厚的文化功底，广博的学术视野，加之特殊的人生经历，较之身前之耆老宿儒、身后之新近学人，梁启超对传世文献真伪问题的理解及判断，都有其独到之处。梁启超先生是民国时期文献辨伪学研究的重要代表，是中国现代文献辨伪学的开创者与奠基人。其地位及影响，已为当今学界所广泛认可。

一　主要论著

梁启超，字卓如，又字任甫，号任公，又号饮冰室主人、中国之新民、自由斋主人。

清同治十二年（1873）生于广东新会，父祖均为当地开明乡绅。四岁发蒙，接受传统文化教育。十岁中秀才，补博士弟子。十三岁，入广州学海堂读书，研习汉学。十七岁，赴广州参加乡试，中举人，名列第八名。次年，进京参加会试，不中，与康有为结识，并接受其改革主张及变法理论。清光绪十七年（1891），于广州万木草堂，从康有为学。其间，协助康有为编写《新学伪经考》《孔子改制考》。光绪二十一年（1895），入京参加会试，与康有为发动"公车上书"，揭开维新运动之序幕，时牛二十三岁。

维新变法期间，梁启超声名大噪。变法失败后，出逃日本，以《新民丛报》为阵地，继续宣传改良主张。清帝逊位，民国肇基，梁启超结束流亡生活，重返国内，成为政坛明星，一度任袁世凯的司法总长、币制局总裁。袁世凯复辟，梁启超密谋反袁。1916 年，辗转赶到广西，参加护国军，旗帜鲜明地开展倒袁运动。护国运动结束后，梁启超一度深陷北洋军阀的内部纷争之中。1917 年，随着段祺瑞政府的倒台，梁启超辞职，自此结束从政生涯。1918 年年底，赴欧洲考察，一路见闻，颇为震动。有鉴于此，回国后，宣布西方文明已死，主张光大中国传统文化。1929 年，在北京协和医院病逝，享年 56 岁。

梁启超人生的最后十年，全身心投入文化教育及学术研究事业，在新史学、文献学、文学等领域，都有拓荒之作，其学术成果颇令世人瞩目。

（一）现当代学者的评介

20 世纪 20 年代，梁启超将余生主要投诸学术。其间，发表了一系列有关古籍辨伪的论著，对学界的影响，甚为深远。

近年来研究梁启超辨伪学的成果很多，其中如吴铭能《梁启超的古书辨伪学》①、廖名春的《梁启超古书辨伪方法平议》② 等，都是代表性成果。此外，如孙钦善、刘重来等学者，均对梁启超的文献辨伪成绩，给予了高度评价。

孙钦善说道："梁启超在辨伪学史上是继明代胡应麟之后一个在理论上做出卓越贡献的人。"③ 刘重来则认为，梁启超是现代"辨伪理论的奠基人"。他于 20 年代撰写的《中国历史研究法》（1921 年）、《中国近三百年学术史》（1924 年）、《古书真伪及其年代》（1927 年）等著作，对伪书种类、作伪原因、辨伪意义、辨伪方法、伪书价值等，均做了系统阐述，并进行了理论总结，不仅构建了"新史学理论"，也构建了"辨伪学理论"。④

我们认为，就现有文献学类论著观之，梁启超有关文献辨伪研究的理论、方法，已然成了文献辨伪学研究的标准模式。

（二）首部辨伪学专著

《古书真伪及其年代》，1927 年刊行，该书共 3 卷，是 20 世纪中国首部文献辨伪学专著。卷 1 《总论》，集中讨论文献辨伪的理论方法问题。

---

① 吴铭能：《梁启超的古书辨伪学》，台湾师范大学国文研究所 1990 年硕士论文（指导教师刘纪曜）。

② 廖名春：《梁启超古书辨伪方法平议》，载陈明主编《原道》第 3 辑，中国广播电视出版社 1996 年版，第 143—166 页。

③ 杜泽逊：《文献学概要》（修订本），中华书局 2008 年版，第 200 页。

④ 刘重来：《中国二十世纪文献辨伪学述略》，《历史研究》1999 年第 6 期。

卷2、卷3，分别就《易》《书》《诗》《礼》《春秋》等11部典籍的真伪问题，进行较系统的考辨。

其中卷1中的5个篇章，作为全书的总纲，理论性较强，涉及辨伪的意义，伪书的种类、来历，辨伪学的发展历程，辨伪的方法，以及伪书的价值等，均有新意。其中第一章，讲辨伪及考证年代的必要；第二章，讲伪书的种类及作伪的来历，附年代错乱的原因；第三章，讲辨伪学的发达；第四章，论辨伪及考证年代的方法；第五章，是对伪书的评价。

譬如第1卷前4章，是非常值得关注的。其中在第一章，梁启超指出，伪书会使人类进化系统、时代思想紊乱，使社会背景、学术源流混淆，还使学者枉费精神。他对伪书危害的分析，也创立了后人的写作程式。在该书第三章，梁启超在讨论辨伪学发展史时，对清代阎若璩、胡渭、万斯同、姚际恒、惠栋、崔述、刘逢禄、魏源、康有为等人的辨伪成就，进行了简单评述。第四章集中论述辨伪方法等问题。梁启超以胡应麟《四部正讹》为重点，将胡应麟的辨伪方法，归纳为"传授统绪上"和"文义内容上"两个系统。后来学者的著述，在总结中国古代学者的文献辨伪法时，也多在此基础上增补改易。

《古书真伪及其年代》，被视为我国现代文献辨伪的"第一部"理论专著。应该说，自梁启超始，民国学者就颇为重视对文献辨伪理论的总结归纳，一部《古书真伪及其年代》成了指导今人文献辨伪研究的经典读物。其后顾颉刚的《中国辨伪史略》、张心澂的《伪书通考·序》等论著的影响及地位，均与梁启超的这部著作，有相当大的距离。

（三）其他有关论著

其一，《要籍解题及其读法》及《国学入门书要目及其读法》。《要籍解题及其读法》原本是梁启超在清华大学的讲义，主要介绍"对于本国极重要的几部书籍"①的成书、价值、真伪等情况，多是承袭前人的观点，间有创见。《国学入门书要目及其读法》本为应《清华周刊》记者所请而作，旨在指导青年人打好国学根基。其中也有关于《列子》《古文尚书》等文献真伪的讨论，并提示阅读方法。譬如《列子》，梁启超认为，作为

---

① 梁启超：《自序》，载梁启超《要籍解题及其读法》（《饮冰室专集》七十二），中华书局1989年版，第2页。

一部"汉晋以前思想界之重要著作",这部"晋人伪书,可作魏晋部玄学书读"①。由此可见,与胡适不同,梁启超对于传世文献真伪的认识和态度,似乎更加平心静气。②

其二,《中国历史研究法》中,梁氏谈到了"伪书"的概念,指出辨伪的必要性,尤其最重要的是,提出了辨伪的"十二条公例"。其中,梁启超有关"伪书"与"伪事"的关系,做出了如下判断:"伪事与伪书异,伪书中有真事,真书中有伪事也。事之伪者与误者又异,误者无意失误,伪者有意虚构也。"③梁先生的分析,颇有辩证的味道,至今仍有其现实意义。

其三,《中国近三百年学术史》在通论清代古籍辨伪的部分,曾特别强调"辨伪的必要性"。诸如"无论做哪门学问,总须以别伪求真为基本工作。因为所凭借的资料若属虚伪,则研究出来的结果当然也随而虚伪,研究的工作便算白费了"④云云,很有代表性。梁启超的上述言论,为后来学者所反复引述。此外,梁先生又提出,"好古"是中国"伪书发达之总原因"⑤,伪书泛滥可分为六期,伪书大致有十大类等论断⑥,对于我们正确评估中国文献辨伪学史,都很有参考价值。

二 主要成就

(一) 总结辨伪史

众所周知,梁启超先生开清代学术史研究之先河,《清代学术概论》及在此基础上完成的《中国近三百年学术史》,均属开山之作。

除此之外,梁启超有关中国文献辨伪发展史的总结,也颇有导夫先路

---

① 梁启超:《国学入门书要目及其读法》(《饮冰室专集》七十一),中华书局1989年版,第5页。

② 当时的胡适,也曾开列了一份《一个最低限度的国学书目》。梁启超对这份书单,颇不以为然,称"胡君这书目,我是不赞成的,因为他文不对题。"详见梁启超《评胡适之的"一个最低限度的国学书目"》,载梁启超《国学入门书要目及其读法》(《饮冰室专集》七十一)之"附录三",中华书局1989年版,第29—32页。

③ 梁启超:《中国历史研究法》(《饮冰室专集》七十三),中华书局1989年版,第88页。

④ 梁启超:《中国近三百年学术史》(新校本),商务印书馆2011年版,第299页。

⑤ 梁启超语,见梁启超《中国近三百年学术史》(新校本),商务印书馆2011年版,第300页。

⑥ 详见梁启超《中国近三百年学术史》(新校本),商务印书馆2011年版,第300—301页。

的意义及影响。梁先生有关中国古代文献辨伪学史的论述，散见于《古书真伪及其年代》《中国近三百年学术史》等著作中。笔者在这里，截取其中有关汉、唐、明、清四代文献辨伪学成就的论断，管豹窥斑，并作简单评述。

文献辨伪学发端自先秦，形成于两汉。就汉代文献辨伪学而言，梁启超对司马迁的贡献及地位，给予了充分肯定。梁启超说道："作史学的始祖是司马迁，辨伪学的始祖也是司马迁。"① 这个评价是相当高的。尔后，司马迁在辨伪学中的"始祖"地位，为世人所广泛认同。②

唐代学者的文献辨伪研究，当以柳宗元的成就尤为突出。柳宗元在考辨如《文子》《鬼谷子》《晏子春秋》等诸子文献真伪方面，颇有精妙论断。③ 如在考辨《晏子春秋》一书时，柳宗元指出，该书思想驳杂，非一人所为，不会出自晏子的手笔，系伪托之作。梁启超对柳宗元的见解大加赞赏，其言："柳宗元辨《晏子春秋》是最好的从思想上辨别的例。虽不很精，但已定《晏子春秋》是齐人治墨学者所假托。因书中有许多是墨者之言，而晏子是孔子前辈，如何能闻墨子之教？那自然不是晏子自作的书。"④

明代学者的文献辨伪研究，应以胡应麟的《四部正讹》为代表。《四部正讹》对文献辨伪学发展的贡献，主要体现在以下两点：其一，对伪书类别的归纳；其二，对辨伪方法的总结。

对此，梁启超有他自己的认识，其言："专著一书去辨别一切伪书，有原理、有方法的，胡应麟著《四部正讹》是第一次。"⑤ 又言："全书发明了许多原理、原则，首尾完备，条理整齐，真是辨伪学以来的第一部著

――――――

① 梁启超：《古书真伪及其年代》（《饮冰室专集》一百四），中华书局1989年版，第31页。

② 杨绪敏认为："真正对伪书伪说进行较大规模考辨的当从司马迁作《史记》开始。"杨绪敏：《中国辨伪学史》（修订版），天津人民出版社2007年版，第16页。对于辨伪学"开山"究系何人的问题，司马朝军提出另一种看法，他认为"第一个正式揭开辨伪学序幕的是西汉刘向"，刘向集目录学、校勘学、版本学于一身，"同时也是辨伪学之开山"。见司马朝军《四库全书总目研究》，社会科学文献出版社2004年版，第265页。

③ 柳宗元有关上述文献的考辨，转引自（明）宋濂《诸子辨》（顾颉刚标点）"辨文子篇"，朴社1928年版，第9页；（清）姚际恒撰《古今伪书考》（顾颉刚点校），朴社1933年版，第53页。

④ 梁启超：《古书真伪及其年代》（《饮冰室专集》一百四），中华书局1989年版，第53—54页。

⑤ 同上书，第35页。

作。我们也可以说，辨伪学到了此时，才成为一种学问。"① 所谓自此"才成为一种学问"的定位，被视为不刊之论。

我们认为，梁启超肯定胡应麟的初衷可以理解，梁启超给予胡应麟的定位有待商榷，详见下文。

清代学者的文献辨伪研究，承前启后，后出转精，是中国古代文献辨伪学研究的最高峰。对清儒的文献辨伪，梁启超也有自己的判断，他认为：

> 清儒辨伪工作之可贵者，不在其所辨出之成绩，而在其能发明辨伪方法而善于运用。对于古书发生问题，清儒不如宋儒之多而勇；然而解决问题，宋儒不及清儒之慎而密。宋儒多轻蔑古书，其辨伪动机，往往由主观的一时冲动。清儒多尊重古书，其辨伪程序，常用客观的细密检查。②

梁启超先生的这个论断，也值得商榷。实际上，清儒辨伪工作之可贵，正在其所辨出的成绩，而不在其所发明的方法。而且，其辨伪，也非"常用客观的细密检查"，寓"卫道"于"辨伪"，是清儒辨伪的基本特征之一。

（二）归纳辨伪法

梁启超对辨伪方法的总结归纳，有一个不断深入的过程。

在《中国历史研究法》一书中，梁启超首次提出"辨伪十二公例"。并将这十二公例，分为"据具体的反证"与"据抽象的反证"两类。③ 就此，梁启超自称"以上十二例，其于鉴别伪书之法，虽未敢云备，循此以推，所失不远矣"④。客观说来，这"十二公例"颇简洁，亦实用。

到了推出《古书真伪及其年代》一书时，梁启超对文献辨伪的方法，再次进行了高度概况和凝练，前后合计 13 种。进而又提出，文献辨伪的

---

① 梁启超：《古书真伪及其年代》（《饮冰室专集》一百四），中华书局 1989 年版，第 36 页。

② 梁启超：《中国近三百年学术史》（新校本），商务印书馆 2011 年版，第 302 页。

③ 以上详见梁启超《中国历史研究法》（《饮冰室专集》七十三），中华书局 1989 年版，第 84—88 页。

④ 梁启超：《中国历史研究法》（《饮冰室专集》七十三），中华书局 1989 年版，第 88 页。

方法，可以区分为两个系统或两条途径，即"书的来历（传授统绪）"和"书的本身（文义内容）"。

从"传授统绪"这条途径辨伪，梁先生认为有以下八种方法：

（1）从旧志著录是否判断。如没有著录，便是伪书，至少是可疑之书；

（2）从史志著录次序判断。如前志著录，后志亡佚，必为伪书或可疑之书；

（3）从今本卷数篇数判断。如与旧志所说卷帙不同，可以定其伪或者存疑；

（4）从文献标题作者判断。如旧志无著者姓名而今本有之，或为后人伪托；

（5）从前人既有言论判断。如旧志或注家已明言是伪书，可采用这种说法；

（6）从记叙时代抵牾判断。如后人说某书出现于某时，而时人未见，必伪；

（7）从文献最初状况判断。如书初出现即有问题，如人称其伪造，应存疑；

（8）从文献之来历判断。如该书之来历"暧昧不明"，则可以而定为伪书。①

从文义内容这条途径辨伪，他认为可以从以下五方面入手：

（1）从字句缺漏处辨别；

（2）从抄袭旧文处辨别；

（3）从佚文辨别；

（4）从文章辨别；

（5）从思想辨别。②

为更好地说明上述辨伪方法，梁启超均选择了非常翔实的材料，并加以一一解读。尤其是对"书的本身（文义内容）"类方法的论述，梁启超的诠释可谓条分缕析。以"从字句缺漏处辨别"这一条为例。

---

① 参见梁启超《古书真伪及其年代》（《饮冰室专集》一百四），中华书局 1989 年版，第 39—43 页。

② 同上。

梁启超说道：作伪的人常常"不知不觉的漏出伪迹于字句之间"，因此，我们"从此等小处着眼，常有大的发现"。他认为，"从字句缺漏处辨别"，可以细分为"（子）从人的称谓上辨别""（丑）从用后代的人名地名朝代名来辨别""（寅）从后代的事实或法制来辨别"三种。其中：

第一，"（子）从人的称谓上辨别"，又可以分为三种："（A）书中引述某人语则必非某人作""（B）书中称谥的人出于作者之后，可知是书非作者自著""（C）说是甲朝人的书，却避乙朝皇帝的讳，可知一定是乙朝人做的"。

第二，"（丑）从用后代的人名地名朝代名来辨别"，也可分为三种："（A）用后代人名""（B）用后代地名""（C）用后代朝代名"。

第三，"（寅）从后代的事实或法制来辨别"，分为两种："（A）用后代的事实""（B）用后代的法制"。其中，"（A）用后代的事实"，又可分为三种"（a）事实显然在后的""（b）豫言将来的事显露伪迹的""（c）伪造事实的"。①

由上述可见，梁启超归结的辨伪方法，除了子、丑、寅等小类，还细分了 A、B、C 等小目；甚至 a、b、c 等细目，颇有不厌其详的味道。当代学者多訾其繁碎，良有以也！

汉唐以来，中国古代学者就非常重视对文献辨伪方法的归纳和总结，其中以明代学者胡应麟的"辨伪八法"最为全面。民国文献辨伪学成就的另一方面重要表现，是有关学者对古往今来文献辨伪方法的归纳、总结与反思。梁启超《中国历史研究法》中的"辨伪十二公例"，《古书真伪及其年代》中的"辨伪十三方法"，既具有示范性，也具有典型性。

不难发现，以梁启超等人为代表，民国学者的辨伪方法归结，受西方理论学说影响的色彩极为显著。这些辨伪方法的归结和表述，无论内容、形式，均不同程度地打上"形式逻辑"的烙印，条目清晰、直观形象，虽然层次或有问题，但较之前代言论，至少通俗易懂了许多。这种方法论的"自觉"，在中国文献辨伪学发展史上，有非常重要的价值和意义。

---

① 参见梁启超《古书真伪及其年代》（《饮冰室专集》一百四），中华书局 1989 年版，第 43—46 页。

（三）认定价值意义

梁启超对文献辨伪研究的意义及价值，有全面深刻的认识。其中，极为可贵的是，他在谈论康有为的文献辨伪时，明确提出了康有为的文献辨伪，所具有的"摇动"思想界的意义。

梁启超从学术研究的角度，高度肯定了文献辨伪的特殊意义及地位。他认为，无论史学、文学，"做哪门学问"，都要以"别伪求真"为"基本工作"。在他看来，所凭借的资料"若属虚伪"，则研究出来的结果自然"也随而虚伪"。这样一来，所有的研究工作"便算白费了"。梁启超强调辨伪的重要意义，在他看来，还有一项"客观原因"，就是"中国旧学，什有九是书本上学问，而中国伪书又极多"。所以，"辨伪书"就是整理中国旧学里头特别"重要的一件事"。①

此后，梁启超在1927年出版的《古书真伪及其年代》中，对文献辨伪的意义，作了进一步的强调和明确："研究中国学问，尤其是研究历史，先要考订资料，后再辨别时代"，只有这样，"研究本国书籍，才不会走错，不会上当"。②

我们注意到，清初学人姚际恒，在《古今伪书考》书前《小序》中，也曾提出过文献辨伪是"读书第一义也"。③ 但姚氏论著，不为时人所重，多所散佚，后人难得一见。较以姚际恒，梁启超的论断流传更广，且切中学术研究之肯綮，故屡为后人所称引，俨如经典。

梁启超在评述康有为的《新学伪经考》时所言，对今日学人，也有颇多启示。④ 康有为的《新学伪经考》以"汉书河间献王鲁共王传辨伪"一篇为起点，以《汉书艺文志辨伪》为中心，从多个层面及角度论定"古文经"之伪，发前人所"未发"，发时人所"畏发"，影响甚为广泛且深远。

缘此，梁启超说道，康先生的《新学伪经考》，"把西汉迄清今古文之

---

① 梁启超：《中国近三百年学术史》（新校本），商务印书馆2011年版，第299页。

② 梁启超：《古书真伪及其年代》（《饮冰室专集》一百四），中华书局1989年版，第13页。

③ 姚际恒：《序》，载（清）姚际恒撰《古今伪书考》（顾颉刚等点校），朴社1933年版，第3页。

④ 梁启超对康有为及其著作、思想的认识和评价，经历了一个较为起伏的心路历程。这是梁启超学术思想研究中的一个重要问题，既有论著，多所涉及。近来魏义霞的一篇文章，就是其中一篇。叙述较为畅达，可资参考。魏义霞：《论梁启超对康有为著作的侧重、解读和态度变化》，《周易研究》2015年第4期。

争算一个总账，认西汉新出的古文书全是假的，承刘（笔者按，刘逢禄）、魏（笔者按，魏源）之后而集其大成。使古书的大部分如《周礼》《左传》《毛诗》《毛诗传》和刘歆所改窜的书根本摇动，使当时的思想界也跟着发生激烈的摇动"，又说道，康有为通过该书，"打倒历代相传神圣不可侵犯的古经，尤其使人心不能不激变"。①

好一个"思想界"的"激烈摇动"！短短数言，梁启超即道出了文献辨伪研究，最需要提及的意义及影响。文献辨伪从来就不仅是学术问题，更不仅仅是事实判断。因此，在文献辨伪学史及文献辨伪理论研究中，应该对这个问题，有足够全面、客观、深刻的认识。

（四）考订真伪及年代

就今本《左传》而言，康有为等人主张，该书是刘歆据《国语》，割裂而成的伪作。梁启超此前，亦然其论。进入 20 世纪 20 年代，梁启超尽弃前说，发表新论。他认为，"今本《国语》与今本《左传》，若析而为二，则两书皆可谓自乱其例，不足以列于著作之林"。② 进而指出，《左传》与《国语》，无论题材、内容，均不相同，且无割裂痕迹。可见，"《左氏》不是刘歆伪造或从《国语》分出来的"③，《左传》是"战国初年人做的"④。

1909 年，梁启超曾作《管子传》，其中对《管子》真伪，发表了如下看法："《管子》一书，后儒多谓战国时人依托之言，非管仲自作。虽然，若《牧民》《山高》《乘马》《轻重》《九府》，则史公固称焉。谓其著书世多有之，是固未尝以为伪也。（自注略）且即非自作，而自彼卒后，齐国遵其政者数百年（自注略），然则虽当时稷下先生所讨论、所记载，其亦必衍《管子》绪余已耳！"⑤

总之，梁启超认为《管子》一书，"十之六七为原文，十之三四为后人增益"，不可尽以为伪书。1916 年胡适发文，对梁启超的观点发表不同

---

① 梁启超：《古书真伪及其年代》（《饮冰室专集》一百四），中华书局 1989 年版，第 38 页。
② 梁启超：《要籍解题及其读法》（《饮冰室专集》七十二），中华书局 1989 年版，第 55 页。
③ 梁启超：《古书真伪及其年代》（《饮冰室专集》一百四），中华书局 1989 年版，第 121 页。
④ 同上书，第 125 页。
⑤ 梁启超：《管子传》（《饮冰室专集》二十八），中华书局 1989 年版，第 3 页。

意见。后来，胡适将他的观点又写入《中国哲学史大纲》的"导言"中。1922 年，梁启超在点评胡适《中国哲学史大纲》的演讲中，修正了他观点。

他说道，《管子》这部书，胡适"断定他不是管仲所作，我是完全赞成"。但是，梁启超对胡适"勇于疑古"的做法，持保留态度，他说道："若说管仲这个人和后来法家思想没有关系，我便不敢说。"[1]

梁启超认为，伪书的性质及类型有别。《管子》是一部什么样的伪书？他的判断是：《管子》肯定是"先秦作品"，"内容不尽伪，而书名人名皆伪"，是一部"为无名氏的丛抄"，绝非管仲所作。[2]

除此之外，"古史辨"运动活跃期间，梁启超还发表了多篇考辨古籍的研究成果，其中如《墨子年代考》《读墨经余记》《论老子书作于战国之末》等 8 篇，收录在《古史辨》之中。在《墨经》流传及作者问题上，清儒孙诒让以为该书非墨子所著。对孙诒让所言，梁启超不以为然。他据《庄子·天下篇》中的引文等，论定《墨经》必是墨子所著。[3]

梁启超的文献辨伪研究，既有理论总结，又有具体实践。其理论总结，涉及伪书的概念、辨伪的必要性、辨伪的方法、作伪的原因、伪书的类别、伪书的价值等，理论体系初具。其辨伪实践，遍及四部，纵论古今，不受文献性质类别所有。既能深入其中，又可超越其上。

传世文献辨伪，需要精深的学术素养，以及广博的学术视野。纵观民国学坛，无人能出其右，能与比肩者，亦寥寥无几。梁启超先生的文献辨伪研究，既结束了一个时代，也开启了一个时代。这注定了他在中国文献辨伪学发展史，居于不可替代的重要地位。

值得一提的是，梁启超的文献辨伪，"一面尽管疑古，一面仍带保守性"，不似"古史辨"学者那般"激烈"。对于当时流行的"疑古思潮"，梁启超坦言：其"不免有些辨得太过、疑得太过的地方"。从文献辨伪研究的角度分析，梁启超对"古史辨"学者的做派的认识是深刻的，上述评价，也是非常允当的。

---

　　[1] 梁启超：《评胡适之〈中国哲学史大纲〉》（《饮冰室文集》三十八），中华书局 1989 年版，第 53 页。

　　[2] 梁启超：《古书真伪及其年代》（《饮冰室专集》一百四），中华书局 1989 年版，第 14 页。

　　[3] 梁启超：《读墨经余记》，载罗根泽编著《古史辨》第 4 册，海南出版社 2005 年版，第 175 页。

三　理论别说

作为现代文献辨伪学理论的开创者，梁启超在中国文献辨伪学发展史上的地位，是无可置疑的。但任何理论的开创者，都不能毕其功于一役，梁启超先生之于"现代文献辨伪学理论"的构建，亦概莫能外。笔者在此强调说明的，不是梁启超先生理论贡献的大小问题，而是后人对其理论贡献大小的论定问题。

（一）对胡应麟辨伪方法的扬弃

梁启超对文献辨伪方法的归纳演绎，基本以胡应麟的"辨伪八法"为蓝本。

胡氏"辨伪八法"具体包括："核之《七略》，以观其源；核之群志，以观其绪；核之并世之言，以观其称；核之异世之言，以观其述；核之文，以观其体；核之事，以观其时；核之撰者，以观其托；核之传者，以观其人"①。

具体而言，所谓的"核之《七略》，以观其源；核之群志，以观去绪"，意在从目录著作上考察源流。"核之并世之言，以观其称"，从横向比较（共时）的角度，进行考察；"核之异世之言，以观其述"，则是从纵向考察（异时）的角度，进行辨析；"核之文，以观其体"，所针对的是"文体"问题；"核之事，以观其时"，所针对的，是"史实"问题；至于"核之撰者，以观其托"以及"核之传者，以观其人"，则是从被伪托者、文献传播者的角度，进行分析。

通过上述解析，我们不难发现，梁启超先生的辨伪方法，即提出的"书的来历"和"书的本身"两个途径；从字句缺漏处辨别，从抄袭旧文处辨别，从佚文上辨别，从文章上辨别，从思想上辨别，以及从传授统绪上辨别等六个方面。除了叙述的方式、角度以外，并没有内容上的突破。因此，在辨伪学方法上，梁启超的贡献，主要在于归纳而非演绎，基本属于"推陈"而非"出新"。

---

① （明）胡应麟：《四部正讹》（顾颉刚点校）卷上，朴社 1933 年版，第 76—77 页。

（二）对清代辨伪学研究的定位

梁启超认为："清儒辨伪工作之可贵者，不在其所辨出之成绩而在其能发明辨伪方法而善于运用。"① 应该说，受各种条件的限制，梁启超当时无力详考清代文献辨伪学发展史。因此，有关清儒文献辨伪学贡献的论断，今人应理性、客观地对待。

笔者曾在《清代文献辨伪学研究》（人民出版社 2012 年版）一书中，对有清一代二百余年间、数百位学者的文献辨伪成就，进行过全面梳理和系统研究。

我们认为，清代学者文献辨伪研究的实际情况是：就研究队伍而言，清代学者辈出，有论著传世者，达 200 余人，其中包括朱彝尊、阎若璩、戴震等人，可谓名家云集。就考辨范围而言，清儒考订的文献近 800 种，四部俱齐，囊括古今，非前代可比。就成果质量而言，诸如《古文尚书疏证》《禹贡锥指》《钦定四库全书总目》等一批学术名著，在论定《古文尚书》《周礼》等传世文献真伪问题上，均实事求是，考辨精详。其中多数结论，已为后世学者所公认，系不刊之论。但是，就辨伪方法而言。至少就存世论著观之，清儒鲜有值得关注的发明。出现这种状况，与朱熹、胡应麟等前代学者的总结归纳，不无直接关系。

胡应麟的辨伪学方法，详诸上文，兹不赘述。这里仅就朱熹的辨伪法，做简单的说明。朱熹曾提出："生于今世而读古人之书，所以能别其真伪者，一则以其义理之所当否而知之，二则以其左验之异同而质之。未有舍此两途而能直以臆度悬断之者也。"②

"左验"的内涵较为丰富，白寿彝等先生据朱熹论著，有过总结，较为全面。③ 此外，朱熹提出以"义理"辨伪的方法，也非常值得关注。

---

① 梁启超：《中国近三百年学术史》（新校本），商务印书馆 2011 年版，第 249 页。

② （宋）朱熹，刘永翔、朱幼文点校：《晦庵先生朱文公文集》（二），卷 38《答袁机仲——来教疑河图洛书是后人伪作》，上海古籍出版社 2002 年版，第 1665 页。

③ 朱熹的辨伪方法，自白寿彝在《朱熹辨伪书语序》中进行了归纳以后，一般地都总结为从一般常识上来推断、从语言文字及文章风格上考辨等六种。白寿彝认为："在当时能提出一种辨伪书的具体方案，并能应用这样多的方法的人，恐怕还是要推朱熹为第一人了。他辨伪书的话虽大半过于简单，但在简单的话里，颇有一些精彩的见解，给来辨伪书的人不少的刺激。"详见白寿彝《朱熹辨伪书语序》，载顾颉刚主编《古籍考辨丛刊》第一辑，1955 年中华书局影印，第 11 页。白寿彝的评述，较有代表性。

"以其义理之所当否而知之"，是朱熹文献辨伪理论的深刻表达，也是"准以六经"的时代及文化背景下，以"理证"辨真伪的明确说明。这也是宋以后，中国古代学者的文献辨伪，需要遵循和使用的基本原则和方法，清代学者依然秉持。

总之，清代学人的文献辨伪，在方法创新方面，乏善可陈。但在考辨成果方面，则超迈古今，取得了极为丰硕的成绩。因此，梁启超对清代文献辨伪学成绩的论定，与史实不符，不足为据。

对这个问题，我们应该实事求是，具体问题具体分析：既不应遵梁氏论断，而低估清儒的成就；也不应据清代史实，而否定梁先生的贡献。

第三章　胡适的文献辨伪

胡适先生是新文化运动的领导者，同时也是文献辨伪研究的重要参与者。他的学术主张及学术实践，深刻影响着民国时期的文献辨伪学发展。其所倡导的"整理国故"，成为"古史辨"运动的重要发端。此外，胡适就一些传世文献的真伪问题，也发表了极富时代特征的论断，是继梁启超之后，又一位文献辨伪学理论的构建者。

一　学术主张

胡适，原名嗣穈，改名适，字适之。清光绪十七年（1891）生于上海，祖籍安徽绩溪。父胡传，字守三。系清贡生，曾官至台东直隶州知州。胡适五岁进家塾，十四岁读学堂，十六岁入中国公学。清宣统二年（1910），考取官费生留美。1914 年，毕业于康奈尔大学，获文学学士学位。次年，入哥伦比亚大学，师从著名实验主义学者杜威。1917 年，获博士学位，同年回国，受聘北京大学，接替章太炎的弟子陈汉章，讲授《中国哲学史》。

胡适是新文化运动的重要领袖之一，与陈独秀先生，堪称"双峰并峙"。① 实际上，早在留美期间，胡适就曾在《新青年》杂志上发表文章，提出"文学革命"的主张，并以《文学改良刍议》（1917 年年初）一文，

①　鲁迅曾对这两位领袖人物，在新文化运动中的不同风格及作用，进行过形象的描述："假如将韬略比作一间仓库罢，独秀先生的外面竖起一面大旗，大书道：'内皆武器，来者小心！'但那门却是开着的，里面有几支枪，几把刀，一目了然，用不着提防。适之先生的是紧紧地关着门，门上贴着一条小纸条道：'内无武器，请勿疑虑'，这自然可以是真的，但有些人——至少我是这样的人——有时总不免要侧着头想一想。"见鲁迅《鲁迅全集》第 6 卷，《且介亭杂文》之《忆刘半农君》，人民文学出版社 2005 年版，第 71—72 页。

在国内扬名。

1919 年，回国伊始的胡适，任《新潮》杂志的顾问。① 《新潮》是一份由北京大学学生创办的月刊，旨在抨击传统伦理道德，宣传民主与科学，并倡导新文学。1919 年 5 月，胡适陪同杜威夫妇在京、津、晋、鲁等地演讲。同年 7 月，发表《多研究些问题，少谈些"主义"!》，倡导"改良"，从而引发"问题与主义"论战。同年八月，又发表了《论国故学——答毛子水》，提出"整理国故"的主张②，成为"古史辨"运动发起之渊源。

20 世纪二三十年代，胡适又相继创办《努力周刊》《独立评论》等杂志，组织"独立时论社"等，涉足政治。1938—1942 年，胡适受命出任国民政府驻美大使，1946—1948 年，又任北京大学校长。1949 年再次赴美，1958 年返回台湾，继而一度出任"中央研究院"院长。1962 年病逝于台北。③

胡适一生成就颇多，是新文化运动领袖、白话文运动倡导者，是现代中国声名卓著的文学家、史学家、哲学家。有《中国哲学史大纲》《尝试集》《白话文学史》《胡适文存》等论著传世。④

（一）与"古史辨"的关系

民国文献辨伪学发展的标志性特征，是文献辨伪成为史料考辨的手段，文献辨伪学成为史学研究的附庸。不难理解，数十年来，学界对民国文献辨伪学史的讨论，缘何经常以评述"古史辨"研究的形式呈现。

---

① 据傅斯年言：胡适是"新潮社"的顾问，"新潮社"的活动"很受他些指导"。见傅斯年《〈新潮〉之回顾与前瞻》，载傅斯年《出入史门》，浙江人民出版社 1998 年版，第 60 页。

② 对于胡适的"整理国故"，张岱年曾说："胡适之宣扬'全盘西化'论，但是在介绍西学方面，并没有做多少工作，他的精力主要放在'整理国故'方面了。"见张岱年《论胡适之——关于胡适之的一些感想》，载张岱年《直道而行》，大众文艺出版社 2000 年版，第 30 页。

③ 参见易竹贤《胡适年谱1891—1962》，《武汉大学学报（社会科学版）》1985 年第 2 期；易竹贤《胡适年谱 1891—1962》（续），《武汉大学学报（社会科学版）》1985 年第 3 期；耿云志《胡适传略》，《晋阳学刊》1987 年第 1 期。

④ 《中国哲学史大纲》（上卷）是胡适的成名作。该书以"时势生思潮，思潮又生时势，时势又生新思潮"的"大变动"（语出胡适《中国哲学史大纲》，河北教育出版社 2001 年版，第 31 页）为主线，叙述中国哲学史。该书被誉为中国现代哲学史学科成立的标志、中国现代学术建立的标志。李泽厚曾对该书进行了高度评价："胡适的《中国哲学史大纲》第一次突破了千百年来中国传统的历史和思想史的原由观念、标准、规范和通则，成为一次范式性的变革。当这种范式性的变革，与其说是学术性的，毋宁说是思想性的。"详见李泽厚《中国现代思想史论》，东方出版社 1987 年版，第 93 页。

胡适是"古史辨"运动的倡导者、发动者，也是"古史辨"创立时期的主要成员。自《古史辨》第一册首发，直到1933年第六册刊行。胡适的论说、信笺，多见收录。胡适与"古史辨"之间的密切关系，是显而易见、不容置疑的。但在特殊的时代背景下，人们的判断，曾迥然不同。

20世纪20—40年代，当时学界名流，均将胡适视为"古史辨"的"同道中人"。如郭沫若先生，在1930年2月，即曾说道："胡适对于古史也有一番比较新颖的见解。他以商民族为石器时代，当向甲骨文字里去寻史料；以周、秦、楚为铜器时代，当求之于金文与诗。这都可算是卓识。"但是，由于术业不同，胡适的局限也是显而易见的。郭沫若说得比较委婉，称："不过他在术语的使用上却还不免有点错误。"① 并举了几个混淆"石器时代""铜石并用时代"概念的例子。

继而，郭沫若又说道：

　　胡君又说："以山西为中心的夏民族，我们此时所有的史料实在不够用，只好置之于'神话'与'传说'之间，以俟将来史料的发现。"②

对这个比较"矜慎"的态度，郭沫若一则以批评，一则以赞许。关于"批评"，郭沫若依然比较含蓄，称胡适的上述提法，"虽然夏民族是否以山西为中心，还是问题"③。至于"赞许"，郭沫若还是多说了几句：

　　胡君的见解较一般的旧人大体上是有些科学观念，我前说他在《中国哲学史大纲》中"对于中国古代的实际情形，几曾摩着了一些儿边际"，但就《古史辨》看来，他于古代的边际却算是摩着了一些，这可以说是他的进步。④

---

　　① 以上引文，见郭沫若《评古史辨》，载吕思勉、童书业编著《古史辨》第7册，海南出版社2005年版，第709页。

　　② 郭沫若：《评古史辨》，载吕思勉、童书业编著《古史辨》第7册，海南出版社2005年版，第710页。

　　③ 同上。

　　④ 同上。

　　而与胡适、顾颉刚都有密切过从的钱穆，则更为明确地指出：胡适、钱玄同与顾颉刚，是"古史辨"的"三君"：所谓胡、钱、顾"三君"，"或仰之如日星之悬中天，或畏之如洪水猛兽之泛滥纵横于四野，要之，凡识字人几于无不知三君名。'推倒一世豪杰，开拓万古心胸'，于三君乎见之"。①

　　20 世纪 50 年代，中国大陆开始了对胡适的强烈批评。其间，"古史辨"代表性人物的顾颉刚，之所以深陷其中，也是因为胡适在"古史辨"运动中曾发挥的不可或缺的作用。②

　　但是 20 世纪 80 年代以后，颇多论著，已将顾颉刚与"古史辨"视为同义语，"间或提及钱玄同，而极少谈到胡适"③。

　　如尹达主编的《中国史学发展史》，在下卷第二编，曾用一节的内容，探讨《顾颉刚与"古史辨"派之崛起》的问题，且言："（20 世纪）二十年代，在资产阶级新史学的阵营内崛起了一个'古史辨'派，其领袖人物是顾颉刚。"④ 王树民的《中国史学史纲要》亦言："疑古与辨伪的主要人物是钱玄同和顾颉刚。"⑤ 至于张学书的《中国现代史学思潮研究》，也明确指出"它（笔者按，古史辨）的领袖和主将就是中国现代著名的史学家顾颉刚"⑥。

　　其他如马金科、洪京陵《中国近代史学发展叙论》（中国人民大学出版社 1984 年版）之《顾颉刚与〈古史辨〉》，高国抗、杨燕起《中国近代史学史概要》（广东高教出版社 1994 年版）之《顾颉刚与古史辨派》，蒋俊《中国史学近代化进程》（齐鲁书社 1995 年版）之《顾颉刚与"古史辨"》，王汎森《古史辨运动的兴起》（台湾允晨文化公司 1987 年版）之《顾颉刚与古史辨运动》等论著，则对胡适之于"古史辨"的作用、意义及影响，不甚关注。这是一个值得讨论的"疏忽"。

　　出现上述问题，与顾颉刚本人的一段追忆，颇有关联。

　　20 世纪 80 年代初，顾颉刚在《我是怎样编写〈古史辨〉的？》一文

---

　　① 钱穆：《序》，载顾颉刚《崔东壁遗书》之《附录》，上海古籍出版社 1983 年版，第 1046—1047 页。

　　② 朱洪涛：《"胡适批判"中的顾颉刚》，《读书》2014 年第 2 期。

　　③ 张京华先生语。详见张京华《论胡适"缩短""拉长"两阶段的古史观》，《江南大学学报（人文社会科学版）》2002 年第 5 期。

　　④ 尹达：《中国史学发展史》，中州古籍出版社 1985—1987 年版，第 505 页。

　　⑤ 王树民：《中国史学史纲要》，中华书局 1997 年版，第 195 页。

　　⑥ 张学书：《中国现代史学思潮研究》，湖南教育出版社 1998 年版，第 195 页。

中，追述了胡适在 1929 年说过的话："现在我的思想变了，我不疑古了，要信古了！"① 这篇文章，由于刊于 1982 年版《古史辨》第一册中，开宗明义，流传甚广。

后来学者，多据此探讨"古史辨"问题。此后一段时间，诸多论著，多弱化、淡化了胡适在"古史辨"运动中的地位及作用。除此之外，更深层次的原因，则是 20 世纪中期以来，颇为复杂的时代及学术背景。

笔者认为，胡适与"古史辨"究系何种关系，确实是一个值得深究的问题。

（二）对顾颉刚的奖掖

胡适的奖掖，既有经济上的慷慨扶助，又有学术上的雪中送炭。对于 20 世纪 20 年代的顾颉刚而言，这都是极为急切，也是不可或缺的宝贵扶持。正由于有了胡适的慧眼、胡适的奖掖，顾颉刚才能在北大诸生中脱颖而出，发起"古史辨"，开一代学风，并屹立于 20 世纪之学坛。

1917 年，胡适学成归国，任职北大。意气风发，声望堪与钱玄同、陈独秀等宿儒名流比肩。顾颉刚当时正在北大受教，博闻好学，系青年才俊。胡适虽然仅比顾颉刚年长两岁，但在二人相识之际，却是师生的名分。

胡适的学问主张，与北大"旧派"学者，迥然有别。他在北京大学任教职期间，曾给低年级学生，讲授中国哲学、中国哲学史等课程。其学说理论，颇令顾颉刚等青年学生震动。顾颉刚回忆说：胡适讲授中国哲学史，撇开上古，"截断众流"，径直从《诗经》取材，"这一改，把我们一班人充满着三皇、五帝的脑筋骤然作一个重大的打击，骇得一堂中舌挢而不能下"。②

虽然颇有争议，但顾颉刚对胡适，则钦敬有加，乐于亲近。胡适也对顾颉刚的博通勤敏，也赞赏有加。1920 年，顾颉刚从北大毕业后，在校图书馆任职。胡适见顾颉刚薪资微薄，不足以安居，屡施援手。并提议顾颉刚点校清儒辨伪学专著《古今伪书考》，一则以增加顾氏收入，聊纾窘困；一则以表彰学术，惠及后学。顾颉刚的文献辨伪学研究，由此肇基。

---

① 顾颉刚：《我是怎样编写〈古史辨〉的?》，载顾颉刚《我与〈古史辨〉》，上海文艺出版社 2001 年版，第 198 页。

② 见顾颉刚《自序》，载顾颉刚编著《古史辨》第 1 册，海南出版社 2005 年版，第 20 页。

为生活计，顾颉刚离开北大，起初为商务印书馆编辑初中本国史教科书，后又南下，相继在厦门大学、广州中山大学执教。① 1926 年，在胡适的鼓励及支持下，顾颉刚编辑的《古史辨》第一册刊行，随后各册次第刊行。

有关情节，胡适在《介绍几部新出的史学书——顾颉刚先生的〈古史辨〉第一册》中回忆道：

> 承顾先生的好意，把我的一封四十八个字的短信作为他的《古史辨》的第一篇。我这四十八个字居然能引出这三十万字的一部大书，居然把顾先生逼上了古史的终身事业的大路上去，这是我当日梦想不到的事。然而这样"一本万利"的收获，也只有顾先生这样勤苦的农夫做得到。②

对于"个中隐情"，胡适又说道：

> 当民国九年（1920）十一月我请他点读《古今伪书考》的时候，我不过因为他的经济困难想他可以借此得点钱。他答应我"至慢也不过二十天"（原注：页七）。但他不肯因为经济上的困难而做一点点苟且潦草的事，他一定要"想对于他征引的书都去注明卷帙，版本；对于他征引的人都去注明生卒，地域"（原注：页一一）。因为这个原故，他天天和宋、元、明三代的辨伪学者相接触，于是我们有"辨伪丛刊"的计划。先是辨"伪书"，后转到"伪事"。颉刚从此走上了辨"伪史"的路。③

胡适的这篇文章，于 1926 年 9 月，发表在《现代评论》杂志第 4 卷上。以胡适当时的声望，这个"新书广告"打得非常响亮。

---

① 顾颉刚自言："自从民国十五年的秋天，受了衣食的逼迫，浮海到厦门，（原注：不到一年，又被学校的风潮驱到了广州），从此终日为教书忙，为办公忙，为开会及交际等事忙"云云。见顾颉刚《自序》，载顾颉刚编著《古史辨》第 2 册，海南出版社 2005 年版，第 1 页。

② 胡适：《介绍几部新出的史学书——顾颉刚先生的〈古史辨〉第一册》，载顾颉刚编著《古史辨》第 2 册，海南出版社 2005 年版，243 页。

③ 同上。

顾颉刚自此声名渐著，以至于 1929 年，顾颉刚重返北京，执教燕京大学之际，人脉与资历均非昔日可比，甚而有"北平三老板：胡适、傅斯年、顾颉刚"的传言。①

1917—1929 年，胡适对顾颉刚屡施援手，奖掖有加。顾颉刚经济拮据之时，胡适慷慨解囊；顾颉刚名不见经传之际，胡适多方奖掖；顾颉刚学术困顿期间，幸得胡适鼎力扶持。顾颉刚确系百年不可多得之"学术巨子"，但是，若不是胡适慧眼视英才，扶持于困厄之际，奖掖于微贱之时，顾颉刚的人生道路，或将改写。对于这份恩情，顾颉刚没齿不忘，终身感念，也是学林一段佳话。②

（三）开展"古史辨"的意见

胡适有关文献辨伪意义及方法的观点，在"古史辨"运动酝酿发展的过程中，发挥了相当重要的作用。

如上文所述，胡适自回国任教，即与顾颉刚等后来的"古史辨"学者接触。其中，与顾颉刚的过从，尤显密切。胡适对顾颉刚文献辨伪研究的引导，始于 1920 年关于点读清初学者姚际恒的《古今伪书考》。事见同年十一月二十四日的《嘱点读〈伪书考〉书》。③

这是胡适对此前一日顾颉刚来信的回应。④ 在这通回信中，胡适提议，由顾颉刚点读姚氏《古今伪书考》，"不必急急，每天点两三页便够了"。事竣时，胡适会亲自联系出版，版权及收入都归顾颉刚所有，作为顾氏"工读的一个好法子"⑤。与此同时，胡适又建议顾颉刚与他一道，计划作

① 据顾颉刚回忆，抗战前，"北平流行着一句话：'北平城里有三个老板，一个是胡老板胡适，一个是傅老板傅斯年，一个是顾老板顾颉刚。'"实际上，如顾颉刚所言，"从形式上看，各拥有一班人马，好像是势均力敌的三派"，他这个老板"是没有一点经济基础的"。转引自王学典、孙延杰《顾颉刚和他的弟子们》，山东画报山版社 2000 年版，第 66 页。

② 潘光哲：《顾颉刚与胡适》，《人物》（杂志）2016 年，转引自 http：//www. mj. org. cn/zsjs/content/2016 – 01/22/content_ 211555. htm。

③ 胡适：《嘱点读〈伪书考〉书》，载顾颉刚编著《古史辨》第 1 册，海南出版社 2005 年版，第 5 页。

④ 1920 年 11 月，顾颉刚对"两星期前"胡适的一句询问（有关"姚际恒著述"的短信，寥寥 51 字。后被顾颉刚作为《古史辨》第 1 册的第 1 篇文章，收录刊行），进行了颇为用心的答复。见顾颉刚《答书》，载顾颉刚编著《古史辨》第 1 册，海南出版社 2005 年版，第 3—4 页。

⑤ 胡适：《嘱点读〈伪书考〉书》，载顾颉刚编著《古史辨》第 1 册，海南出版社 2005 年版，第 5 页。

"一个小小的《国故丛书》"，将诸如《古书疑义举例》《国故论衡》等旧书，一一标点翻刻。①

顾颉刚对胡适的建议，欣然领受。当日，即写信回复，并附上1914年前后草拟的《〈古今伪书考〉跋》。胡适读罢，略作点评。其中就有"宁可疑而过，不可信而过"②的措辞。

在胡适的启发下，顾颉刚不久就有了编辑《辨伪三种》的设想，其中包括宋濂的《诸子辨》、胡应麟的《四部正讹》，以及姚际恒的《古今伪书考》。胡适对此极为赞成，称这样的"校注法是极好的"。③

到了1921年年初，顾颉刚点读辨伪学论著的兴致及信心，都空前高涨，于是提出了分批编辑《辨伪丛刊》的设想。④同年7月，胡适在《论〈辨伪丛刊〉体例书》中，胡适对顾颉刚的这个意向，颇为赞许，称"《辨伪丛刊》事，你的办法我很赞成"，并就如何操作，提出了他的一系列主张：

可否以伪书为纲而以各家的辨伪议论为目？例如：

《书经》：孟子说：——

吴才老说：

朱熹说：

吴澄说：

梅鷟说：

阎若璩说：

惠栋说：

姚际恒说：

龚自珍说：

康有为说：……

① 胡适：《嘱点读〈伪书考〉书》，载顾颉刚编著《古史辨》第1册，海南出版社2005年版，第5页。
② 胡适评语，转引自顾颉刚《答书》，载顾颉刚编著《古史辨》第1册，海南出版社2005年版，第10页。
③ 胡适：《告拟作〈伪书考〉长序书》，载顾颉刚编著《古史辨》第1册，海南出版社2005年版，第13页。
④ 顾颉刚：《论伪史及〈辨伪丛刊〉书》，载顾颉刚编著《古史辨》第1册，海南出版社2005年版，第27页。

或参用两法：（1）有些书，如你所辑校的两集，用原书的次序，依年代排列。（2）有些大书，有些发生大问题的书——如《书经》，《周礼》之类——则用我此次提出的法子，每一部伪书为一集，如"《尚书》的公案"；或竟加入一两种更大的问题，如"今古文的公案"之类。①

实事求是地说，胡适的意见，思路较为清晰，可操作性也比较强。除了顾颉刚的《辨伪丛刊》，张心澂编纂的《伪书通考》，也不外乎这个体例。

此外，1920 年年底，胡适又就如何从苏轼、朱熹等人著述中，辑录辨伪文字的问题，发表了他的个人意见："我们选辨伪的文字，似不能不有一个截止的时期"，否则，诸如朱熹等人的辨伪语，"究竟录不录呢？"胡适的主张是，将"宋濂以前，如柳宗元，朱熹之流"的辨伪语，在序言、跋语，或者"订疑学小史"里，简单提一下，"似乎很够了"②，不必搞一个专门的集子。由此可见，胡适的"指导"近乎"事无巨细"了。③

就这样，1920—1923 年，胡适与顾颉刚之间，围绕着文献辨伪及古史考辨等问题，往复探讨。顾颉刚也在胡适的启发下，提出了"层累地造成的中国古史"的观点。

顾颉刚初出茅庐，有此论断，颇令世人惊叹。"古史讨论"由此肇端。在这场颇显激烈的争论中，胡适选择站在顾颉刚一边。胡适于 1924 年 2 月初，发表了题为《古史讨论的读后感》，明确提出了他对顾颉刚"层累说"的"偏袒"（胡适语）。④

到了 1926 年，《古史辨》第一册结集出版。自此，顾颉刚近乎一夜成名，"古史辨"也成为民国学术中的重要一页。1929 年前后，胡适对顾颉

---

① 胡适：《论〈辨伪丛刊〉体例书》，载顾颉刚编著《古史辨》第 1 册，海南出版社 2005 年版，第 49 页。

② 胡适：《论辑录辨伪文字书》，载顾颉刚编著《古史辨》第 1 册，海南出版社 2005 年版，第 23 页。

③ 需要注意的是，顾颉刚对胡适的上述高见，既不全部采纳，也不采纳全部。其间的微妙，似乎注定了日后隔阂。

④ 胡适：《古史讨论的读后感》，载顾颉刚编著《古史辨》第 1 册，海南出版社 2005 年版，第 168 页。

刚声明：他的"思想变了"，他"不疑古了，要信古了"①。姑且不论胡适何以有此言论，更不必论胡适与顾颉刚是否真的"分道扬镳"，一个不容否认的事实却是：胡适对顾颉刚文献考辨暨"古史辨"运动的萌生、发展，一度发挥了不可或缺的重要作用。

张京华等先生，据《古史辨》第一册里，收录胡适文章的数量、篇目安排等信息的"种种迹象"，得出这样的论断："胡适不仅直接参加了古史辨史学的酝酿，以自己的学术研究参与了古史古书的考辨工作，成为古史辨史学的引路人、组织者、支持者。尽管到后来，胡适从疑古转为信古，与古史辨最终分道扬镳，但他对古史辨所起的作用是不能抹煞的。"② 这个论断，是颇为中肯的。

二　辨伪实践

胡适的文献辨伪研究，虽然不见有严格意义上的专篇、专论，但由于其特殊的学术地位及影响，只言片语，都值得关注。细绎胡适的几种主要论著可知，除了辨伪学史及辨伪学方法论层面的探索，胡适在《古文尚书》《左传》《老子》等颇富争议的文献考辨，以及诸如姚际恒、崔述等古代辨伪名家的学术成就的评定中，都表达过他的理解及判断。③

（一）《诗经》真伪及其年代

关于《诗经》真伪及其年代，胡适曾提出以下几个基本概念。

第一，《诗经》是歌谣集。

在胡适看来，前人一直将《诗经》"看得非常神圣"，称其为"经典"。这是一个错误的概念，必须"打破这个概念"。缘何？如果"这个概念不能打破"，则《诗经》研究无从谈起。胡适主张，《诗经》"并不是一部圣经"，而是"一部古代歌谣的总集"。这部"歌谣集"，可以做社会

---

① 顾颉刚：《我是怎样编写〈古史辨〉的?》，载顾颉刚《我与〈古史辨〉》，上海文艺出版社 2001 年版，第 198 页。

② 吴少珉、赵金昭主编，张京华等著：《二十世纪疑古思潮》，学苑出版社 2003 年版，第 85 页。

③ 路新生有一篇研究胡适辨伪学成就的文章，路先生在文章中指出，胡适非常值得关注的留下的具体辨伪成果不多，但他对辨伪的认识，对伪书的态度还是值得注意的。详见路新生《诸子学研究与胡适的疑古辨伪学》，《华东师范大学学报》2000 年第 4 期。

史的材料，可以做政治史的材料，可以做文化史的材料，但是，"万不可说它是一部神圣的经典"①。

第二，孔子并未删《诗》。

在胡适看来，"诗三百篇"本是一个习惯说法。以往，人们普遍认为，孔子曾删《诗》，"去十分之九，只留下十分之一"。胡适认为，这个说法不对的。从比对佚文的角度考察，胡适认为，传世文献中引述的"诗"，不在"诗三百篇"以内的，寥寥无几。所以，前人说孔子删了十分之九的《诗经》，"是不可相信的了"②。

第三，《诗经》不成于一时。

在胡适看来，《诗经》成书时代，也值得重新推敲。他的基本观点是，《诗经》不是一个时代辑成的，"《诗经》里面的诗是慢慢的收集起来"。《诗经》各篇的形成时代，从"最古的"《周颂》，到"最迟的"《商颂》《鲁颂》《国风》，"里面包含的时期约在六七百年的上下"。因此，目前这个"集子"，既不是哪一个人辑的，也不是哪一个人做的。③

第四，《诗经》的经典化。

在胡适看来，《诗经》的"经典化"是汉代的事情。《诗经》"经典化"的一个重要动因，是里面描写的"那些男女恋爱的事体"，在那般"道学先生"看起来，不大雅观。于是，对于这些"自然的有生命的文学"，进行了"种种附会的解释"，而且"讲得非常的神秘"。总之，到了汉代，《诗经》变成了"一部神圣的经典"④。

严格说来，胡适的上述"新概念"，确实令时人耳目为之一新。但是，若将其置于整个《诗经》学史中考察，似乎没有多少创意。胡适的上述言论，之所以产生重要反响，有着深刻的时代背景。在此间，人易以言称，言宜以人立！

（二）《尚书》辨伪

胡适认为《尚书》不论今古文，都不可信。

---

① 胡适：《谈谈〈诗经〉》，顾颉刚编著：《古史辨》第3册，海南出版社2005年版，第383页。

② 同上。

③ 同上书，第384页。

④ 同上。

他在《中国哲学史大纲》一书的"导言"中，曾这样说道："梅赜伪古文，固不用说。即28篇之'真古文'，依我看来，也没有信史价值。"①

为佐证己说，他以《尚书》中的"神异"事件为例，说道：

> 如《皋陶谟》的"凤凰来仪"，"百兽率舞"，如《金滕》的"天大雷电以风，禾尽偃，大木斯拔。……王出郊，天乃雨，反风。禾则尽起。二公命邦人，凡大木所偃，尽起而筑之，岁则大孰"，这岂可用作史料？②

在胡适看来，上述事件，有悖常理，都是虚妄不实的。言而总之，胡适认定《尚书》要么是"儒家造出的'托古改制'的书"，要么是"古代歌功颂德的官书"。但是"无论如何，没有史料的价值"。③

胡适对《古文尚书》考订的历史颇为熟悉，对该书伪作的观点，也深表认同。这反映在他有关如何编纂《辨伪丛刊》的一封书信中，其言，《辨伪丛刊》编纂这项工作，"可否以伪书为纲而以各家的辨伪议论为目？"④譬如《尚书》的辨伪语辑录，就可以采用这样的形式：

《书经》：
孟子说：——
吴才老说：
朱熹说：
吴澄说：
梅鹫说：
阎若璩说：
惠栋说：
姚际恒说：
龚自珍说：

---

① 胡适：《中国哲学史大纲》，河北教育出版社2001年版，第23页。
② 同上。
③ 同上。
④ 胡适：《论〈辨伪丛刊〉体例书》，载顾颉刚编著《古史辨》第1册，海南出版社2005年版，第49页。

康有为说：……①

1924 年，胡适在《古史讨论的读后感》一文中，又言及《古文尚书》之《尧典》篇的真伪问题，称刘棪蔡明明承认"春秋东周西周夏商都与交趾没有来往"，"若依顾先生（笔者按，指顾颉刚）的方法，单这一句已可以证明《尧典》为秦汉时的伪书了"。② 姑且不论胡适的结论是否科学，单就其"取证"之巧妙而言，确实有过人之处。

非但《古文尚书》，胡适对较少有争议的《今文尚书》，也颇有质疑，以为"不可深信"③，建议顾颉刚详加考订。顾颉刚次日即作出答复，提出《今文尚书》确实存在"真伪杂糅"的问题，譬如《尧典》《皋陶谟》《禹贡》三篇，"决是战国至秦汉间的伪作"④。顾颉刚晚年将全部精力投诸《尚书》研究，与胡适当年的"教诲"不无关系。

（三）《周礼》及《周官》真伪

胡适"假设"《周官》是伪古书，《周礼》是在伪古书的基础上割裂而成。

早在 1917 年，胡适为驳论章太炎先生，曾作《诸子不出于王官论》一文。胡适在文中称："《周礼》伪书本不足据。"在自注中又言："无论如何，《周礼》决非周公时之制度。"⑤ 1924 年，在概述其有关"井田制"的观点时，复提出："《周礼》更晚出，里面的井田制就很详细"⑥ 等观点。较为集中的论述，则见于所著《论秦時及〈周官〉书》。

---

① 胡适：《论〈辨伪丛刊〉体例书》，载顾颉刚编著《古史辨》第 1 册，海南出版社 2005 年版，第 49 页。

② 胡适：《古史讨论的读后感》，载顾颉刚编著《古史辨》第 1 册，海南出版社 2005 年版，第 168 页。

③ 胡适：《论帝天及九鼎书》，载顾颉刚编著《古史辨》第 1 册，海南出版社 2005 年版，第 169 页。

④ 顾颉刚：《论〈今文尚书〉著作时代书》，载顾颉刚编著《古史辨》第 1 册，海南出版社 2005 年版，第 172 页。

⑤ 胡适：《诸子不出王官论》，载罗根泽编著《古史辨》第 4 册，海南出版社 2005 年版，第 3 页。

⑥ 转引自胡适《古史讨论的读后感》，载顾颉刚编著《古史辨》第 1 册，海南出版社 2005 年版，第 166 页。胡适有关《井田制》的论述，又可详见胡适《胡适文存》第 2 集，黄山书社 1996 年版，第 264—281 页。

《论秦時及〈周官〉书》是胡适于民国二十年（1931）四月二十一日，写给钱穆的一封信。信后，附录一段同年四月一日写成的文字。在这篇"附录"中，胡适根据《史记·封禅书》的两则材料，说明《周官》与《周礼》有别，《周官》是司马迁之世即已存在的"伪古书"，《周礼》则为汉人所作之书，似无可疑。

他认为，这样的"假设"，可以解释得通，即司马迁时代，确实有《周官》这部文献，"是当时的伪古书的一种"。这部伪《周官》，"性质与文帝今博士所作《王制》差不多"，都是"一种托古的建国大纲"。胡适又言，如果根据《史记·封禅书》中的引文考量，这部《周官》的文字"似很浅近"，不像是"一部古书"。到后来，便有了两个《周官》的改本出现。其中一部是节本的《周官》，即是《古文尚书》里的《周官篇》。这是"一部简单的建国大纲"。另一部，就是后来王莽立于学官的《周官经》。《周官经》全书六篇，就是我们惯称的《周礼》。

胡适又说道，这部六篇本《周礼》，"屡说祀五帝"问题，"其为汉人所作之书似无可疑"。此外，其中的制度，大概依据《王制》篇而"大加改定的"。此外，刘歆等人，曾称颂王莽"发得《周礼》"。《周礼》书中，多用古文字，也很像王莽的"仿古风格"。

总之，胡适认为，"我们说《周礼》是王莽用史迁所见的《周官》来放大改作的，似乎不算十分武断"。①

（四）《左传》真伪问题

胡适《〈论《左传》之可信及其性质〉摘要》及《〈左传真伪考〉序》（顾颉刚摘录），前者是胡适出国考察期间写给顾颉刚的信，后者是顾颉刚作的"序言"摘录。

这两部分文字，合在一起，原发表在民国十六年（1927）十一月一日国立中山大学《语言历史学研究所周刊》第1集第1期上，后被收入《古史辨》第五册中。

《〈左传〉之真伪及其性质》，是瑞典学者高本汉（Bernhard Karlgren，顾颉刚一度记作珂罗倔伦）的著作，1926年由瑞典哥伦堡大学出版。1927

---

① 以上引文，均出自胡适《论秦時及〈周官〉书》，载顾颉刚编著《古史辨》第5册，海南出版社2005年版，第370页。

年，陆侃如、曹聚贤将其译成中文，改名《〈左传〉真伪考》，由新月书店出版。

《〈左传〉真伪考》上篇主要论证《左传》不伪，下篇从助词的文法分析《左传》的性质。胡适的上述两篇文字，除对高本汉著作的内容作了高度概括以外，还表达了他有关《左传》真伪问题的意见：第一，《左传》是否割裂自《国语》；第二，刘歆是否变《左氏春秋》为《左氏传》，"这些问题还是悬案"。①

（五）诸子文献辨伪

1. 论《庄子》等伪作

胡适提出："《庄子·内篇》每篇的前一大段是真的，每篇的后面数小段大概是后人加上去的。"并强调，这是他一直坚持的观点。② 胡适所言，是对顾颉刚关于《庄子》"逍遥游""齐物论"等篇，均有伪作之疑的回应。③

关于《管子》真伪。胡适在《诸子不出于王官论》的自注中，曾言："管仲本无书。今所传《管子》，乃伪书耳。"④

此外，在批驳刘掞藜立论依据时，胡适对包括《墨子》《尸子》《韩非子》在内的数部（篇）先秦文献的真伪问题，一并发表过他的判断：《墨子·节用篇》屡称"子墨子曰"，自然不是"春秋之末"的作品；《尸子》原书已亡，依佚文知此书大概作于战国末年，或是更晚之作；《韩非子》本为杂凑，其中的《十过篇》，有"叙秦攻宜阳"一段，显然不是韩非所为。《十过篇》之为伪作而无疑。该篇与《初见秦》等篇，"同为后人伪作的"⑤。

2. 辨《新语》不伪

胡适作《陆贾〈新语〉考》，反驳《钦定四库全书总目提要》的"后

---

① 胡适：《〈论《左传》之可信及其性质〉摘要》，载顾颉刚编著《古史辨》第 5 册，海南出版社 2005 年版，第 181—182 页。

② 胡适：《答书》，载顾颉刚编著《古史辨》第 1 册，海南出版社 2005 年版，第 21 页。

③ 顾颉刚有关《庄子·内篇》伪窜问题的观点，详见顾颉刚《论〈竹柏山房丛书〉及〈庄子内篇〉书》，载顾颉刚编著《古史辨》第 1 册，海南出版社 2005 年版，第 19 页。

④ 胡适：《诸子不出王官论》，载罗根泽编著《古史辨》第 4 册，海南出版社 2005 年版，第 3 页。

⑤ 胡适：《古史讨论的读后感》，载顾颉刚编著《古史辨》第 1 册，海南出版社 2005 年版，第 168 页。

人依托"说。

胡适称，关于陆贾的《新语》，《钦定四库全书总目提要》曾提出三点质疑，以其为"后人依托，非贾原本"。其言：

其一，《汉书·司马迁传》中称，司马迁取《战国策》《楚汉春秋》陆贾《新语》而作《史记》。《楚汉春秋》，张守节《正义》犹引之，今佚不可考。《战国策》取九十三事，皆与今本合。惟《新语》之文"悉不见于《史记》"。

其二，王充《论衡·本性篇》引陆贾之语曰，"天地生人也，以礼义之性。人能察己所以受命则顺，顺谓之道"。今本《新语》"亦无其文"。

其三，《穀梁传》至汉武帝时始出，而《新语·道基篇》末，乃有"《穀梁传》曰"的文字，可见"时代尤相抵牾"①。

此后，清儒唐晏，曾访得明代"子汇本"及"范式天一阁本"，并"参校重刻"了《新语》一书。这个刻本，被胡适称为"《新语》的最好本子"。唐晏在该刻本的跋语中，对《钦定四库全书总目提要》的伪书说，颇不以为然。唐晏称，《钦定四库全书总目提要》所言的第二点，本"不足辨"；第一、第三两点，亦不足以支撑"伪书说"②。

对于唐晏的批驳，胡适比较认可，同时以为尚有完善之必要。其言：

> 唐跋指出《道基篇》所引《穀梁传》"仁者以治亲，义者以利尊，万世不乱"之语，为今本《穀梁传》所无，此一点大可解释《提要》之疑。但"指鹿为马"一条孤证，还不足驳倒《提要》的第一疑点。③

对于"不足以驳倒《提要》的第一（个）疑点"。胡适以《汉书》文本为据，将四库馆臣的质疑，视为"无的放矢"之论。因为《汉书·司马迁传》中，并没有"司马迁据陆贾《新语》而作《史记》"的记载。胡适推断，这是由于《钦定四库全书总目提要》的作者，"误记《汉书·司马迁传》的原文"的结果。而唐晏的失误，也是"震于四库馆臣的学者架

---

① 转引自胡适《陆贾〈新语〉考》，载罗根泽编著《古史辨》第4册，海南出版社2005年版，第129页。

② 同上书，第129—130页。

③ 同上书，第130页。

子，也不去检《汉书》原文了"。①

在这里，胡适通过勘察《汉书》原文的办法，驳倒《钦定四库全书总目提要》的立论依据，颇有说服力。此外，胡适还通过考察《新语》一书的内容，论定"此书是楚汉之间的书，非后人所能依托"。② 应当说，胡适在依据并不充分的情况下，"草草"作出《新语》不伪的论断。

前此，胡适就曾发表过这个观点，其言，《新语》一书，前人多有质疑。清人编著的《钦定四库全书总目提要》，对其"怀疑最力"。因此，"我从前不注意此书"。但是，1929 年，他"偶读龙谷精舍唐晏校补本"，细细品味，才发现"此书不是伪书"。胡适论《新语》"不伪"的基本依据是，"其中甚多精意，大非作伪者所能为"③。

至于"作伪者能为"什么，胡适似乎不甚关注。我们注意到，古今学者的文献辨伪，似乎都将"作伪者不能为"，作为判断"非伪"的重要依据。其中对"作伪者"的轻视，近乎本能。这种本能的"文化傲慢"，很不可取。

3.《老子》年代及真伪问题

关于《老子》的成书年代及真伪，胡适的观点及态度，相对于此前的言论，均趋于"保守"。这在给钱穆、冯友兰二人的书信中，均有所展露。④

1933 年 5 月，胡适在北京大学哲学会《哲学论丛》第一集上，发表了《评论近人考据老子年代的方法》，这篇文章后来被罗根泽等收入《古史辨》第六册中。这是胡适对顾颉刚等"古史辨"学者方法论的公开否认，也是《古史辨》中收录的胡适的最后一篇文章。

在《老子》真伪及成书年代问题上，胡适的观点颇与顾颉刚等人相对立，他说道："我已说过，我不反对把老子移后，也不反对其他怀疑《老子》之说"，但是，"我总觉得这些怀疑的学者"，都没有"举出充分的证

---

① 胡适：《陆贾〈新语〉考》，载罗根泽编著《古史辨》第 4 册，海南出版社 2005 年版，第130 页。

② 同上。

③ 胡适：《论观象制器的学说书》，载顾颉刚编著《古史辨》第 3 册，海南出版社 2005 年版，第 56 页。

④ 详见胡适《与钱穆先生论〈老子〉问题书》，载罗根泽编著《古史辨》第 4 册，海南出版社 2005 年版，第 275—276 页。又见胡适《与冯友兰先生论〈老子〉问题书》，载罗根泽编著《古史辨》第 4 册，海南出版社 2005 年版，第 281—282 页。

据"，而且他们的论证方法，也存在"危险性"。

在一系列举例及批驳之后，胡适又言："我攻击他们的方法，是希望他们的方法更精密；我批评他们的证据，是希望他们提出更有力的证据来。"① 胡适的这个说法，很有"恨铁不成钢"的意味。当事人见后，想必是不肯买账的。

至于《老子》之真伪，胡适总要提出他的判断。但由于"我今天不能细说了"，故而给了一个很原则，也很含糊的论断："我至今还不曾寻得老子这个人或《老子》这部书有必须移到战国或战国后期的充分证据"，并且强调，"在寻得这种证据之前，我们只能延长侦查的时期，展缓判决的日子"②。不难看到，胡适辨伪的"勇猛"之心，大不如前了。

对于顾颉刚此前发表的《从〈吕氏春秋〉推测〈老子〉之成书年代》（1932年），胡适从体例、引文、时代意识三个方面，逐一批驳。

胡适认为：顾颉刚引用的53条引文，"只有三条可算是与《老子》很相同的"，其他"四十多条，至多不过有一两个字眼的相同，都没有用作证据的价值"。在此，胡适批评顾颉刚"替古人的著作做'凡例'，那是很危险的事业"。至于先构思一个"时代意识"，然后用这"时代意识"来证明《老子》的"晚出"，则是一种"危险"的做法。③

一言以蔽之，胡适的主张是："怀疑的态度是值得提倡的。但在证据不充分时肯展缓判断（Suspension of judgement）的气度是更值得提倡的。"④

这件事，给顾颉刚的触动非常大。后来，顾颉刚在追述此事时，还有"惊魂未定"的意味，其言：

> 在这一册（笔者按，指《古史辨》第四册）中收了我一九三二年四月写的一篇《从〈吕氏春秋〉推测〈老子〉之成书年代》。这篇文章是我和胡适在学术史上发生的又一次分歧。
>
> 胡适在《中国哲学史大纲》上册中沿袭旧说，以为老子是孔子以前的人，《老子》一书是《论语》以前的书。

---

① 胡适：《评论近人考据老子年代的方法》，载罗根泽编著《古史辨》第6册，海南出版社2005年版，第276页。

② 同上。

③ 同上书，第275页。

④ 同上书，第276页。

这本是《庄子》和《史记》以来的旧说，在他本可以不负责任，可是他偏偏要揽到自己头上去。梁启超提出反驳，以为《老子》一书必是战国时的著作。我觉得梁说是对的……这篇文章是明白地反对胡适的说法的，他看了之后，大为生气，作了一篇《评论近人研究〈老子〉的方法》（笔者按，当为《评论近人考据老子年代的方法》），把我痛驳一番。从此以后，他就很明显地对我不满起来。①

通过顾颉刚的自述，我们不难发现，在"学术"背后，人事间的"风雨"，已有迫人之势。我们对民国文献辨伪的考察，不应忽视其别后的"人事纠葛"。单纯的"就辨伪"而"谈辨伪"，肯定不能获得深刻、全面的理解。

4.《墨子》辨伪

关于《墨子》真伪，胡适的观点可以概述如下：

今本《墨子》，有墨子本人著，也有墨子后学（又称"别墨"）著，不应混淆，应区别对待。胡适认为，只有墨子本人著的，才称得上《墨经》。至于今本《墨子》里的《经上》《经下》《经说上》《经说下》《大取》《小取》共6篇，都是"别墨"所著，与墨子《本经》相较，有诸多"倍谲不同"之处。②

为说明《经上》《经下》等6篇非墨子本人所著，胡适共提出四点理由：

第一，文体不同。即这篇文字，"句法，字法，没有一项"与《墨经》的《兼爱》《非攻》等"诸篇相像的"。第二，理想不同。胡适所言的"理想不同"，实际上是"思想内容的不同"。胡适认为，《墨经》的言论，"往往有极鄙浅可笑的"。但是这6篇文字，却大为不同。"六篇之中，全没有一句浅陋迷信的话，全是科学家和名学家的议论。"据此，胡适断言："这六篇书决不是墨子时代所能作得出的。"第三，称谓问题。胡适发现这6篇文字，如《小取》篇中，两次出现"墨者"的称呼。若是墨子自著，

---

① 顾颉刚：《我是怎样编写〈古史辨〉的?》，载顾颉刚《我与〈古史辨〉》，上海文艺出版社2001年版，第211页。

② 胡适：《〈墨辩〉与别墨》，载罗根泽编著《古史辨》第4册，海南出版社2005年版，第159页。该文原是胡适代表作《中国哲学史大纲》（1919年版）第八篇第一章中的内容，今见胡适《中国哲学史大纲》，河北教育出版社2001年版，第139—144页。

绝不会如此自称。第四，与惠施、公孙龙关系问题。①

胡适认为《经上》《经下》《经说上》《经说下》等篇，"若不是惠施，公孙龙作的，一定是他们同时的人作的"。为此，胡适提出三点佐证：

第一，这六篇的论题，如"坚白之辩""同异之论"等，竟然"全是惠施、公孙龙时代的哲学家争论最烈的问题"；第二，《庄子·天下篇》中有关惠施和公孙龙等人的论辩，"几乎没有一条不在这六篇之中讨论过的"；第三，今本《公孙龙子》中《坚白》《通变》《名实》3篇，不但"材料"都在《经上》《经下》《经说上》《经说下》4篇当中，而且"许多字句文章都和这四篇相同"。②

当然，胡适并未掩人之美，他如实承认清代学者孙诒让早曾论述过这个问题："所以孙诒让说这几篇的'坚白同异之辩，则与《公孙龙》书及《庄子·天下篇》所述惠施之言相出入'，又说'据《庄子》所言则似战国时墨家所传之学，不尽墨子之本指'。"③

此外，胡适早年曾著《读〈管子〉》一文，直指梁启超《管子传》的观点，提出《管子》伪作的论断。④

这一论断，又见于几年后出版的《中国哲学史大纲》中，其言：

> 《管子》这书，定非管仲所作，乃是后人把战国末年一些法家的议论和一些儒家的议论，（原注：如《内业篇》，如《弟子职篇》）和一些道家的议论，（原注：如《白心》、《心术》等篇）还有许多夹七夹八的话，并作一书；又伪造了一些桓公与管仲问答诸篇，又杂凑了一些记管仲功业的几篇；遂附会为管仲所作。⑤

为了证明"此书为假造的"，胡适从"甚多"的证据中，"单举三条"，文繁不具。概括说来，胡适证《管子》伪作的主要证据，是《小

① 以上均出自胡适《〈墨辩〉与别墨》，载罗根泽编著《古史辨》第4册，海南出版社2005年版，第160页。
② 胡适：《〈墨辩〉与别墨》，载罗根泽编著《古史辨》第4册，海南出版社2005年版，第160页。
③ 同上。
④ 详见胡适《读〈管子〉》，载欧阳哲生编《胡适文集》第9册，北京大学出版社1998年版，第727—730页。
⑤ 胡适：《中国哲学史大纲》，河北教育出版社2001年版，第17—18页。

称》《立正》等篇，记管子身后事。此外，《管子》书中所言的"法治学说"，也是"战国末年的出产物，决不是管仲时代所能突然发生的"①。就此，近年有学者发表专论，可以参见，兹不赘述。②

　　5.《尔雅》辨伪

　　胡适在一篇有关《诗经》的论文中，就《尔雅》真伪等问题，发表"高见"。概括说来，有以下三点。

　　第一，关于文献真伪。

　　胡适认为，今本《尔雅》，"非可据之书"，或许是"出于汉儒之手"③，与《方言》《急就章》等一般无二。由于是汉人伪托之作，故而不足以作为解经的根据。

　　第二，关于伪作缘起。

　　胡适推测道，大概解经之家，为便于检点，遂"纂集博士解诂"而成。后人在此基础上，"缀辑旧文，递相增益，遂附会古《尔雅》"，称该书"出于周孔，成于子夏"。

　　为佐证己说，胡适又言，今见《尔雅》一书中，"释经者居其泰半"。就这些内容而言，"或合于毛，或合于郑，或合于何休、孔安国"。据称可以断定：《尔雅》一书，必成于说经之家，"而非说经之家引据《尔雅》也"④。

　　第三，关于解经法要。

　　胡适主张，"《尔雅》既不足据"，则不必据。"研经者宜从经入手，以经解经，参考互证，可得其大旨"。且称，他提出的"研经新法"，就是"西儒归纳论理之法也"⑤。

（六）概论辨伪学史

　　1920 年年末，胡适在给顾颉刚的回信中，提及他要给顾颉刚标点的《古今伪书考》"做一篇长序"，其中包括以下内容：

---

　　①　以上引文，均出自胡适《中国哲学史大纲》，河北教育出版社 2001 年版，第 18 页。
　　②　详见刘芳《试论民初管子研究之转向——以梁启超、胡适为中心的考察》，《船山学刊》2010 年第 1 期。
　　③　胡适：《〈诗三百篇〉言字解》，载顾颉刚编著《古史辨》第 3 册，海南出版社 2005 年版，第 379 页。
　　④　同上。
　　⑤　同上。

（1）略驳章实斋（笔者按，章学诚）《言公篇》的流弊。旁人如此说，尚可恕。实斋是讲"史学"的人，故不可不辨。（2）申说我自己的"宁可疑而过，不可信而过"之旨。（3）略述"订疑学"之历史——起王充，以至于今。论"订疑学"不可不施行于《道藏》及《释藏》。此序之成否，须看我的病体如何。①

从胡适的另一封指导如何辑录"辨伪文字"的书信中可知，胡适所言的"订疑学"，就是"辨伪学"。而且对汉唐以来的文献辨伪学史，是大致掌握的。

在胡适看来，唐宋以来学者，对文献辨伪研究的重视，畸轻畸重，留下的文字，或多或少。因此，在篇幅上，应处理好主次、轻重的关系：明儒宋濂、清儒姚际恒是重中之重，至于柳宗元、朱熹、苏轼、欧阳修等人的文献辨伪，在回顾"订疑学小史"即"辨伪学简史"的过程中，顺便叙及，"似乎很够了"。至于王世贞、杨慎二人。胡适认为，王世贞其人值得关注，但由于"不曾见他（指王世贞）的文集"，不好遽尔评说。至于杨慎，胡适大失所望，称："今日翻《杨升庵集》及《外集》。我初以为他总是一个疑古者，不料材料竟绝少。"②

胡适对崔述的文献辨伪研究，虽很推崇，但依然不很满意。主要原因，是崔述本人，"太信经，仍不澈底［彻底］"。③但是"古今来没有第二个人能比他的大胆和辣手的了"④。

胡适进一步对今文经学作出了方向性的评价。他认为，廖平的《今古学考》，其态度"还可算是平允"，但是康有为的《新学伪经考》，"便走上了偏激的成见一路"。至于崔适的《史记探源》，则"更偏激了"。因

① 胡适：《告拟作〈伪书考〉长序书》，载顾颉刚编著《古史辨》第1册，海南出版社2005年版，第13页。

② 胡适：《论辑录辨伪文字书》，载顾颉刚编著《古史辨》第1册，海南出版社2005年版，第23页。

③ 胡适：《告得〈东壁遗书〉书》，载顾颉刚编著《古史辨》第1册，海南出版社2005年版，第25页。1924年，胡适在《古史讨论的读后感》中，又重复了他的这个观点："崔述剥古史的皮，仅剥到'经'为止，还不算澈底［彻底］。"胡适：《古史讨论的读后感》，载顾颉刚编著《古史辨》第1册，海南出版社2005年版，第165页。

④ 胡适语。见胡适《自述古史观书》，载顾颉刚编著《古史辨》第1册，海南出版社2005年版，第29页。

此，胡适主张，"现在应该回到廖平的原来主张"，重写考察一下廖平的
"创为今古学之分，以复西京之旧"是否可以成立。且言，"不先决此大问
题，便是日日讨论枝叶而忘却本根了"。①

这种方向性意见的提出，与当时钱穆《评顾颉刚〈五德终始说下的政
治和历史〉》文中的观点，可谓不谋而合。

三　辨伪得失

评述胡适文献辨伪成就，需要将其置于民国文献辨伪学史，甚至中国
文献辨伪学史的视阈下，并联系当时中西文化交流碰撞的特殊时代背景，
否则畸轻畸重的问题在所难免。我们认为，胡适的具体考辨文字不多，但
是学术自觉鲜明、理论思考深入，得失兼有，发人深思。

（一）　文献辨伪学体系相对完善

这主要体现在以下三方面：

第一，对辨伪意义有较明确判断。

对文献辨伪的学术价值，有较为充分的肯定。他在《中国哲学史大
纲》中指出：

> 审定史料乃是史学家第一步根本工夫。西洋近百年来史学大进
> 步，大半都由于审定史料的方法更严密了。凡审定史料的真伪，须要
> 有证据，方能使人心服。②

如何"审定史料"，胡适提出了"四步五类"说。所谓"四步"，可
以称得上是胡适的发明，他认为：

> 以上论哲学史料：先论史料为何，次论史料所以必须审定，次论
> 审定的方法，次论整理史料的方法。③

---

① 胡适：《论秦时及〈周官〉书》，载顾颉刚编著《古史辨》第 5 册，海南出版社 2005 年
版，第 369 页。
② 胡适：《中国哲学史大纲》，河北教育出版社 2001 年版，第 20 页。
③ 同上书，第 29 页。

所谓"五类"，胡适认为"哲学史料"有"史事""文字""文体""思想""旁证"五种。① 单就胡适提出的上述类别而言，近与梁启超、远较胡应麟，都无多少新意。

胡适从纵览古今中外史学史的角度，充分肯定了史料审定暨文献辨伪之于学术研究的重要价值及意义。这种认识，与先贤时彦的认识并无二致，似乎不必着意点评。但是，若考虑到胡适早年留洋，深受西方实证主义思潮影响的学术背景。胡适所强调的，就非常值得关注了。

概言之，胡适作为"新"学者，他的"审定史料"，与中国"旧"文人的"审定史料"，都有"文献辨伪"的形式，但貌合神离，似是而非。胡适的文献辨伪，意在借此发扬"科学""民主"，中国"旧"文人的文献辨伪，则旨在卫经卫道。前者被时人誉为"破旧立新"，后者被世人贬作"抱残守缺"。

因此，胡适对文献辨伪意义的认识与肯定，应该做历史唯物主义的分析，不可与前代学者的主张，混为一谈。

第二，对辨伪历史有较全面掌握。

胡适考辨的传世文献，遍及四部，经史子集均有涉猎。通过对胡适文献辨伪实践的梳理，可以看到他对中国文献辨伪学史的掌握，是较为全面的。以《古文尚书》辨伪而言，胡适在《论辨伪丛刊体例书》中指出，整理《尚书》（胡适称《书经》）的辨伪语，可以上绍孟子，下迄康有为。至少有"孟子说、吴才老说、朱熹说、吴澄说、梅鷟说、阎若璩说、惠栋说、姚际恒说、龚自珍说、康有为说"。或者以"《尚书》的公案"为题，或者以"今古文的公案"为名。②

胡适在这段文字中，将先秦以来，自孟子，以迄于清末康有为，凡是在《古文尚书》考辨中，有重要影响或贡献的学者，几乎胪列无遗。这固然不能代表胡适《古文尚书》辨伪的功力，但至少可以说明，胡适对《古文尚书》辨伪的历史，是较为明了的。

第三，对辨伪方法有较深刻理解。

"拿证据来"既是胡适的方法，也是胡适的主张。具体在文献辨伪问

---

① 以上五种，详见胡适《中国哲学史大纲》，河北教育出版社 2001 年版，第 21—22 页。

② 胡适：《论〈辨伪丛刊〉体例书》，载顾颉刚编著《古史辨》第 1 册，海南出版社 2005 年版，第 49 页。

题上，胡适的"拿证据来"，有多种方法或途径。其中许多方法或途径，与"传统"的"辨伪方法"毫无二致。如在今本《墨子》辨伪问题上，胡适认为今本《墨子》的《经上》《经下》《经说上》《经说下》《大取》《小取》等六篇，均非墨子本人所著。

胡适提出的四点依据是：文体不同；思想不同；墨子不当自称"墨者"；文句论题与惠施、公孙龙多有雷同。特别是在第四点上，胡适为了说明《经上》《经下》《经说上》《经说下》等篇，"若不是惠施，公孙龙作的，一定是他们同时的人作的"①。

又提出三点佐证，详见前文。

据文体、思想、称谓、引文等，考辨文献真伪，是汉唐以来，中国文献辨伪研究中的惯用方法。胡适对此，不但了解，而且掌握。这对实践他的哲学主张，有颇多助益。

（二）"东周以上无信史"刍议

胡适对古籍文献，特别是《尚书》《周礼》等先秦古籍的基本判断，是先入为主，辨而后信。所谓"先入为主"，是最为基础且关键的。胡适本能地认为：上述文献，都是可疑古籍，均在考核之列。因而，需要采取辨伪存真，辨而后信的态度和方法。

胡适对古籍文献，何以有这样的判断。联系胡适所言的"东周以上无信史"，就不难理解。

"东周以上无信史"是胡适先生最富争议的一句论断。② 这句话，最早见于胡适 1919 年 2 月出版的《中国哲学史大纲》。其言："以现在中国考古学的程度看来，我们对于东周以前的中国古史，只可存一个怀疑的

---

①　以上均出自胡适《〈墨辩〉与别墨》，载罗根泽编著《古史辨》第 4 册，海南出版社 2005 年版，第 160 页。

②　直至 20 世纪 40 年代以后，还不断有学者表示异议。李锦全称其为"公然劈斩中国古史"的"蛮不讲理的论调"。详见李锦全《批判古史辨派的疑古论》，《中山大学学报》1956 年第 4 期。李学勤在谈到"疑古思潮所起的副作用"时，曾说道："如果对古书和古代全部加以否定，那么古代就没有什么可讲的了。中国古代也就没有什么历史、学术了，中国也没有什么传统和文化了。如胡适就曾说'东周以上无史。'"参见李学勤《中国古代研究一百年》，载李学勤《夏商周年代学札记》，辽宁大学出版社 1999 年版，第 283 页。此文是李学勤 1997 年春在西北大学的演讲记录，原刊于《人文杂志》1997 年第 3 期。

态度。"①

　　这个论断，又见于胡适后来出版的《研究国故的方法》一文，其言："在东周以前的历史，是没有一字可以信的。以后呢？大部分也是不可靠的。"②

　　东周以上缘何"无信史"？胡适的以上表述，已声明理由："以现在中国考古学的程度看来"。现代考古学自引入中国以后，发展较为迟缓。有关三代遗址的考古，尚未纳入日程。既有"文物"，也不足以成为三代"信史"的证据。

　　基于这样的现实，胡适主张，"东周以上无信史"。非但如此，胡适在《自述古史观书》一文（这是胡适 1921 年 1 月 28 日，写给顾颉刚的一封短信）中，明确指出，现在先把古史"缩短二三千年"，从《诗三百篇》做起，将来等到金石学、考古学发达，"上了轨道以后"，再用"地底下掘出的史料，慢慢地拉长东周以前的古史"，至于东周以下的史料，"亦须严密评判，'宁疑古而失之，不可信古而失之'"。③ 由此可见，在胡适看来，一切文献，不论《诗经》以前，还是东周以后，都在怀疑的范畴，均需考辨的检验。

　　在此，我们不妨追问一句：在胡适的话语体系中，"考古学的程度"为何一定与"中国信史的长度"正相关？要想回答这个问题，非联想到胡适的实用主义哲学、中国现代科学主义与反封建思潮而不得其解。

　　20 世纪初年以来，"科学"昌明，"迷信"沦落，"民主"广播，"封建"蒙尘，在这样的社会及时代背景下，重估传统文化，重新论证传统文化存在的合理性及价值的现代性，成为压倒一切的价值取向。在这种情形下，深受实用主义思想熏陶的胡适，自然要发表如是主张，秉持如此态度。

　　胡适曾说，他在 1915 年的暑假中，一度"发愤尽读杜威先生的著作"，从此以后，"实验主义"成了他生活和思想的"一个向导"，成了他的"哲学基础"，他撰写的《先秦名学史》和《中国哲学史》，"都是受那

---

　　① 胡适：《中国哲学史大纲》，河北教育出版社 2001 年版，第 23 页。
　　② 胡适：《疑古与开新——胡适文选》，远东出版社 1995 年版，第 60 页。
　　③ 胡适：《自述古史观书》，载顾颉刚编著《古史辨》第 1 册，海南出版社 2005 年版，第 29 页。类似说法还有："宁可疑而错，不可信而过。"胡适：《告拟作〈伪书考〉长序书》，载顾颉刚编著《古史辨》第 1 册，海南出版社 2005 年版，第 13 页。

一派思想的指导"①。

那么，胡适是如何理解杜威的"实用主义"哲学理论的？

1919年，胡适曾这样阐述杜威的理论，第一，"科学律例"是人造的；第二，以解释事实能不能令人满意，认定其"是不是适用"；第三，不是永永不变的"天理"。永永不变的天理或有，但不是"我们所拟的律例"。胡适强调指出："实验主义绝不承认"所谓的"真理"是"永永不变的天理"，只承认一切"真理"，都只是"应用的假设"。至于"假设"是否真实，"全靠"能不能出现其所"应该发生的效果"。这就是所谓的"科学试验室的态度"。②

1921年又说道，运用"实验的方法"至少要"注重三件事"，第一，具体问题具体分析，"从具体的事实与境地下手"；第二，一切学说理论、思想知识，都只是"待证的假设"，从来没有"天经地义"的"真理"存在；第三，一切学说与理论，都须"用实行来实验"，实验才是真理的"唯一试金石"。③

1922年又强调，"实验主义"虽然也是"一种主义"，但是实验主义"只是一个方法"，确切地说，"只是一个研究问题的方法"。这个方法的实质，是"细心搜求事实，大胆提出假设，再细心求实证"。胡适认为，包括"实验主义"在内的"一切主义""一切学理"，终究是"参考的材料，暗示的材料，待证的假设"，绝不是所谓"天经地义"的信条。④

由此可见，胡适虽然反对有"天经地义"的"真理"，但是将"实验"视作"天经地义"的"真理"。至于是否有足够"科学"的"实验"手段，在那个情绪激昂的时代，胡适诸公似乎从未认真地考虑过。

（三）鲜明的时代特色

胡适的文献辨伪，是其"整理国故"的一部分，带有鲜明的"西体中用"的时代特色。所谓"西体中用"，是指胡适以西方的"实证主义"为

---

① 胡适：《藏晖室札记·自序》，载胡适《胡适全集》（郑大华整理）卷27，安徽教育出版社2003年版，第104页。

② 胡适：《实验主义》，载胡适《胡适文存》第1集，黄山书社1996年版，第214页。

③ 胡适：《杜威先生与中国》，载胡适《胡适文存》第1集，黄山书社1996年版，第278页。此文原刊于《民国日报》1921年7月13日副刊。

④ 胡适：《我的歧路》，载胡适《胡适文存》第2集，黄山书社1996年版，第332页。此文原刊《努力周报》1922年第7期。

指导，以中国的传世文献为素材，以虚实真伪的甄别考辨为手段，诠释中国传统文化的"科学理性"。

为诠释中国传统文化中的"科学理性"。胡适曾一度大力表彰乾嘉学术，并对崔述的学术研究，给予了高度赞扬。

1923 年，胡适在《科学的古史家崔述》① 一文中，称崔述的"考信"态度，是"道地的科学精神"，也是"道地的科学方法"。其言，1924 年是《东壁遗书》刻成的百年纪念。百年间，"这部不朽的奇书"几乎无人问津。中国人知道有崔述这个人，还是因为日本人的表彰。又言：

> 崔述的学说，在日本史学界颇发生了不小的影响。近来日本的史学早已超过崔述以经证史的方法，而进入完全科学的时代了。然而中国的史学家，似乎还很少赏识崔述的史学方法的。②

有鉴于此，胡适发出号召："中国新史学应该从崔述做起。"③ 胡适在表彰崔述"科学精神"的过程中，曾有一次颇受争议的"态度转变"。该"转变"，始见于 1931 年胡适为《科学的古史家崔述》所作的"后记"。他说道：

> 我想在《年谱》里作批评的工作，在崔述的每一部书写定或刻成之年，就指出这部书的贡献和他的缺点。④

遥想当年，胡适大张旗鼓地表彰崔述的"科学精神"时，似乎刻意回避"他的缺点"的。这是一个颇有"背景"的"转变"。

1936 年，胡适在《崔东壁遗书·序》中，说出了之所以"转变"的原因。胡适称，"我在十四年前，曾说：我深信中国新史学应该从崔述做起"。对于"这一段十四年前的预言"，胡适有了不同的认识："在今日看

---

① 此文的第一、二章，曾刊于 1923 年 4 月的《国学季刊》第一卷第二号。王熙华在《崔东壁遗书·附录》的按语中，注明该文成稿于 1925 年，有待商榷。

② 胡适：《科学的古史家崔述》，载顾颉刚《崔东壁遗书·附录》，上海古籍出版社 1983 年版，第 952 页。

③ 同上书，第 953 页。

④ 胡适：《后记》，载顾颉刚《崔东壁遗书·附录》，上海古籍出版社 1983 年版，第 1015 页。

来，有中有不中，有验有不验"。

缘何"有中有不中，有验有不验"？因为胡适认为，近年来，在古史研究"某些个方面"，例如将甲骨文、金文和其他古器物，用于古史研究，中国的新史学"确然是已超过崔述了"。而且，崔述依据的材料，"只是几部'经'之中他认为可信的部分"。而古史料的来源，不限于那几部"经"，"经"之外还有地下保藏着的许多古器物，而且，"其年代往往比'经'更古，其可靠性往往比'经'更高"。

总之，在胡适看来，崔述的"局限"是显而易见的。"依这十几年的古史学来看"，崔述所信的，"未必无可疑的部分"；崔述所疑的，也未必"都是该疑"①。

最后一句话——崔述所信的，"未必无可疑的部分"；崔述所疑的，也未必"都是该疑"，分量非常重。显而易见，胡适对崔述的褒扬打了"折扣"。

当然，胡适也给"过去的自己"留了回旋的余地。他说道，崔述的"考信"，在"方法上"，是"危险"的；但是在态度上，却有着"永久价值"的。所以，有人说"崔述时代已过去了"，在胡适看来，这个说法，多少有些"过分"。因为，崔述学说的"永久价值"全在他的"考信"的态度，"那是永永不会磨灭的"。所谓"考信"的态度，就是"考而后信"。这与中国的新史学，在本质上并不抵触：

　　今日学者实地发掘出来的甲骨，石刻，铜器，遗物等，其真实既已"考"定，当然是可"信"的。②

通过胡适的表述，不难看出他的观念及主张：在疑古、考信的问题上，莫问旨归，只求态度。这是胡适沟通中西文化的无奈，也是其胡适"西体中用"策略的局限。

所谓"科学理性"，严格说来，只是近代西方文化的表征。近代西方文化，与中国传统文化相比，自有其酝酿及成长的土壤与环境。其所张扬的"科学理性"，能否揭示或代表中国传统文化的内涵及特色，是一个非

---

① 《胡适序》，载顾颉刚《崔东壁遗书·附录》，上海古籍出版社1983年版，第1043页。
② 同上书，第1044—1045页。

常值得探讨的理论问题。

胡适将"实证主义"引入中国古书及古史考辨，并曾喊出"拿证据来"的口号。这自有其学术价值和时代意义。

胡适本人虽然鼓吹"拿证据来"，但还是"想当然"地对传世文献动辄非议。如同拿不出证据的"相信"是"迷信"，拿不出证据的"怀疑"未尝就是"科学"。因此，胡适等人这种"先入为主"式的"疑而后信"，其本身就是不严谨、不专业，同时也是"不科学"的态度和做法。但是在那个"科学主义"高歌猛进的时代，较之"固守传统"，人们对"迷信科学"以前所未有的包容和体谅。

胡适等人的锐志不为稍减，斗志益发高昂。于是，至少在文献辨伪领域，民国学者用"科学"打倒"迷信"的同时，也将"科学"的形象一并打倒。古今中外，这种吊诡虽不鲜见，但如此"声势浩大"的毕竟寥寥无几。

在20世纪新文化运动中，在"民主""科学"成为压倒一切的社会吁求中，不假思索甚或盲目地推倒一切中国传统、批评一切中国文化，成为胡适等"科学主义"鼓吹者的既定方针与优先选择。加之白话文通畅易懂的语言特色，于是乎，胡适的文献辨伪实践，较以前人，虽不甚详赡，却有特别的价值与影响。

这是中国文献辨伪学史上，一个非常值得关注的现象。

第四章　钱玄同的文献辨伪

钱玄同先生博通古今，根底扎实，是民国学术的重要代表。① 就文献辨伪而言，钱先生的地位及影响，同样值得关注。有学者曾从"新史学"的角度，赞扬钱先生之于"古史辨"的意义及作用，称钱玄同既是"古史辨"的倡导者，也是顾颉刚辨伪工作的启发者和路标。② 实际上，钱玄同不但是向导和路标，同时也是当时文献辨伪研究的重要实践者。

一　思想主张

（一）钱先生学行录

钱玄同，原名师黄，字德潜，后改字玄同。辛亥前改名夏，字中季。1938 年又复名钱夏，字逸谷。20 世纪 20 年代，又曾用"疑古""疑古玄同"的笔名。生于清光绪十三年（1887），祖籍浙江吴兴。父钱振常，清末举人，曾官吏部主事。兄钱恂，曾任清政府驻日、英、法、德等国参赞、公使。钱玄同于清光绪三十一年（1905），入上海南洋中学学习。次年，赴日留学，入早稻田大学师范科。③ 期间，曾从章太炎问学。

---

① 刘贵福、李可亭、卢毅等先生，对钱玄同学术思想研究，都有一系列成果推出。其中如李可亭《钱玄同古史研究论略》，《近代史研究》1991 年第 2 期；李可亭《钱玄同中西文化观研究》，《史学月刊》1996 年第 5 期；刘贵福《钱玄同思想研究》，2000 年中国社科院近代史所博士学位论文；刘贵福《论钱玄同的疑古思想》，《史学理论研究》2001 年第 3 期；卢毅《试论钱玄同对顾颉刚的学术影响》，《东方论坛（青岛大学学报）》2006 年第 6 期等，都有重要参考价值。除此之外，杨天石先生主持整理的《钱玄同日记》（北京大学出版社 2014 年版），不仅是钱玄同学术思想研究的重要成果，也是同类问题研究中不可多得的重要资料。

② 李可亭：《但开风气不为师——钱玄同散论》，《黄淮学刊（社会科学版）》1993 年第 1 期。

③ 钱氏家族，多有留日经历。钱玄同本人，是中日关系的"黄金十年"中，最后一个赴日留学的。详见邱巍《钱玄同家族留学日本考述》，《西北工业大学学报（社会科学版）》2005 年第 1 期。

清宣统二年（1910）秋回国，先后于浙江省嘉兴、海宁等中学，任国文教员。次年，于吴兴拜见崔适，读《新学伪经考》，自此笃信"刘歆伪作古文说"。1913 年，随兄进京，任北京高等师范学校及附中的国文、经学教员。1914 年，读康有为《孔子改制考》，信托古改制说。同年二月，尊崔适为师，自称弟子，推崇今文经学。1916 年兼任北京大学教授。1917 年，在与陈独秀、胡适的通信中，发表关于"文学革命"的理论观点。

钱玄同是五四新文化运动的著名倡导者，是"激进主义"的代表。他率先提出打倒"桐城谬种""选学妖孽"的口号，并将反对文言文与反对"独夫民贼"联系起来。[①] 为推动新文化发展，与刘半农[②]相约，扮演旧文化顽固派，化名王敬轩，在《新青年》（1918 年 3 月第 4 卷第 3 期）《文学革命之反响》的总标题下，发表"来信""复信"。王敬轩在"来信"中，历数新文化运动的"种种罪状"。结果，为刘半农的"复信"所痛驳，体无完肤。钱、刘的"新文化双簧"，在客观上起到了扫荡新文化运动思想障碍的作用。

1921 年开始，陆续著《论近人辨伪见解书》《论今古文经学及〈辨伪丛书〉书》《论编纂经部辨伪文字书》《论〈诗〉说及群经辨伪书》等文，与顾颉刚等人探讨文献辨伪问题，对顾颉刚及其倡导的"古史辨"运动，产生了重要影响。1922 年，在《国语月刊》"汉字改革号"上发表《汉字革命》一文，提出"废汉字"的口号。[③]

---

① 钱玄同有把话"说到十二分"的个性，故多惹来非议。汪懋祖即在给胡适的信中，将批评的矛头直指钱玄同："文也者，含有无上美感之作用，贵报方事革新而大阐扬之；开卷一读，乃如村妇泼骂，似不容人以讨论者，其何以折服人心？……贵报固以提倡新文学自任者，似不宜以'妖孽'、'恶魔'等名词输入青年之脑筋，以长其暴决之习也。"胡适将这封信，原文刊登在《新青年》第 5 卷第 1 号上，由此可见其立场态度。

② 刘半农（1891—1931），名刘复，号曲庵，江苏省江阴县人，他是新文化运动的重要参与者。

③ 鲁迅曾应邀去香港青年会，发表题为《无声的中国》的演讲。演讲中，鲁迅特别肯定了钱玄同"废除汉字"的积极意义："在中国，刚刚提起文学革新，就有反动了。不过白话文却渐渐风行起来，不大受阻碍。这是怎么一回事呢？就因为当时又有钱玄同先生提倡废止汉字，用罗马字母来替代。这本也不过是一种文字革新，很平常的，但被不喜欢改革的中国人听见，就大不得了了，于是便放过了比较的平和的文学革命，而竭力来骂钱玄同。白话乘了这一个机会，居然减去了许多敌人，反而没有阻碍，能够流行了。"语出鲁迅：《无声的中国——二月十六日在香港青年会（1927）》，载鲁迅《鲁迅全集》卷 4《三闲集》，人民文学出版社 2005 年版，第 13 页。另也可参见薛绥之《新文学运动初期的刘半农和钱玄同——〈中国现代文学史话〉之一节，《山东师大学报（哲学社会科学版）》1985 年第 2 期。

1927 年任北平师范大学国文系主任，主讲音韵学、说文研究、经学史略、周至唐及清代学术思想概要，先秦古书真伪略说等。1932 年，章太炎因"一·二八"事变，由沪入京，应邀在北平师大、北京大学作学术讲演，因南北口音差异，钱玄同协助翻译，成为学林佳话。

1936 年章太炎先生病逝，殁前遗言："设有异族入主中夏，世世子孙勿食其官禄。"① 钱玄同闻讣告大恸，敬书哀挽，开会追悼。1937 年，日寇攻陷北平，因病，未随北师大师生前往陕西汉中的西北联大。1939 年 1 月，病逝于北平德国医院，享年 52 岁。鉴于钱先生品行学问，民国政府特发文褒奖。② 作为故友，胡适将其剪贴在自己的日记中，作为永久的纪念。③

钱先生著述颇丰，有《文字学音篇》《古今音韵沿革》《中国文字概略》《经学史略》《重论经今古文学问题》等多篇（部）传世。

（二）钱玄同的经学思想

钱玄同在"经学研究"卓然名家，已是一个不争的事实。因此，考察钱玄同的经部文献辨伪，也是探究其经学思想的"题中应有之义"。

关于钱玄同的经学思想，他本人在 1921 年给顾颉刚信中，曾有一段极精要的自述。

如其所言，钱玄同于清宣统元年（1909），"细绎"刘逢禄、龚自珍之著作，开始"背师"（笔者按，指宗今文的章太炎）而主张"今文家言"。但是，当时的钱玄同，仅仅"排斥《左氏》而已"。至于《尚书》《诗经》之经传，"却不在排斥之列"，而且对于"鲁恭王的壁经"一事，"并不疑其为子虚乌有"。故而，钱玄同自称，当时他"虽宗今文，尚未绝对排斥古文"。

到了清宣统三年（1911），钱玄同读了康有为、崔适的著作，观念又为之变，开始"专宗今文"。虽然康有为、崔适的文献辨伪，"动机"

---

① 转引自沈世培《钱玄同与章太炎的交往》，《民国春秋》2001 年第 6 期。
② 参见钱秉雄、钱三强、钱德充《回忆我们的父亲——钱玄同》，《新文学史料》1979 年第 3 期；曹述敬《钱玄同先生年谱》（上），《北京师范大学学报》1982 年第 5 期；曹述敬《钱玄同先生年谱》（中），《北京师范大学学报》1982 年第 6 期；曹述敬《钱玄同先生年谱》（下），《北京师范大学学报》1983 年第 1 期；李可亭《钱玄同年谱简编（1887—1939）》，《商丘师专学报》（社会科学版）1988 年第 4 期。
③ 董德福：《钱玄同与胡适》，《史林》2001 年第 2 期。

不纯——"一个是利用孔子，一个是抱残守阙"。但是，钱玄同认为，康、崔二人的考证结果，"我却认为精当者居多"，而且，直到1917年前，"对于今文家言是笃"。

但是，1917年以后，钱玄同的思想又有了一次重大转变："打破'家法'观念，觉得'今文家言'什九都不足信。"但是，对于刘歆遍伪古文经的看法，"则至今仍依康、崔之说，我总觉得他们关于这一点的考证是极精当的"①。

由此可见，1917年前后，钱玄同的经学主张，已非今，非古，俨然是个"古今中外派"了。

所谓超越今古的"古今中外派"，也是钱玄同本人的自称。事见1922年钱玄同给周作人的一封信。在信中，钱玄同自言，他的态度已转变为"古今中外"派，他要搞"国故整理"的研究了：

> 前几年那种排斥孔教，排斥旧文学的态度狠应改变。若有人肯研究孔教与旧文学，思理而整治之，这是求之不可得的事。即使那整理的人，佩服孔教与旧文学，只是所佩服的确是它们的精髓的一部分，也是狠正当，狠应该的。但即便盲目的崇拜孔教与旧文学，只要是他一人的信仰，不波及社会——波及社会，亦当以有害于社会为界——也应该听其自由。此意你以为然否？但我——钱玄同——个人的态度，则两年来早已变成"古今中外派"了。……我今后打算一意做"扫雪斋主人"了。我是喜欢研究"国故整理问题"的，又很喜欢研究"汉字改革问题"的，它们便是我的"雪"，我从今以后狠想专心去扫它们。②

由钱玄同的两段自述，可知至少在1908—1931年前后，钱玄同的经学思想，大致已经历了接受古文、尊信今文、超越今古三个发展阶段。

---

①　以上引文，均出自钱玄同《论今古文经学及〈辨伪丛书〉书》，载顾颉刚编著《古史辨》第1册，海南出版社2005年版，第41页。

②　转引自卢毅《关于钱玄同几封往来书信的系年考辨》，《东方论坛（青岛大学学报）》2006年第2期。这份信，原载1982年出版的《鲁迅研究资料》第9辑上。整理者将其系年在1932年4月8日。经卢毅先生考订，这封信应写于1922年4月8日。考虑到钱玄同参与"古史辨"的诸多史事，笔者对卢先生的考订结果，深以为然。

1. 接受古文

清光绪三十四年（1908），钱玄同在日本留学期间，从章太炎学，执弟子礼。当时听讲的除了钱玄同，还有龚宝铨、朱宗莱、朱希祖、鲁迅、周作人、许寿裳、钱钧甫七人。其中以钱玄同、黄侃、汪东、吴承仕、朱希祖五人，最得章氏赞许，故而有章门"五王"之称。①

旅日期间，钱玄同的思想是保守的，学术是复古的。钱玄同在《三十年来我对于满清的态度的变化》中有言："我那时的思想，比太炎先生还要顽固得多呢。我以为保存国粹的目的，不但要光复旧物；光复之功告成以后，当将满清的制度仪文一一推翻而复于古。不仅复于明，且将复于汉唐；不仅复于汉唐，且将复于三代。总而言之，一切文物制度，凡非汉族的都是要不得的。凡是汉族的都是好的，非与政权同时恢复不可；而同是汉族的之中，则愈古愈好。"②

钱玄同于章门受业，学习音韵训诂之学，这对其学术、思想，都产生了重要影响，在经学问题上，他对古文经说是颇为了解的，即便不是完全"尊信"，也不会是明显反对。③

2. 崇信今文

今文经学自汉晋沉寂千余年后，于清朝后期，经刘逢禄、龚自珍、魏

---

①　沈世培：《钱玄同与章太炎的交往》，《民国春秋》2001 年第 6 期。

②　钱玄同：《钱玄同文集》第 2 卷《随感录及其他》，中国人民大学出版社 1999 年版，第 113—114 页。

③　刘贵福先生在一篇质疑《钱玄同先生传》（钱玄同故友黎锦熙早年所著，其中有"钱先生早年从章氏受了'六经皆史'之说"的表述）的文章中，将钱玄同的"从章太炎学"与"信古文经说"区别开来，并特别强调："六经皆史的观念主要是经古文学的思想。而钱玄同早年接受的经今文学思想，他根本反对'六经皆史'之说。章太炎是清末古文大师，钱玄同虽为章门弟子，但钱玄同主要从章先生学习语言音韵之学，对六经皆史的说法是反对的。在经学问题上，钱玄同始终赞成今文家的观点，认为儒家经典中旨有微言大义，孔子作《春秋》，为后世制法，否认经是历史的观点。"详见刘贵福《黎锦熙〈钱玄同先生传〉献疑三则》，《鲁迅研究月刊》2004 年第 1 期。此前，刘先生即有如是看法，详见刘贵福《钱玄同早年经学思想述论》，《中国社会科学院研究生院学报》2002 年第 6 期。笔者以为，刘先生的观点值得商榷。第一，刘先生质疑黎锦熙《传》的论据，是钱玄同"写在日记"中的想法和"后来"的主张，并非当时广而告之的言论。第二，黎锦熙是钱玄同故友，过从较密，体认颇深。且如鲁迅所言，钱玄同最爱"唠唠叨叨"，有心有口。因此，黎锦熙对于他的经学思想及立场，不会不知。第三，以钱玄同的个性，若非对章太炎学说观点有最起码的认同，不会有师事之的举动。因此，笔者主张，有关钱玄同"古文经说"问题的论断，不妨观点稍微折中一些。

源等人表彰，又有复兴之势。① 及至清末廖平、康有为等人的鼓吹，"公羊三世说"，孔子改制说，新学伪经说，广为流传，今文经学迎来了其发展史上的最后一次辉煌。

清末以来，今文经学广泛传播，影响甚为深广。据钱玄同自言，清宣统元年（1909）前后，自从阅读了清代今文经学家刘逢禄、龚自珍的著作后，他就有了背叛古文经学的倾向了。

清宣统二年（1910），钱玄同在日记中言："余虽受业章先生，然观以辟今文说，亦颇不为然。《周官》真伪，非吾浅见所能窥，若左氏实不传《春秋》者，盖彼记载全是史书，偶涉释经，大抵陈义甚浅。俞氏谓其窃闻绪论而然，信也。故考春秋时之古史，可以《左传》为准，至于解释经典，盖非《公》《谷》不能知也，昔人谓左氏之事详、《公羊》之义长、重义不重事，其说信。"②

到清宣统三年（1911），于吴兴拜见崔适，特别是读了康有为的《新学伪经考》，他就彻底遵从经文经学，并笃信"刘歆伪作古文说"了。其言："六经皆孔子所作，其中制度皆孔子所定，故《尧典》制度全同王制，此义发明于廖、康二子，可为拨云雾而见青天。"③

1913 年，钱玄同随兄进京，任北京高等师范学校及附中的国文、经学教员。1914 年 2 月，正式尊崔适为师，"以札问安，遂自称'弟子'"④，又读康有为《孔子改制考》，信"孔子作六经托古改制说"，自此开始大张旗鼓地推崇今文经学。

3. 超越古今

钱玄同的"超越古今"，经历了一个由激进到和缓的过程。前期的超越古今文，勇于否认一切，不惮于激进；后期的超越古今文，开始有选择

---

① 清后期"今文经学"研究，可上溯至清乾隆年间的庄存与。庄氏是清乾隆十年（1745）"乙丑科"一甲二名的"榜眼"，官至礼部侍郎。庄存与从事"今文经"研究，虽然"秘不示人"（清阮元《庄方耕宗伯经说序》中语），不作声张，对时人鲜有影响。但在清代经学史上，庄存与自有其独特地位。

② 《钱玄同日记》（1910 年 1 月 13 日），转引自刘贵福《黎锦熙〈钱玄同先生传〉献疑三则》，《鲁迅研究月刊》2004 年第 1 期。

③ 见《钱玄同日记》（1910 年 1 月 6 日），转引自刘贵福《黎锦熙〈钱玄同先生传〉献疑三则》，《鲁迅研究月刊》2004 年第 1 期。

④ 钱玄同：《重论经今古文学问题》（即方国瑜标点本《新学伪经考》序），载顾颉刚编著《古史辨》第 5 册，海南出版社 2005 年版，第 16 页。

接受，已趋于和缓。

1917 年前后，钱玄同开始积极倡导新文化运动，反对旧礼教，反对旧文学，反对文言文，成为一名言辞剀切的文化斗士，且是"文学革命"的主要参与者与鼓吹者。

其间，钱玄同的经学思想再次发生转变。他以其学贯今古文的特殊身份，对清末以来经今古文的两位权威——康有为、章太炎——的经学思想及方法，进行了前所未有的批判。

他认为，不但一切古文经都是未知，而且"今文家言"，也"什九都不足信"①。钱玄同所为，颇有"同室操戈"的意味，却取得了意想不到的效果。②

到了 1921 年前后，他已有超越今古文，要做"整理国故"研究的打算了。据顾颉刚回忆，钱玄同不止一次地对他说：

> 今文学是孔子学派所传衍，经长期的蜕化而失掉它的真面目的。古文经异军突起，古文家得到了一点古代材料，用自己的意思加以整理改造，七拼八凑而成其古文学，目的是用它做工具而和今文家唱对台戏。所以今文家攻击古文经伪造，这话对；古文家攻击今文家不得孔子的真意，这话也对。我们今天，该用古文家的话来批评今文家，又该用今文家的话来批评古文家，把他们的假面目一齐撕破，方好显露出他们的真相。③

20 世纪 20 年代末，钱玄同批评今古文经学的态度，已开始缓和。④ 尤

---

① 钱玄同：《论今古文经学及〈辨伪丛书〉书》，载顾颉刚编著《古史辨》第 1 册，海南出版社 2005 年版，第 41 页。

② 钱玄同对清末两位集中国两千年来经学派别之大成的康有为和章太炎的经学思想和研究方法，进行了锐利而彻底地批评，从而启迪了一批资产阶级史学工作者重新审视经学的思想，开创了近代中国古史研究的良好风气。

③ 顾颉刚：《序》，载顾颉刚《秦汉的方士与儒生》，上海古籍出版社 1978 年版，第 6—7 页。

④ 钱玄同在 1929 年年初的日记中写道："配得几本《中山大学语言历史研究所周刊》第十三、十四期。中有傅孟真《与顾颉刚讨论古史书》，其中对于我将《春秋》一笔抹杀为非，言《公羊传》中一部分确是孔子思想。我觉得很对。我本不坚持《春秋》为'断烂朝报'之说，我尝谓《春秋》非微言大义之书，即系'断烂朝报'，决不能像古文家那样解法耳"。钱玄同著，杨天石主持整理：《钱玄同日记》（1929 年 1 月 3 日），北京大学出版社 2014 年版。

其是在孔子与《春秋》关系问题上，钱玄同有鉴于傅斯年的批判，收回成说，承认了《春秋》与孔子的关联。

1931 年，钱玄同在《重论经今古文学问题》一文中，较为明确地说明了他"超越古今"的经学思想。他说道，"我们今后对于过去的一切笺，注，解，疏"，不论"今文说或古文说"，不论"汉儒说或宋儒说或清儒说"，也不论"正注或杂说"，都可以作为"我们的参考"①。且言，今后解经，应该以"实事求是"为"鹄的"。应绝对破除所谓的"师说"和"家法"，摒除"这些分门别户"，以及"是丹非素，出主入奴的陋见！"② 对此，有研究者称这不是钱玄同"学术上的退步，而是一种升华"③。

总之，"古文经"的传统，教给钱玄同斩断"六经"与孔子关联的方法；"今文经"的教育，教给钱玄同"疑古辨伪"的态度；新文化运动，又给了他"重估一切价值"的勇气。

在这样的学术、时代、社会背景下，钱玄同的经学思想，在经历了一段辗转腾挪之后，终于完成了其经学研究"去封建化"的目标：不坚守门户，不拘泥于家法，洞悉两派，超然今古。这是旧时代的结束，也是新时代的开启。

有学者，曾从新史学的角度，将钱玄同的经学批判，视为"经学的终结"。其言："钱玄同对经学的体认和实际行动，不仅从根本上廓清了两千多年来笼罩在经书经学上神圣而又神秘的色彩，加速了经学的终结，而且又超越了清儒把治经认作是一种单纯的学术研究的狭隘局限，同时，又不同于康有为和章太炎为了政治目的而过分强调今文或古文的偏激行为。钱玄同从实事求是的目的出发……从而倡导了颇具实绩的古史辨运动。这一运动继承了'五四'新文化运动对经学批判的精神，从而最终以学术的尺度使经学在很短的时间内恍若隔世，走向终结。"④

实质上，钱玄同"终结"的，是"旧经学框架内"的经学研究。而

① 钱玄同：《重论经今古文学问题》，载顾颉刚编著《古史辨》第 5 册，海南出版社 2005 年版，第 59 页。
② 同上书，第 60 页。
③ 刘贵福：《钱玄同与顾颉刚、傅斯年、胡适有关〈春秋〉性质的学术讨论》，《史学史研究》2013 年第 3 期。
④ 详见李可亭《钱玄同研究的几个问题》，《商丘师范学院学报》2003 年第 6 期。

"旧经学框架内"的经学研究，无论古文经，还是今文经，都没有将经典的阐释和考辨，视为单纯的学术行为，或政治行为。

也就是说，他们"卫经卫道"的途径有别，但旨归无异。但到了钱玄同这里，经学典籍研究的"卫经卫道"，已非他所要关注的问题。① 确切地说，"旧经学框架内"的"卫经卫道"，已是他要彻底扬弃的取向。

因此，没有了"准以六艺"的标准，没有了"经世致用"的"束缚"，钱玄同的经学研究，要轻松得多，也自由得多。于是，他才有这样的言论发出："'经'这样东西压根儿就是没有的，'经'既没有，则所谓'微言大义'也者自然是'皮之不存，毛将焉附?'了"。②

钱玄同二三十年代的文献辨伪，正是在该学术思想影响下展开的。也正是因为如此，钱玄同先生的文献辨伪，才带有强烈的"新经学"的色彩。

（三）主要辨伪论著

钱玄同有关文献辨伪的言论，基本收录在《古史辨》《钱玄同文集》之中。《古史辨》与《钱玄同文集》收录篇目，大同小异。另外，《钱玄同日记》中，也有文献辨伪的文字。《钱玄同日记》有影印、整理两个本子。前者，识读颇为不易；后者标点或有出入，需比读互校。

本书基本依照《古史辨》影印本，个别参用《钱玄同文集》本中的篇目。综合以上不同版本，可知钱玄同涉及文献辨伪的论说，大致有以下数种，其中多是写给顾颉刚的书信。

其一，《论近人辨伪见解书》（1921 年 1 月 27 日），收在《古史辨》第一册。这是给顾颉刚的一封短信，信中建议顾颉刚的辨伪，不妨兼顾"伪书"和"伪事"，而且认为辨"伪事"比辨"伪书"尤为重要。③

其二，《论今古文经学及〈辨伪丛书〉书》（1921 年 3 月 23 日），署名玄同。这也是写给顾颉刚的一封书信。在信中，钱玄同回忆了他自己对

---

① 倪伟曾著文批评钱玄同经学研究的肤浅。倪先生的观点虽可商榷，但也不失为一家之言。详见倪伟《〈新青年〉时期钱玄同思想转变探因》，《杭州师范大学学报（社会科学版）》2015 年第 4 期。

② 钱玄同：《春秋与孔子》，载钱玄同《钱玄同文集》第 4 卷，中国人民大学出版社 1999 年版，第 261 页。

③ 钱玄同：《论近人辨伪见解书》，载顾颉刚编著《古史辨》第 1 册，海南出版社 2005 年版，第 33 页。

今古文两派的态度及转变过程。①1925年，钱玄同又增补了一段文字，补充说明他对"真孔学"的意见。该文及增补的一段文字，均被收录在《古史辨》第一册中。

其三，《论编纂经部辨伪文字书》（1921年11月5日），署名玄同，收在《古史辨》第一册。同样是写给顾颉刚的一封书信。钱玄同强调经部文献辨伪的重要意义："经"素来"为学者所尊崇，无论讲什么，总要征引它，信仰它"②，影响深远，因此，不得不辨。

其四，《论〈诗经〉真相书》（1922年2月20日），署名玄同，收在《古史辨》第一册。文中，钱玄同对顾颉刚说明了他对《诗经》的看法：《诗经》是一部最古的诗歌"总集"，其编纂与孔子无关；研究《诗经》，应从文章上去体会某诗的内容及所指，等等。

其五，《论〈诗〉说及群经辨伪书》（1923年2月9日），署名玄同，收在《古史辨》等一册。文中，钱玄同向顾颉刚说明了他的以下观点：不把"六经"与"孔丘"分家，则"孔教"总不容易打倒，不把"经"中有许多伪史这个意思说明，则"周代——及其以前——底〔笔者按，下文均改成'的'〕历史永远是讲不好"③。这已是非今、非古的"新经学"观点了。

其六，《答顾颉刚先生书》（1923年5月25日），署名玄同。原载1923年6月10日《读书杂志》第10期，后收入《古史辨》第一册。钱玄同在这篇文章中，盛赞顾颉刚的"层累地造成的中国古史"说，"精当绝伦"。同时，再次强调孔子与"六经"无涉等观点。钱玄同自言："'六经'固非姬旦的政典，亦非孔丘的'托古'的著作（原注：但其中有后来的儒者'托古'的部分；《论语》中道及尧，舜，文王，周公，这才是孔丘的'托古'），'六经'的大部分固无信史的价值，亦无哲理和政论的价值。"④

---

① 钱玄同：《论今古文经学及〈辨伪丛书〉书》，载顾颉刚编著《古史辨》第1册，海南出版社2005年版，第41—42页。

② 钱玄同：《论编纂经部辨伪文字书》，载顾颉刚编著《古史辨》第1册，海南出版社2005年版，第53页。

③ 钱玄同：《论〈诗〉说及群经辨伪书》，载顾颉刚编著《古史辨》第1册，海南出版社2005年版，第70页。

④ 钱玄同：《答顾颉刚先生书》，载顾颉刚编著《古史辨》第1册，海南出版社2005年版，第82页。又见钱玄同《钱玄同文集》第4卷，中国人民大学出版社1999年版，第238页。

其七，《研究国学应该首先知道的事》（1923 年 6 月 25 日），原载
1923 年 8 月 5 日《读书杂志》第 12 期。后收入《古史辨》第一册。钱玄
同在文中，提出辨伪的三点主张：第一，要注意前人辨伪的成绩；第二，
要勇于疑古；第三，治古史不可存考信于"六艺"之见。①

其八，《论〈庄子〉真伪书》（1925 年 8 月 24 日），署名玄同，后收
《古史辨》第一册。钱玄同指出："今本《庄子》三十三篇，思想跟文章
前后不一致，说它不全是庄先生个人底（笔者按，时人多如是，今作
'的'字）著作，自然是对的"，与此同时，对苏轼（钱文中称"苏老
大"）疑《盗跖》《渔父》《让王》《说剑》的观点，持有不同意见。②

其九，《论获麟后〈续经〉及〈春秋〉例书》（1925 年 9 月 22 日），
署名玄同，原载 1925 年 10 月 14 日《北京大学国学门周刊》第 1 期，后
收入《古史辨》第 1 册。钱玄同在这道给顾颉刚的信中，提出两个重要观
点：第一，"获麟"以后的《续经》，是刘歆伪造的；第二，《春秋》是一
种极幼稚的历史，为"断烂朝报"和"流水账簿"，无"例"可言。③

此前，有《论〈春秋〉性质书》（1925 年 3 月 16 日），署名玄同，原
载 1925 年 10 月 14 日《北京大学国学门周刊》第 1 期，后收入《古史辨》
第 1 册。钱玄同认为《春秋》只是一部鲁国的"断烂朝报"，以孔子"他
老人家那样的学问才具，似乎不至于做出这样一部不成东西的历史来"④。

其十，《论〈说文〉及壁中古文经书》（1925 年 12 月 13 日），署名疑
古玄同，原载 1926 年《北京大学国学门周刊》第 15、16 合期（1926 年 1
月 27 日）。后收入《古史辨》。钱玄同在文中提出"辨伪目的"。他认为，
辨伪就是要追求"真"与"信"。此外，又就"孔子与《六经》"关系，
如是说道："康、崔两君虽能推翻壁中古文经，但是他们俩是根本相信孔
子定《六经》那件事的"，在钱玄同看来，康有为、崔适等人虽然能证明
孔壁所藏是伪书，但是他们相信"孔子书《六经》"确有其事。钱玄同对

① 钱玄同：《研究国学应该首先知道的事》，载顾颉刚编著《古史辨》第 1 册，海南出版社
2005 年版，第 107 页。
② 钱玄同：《论〈庄子〉真伪书》，载顾颉刚编著《古史辨》第 1 册，海南出版社 2005 年
版，第 231 页。
③ 钱玄同：《论获麟后〈续经〉及〈春秋〉例书》，载顾颉刚编著《古史辨》第 1 册，海南
出版社 2005 年版，第 229—230 页。
④ 钱玄同：《论〈春秋〉性质书》，载顾颉刚编著《古史辨》第 1 册，海南出版社 2005 年
版，第 225 页。

此不以为然，他说道"咱们现在则不然，根本不相信'孔子定《六经》'那件事"。所谓"经"，"只认为是古代留下来的几篇文学作品，几本档案粘存，几张礼节单子，几首迷信谶诗，几条断烂朝报而已"，虽然"孔二先生（笔者按，钱玄同戏谑孔子之称谓）大概是看过的"。概言之，钱玄同认为："'孔子定《六经》'那件事咱们既不相信，则'孔子书《六经》'那件事在咱们看来真合着一句笑话了。"①

其十一，《读〈汉石经周易〉残字而论及今之〈易〉的篇数问题》（1929 年冬至），署名疑古玄同，原载 1929 年《北京大学图书部月刊》第 1 卷第 2 期（1929 年 12 月 20 日），后收如《古史辨》第三册。这篇文章，主要就《易传》中《说卦》《序卦》《杂卦》三篇系何人、何时成伪的问题，展开论述。其间，也对康有为、崔适二人的观点，进行了修正。②

其十二，《〈左氏春秋考证〉书后》（1931 年 3 月 7 日），原载 1931 年 5 月北平师范大学《国学丛刊》第 1 期第 2 号，后收入《古史辨》第五册。文中，钱玄同对刘逢禄、康有为、崔适等考辨《左氏春秋》观点，一一点评，述其得失，并全面回顾了近代以来"伪古文"考辨的历程及得失。③

其十三，《重论经今古文学问题》（1931 年 11 月 16 日）。康有为的《新学伪经考》自成书以来，屡经刊印。主要有清光绪十七年（1891）广州万木草堂木刻本，1917 年重刻本（改名《伪经考》），及诸多翻刻本。1929 年顾颉刚曾标点过一次，拟作为《辨伪丛刊》之一，由朴社印行，后因经费问题而未能付印。

1931 年，方国瑜标点本刊行在即，钱玄同欣然作序，洋洋洒洒，几十万言。序言原名《重印新学伪经考序》，后又增改为《重论经今古文学问题》，发表于 1932 年北京大学《国学季刊》第 3 卷第 2 号。后收入《古史辨》第五册。

钱玄同在这篇文章中，盛赞康有为的《新学伪经考》，是一部"极重

---

① 钱玄同：《论〈说文〉及壁中古文经书》，载顾颉刚编著《古史辨》第 1 册，海南出版社 2005 年版，第 201 页。

② 详见钱玄同《读〈汉石经周易〉残字而论及今之〈易〉的篇数问题》，载顾颉刚编著《古史辨》第 3 册，海南出版社 2005 年版，第 47—52 页。

③ 详见钱玄同《〈左氏春秋考证〉书后》，载顾颉刚编著《古史辨》第 5 册，海南出版社 2005 年版，第 1—14 页。

要极精审的辨伪专著,是治国故的人们必读的要籍"①。称该书有两处最大的发明:第一,秦焚书,《六经》未尝亡缺;第二,河间献王及鲁恭王,并无得古文经之事。② 同时,也指出康有为存在的问题是,所论有疏略、武断之弊③,并以《诗经》《尚书》等为例,逐一订正。

其十四,《钱玄同日记》中,还有一些涉及文献真伪的文字。如 1938 年,钱玄同在《日记》中,谈及《心史》一书的真伪问题时,有言:

> 《心史》一书,信为真者:张国维、顾炎武、钱肃乐、归祚明(原注:见《亭林诗稿》卷六,4 页,《井中心史歌序》)。不信者:王敬所、阎百诗、万季野、全谢山。万谓是姚士粦伪作,全信其说(原注:见《鲒埼亭集外编》卷三四《心史题词》,商务本 1143—1144 页)。又见《外编》卷二五之《杲堂诗文续钞序》亦言之。
>
> 但全氏此文中似非十分肯定之词,云"或且以为姚叔祥之赝本",又云"叔祥赝本之患"。又,徐乾学所作《通鉴后编》之《考异》,见《四库提要》卷一七四,别集存目一。按,此书见《提要》四七,史部编年类。
>
> 《提要》谓是书徐氏与万斯同、阎若璩、胡渭等所编,则全所引万、阎之说与徐氏同出也。不信为姚士粦伪作者:厉鹗。云:"叔祥岂能为此诗文!"
>
> 我以为,照思想、见解、文章、气节,非郑不能作。当认为真书。万、阎诸公盖猜测耳,非有实据。徐不足道,厉说最有理。姚士粦只会造《杂事秘辛》,做《见只编》耳,乌能赝此书耶?或井中铁函之说,是好奇者故作神奇耳!④

钱玄同认为阎若璩(百诗)、万斯同(季野)、全祖望(谢山)等人的观点,不足据。因为,《心史》一书,无论"思想、见解、文章、气

---

① 钱玄同:《重论经今古文学问题》,载顾颉刚编著《古史辨》第 5 册,海南出版社 2005 年版,第 19 页。

② 同上书,第 20 页。

③ 同上书,第 22 页。

④ 转引自陈福康《也谈钱玄同的晚节》,《读书》2015 年第 4 期。钱玄同日记有杨天石整理本,北京大学出版社 2014 年版,又有北京鲁迅博物馆编、福建教育出版社 2002 年影印本。前者句读略有问题,后者释读较为困难,故据陈福康先生文章引述。

节"，非郑思肖而不能作。姚士粦只会造作《杂事秘辛》之类伪书，如何作得出《心史》这样的著作？

二　钱顾夤缘

钱玄同与顾颉刚、"古史辨"夤缘匪浅。亲历时事的胡适曾言：疑古学派在经学方面，"得着钱玄同先生的助力最大"①。"古史辨"运动主将顾颉刚忆及此事，亦说道："我的《古史辨》的指导思想……从近的来说则是受了胡适、钱玄同二人的启发和帮助。"②

此外，人所共知的就是，顾颉刚的"层累地造成地古史观"学说，就是在写给钱玄同的信中提出，并得到钱玄同始终不渝的大力支持。③ 其实，何止是具体的经学研究，钱玄同对"古史辨"的意义或贡献，也是全方位的。

（一）"古史辨"的重要引导者

钱玄同对"古史辨"的引导作用，主要体现在以下几个方面。

首先，对"辨伪"工作的学术意义，给予充分肯定。

他在给顾的信中说："近来我忽想蒐集古今关于辨伪书的著作，把它们点校印行。"因为，在钱玄同看来，"前代学者真实可怜"，受时代及自身的限制，这些"前代学者"，"他们的最大多数都是日读伪书，孜孜矻矻，死而不寤的"。缘此，钱玄同感叹道："这伪书不知坑了多少聪明人！"④

辨伪的意义，除了防止"伪书"误人，在历史研究中，辨伪也是必不可少的。钱玄同在给顾颉刚的另一道书信中，又言："先生（笔者按，指

---

① 胡适：《介绍几本新出的史学书》，载顾颉刚编著《古史辨》第 2 册，海南出版社 2005 年版，第 243 页。

② 顾颉刚：《我是怎样编写〈古史辨〉的？》，载顾颉刚《我与〈古史辨〉》，上海文艺出版社 2001 年版，第 197 页。

③ 李可亭、刘贵福、张利、卢毅等学者，在同类问题研究中，发表了一系列卓有见地的成果。其中如李可亭《钱玄同古史研究论略》，《近代史研究》1991 年第 2 期，是改革开放以来，较早系统研究钱玄同古史考辨暨文献辨伪问题的文章。此外，凡有引述，随文标注，兹不胪列。

④ 钱玄同：《论近人辨伪见解书》，载顾颉刚编著《古史辨》第 1 册，海南出版社 2005 年版，第 33 页。

顾颉刚）说，因为要研究历史，于是要搜集史料，审定史料；因为要搜集史料，审定史料，于是要'辨伪'。我以为这个意思是极对的。我并且以为不但历史，一切'国故'，要研究它们，总以辨伪为第一步。"①

其次，将疑古辨伪的对象，由子部延展到经部。

钱玄同认为，"群经"辨伪与"诸子"同样重要，"或且过之"。因为，"诸子"不乏质疑者，而"群经"则不然。"经"部文献，"自来为学者所尊崇，无论讲什么，总要征引它，信仰它"，因此"伪经辨证集说"之编纂"尤不容缓也"②。又称，推倒"群经"比疑辨"诸子"更加重要。信"群经"的人太多，观念太顽固。如阎若璩、惠栋等有见识的清代学人，"费尽九牛二虎之力，才推倒了《古文尚书》"，但是康有为刊发《新学伪经考》后，"至今痛诋之者还是很多"。可见推倒"群经"的阻力之大，任务之难。缘此，钱玄同对顾颉刚说道，正因为如此，"咱们所肩'离经叛道'之责任乃愈重"③。所以编纂"伪经辨证集说"，既亟迫，且重要。

最后，将疑古考辨的范围，由伪书拓展到伪事。

1921年，顾颉刚曾就辨伪范围问题，请教钱玄同。顾颉刚问道，"我们的辨伪"，是专辨"伪书"呢，还是并及"伪事"？④钱玄同回答："我以为二者宜兼及之；而且辨'伪事'比辨'伪书'尤为重要。"⑤此外，钱玄同还说道："若将此等'疑古'的材料蒐罗齐备，择要择善而点校印行，实在'有功艺林不浅'。"⑥因为钱玄同的这个意见，20世纪的"疑古辨伪"真正进入"古史"考辨，即史学研究的领域。

对于钱玄同的引导作用，顾颉刚曾回忆道："要是适之、玄同两先生不提起我的编集辨伪材料的兴趣，奖励我的大胆的假设，我对于研究古史

---

① 钱玄同：《论今古文经学及〈辨伪丛书〉书》，载顾颉刚编著《古史辨》第1册，海南出版社2005年版，第41页。

② 钱玄同：《论编纂经部辨伪文字书》，载顾颉刚编著《古史辨》第1册，海南出版社2005年版，第53页。

③ 钱玄同：《论〈诗〉说及群经辨伪书》，载顾颉刚编著《古史辨》第1册，海南出版社2005年版，第70页。

④ 顾颉刚：《论〈辨伪丛刊〉分编分集书》，载顾颉刚编著《古史辨》第1册，海南出版社2005年版，第31页。

⑤ 钱玄同：《论近人辨伪见解书》，载顾颉刚编著《古史辨》第1册，海南出版社2005年版，第33页。

⑥ 同上。

的进行也不会这般的快速。"① 顾颉刚所言的"编集辨伪材料"，是指钱玄同在致胡适书中，提出的"把辨伪文字一起集出"以及"从王充起"的主张。②

从某种意义上，顾颉刚的"这般的快速"，也是"古史辨"的"这般的快速"。时隔不久，顾颉刚就在给钱玄同的信中，提出"层累地造成的中国古史"说。这是 20 世纪"古史辨"运动中的一声巨响。

（二）"古史辨"的重要支持者

1923 年年初，顾颉刚在《小说月报》上发表了《诗经的厄运与幸运（上）》一文，其中谈到，他"久想做一篇文字"，说明《诗经》"在历来儒者手里玩弄，好久蒙着真相"③。他认为，《诗经》的"雏形"，在春秋时代已"大略固定"，其实质，本为"入乐的诗的一部总集"④。但是到了战国，由于人们不懂古乐诗，因而胡乱揣测。孟子要借《诗经》来推行他的王道，"造出春秋时人所未有的附会，下开汉人'信口开河'与'割裂时代'的先声"⑤。

而在此文发表前，钱玄同看到预告，于是致信顾颉刚，极尽鼓励之辞，称顾颉刚"对于《诗经》的研究最为精辟"。虽然不见有长篇专论，单就近两年之"东鳞西爪"，就觉得顾颉刚有关《诗经》的论述，"无一不好"。因此，"极望先生（笔者按，指顾颉刚）将此书好好地整理它一番"，救《诗经》"于汉宋腐儒之手"，将乔装的"圣贤面具"一并剥去，归还它本来的"文学真相"。并强调，这是"很重要的工作"。⑥

与此同时，约请顾颉刚将有关《诗经》的论说，在北京大学的《国学

① 顾颉刚：《自序》，载顾颉刚编著《古史辨》第 1 册，海南出版社 2005 年版，第 44 页。

② 事见顾颉刚：《论〈辨伪丛刊〉分编分集书》，载顾颉刚编著《古史辨》第 1 册，海南出版社 2005 年版，第 31 页。顾颉刚 1921 年 1 月 25 日写给胡适的《论伪史及〈辨伪丛刊〉书》，载顾颉刚编著《古史辨》第 1 册，海南出版社 2005 年版，第 27 页。顾颉刚为示尊崇，将 1 月 25 日《给胡适书》，排在 1 月 21 日《给钱玄同书》之前。并且，前者署名"学生顾颉刚"，后者署名"颉刚敬白"。

③ 顾颉刚：《〈诗经〉在春秋战国间的地位》，载顾颉刚编著《古史辨》第 3 册，海南出版社 2005 年版，第 190 页。

④ 同上书，第 191 页。

⑤ 同上书，第 224 页。

⑥ 钱玄同：《论〈诗〉说及群经辨伪书》，载顾颉刚编著《古史辨》第 1 册，海南出版社 2005 年版，第 69 页。

季刊》上发表一些。借此，让北大的《国学季刊》多一些"离经叛道""非圣无法"的材料，免得它渐渐地"遗老化"①。

顾颉刚回忆道："我和他（笔者按，指钱玄同）已经一年不相通问了，忽然接读这一封痛快淋漓的长信，很使我精神上得着一种兴奋。"② 他"不但回答了我所提出的问题，而且也告诉我他所新得到的材料。我不禁大大地喜欢接受"③。

正是由于这封信，顾颉刚复信给钱，信的上半篇谈《诗经》，下半篇为《国学季刊》作文一事作了答复，提出要写一篇《层累地造成的中国古史》，并将自己的古史见解写出了一个大概，"把半年来胸中积蓄的问题及其假设的解答尽情地向他说了"。④ 没有想到，"这一个概要就成了后来种种讨论的骨干!"⑤

但这封信寄出去后，迟迟没有收到回信。1924 年 4 月，适逢胡适办的《读书杂志》约稿，顾颉刚想到给钱玄同的信已有两个月，仍没有回音，就想借此催促一下，遂将他给钱的信截取了下半篇，加题《与钱玄同先生论古史书》，发表在《读书杂志》第九期上，正式向学术界公布了著名的"层累地造成的中国古史"说。

没想到这篇文字一发表，竟成了"轰炸中国古史的一个原子弹"⑥，赞成的文章寥若晨星，反对的文章却纷至沓来，指责顾颉刚"着了魔，竟敢把一座圣朝一下子一拳打成一堆泥!"⑦ 刘掞藜、胡堇人、柳诒徵等人发表文章，指责"层累说"，是"想入非非，任情臆造的附会，真是奇

---

① 钱玄同：《论〈诗〉说及群经辨伪书》，载顾颉刚编著《古史辨》第 1 册，海南出版社 2005 年版，第 69 页。

② 顾颉刚：《自序》，载顾颉刚编著《古史辨》第 1 册，海南出版社 2005 年版，第 30 页。

③ 顾颉刚：《我是怎样编写〈古史辨〉的?》，载顾颉刚《我与〈古史辨〉》，上海文艺出版社 2001 年版，第 203 页。

④ 据顾颉刚回忆，与钱玄同恢复联系后，即刻给他回信，但两个多月，都未能收到钱玄同的回信。顾颉刚：《我是怎样编写〈古史辨〉的?》，载顾颉刚《我与〈古史辨〉》，上海文艺出版社 2001 年版，第 203 页。

⑤ 顾颉刚：《自序》，载顾颉刚编著《古史辨》第 1 册，海南出版社 2005 年版，第 30 页。

⑥ 顾颉刚：《我是怎样编写〈古史辨〉的?》，载顾颉刚《我与〈古史辨〉》，上海文艺出版社 2001 年版，第 204 页。

⑦ 钱玄同通过讲《聊斋志异》的故事，告诉顾颉刚"我们对于今古文问题，也当作如是观"。顾颉刚自称，他深受启发。顾颉刚：《我是怎样编写〈古史辨〉的?》，载顾颉刚《我与〈古史辨〉》，上海文艺出版社 2001 年版，第 199 页。

得骇人了!"① 又称,"这般望文生义的解释,如何叫人信服呢?"② 还批评顾颉刚国学根基尚浅,"虽曰勇于疑古,实属疏于读书"③。

在这种不利的舆论氛围中,钱玄同给予顾颉刚及"层累说"以莫大的支持。他说道:顾颉刚"层累地造成的中国古史"的观点,"真是精当绝伦"。又称,顾颉刚以尧、舜、禹、稷,以及三皇、五帝暨"三代相承的传说为证",他看了以后,"惟有欢喜赞叹",希望顾颉刚再接再厉,用这个方法,"常常考查多多发明",以期"廓清云雾,斩尽葛藤",令后来之学子,"不致再被一切伪史所蒙"④。

对于刘掞藜、胡堇人的反诘,钱玄同充分肯定了顾颉刚疑古的精神。钱玄同强调指出,"学术之有进步全由于学者的善疑"。特别是"赝鼎"最多的国学界,特别需要"用极炽烈的怀疑精神去打扫一番不可"。因此,近来如梁启超之疑《老子》,胡适和陆侃如之疑《屈赋》,以及顾颉刚的"疑古史",这都是"国学界狠好的现象"。有鉴于此,钱玄同发出号召,称"我希望研究国学的人都要有他们这样怀疑的精神"⑤。

同时,他又指出,刘掞藜、胡堇人"二君的文章中狠有'信经'的色彩",存在误引伪书,不足立论的问题。⑥ 后来,钱玄同旧事重提,又说道,前代学者正因为缺乏"勇于疑古"的胆量,所以"创获"未免太少了。也正因为太"熟读许书(笔者按,许慎的著作)",对于假字、误体都不敢质疑,"所以承误袭谬的解说又未免太多了"⑦。

1930 年,顾颉刚发表了《论〈易·系辞传〉中观象制器的故事》。钱玄同随即去信,对顾颉刚的观点大加赞赏,称"细读尊论",感觉顾颉刚

---

① 刘掞藜:《读顾颉刚君〈与钱玄同先生论古史书〉的疑问》,载顾颉刚编著《古史辨》第1 册,海南出版社 2005 年版,第 94 页。

② 胡堇人:《读顾颉刚先生论古史书以后》,载顾颉刚编著《古史辨》第 1 册,海南出版社2005 年版,第 100 页。

③ 柳诒徵:《论以〈说文〉证史必先知〈说文〉之谊例》,载顾颉刚编著《古史辨》第 1册,海南出版社 2005 年版,第 185 页。

④ 钱玄同:《答顾颉刚先生书》,载顾颉刚编著《古史辨》第 1 册,海南出版社 2005 年版,第 81 页。

⑤ 钱玄同:《研究国学应该首先知道的事》,载顾颉刚编著《古史辨》第 1 册,海南出版社2005 年版,第 108 页。

⑥ 同上。

⑦ 钱玄同:《论〈说文〉及〈壁中古文经〉书》,载顾颉刚编著《古史辨》第 1 册,海南出版社 2005 年版,第 197 页。

所谓《易·系辞传》下"古者庖牺氏……"一段文字，为"京氏学者所窜入"，诚为"精确不刊"之论。非但如此，还誉以戴震所言的"十分之见"，其文化功绩，"不在阎惠（笔者按，阎若璩、惠栋）辟《古文尚书》，康崔（笔者按，康有为、崔适）辟刘歆伪经之下；盖自王弼、韩康伯以来未解之谜，一旦被老兄揭破了，真痛快煞人也！"① 这样的"高度评价"，不知令顾颉刚、令当时学界，做何感想?!

顾颉刚的《五德终始说下的政治和历史》与《秦汉的方士与儒生》先后问世，据他自己讲，就是在钱玄同议论经学的启发下产生灵感，再进一步研究的成果。②

由此可见，钱玄同对"古史辨"的支持，是自始至终的。这种支持，对于领导"古史辨"的顾颉刚而言，具有特别重要的意义：胡适、傅斯年等师友，与顾颉刚渐行渐远；钱玄同则依然如故，是顾颉刚不可多得的精神安慰。

（三）"古史辨"的重要实践者

钱玄同不仅是"古史辨"运动的重要引导者、支持者，还是"古史辨"研究的重要实践者。

首先，表示对"信古"思想的强烈不满。

自 1925 年始，钱玄同自号"疑古玄同"。这是一个特别值得关注的现象。因为，众所周知，"古史辨"运动中，相继出现过多个颇有震撼力且富有争议的名词或概念。其中，除了"大禹是条虫"以外，人所共知的，应该就是这个"疑古玄同"了。在那个风云际会的年代，"疑古玄同"四字，不仅仅是一位身体力行者的自我标榜，还是疑古辨伪思潮激荡奔腾的时代坐标。

其次，表明对"伪书""伪事"的认识和判断。

钱玄同先后发表了十余篇颇有影响的书信、文章。短则数百字，多则数万言。因为钱玄同特殊的学术经历和学术地位，这些讨论古书、古史真伪问题的文章，较之他人，更能引起社会各界的广泛关注。

---

① 钱玄同：《论观象制器的故事出京氏〈易〉书》，载顾颉刚编著《古史辨》第 3 册，海南出版社 2005 年版，第 41 页。

② 顾颉刚：《我是怎样编写〈古史辨〉的?》，载顾颉刚《我与〈古史辨〉》，上海文艺出版社 2001 年版，第 213 页。

对此，顾颉刚先生有言："1920 年我在北大毕业之后才认识钱玄同先生……他兼通今古文而又对今古文都不满意。"钱玄同还不止一次地对顾说道：

> 今文学是孔子学派所传衍，经长期的蜕化而失掉它的真面目的。古文经异军突起，古文家得到了一点古代材料，用自己的意思加以整理改造，七拼八凑而成其古文学，目的是用它做工具而和今文家唱对台戏。
>
> 所以今文家攻击古文经伪造，这话对；古文家攻击今文家不得孔子的真意，这话也对。我们今天，该用古文家的话来批评今文家，又该用今文家的话来批评古文家，把他们的假面目一齐撕破，方好显露出他们的真相。①

对钱先生所言，顾颉刚颇有感触。他说道，钱玄同的这番议论，虽然现在看来不免偏激，但是，在那个时代——"当许多经学家在今、古文问题上长期斗争之后"，未尝不是"一个极锐利、极彻底的批评"。此外，还是"一个击碎玉连环的解决方法"。这给顾颉刚本人，以深刻之启发。他说道，"我的眼前仿佛已经打开了一座门，让我们进去对这个二千余年来学术史上的一件大公案作最后的判断了"②。

三 经籍辨伪

1921 年，钱玄同在给胡适的信中，"下决心对于圣人和圣经干裂冠，毁冕，撕袍子，剥裤子的勾当"。③ 虽然后来，钱玄同的态度有所和缓，说他"个人对于经学的态度"，"只不过是站在历史的立场上，来研究经的本来面目罢了"，但在客观上，钱玄同对经部文献的考辨，基本还是"今文经"的立场。

---

① 顾颉刚：《序》，载顾颉刚《秦汉的方士与儒生》，上海古籍出版社 1978 年版，第 6—7 页。

② 同上书，第 7 页。

③ 钱玄同：《致胡适》（1921 年 12 月 7 日），载钱玄同《钱玄同文集》第 6 卷，中国人民大学出版社 2000 年版，第 104 页。

　　对此，他毫不讳言："我前几年对于今文家言是笃信的；自从一九一七以来，思想改变，打破'家法'观念，觉得'今文家言'什九都不足信，但古文之为刘歆伪作"，并始终认同康有为、崔适的观点，称"他们（笔者按，指康、崔二人）关于这一点的考证是极精当的"。①

　　即便如此，由于钱玄同在经学方面所具有的深厚学养和特殊地位，使他的经部文献辨伪，不但代表了"古史辨"诸公的最高水平，也代表了民国时期经部文献辨伪的最高水平。

（一）《左传》辨伪

　　《左传》真伪，是《春秋》学研究中的一个核心问题。

　　钱玄同在《左传》真伪问题上的观点，一仍清末康有为等人的主张：《左传》系刘歆据《国语》割裂伪作而成。他曾言，《左传》，本是战国时代一个文学家编的"国别史"，也可称作《国语》。《左传》与《春秋》绝无关系。但是到了刘歆这里，"将它改编，加上什么'五十凡'这类鬼话"，把它改头换面，做成《春秋》的"传"。至于"用不着的部分仍留作《国语》（笔者按，钱玄同自注：康有为说）"。②

　　钱玄同又曾提出"《春秋》伪窜"说。其言：《春秋》"西狩获麟后"的《续经》，并非鲁史之旧，究竟是刘歆等人的伪造。③ 应该说，《春秋》为刘歆所伪窜的说法，一仍清末今文学家康有为、崔适的观点，并无新的发明。

　　除此之外，钱玄同在《春秋》学研究中，谈得最多的，还是《春秋》与孔子的关系问题。起初，钱玄同断然否认《春秋》是孔子所作，亦非孔子所编。后来，在听取他人的批评意见后，进行了较为彻底的修正。可以说，钱玄同有关《春秋》作者的讨论，经历了一个"前倨二类后恭"的过程。④

---

　　① 钱玄同：《论今古文经学及〈辨伪丛书〉书》，载顾颉刚编著《古史辨》第 1 册，海南出版社 2005 年版，第 41 页。

　　② 钱玄同：《答顾颉刚先生书》，载顾颉刚编著《古史辨》第 1 册，海南出版社 2005 年版，第 87 页。

　　③ 钱玄同：《论获麟后〈续经〉及〈春秋〉例书》，载顾颉刚编著《古史辨》第 1 册，海南出版社 2005 年版，第 229 页。

　　④ 刘贵福先生从"《春秋》性质"的角度，较深入地切入这个问题的讨论，颇有参考价值。详见刘贵福《钱玄同与顾颉刚、傅斯年、胡适有关〈春秋〉性质的学术讨论》，《史学史研究》2013 年第 3 期。

《春秋》作者究竟是不是孔子，在中国古代经学史上，是一个颇有争议的问题。大致说来，古文经学家认为《春秋》是鲁国史记，孔子或曾修订；今文经学家则认为《春秋》是孔子所作，以表明"微言大义"。

严格说来，《春秋》作者暨其与孔子关系问题，不是文献辨伪所要讨论的范围。但是，将《春秋》与孔子的关系"撇清"，对于颠覆其"神坛"的地位，有极其重要的意义。很显然，钱玄同在《春秋》作者问题上，有他自己的认识和理解。

（二）《诗经》辨伪

《诗经》研究中，一个饱受争议的问题，就是其与孔子的关系。如果必言"孔子删订《诗经》"或"《诗经》为孔子所删订"，则多少有"托名"的意味。从这个意义上，也属于文献辨伪研究的范畴，虽然不很"典型"。

钱玄同认为，《诗经》在本质上，是一部文学书，"是一部最古的总集"。《诗经》诸篇，除了"小部分是西周"时代的诗，"大部分是东周（孔丘）"时代的诗。①《诗经》虽有亡佚或增窜，但是始终是"原始本的变相"。因而，不能说它们是"两个本子"②。

至于《诗经》的辑集时代。钱玄同认为，其"在孔丘以前"。因此，《诗经》既不是孔子所"作"，也不是孔子所"删"。因为在钱玄同看来，"孔子如果曾经删《诗》，则《郑风》必在被删之列"。钱玄同的理由是：孔子主张"放郑声"的，《郑风》不删，则《诗经》的"圣道王化"，就不能免于被"邪僻淫乱"所污。③但事实上，《诗经》中《郑风》犹在，所以孔子定无删《诗经》之举。

由此可见，钱玄同对《诗经》与孔子关系的定位非常明确。这对于加深对钱玄同经学、文献辨伪学思想的认识，究竟不无裨益。

（三）《尚书》辨伪

钱玄同在《尚书》真伪问题上的认识，较为超然，既超越今古，也超

---

① 钱玄同：《答顾颉刚先生书》，载顾颉刚编著《古史辨》第 1 册，海南出版社 2005 年版，第 85 页。

② 同上书，第 86 页。

③ 同上书，第 84—85 页。

越真伪。他提出：

第一，《尚书》的性质。

《尚书》本为"三代"时的"文件类编"或"档案汇存"，也就说，《尚书》本身是历史文献，而且是"没有成书"的历史文献。

第二，《尚书》的伪造。

钱玄同认为，既然《尚书》"没有成书"，自然篇目无定。因此，本来"无所谓完全或残缺"。这就给后人的"托古"伪作，提供了上下其手的机会。

第三，《尚书》的伪篇。

今传《古文尚书》28篇中，可以肯定的是，《尧典》《皋陶谟》《禹贡》《甘誓》等篇，"一定是晚周人伪造的"。

第四，《尚书》的引用。

钱玄同认为，即便《尚书》没有"伪篇"的问题，在"采作史料"作研究时，也"必须慎之又慎"，因为它毕竟"只是粉饰作伪的官样文章"①。

在《〈左氏春秋考证〉书后》一文中，钱玄同再次表达了对上述伪篇的看法：

> 《尧典》的政治理想与《孟子》、《大学》全同：（列表略）
>
> 此外如"置国之法"，如"三年之丧"，如云"蛮夷猾夏"等等，都是非真古史的铁证。《皋陶谟》中的"天聪明，自我民聪明；天明威，自我民明威"：这更明明是儒家的思想，比《盘庚》中那些传说鬼神降罚来恐吓百姓的文告高明过了百倍，这当然不是真古史了。《禹贡》的版图已及于荆、扬，贡物已有了铁钢（自注：镂即钢），断不是夏代的书。②

同时，钱玄同特别说明，他有关《尧典》等三篇的伪证，康有为、顾颉刚、丁在军、郭鼎堂诸君"皆已详晰言之，此不过略举数例而已"③。

---

① 钱玄同：《答顾颉刚先生书》，载顾颉刚编著《古史辨》第1册，海南出版社2005年版，第86页。

② 钱玄同：《〈左氏春秋考证〉书后》，载顾颉刚编著《古史辨》第5册，海南出版社2005年版，第10页。

③ 同上。

此外，钱玄同还曾说道，《逸周书》中，"伪篇一定也占了大部分"①，但没有更进一步的论述。

（四）"三礼"辨伪

"三礼"是《周礼》《仪礼》《礼记》的合称。古今学者在《周礼》《仪礼》成书年代及真伪问题上的争论最多。

关于《仪礼》。钱玄同基本认同清代学者毛奇龄、顾栋高、袁枚、崔述等人的观点，径直称《仪礼》一书，"是战国时代胡乱抄成的伪书"。②关于《周礼》。钱玄同比较认可康有为等人的结论，以其为"刘歆伪造"③而成。

（五）《易传》辨伪

《易传》暨《十翼》真伪问题，是《易经》研究中第一个核心问题，也是中国文献辨伪学史上的一桩公案。

钱玄同刊落众说，将《说卦》《序卦》《杂卦》均定为伪托之作。其言，汉代有焦赣、京房一流人做的《说卦传》，"不知什么浅人做的《序卦传》"，也"不知那位学究做的《杂卦传》"④，有了上述伪书，竟然配成了所谓的"十翼"。

钱玄同的观点，是对康有为、崔适学说的修订，其言，康有为断言《说卦》"为焦、京之徒所伪作，宣帝时说《易》者附之入经"，真可谓"巨眼卓识"。但是，康有为声称《序卦》和《杂卦》也是刘歆所伪作，"则未必然"⑤。又言，他认为"康氏过于武断"，且有"误以今本面目为三家《易》原本面目"的失误。至于崔适先生，也有"过信《汉志》，致有误据伪古文"的问题存在。不论康有为、崔述，钱玄同都认为，"他们所说，都不合于今文《易》之真相"⑥。

---

① 钱玄同：《答顾颉刚先生书》，载顾颉刚编著《古史辨》第1册，海南出版社2005年版，第86页。

② 同上。

③ 同上。

④ 同上。

⑤ 钱玄同：《读〈汉石经周易〉残字而论及今之〈易〉的篇数问题》，载顾颉刚编著《古史辨》第3册，海南出版社2005年版，第49页。

⑥ 同上书，第52页。

经过一番考证，钱玄同最后的结论是：西汉初年的田氏《易》，只有《上经》《下经》经文，以及《彖》《象》《系辞》《文言》等传文。到了西汉中叶，也就是汉宣帝以后，《周易》经传中，才加入由汉人伪作的《说卦》《序卦》《杂卦》三篇传文。这部加入伪篇的《周易》经传，概由西汉时通行文字写成，故称作"今文"。刘歆遍伪"古文经"之初，已有这三篇伪传。①

四　辨伪思想

（一）文献辨伪标准

钱玄同基于文化批评的立场，对经学进行了"超越今古文"的解读。在这样的学术语境中，钱玄同将文献辨伪的标准进行了必要的界定与区分：文献真伪的事实判断与价值判断，截然有别，不应混淆。

钱玄同的文献辨伪，有一个预设，这就是"壁中书之为刘歆伪作"。在这个问题上，钱玄同曾言：

> 要问这种古文是否真古文，先要问壁中书等是否真物。关于这一点，从刘逢禄、龚自珍诸人疑《左传》起，至康有为著《伪经考》，崔觯甫先师著《史记探源》跟《春秋复始》，而壁中书之为刘歆诸人所伪作，得了种种极确切的证明。
>
> 据我看来，壁中书一案，经康、崔两君之发覆，伪证昭昭，无可抵赖，所谓"汉古文经"者，此后应与"晋古文《尚书》"，《家语》，《列子》等书同等看待，归入一切伪书之中。②

虽然有这样的预设，钱玄同对康有为、崔适等人的文献辨伪，并不完全满意。他说道："康氏之《伪经考》，本因变法而作，崔师（笔者按，崔适）则是一个纯粹守家法之经学老儒，笃信今文过于天帝。他们一个是利用孔子，一个是抱残守阙；他们辨伪的动机和咱们是绝对不同的。但他

---

① 钱玄同：《读〈汉石经周易〉残字而论及今之〈易〉的篇数问题》，载顾颉刚编著《古史辨》第3册，海南出版社2005年版，第52页。

② 钱玄同：《论〈说文〉及壁中古文经书》，载顾颉刚编著《古史辨》第1册，海南出版社2005年版，第198页。

们考证底结果，我却认为精当者居多，此意至今未变。"① 于是，在这个
"预设"的基础上，钱玄同宣布他的"辨伪标准"：超越今古文，只问真
伪，不论家派。

他说到，伪书害人不浅！首先，"前代学者"很"可怜"。这些人的
"最大多数"，终日读伪书，孳孳矻矻，至死而能觉悟。其次，近代学人也
不乏"可笑者"。钱玄同曾见有人，一面称引清儒阎若璩、惠栋的言论，
称孔安国的《尚书传》是伪书，而一面"又把伪孔《书序》大引特引"。
又有人一面声称《大禹谟》等为伪书，而一面又称这些伪书有"颇多善
言，必不可废"。对此，钱玄同颇不能认同，他说道，考辨文献真伪之目
的，本为"得到某人思想或某事始末之真相"，其与书中言辞之"善恶是
非"又有何关联?!②

钱玄同在谈到《周礼》时，有言：《周礼》是"极有价值的'托古'
著作"。那么，如何正确对待这部饱受争议的著作？钱玄同认为，不能因
该书有价值，"便说是姬旦（笔者按，周公）、孔丘所作"。当然，也不能
因其非周公、孔子所作，"便说是无价值"。继而又言，在《周礼》辨伪
问题上，"我很佩服姚际恒，崔述，康有为那样'疑古'的求真态度，很
不佩服他们那样一味痛骂伪书的卫道态度"③。

在这里，钱玄同以超脱"旧经学"的态度，将"伪书的事实判断"与
"伪书价值判断"区分开来。故而，才对康有为、崔述等辨伪学者的辨伪
成就，亦褒亦贬，且是且非了。

（二）文献辨伪范围

虽然文献辨伪涉及的领域较广，但是钱玄同的认识依然较为深刻，而
且提出的观点也非常明确：文献辨伪不仅要辨"伪书"，而且辨"伪事"；
不仅辨"经"，而且要辨"史""子""集"。在文献辨伪范围问题上，钱
玄同先生的三点意见非常值得关注。

---

① 钱玄同：《论今古文经学及〈辨伪丛书〉书》，载顾颉刚编著《古史辨》第 1 册，海南出
版社 2005 年版，第 41 页。

② 钱玄同：《论近人辨伪见解书》，载顾颉刚编著《古史辨》第 1 册，海南出版社 2005 年
版，第 33 页。

③ 钱玄同：《答顾颉刚先生书》，载顾颉刚编著《古史辨》第 1 册，海南出版社 2005 年版，
第 87 页。着重号为原文所加。

第一，如何认识伪书伪事的关系。

由于"伪书"与"伪事"是你中有我，我中有你的关系，难免要遇到如何辨识，如何取舍的问题。对此，钱玄同的观点是："辨古书的真伪是一件事，审史料的虚实又是一件事。譬如《周礼》，《列子》，虽然都是假书，但是《周礼》中许也埋藏着一部分周制的真制度，《列子》中也许埋藏着周、汉间道家的思想。"①

他的方法是：兼而顾之，事重于物。顾颉刚在来信中曾问及"我们的辨伪，还是专在'伪书'上呢，还是并及于'伪事'呢?"钱玄同给出的答复是："我以为二者宜兼及之；而且辨'伪事'比辨'伪书'尤为重要。"②

第二，如何认识四部文献的关系。

在《论编纂经部辨伪文字书》中，钱玄同特别强调指出："'经'之辨伪与'子'之辨伪有同等之重要——或且过之。因为'子'为前人所不看重，故治'子'者尚多取怀疑之态度"，但是对于"经部"文献则不然，这类"经书"自来为学者所尊崇，"无论讲什么"，总要引以为据，信而不疑。甚至"直到现在还有人根据《周礼》来讲周史"的现象存在。因此他认为，"伪经辨证集说"的编纂，"尤不容缓也"。③

又言："我以为推倒'群经'比疑辨'诸子'尤为重要。因'诸子'是向来被人目为'异端'的"，但是"群经"则不然，现在卫护"群经"的人还不在少数，因此通过"群经"辨伪实现"离经叛道"的工作，仍需付诸不懈的努力。④

第三，如何认识辨"伪理"的问题。

钱玄同认为，如《论衡》一书，虽然"确有辨伪之著作，但其书本非为辨伪而作"。亦言之，这部《论衡》，除个别篇目外，更重在说"理"。因此，严格说来，"它是一部哲学的专著"。顾颉刚有意将该书全文收录，

---

① 钱玄同：《论〈说文〉及壁中古文经书》，载顾颉刚编著《古史辨》第1册，海南出版社2005年版，第195页。

② 钱玄同：《论近人辨伪见解书》，载顾颉刚编著《古史辨》第1册，海南出版社2005年版，第33页。

③ 钱玄同：《论编纂经部辨伪文字书》，载顾颉刚编著《古史辨》第1册，海南出版社2005年版，第53页。

④ 钱玄同：《论〈诗〉说及群经辨伪书》，载顾颉刚编著《古史辨》第1册，海南出版社2005年版，第70页。

作为"辨伪理"的例证。①

钱玄同以顾颉刚的设想不可取，因为这样一来，"不但太占篇幅"，而且"名实不符"。若一定要收录，不妨截取其中与辨伪有关的《儒增》《艺增》《书虚》《正说》等四篇。② 顾颉刚以为言之有理，欣然接受。

（三）文献辨伪意义

钱玄同对文献辨伪的重要意义，有非常明确的认识。

首先，文献辨伪之于史学研究有不可替代的重要意义。

钱玄同曾言，诚如顾颉刚所言——要研究历史，必须要搜集、审定史料，要搜集、审定史料，必须要考辨史料真伪，"我以为这个意思是极对的。我并且以为不但历史，一切'国故'，要研究它们，总以辨伪为第一步"③。缘何要"以辨伪为第一步"？因为在钱玄同看来：不但传世的伪书"真多"，而且现代人的著作之中"还有伪的"。所以，"我们要看中国书，无论是否研究国学，是否研究国史，这辨伪的功夫是决不能省的"④。

1923 年，在声援顾颉刚"层累说"的文章中，钱玄同再次强调了"研究国学的第一步便是辨伪"的观点。他强调指出，中国的伪书、伪物很多。要想研究国学，"第一步便是辨伪"。当然，前人辨订伪书、伪物，已取得不少成就，"许多已有定论"。对于上述，我们应该首先知道。这样有两个好处，第一，可以免被伪书伪物所欺；第二，可以省却重加辨订的功夫。但是，目前存在的问题是，研究国学的人"太不注意这事了"。以至于常有人，将"已有定论的伪书伪物"，视为"真书真物"。譬如胡董人，竟然相信《岣嵝碑》是夏代之物，却不知道这是明代杨慎造的"假古董"⑤。

其次，经部文献辨伪之于思想解放有不可或缺的意义。

钱玄同曾言："我以为'经'之辨伪与'子'有同等之重要——或且

---

① 顾颉刚有关"辨伪理""辨伪书""辨伪史"的设想，参见顾颉刚《答编录〈辨伪丛刊〉书》，载顾颉刚编著《古史辨》第 1 册，海南出版社 2005 年版，第 43 页。

② 钱玄同：《论今古文经学及〈辨伪丛书〉书》，载顾颉刚编著《古史辨》第 1 册，海南出版社 2005 年版，第 42 页。

③ 同上书，第 41 页。

④ 钱玄同：《答顾颉刚先生书》，载顾颉刚编著《古史辨》第 1 册，海南出版社 2005 年版，第 88 页。

⑤ 钱玄同：《研究国学应该首先知道的事》，载顾颉刚编著《古史辨》第 1 册，海南出版社 2005 年版，第 107 页。

过之"。因为诸子素不为前人所重,因而治诸子的学者"多取怀疑之态度"。但是,"群经"则不然。这些所谓的"经典","自来为学者所尊崇,无论讲什么,总要征引它,信仰它"①,因此必须打倒!

在另一篇文章中,钱玄同再次强调了类似的观点。他说道:"我以为推倒'群经'比疑辨'诸子'尤为重要。因'诸子'是向来被人目为'异端'的"②,因此诸如《管子》《列子》等诸子伪书,古今学者,都言无忌惮。但是,对于《古文尚书》《周礼》等儒家经典则不然,有阎若璩、惠栋考证在前,康有为、廖平批驳于后,不以为然,甚至以非圣侮法"痛诋"康氏等人的现象,依然存在。③为破除思想之禁锢,振作时代之风气,必须加强经部文献辨伪研究,以"离经畔道"之勇气,开思想解放之纪元。

钱氏强调"经部文献"辨伪之于打倒"孔教"的意义。我们从钱玄同所言中,又看到了钱氏"卫道"——废旧道,立新道,卫新道,也似乎又看到康有为式文献辨伪的影子。但钱先生式的"卫道",是注定要饱经坎坷的。

(四) 文献辨伪史论

钱玄同较为重视对中国文献辨伪学史的梳理和总结,这是其文献辨伪思想形成的基础,也是其文献辨伪思想成熟的标志。④

文献考辨,是中国文化的优良传统。通过学术史的回顾,钱玄同指出:前代学者如司马迁、王充、刘知幾、顾炎武、崔述诸人,"都有辨伪的眼光,所以都有特别的见识"。但是,钱玄同认为,这些人的辨伪,"都是自己做开山始祖,所以致力甚勤而所获甚少"。因此,在继往开来方面,现在学者的文献辨伪研究,还有更广的空间,也会取得更大的成就,故言:"咱们现在,袭前人之成业,更用新眼光来辨伪,便可事半功倍。"⑤

---

① 钱玄同:《论编纂经部辨伪文字书》,载顾颉刚编著《古史辨》第 1 册,海南出版社 2005 年版,第 53 页。

② 钱玄同:《论〈诗〉说及群经辨伪书》,载顾颉刚编著《古史辨》第 1 册,海南出版社 2005 年版,第 70 页。

③ 同上。

④ 有关言论,曾多次出现。其中如钱玄同《答顾颉刚先生书》,载顾颉刚编著《古史辨》第 1 册,海南出版社 2005 年版,第 88 页;钱玄同《研究国学应该首先知道的事》,载顾颉刚编著《古史辨》第 1 册,海南出版社 2005 年版,第 107 页。以上均是线索明晰,论述允当的文字。

⑤ 以上引文,均出自钱玄同《论今古文经学及〈辨伪丛书〉书》,载顾颉刚编著《古史辨》第 1 册,海南出版社 2005 年版,第 41 页。

第五章　顾颉刚的文献辨伪

文献辨伪是顾颉刚先生学术成就的重要代表，也是顾先生在民国学林得以迅速崛起的重要基石。以往的研究，多将其置于"疑古辨伪"或史学理论的框架内探讨，或褒或贬，见仁见智，成果蔚然。但是，从文献辨伪学的角度探讨顾先生的文献辨伪，则略显不足。思潮激荡，大浪淘沙。如何借助新话语体系，论定旧文献真伪，如何借助旧学术解构，实现新文化构筑，既是严肃的时代命题，也是顾颉刚的文化自觉。孰是孰非，孰得孰失？冷静思考，自有公论。

一　著述考论

（一）辨伪研究历程

顾颉刚，原名诵坤，字铭坚，笔名有天游、无悔等。清光绪十九年（1893），生于江苏吴县。顾颉刚自言是一个"爱好山水，爱好文学，爱好政治活动"①，而且"极热烈"② 并生性"非常桀骜不驯"③ 的人。

1913 年，顾颉刚考入北京大学，1920 年自北京大学文科中国哲学门毕业。先后在北京大学、中山大学、燕京大学、云南大学、齐鲁大学、中央大学、复旦大学、兰州大学、苏州社会教育学院、诚明文学院等院校任职，又担任过北平研究院研究员，"中央研究院"历史语言研究所通讯研究员、院士，《文史杂志》杂志社总编辑，大中国图书局编辑所长兼总经理。他是我国"古史辨"的主要发起人和重要代表，其所提出的

---

① 顾颉刚：《自序》，载顾颉刚编著《古史辨》第 1 册，海南出版社 2005 年版，第 9 页。
② 同上书，第 10 页。
③ 同上书，第 44 页。

"层累地造成的中国古史"及"五德终始说下的政治和历史",在中国学界产生了重要影响。①

抗战后,顾颉刚发起成立"边疆问题研究会"及"中国边疆学会",在川陕甘云各省进行实地考察,成功撰成《浪口村随笔》等书,成为我国历史地理学、民俗学的开创者。②中华人民共和国成立后,任中国科学院历史研究所第一所、中国社会科学院历史研究所研究员和学术委员,中国史学会理事、全国文联委员,中国民间文艺研究会副主席,中国民主促进会中央委员,第四、五届全国人大代表。第二至四届全国政协委员。

中华人民共和国成立后,顾颉刚先生主要从事古史研究及古籍整理工作。一度应毛泽东主席、周恩来总理之请,主持校点《资治通鉴》及《二十四史》。主要著作有:《古史辨》《汉代学术史略》《两汉州制考》《郑樵传》等,与人合著有《三皇考》《当代中国史学》《中国疆域沿革史》《中国历史地图》等。

顾颉刚的文献辨伪研究,有几个值得关注的节点。其中,最具标志性意义的,是以下两个:其一,1923年"层累地造成的中国古史"说的提出;其二,1930年"史学考古学分工"说的提出。在由此而形成的"三个时段"中,顾颉刚的学术研究主旨,虽然还是"疑古辨伪"暨"古史"的"破坏"与"重建",但在具体的学术实践中,依然呈现出或侧重文献辨伪,或侧重古史考辨的学术现象。

其一,1919—1923年,是顾颉刚文献辨伪研究的酝酿阶段,同时也是顾先生疑古辨伪思想形成发展的重要阶段。自1919年与胡适结识,直至1923年"层累地造成的中国古史"的提出,顾颉刚主要从事的,还是对《古今伪书考》等文献辨伪学著作的点读。在整理辨伪文献的过程中,顾颉刚开始关注古史辨伪的价值及意义。

其二,1923—1930年,是顾颉刚文献辨伪研究的转型阶段。期间,顾颉刚最为关注的,已由古书真伪,开始转向古史真伪。于是,较以古史辨

---

① 杨向奎认为:"作为'古史辨派'的主将,顾颉刚提出来的两个主要论点:前期是'层累地造成的古史说',后期是'五德终始说下的政治和历史'。上一种说法是他的前期古史说的重点,下一种说法是他后期古史说的重点。"杨向奎:《古史辨的学术思想批判》,《文史哲》1952年3月号;同样的观点又见杨向奎《论"古史辨派"》,载中华书局编辑部编《中华学术论文集》,中华书局1981年版,第11—36页。

② 顾潮、顾洪:《顾颉刚评传》附录"顾颉刚学术行年简表",百花洲文艺出版社1995年版,第168—171页。又见顾潮《顾颉刚年谱》(增订本),中华书局2011年版,第301、329页。

伪，文献辨伪的地位，开始由主导而退居附属。文献辨伪的意义，开始由目的而变成手段。

1922 年，在为商务印书馆编写《中学本国史教科书》时，顾颉刚说：

> 上古史方面怎样办呢？三皇五帝的系统，当然是推翻的了。考古学上的中国上古史，现在刚才动头，远不能得到一个简单的结论。思索了好久，以为只有把《诗》《书》和《论语》中的上古史传说整理出来，草成一篇《最早的上古史的传说》为宜。我便把这三部书中的古史观念比较看着，忽然发见了一个大疑窦，——尧舜禹的地位问题！
>
> ……
>
> 《诗经》和《尚书》（除首数篇）中全没有说到尧、舜，似乎不曾知道有他们似的；《论语》中有他们了，但还没有清楚的事实；到《尧典》中，他们的德行政事才灿然大备了。因为得到了这一个指示，所以在我的意想中觉得禹是西周时就有的，尧、舜是到春秋末年才起来的。越是起得后，越是排在前面。等到有了伏羲、神农之后，尧、舜又成了晚辈，更不必说禹了。
>
> 我就建立了一个假设：古史是层累地造成的，发生的次序和排列的系统恰是一个反背。①

1923 年 2 月，顾颉刚在其著名的《与钱玄同先生论古史书》明确提出了"层累说"。此外，他还说道：

> 近数年来，国立学校经费愈窘，研究所中考古学会在十分困难里勉强进行，时有创获，孟津出土的车饰数百种尤为巨观。我虽没有余力加入研究，但向往之情是极热烈的，倘使在五六年前见了，我一定要沉溺在里边了。
>
> 现在既深感研究学问的困难，又甚悲人生寿命的短促，知道自己在研究古史上原有专门的一小部分工作——辨伪史——可做，不该把

---

① 顾颉刚：《自序》，载顾颉刚编著《古史辨》第 1 册，海南出版社 2005 年版，第 28—29 页。

范围屡屡放宽，以致一无所成。至于许多实物，自当有人作全力的研究，我只希望从他们的研究的结果里得到些常识而已。

在研究古代实物的人，我也希望他们肯涉猎到辨伪方面。例如章演群先生（鸿钊）所著的《石雅》，不愧为近年的一部大著作，但里边对于伪书伪史不加别择，实是一个大缺点。他据了《拾遗记》的"神农采峻镵之铜以为器"，《史记》的"黄帝采首山铜铸鼎"，说中国在神农黄帝时已入铜器时代；又据了《禹贡》的"厥贡镂铁银镂"，《山海经》的"禹曰，出铁之山三千六百九十"，说三代之初已知用铁。

这种见解，很能妨碍真确的史实的领受。若能知道神农黄帝不过是想像中的人物，《禹贡》和《山海经》都是战国时的著作，那么，在实证上就可以剔出许多伪妄的证据，不使它迷乱了真确的史实的地位了。①

《与钱玄同先生论古史书》一文刊行后，一时间争议骤起，毁誉参半，顾颉刚也因"层累说"而一夜成名。1926 年，顾颉刚将近三年的往复论辩，结集出版，题为《古史辨》。该书的刊行，不但在新文化运动中揭橥一杆旗帜，也在舆论界及学术界，进一步巩固了顾颉刚的地位。1930 年前后，顾颉刚与胡适、傅斯年这两位重要师友，分道扬镳，顾颉刚的"疑古辨伪"开始转型。

其三，1930—1949 年，是顾颉刚文献辨伪的回归阶段。1930 年前后，顾颉刚开始倡导"辨伪"以及"考古"的"分工说"。1930 年 8 月出版的《古史辨·自序》（第二册）中，顾颉刚说："我以为学术界中应当分工。"② 又说："我们先把书籍上的材料考明，徐待考古学上的发见。"③ 此后几年间，顾颉刚反复强调说明他的"分工说"。

如 1933 年，顾颉刚说道，"近年唯物史观风靡一世"，他认为，研究古史年代、人物事迹、书籍真伪，"需用于唯物史观的甚少"。在他看来，在"分工的原则"之下，许多学问均"各有其领域"，等到把古书和古史

---

① 顾颉刚：《自序》，载顾颉刚编著《古史辨》第 1 册，海南出版社 2005 年版，第 32 页。
② 顾颉刚：《自序》，载顾颉刚编著《古史辨》第 2 册，海南出版社 2005 年版，第 2 页。
③ 同上书，第 3 页。

的"真伪"弄清楚了，这一层的"根柢"打好了，将来"从事唯物史观的人"，就可以借助这些搞研究了，不但"方便了"，而且还不会"错用了"。概言之，基于"分工说"，顾颉刚将文献真伪考辨视为"下学"，将从事"唯物史观"研究视为"上达"①，二者的逻辑关系，是需要理顺的。

　　1935 年，顾颉刚又说道，以前中国的上古史材料，"只限于书本的记载"。他开始考辨古史时，中国的考古工作只有地质调查所"做了一点"，社会上对此不甚"理会"，也不知道"史料可从地底下挖出来"这件事。而且，"那时唯物史观也尚未流传到中国来"，也没有人想到"研究历史是应当分析社会的！"但是，"从现在看来"，社会和文化环境发生巨变——"考古学的成绩一日千里，唯物史观又像怒潮一样奔腾而入"，顾颉刚自称，"我深知道兹事体大"，非"一手一足之烈"所能承担，所以"马上缩短阵线"，把精力主要集中在"几部古书上"②，且言：

　　　　我常想，也常说：我只望做一个中古期的上古史说的专门家，我只望尽我一生的力量把某几篇古书考出一个结果。③

又言：

　　　　我以为各人有各人的道路可走，而我所走的路是审查书本上的史料。④

　　于是，顾颉刚开始将考辨的重点，再次聚焦在传世文献及其内容的真伪之辨上。甚而招致"古史辨"就是"古书辨"的非议。⑤ 对此，顾颉刚也不讳言，《古史辨》"只是一部材料书"⑥，并且表明态度："我们研究史学的人，应当看一切东西都成史料，不管它是直接的或间接的。"⑦

---

　　① 顾颉刚：《序》，载罗根泽编著《古史辨》第 4 册，海南出版社 2005 年版，第 13 页。
　　② 顾颉刚：《战国秦汉间人的造伪与辨伪附言》，载吕思勉、童书业编著《古史辨》第 7 册，海南出版社 2005 年版，第 37 页。
　　③ 同上。
　　④ 同上。
　　⑤ 顾颉刚：《自序》，载顾颉刚编著《古史辨》第 3 册，海南出版社 2005 年版，第 3 页。
　　⑥ 同上书，第 2 页。
　　⑦ 同上书，第 4 页。

以上三个时段的划分，虽然不很精确，但从"文献辨伪"的角度，依然是一种较为客观的呈现。

（二）辨伪论著编辑出版

顾颉刚曾说，要是胡适、钱玄同两先生"不提起我的编集辨伪材料的兴趣，奖励我的大胆的假设"，他本人对于研究古史的进行，"也不会这般的快速"。[①]

其一，《辨伪丛刊》编纂刊行。

1920 年，顾颉刚毕业后留校工作，在北京大学图书馆任编目员。其间，顾颉刚与胡适的交往逐渐密切，胡适引导他整理清初学者姚际恒的辨伪学著作《古今伪书考》。为了完成《古今伪书考》的标点，顾颉刚翻读了许多宋明学者的辨伪著作，深有体会，于是有了编辑《辨伪丛刊》的设想，意在把前人的辨伪成绩系统梳理总结一番。

其二，《古史辨》结集出版。

1923 年 5 月，顾颉刚的《与钱玄同先生论古史书》在《读书》杂志第 9 期上发表。顾颉刚的"疑古"之论，即刻引来众议，"古史辨"运动由此肇端。1926 年，顾颉刚将三年间有关"古史真伪"讨论的文章，题以《古史辨》之名，结集出版。此后，直至 1941 年，共有 7 册陆续刊行。其中第一、二、三、五册为顾颉刚编著，第四、六册由罗根泽编著，第七册由吕思勉和童书业编著。

《古史辨》第一册逐年收录文章，时间下限是 1926 年 1 月。《古史辨》第一册的"主题"是"辩论古史"或"古史之辩论"[②]，最初的书名是《古史讨论集》，后改今名。[③]《古史辨》第二册，是顾颉刚认为"编得不好"[④] 的一册。其中有许多考古学方面的文章，此外还有多篇讨论孔子的文字。《古史辨》第三册集中讨论《周易》和《诗经》。第四册讨论先秦诸子，第五册讨论两汉今古文经学以及阴阳五行学说；1937 年出版的第六

---

① 顾颉刚：《自序》，载顾颉刚编著《古史辨》第 1 册，海南出版社 2005 年版，第 14 页。

② 顾颉刚自称："我的研究的目的总在古史一方面。一切的研究都是要归结于古史的。"顾颉刚：《自序》，载顾颉刚编著《古史辨》第 1 册，海南出版社 2005 年版，第 1 页。

③ 参见顾颉刚《自序》，载顾颉刚编著《古史辨》第 1 册，海南出版社 2005 年版，第 1 页。

④ 顾颉刚：《我是怎样编写〈古史辨〉的?》，顾颉刚：《我与〈古史辨〉》，上海文艺出版社 2001 年版，第 209 页。

册，依旧以先秦诸子为主题；第七册中值得关注的是有关孙子的讨论。

有研究者指出，就《古史辨》第一册到第六册而言，"古史辨从古史讨论变为古书讨论的倾向已很明显"①。

如上文所言，《古史辨》在结撰过程中，受各种因素影响，每部的侧重不尽相同。特别是以"两汉今古文经学"为核心构成的第五册，充分展示了顾颉刚的学术倾向。直到20世纪80年代，顾颉刚依然不改初衷，他在回忆如何编写《古史辨》的文章中，就这一册的核心内容，再次强调说明如下：

> 虽然也研究到古史传说，可是主要是重新估定汉代经今古文问题。自从晚清今文家提出了"新学伪经"的说法以后，许多古书像《左传》、《周礼》甚至《史记》、《汉书》都有了刘歆造伪和窜入的嫌疑，同时许多古书传说，像《月令》一系的五帝说，《左传》郯子所述的古书传说，羿、浞代夏以及少康中兴故事，都有刘歆等人伪造的嫌疑。
>
> 我认为古史的传说固然大半由于时代的发展而产生的自然的演变，但却着实有许多是出于后人政治上的需要而有意伪造的。王莽为了要夺刘氏的天下，恰巧那时五行学说盛行，便利用了这学说来证明"新"的代"汉"合于五行的推移，以此表明这次篡夺是天意。刘歆所作的《世经》分明是媚莽助篡的东西，而《世经》里排列的古帝王的五德系统，也分明是出于创造和依托的。这中间当然会造出许多伪史来。对这个问题，我曾写了《五德终始说下的政治和历史》一文来重新加以估定。②

由此可见，"刘歆作伪"依然是顾颉刚始终不能释怀的"大心结"。

必须注意到一点，刘歆作伪与王莽篡汉，固然是文献辨伪研究的"题中应有之义"。但是，晚清以来，为顾颉刚等中国学人所津津乐道，显然已不同寻常。20世纪的中国，固然经历了翻天覆地的变化，但以顾颉刚为

---

① 吴少珉、赵金昭主编，张京华等著：《二十世纪疑古思潮》，学苑出版社2003年版，第349页。

② 顾颉刚：《我是怎样编写〈古史辨〉的?》，载顾颉刚《我与〈古史辨〉》，上海文艺出版社2001年版，第213页。

代表的中国人，他们的文化心态，似乎并未因此而旧貌换新颜。

（三）《中国辨伪史要略》始末

《中国辨伪史要略》，又名《战国秦汉间人的造伪与辨伪》。本为顾颉刚先生为《崔东壁遗书》所作的长篇序言。这篇"要略"，自 1934 年春夏间动笔，直到 1980 年顾先生辞世，都未能圆满完成。

1981 年 6 月，王煦华遵照顾颉刚此前的嘱托及提示，续写了三国、六朝至清代的 8 节，此事方算告竣，并以"崔东壁遗书序"为题，刊于 1983 年由上海古籍出版社再版的《崔东壁遗书》中。

由于这篇"序言"，实际上是一篇"中国辨伪史要略"。因此，上海古籍出版社筹划再版《汉代学术史略》一书时。王煦华建议，将续写的《崔东壁遗书序》作为该书附录，并更名为《中国辨伪史要略》。①

《战国秦汉间人的造伪与辨伪》作为后来续写的《中国辨伪史略》的一部分，本有 13 节，始见于 1935 年 9 月燕京大学《史学年报》第二卷第二期上。同年，仍题为"战国秦汉间人的造伪与辨伪"，以《汉代学术史略》附录的形式，由上海亚细亚书局出版。1941 年，吕思勉和童书业编纂《古史辨》第七册时，又将该篇收录，文字略有改动。②

如顾颉刚所言，这篇"序言"，"我十年之内起了三回稿，可是没有一次能写成。"③ 他的计划，原本是写一篇《崔东壁遗书》的序文，"把二三千年中造伪和辨伪的两种对抗的势力作一度鸟瞰，使读者明白东壁先生在辨伪史中的地位"，"将来倘有时间"，再续写一部"造伪和辨伪史"。④

如上文所述，写一部辨伪学通史，是顾颉刚的早年计划之一。追本溯源，1920 年，胡适在给顾颉刚的信中，就提出编写"订疑学"⑤ 或"订疑

---

① 王煦华：《前言》，载顾颉刚《秦汉的方士与儒生》，世纪图书出版集团、上海古籍出版社 2005 年版，第 14 页。

② 顾颉刚：《战国秦汉间人的造伪与辨伪》，载吕思勉、童书业编著《古史辨》第 7 册，海南出版社 2005 年版，第 1—38 页。

③ 顾颉刚语，转引自王煦华《附记》，载顾颉刚《秦汉的方士与儒生》（附《中国辨伪史要略》），世纪图书出版集团、上海古籍出版社 2005 年版，第 228 页。

④ 1935 年顾颉刚《战国秦汉间人的造伪与辨伪·附言》，又见顾颉刚《前记》，载顾颉刚《秦汉的方士与儒生》（附《中国辨伪史要略》），世纪图书出版集团、上海古籍出版社 2005 年版，第 110 页。

⑤ 胡适：《告拟作〈伪书考〉长序书》，载顾颉刚编著《古史辨》第 1 册，海南出版社 2005 年版，第 13 页。

学小史"① 的设想。对此,顾颉刚念念不忘。直到 1934 年,他仍然说:"我誓言于此:只要我有时间,我决不舍弃这个志愿。"②

今见《中国辨伪史略》,汉以前的内容,由顾颉刚撰写校订;汉以后的内容,由王煦华执笔续写。据王先生所言,他续写的部分,"大都沿用了他(笔者按,指顾颉刚)的原文",如果顾颉刚在后来的文章中,"看法有变动的",就"改用后来的文字",如果"找不到适当的文字和虽没有题名而必需增加的内容",王煦华"才作了一些补充"。③ 诚如王煦华所言,通读一过,不难发现,"汉以后的部分",在语气、行文等方面,都与顾颉刚亲笔所作略有差别。

《战国秦汉间人的造伪与辨伪》中"史事辨伪"与"文献真伪"杂糅,许多文献真伪的考订,都是兼而述及的文字。

如《尚书》的《禹贡》篇,顾颉刚认定禹是古代传说中的"神人",秦始皇为了统一六国,"逼得古帝王的土地必须和他一样广,于是禹的偶像遂重新唤起,而有《禹贡》一篇的著作,把当时的境域分做九州,硬叫禹担此分州的责任"④。

如《楚辞》的《天问》章,顾颉刚认为,作为"一篇史诗",这一章"最能表现那时人的历史观,但已是战国初期的"事情了。因此,《天问》章"必非屈原著"。⑤

至于《庄子》,顾颉刚在论述"道家托古"时,在"自注"中指出,《庄子》是一部"从战国到汉的道家的丛书"。该书"也许有几篇庄周的亲笔,但非庄周作的一定比它多的多"⑥,亦言之,该书真伪杂糅,伪胜于真。

(四)《汉代学术史略》(《秦汉的方士与儒生》)

《五德终始说下的政治和历史》与《汉代学术史略》,均由讲义编写而

① 胡适:《论辑录辨伪文字书》,载顾颉刚编著《古史辨》第1册,海南出版社 2005 年版,第 23 页。
② 顾颉刚在亚东版序文中语,转引自王煦华《附记》,载顾颉刚《秦汉的方士与儒生》(附《中国辨伪史要略》),世纪图书出版集团、上海古籍出版社 2005 年版,第 229 页。
③ 王煦华:《附记》,载顾颉刚《秦汉的方士与儒生》(附《中国辨伪史要略》),世纪图书出版集团、上海古籍出版社 2005 年版,第 228—229 页。
④ 顾颉刚:《中国辨伪史要略》,载顾颉刚《秦汉的方士与儒生》,世纪出版集团、上海古籍出版社 2005 年版,第 130 页。
⑤ 同上书,第 118 页。
⑥ 同上书,第 143 页。

起。它们是前后相继，内容关联的两部论著。其中的《五德终始说下的政治和历史》，是1928—1930年，顾颉刚在"上古史讲义"的基础上，不断改订扩充而成的。

1933年，顾颉刚在燕京大学主讲秦汉史，曾在《五德终始说下的政治和历史》的基础上编撰成"汉代史讲义"。1935年，顾颉刚将该讲义进行了通俗性的改写，交由上海亚细亚书局出版，并改题为《汉代学术史略》。

原来，早在1928年，顾颉刚在中山大学任教期间，曾写成《中国上古史讲义》。该讲义分甲、乙、丙、丁、戊五部分，当时有油印本。① 1929年，顾颉刚回京，在燕京大学任教。其间，在中山大学讲义的基础上，开始撰写《中国上古史研究讲义》。该讲义撰写计划几经调整，拟涉及《帝系考》《王制考》《道统考》及《经学考》四部分，合称《古史考》。但由于各种原因干扰，顾颉刚仅完成《帝系考》的一部分内容。在当时，这篇不完整的《帝系考》，已有油印本流通。②

1930年6月，顾颉刚又计划"把讲义之文放大"，写成一篇有关"五德终始"的论文，作为《帝系考》"一部分中的一部分"。但是，"这篇论文只写得一半"③，就以"五德终始说下的政治和历史"为题，发表在1930年6月《清华学报》第六卷第一期上。后来，这篇论文被收入《古史辨》第五册中，内容有所修订。

1933年，顾颉刚在燕京大学主讲秦汉史。于是，将这篇《五德终始说下的政治和历史》，改编成"汉代史讲义"印发。1935年，上海亚细亚书局将该讲义，以"汉代学术史略"为题印发。在刊行之前，顾颉刚对该讲义文字，作了必要的通俗性改写。

《汉代学术史略》屡经再版，题名几变。1955年，上海群联出版社再版时，将其改题为"秦汉的方士与儒生"，文字略有修改。2005年，上海古籍出版社（世纪出版集团），又将该书收录在《世纪文库》中，仍称《秦汉的方士与儒生》。

---

① 顾颉刚：《自序一》，载顾颉刚《中国上古史研究讲义》，中华书局2009年版，第3页。
② 顾颉刚曾作《中国上古史研究课》讲义序目，该"序目"可以视为《五德终始说下的政治和历史》的纲要。详见顾颉刚《〈中国上古史研究课〉第二学期讲义序目》，载顾颉刚编著《古史辨》第5册，海南出版社2005年版，第145—151页。
③ 顾颉刚：《自序二》，载顾颉刚《中国上古史研究讲义》，中华书局2009年版，第15页。

这就是今见同一著作，或题"汉代学术史略"，或题"秦汉的方士与儒生"的主要原因和大致过程。

《五德终始说下的政治和历史》暨《汉代学术史略》(《秦汉的方士与儒生》)，就篇幅而言，应当称作"大文章"，是顾颉刚的代表作之一。文献辨伪的内容散见其间。其中，"刘歆伪作说"的观点贯穿始终，非常值得关注。在这篇"大文章"中，顾颉刚袭用清代今文家刘逢禄、康有为、崔适等人的方法和观点，论定刘歆为助王莽篡汉而伪造群经诸史的"史实"。这是顾颉刚以"造伪"和"辨伪"的概念，诠释汉代思想及学术史的代表作。

(五)《三皇考》与《夏史三论》

《三皇考》也是顾颉刚在燕京大学"上古史讲义"的基础上，完成的另一部著作。需要指出的是，其中部分内容，由顾颉刚的学生杨向奎完成。

如上文所述，顾颉刚的《中国上古史研究讲义》，虽然设计得较为严整，但由于各方面条件的制约，撰写计划并未严格落实。

其中的"五帝"部分，相继形成《五德终始说下的政治和历史》暨《汉代学术史略》，算是实现预期目标。至于其中的"三皇"部分，一直拖沓，撰写进度非常不理想。

据顾颉刚自述，到1932年夏天，曾"增改一过，分出章节，就是这一册书(笔者按，指《三皇考》)。因为三皇太一的问题，自从道教起来之后又增加了多少故实，而《道藏》分量太多，我的生活已不容我一册一册的翻看，所以这册《三皇考》没有写成"[1]。

到了1933年，由北大史学系的杨向奎据《道藏》的材料，补写了"太一"等内容。1934年春完稿，题为《三皇考》。又经钱宝琮[2]等人改订，于1936年1月，由《燕京学报》刊行。1941年，收入罗根泽等编著的《古史辨》第七册中。

《三皇考》全篇共29节文字，除去"引言"一节，还有28节。如顾

---

① 顾颉刚《三皇考·自序》，载吕思勉、童书业编著《古史辨》第7册，海南出版社2005年版，第275页。

② 钱宝琮，字琢如，时任国立浙江大学教授，数学史专家，通天文学，有《中国数学史》等著作传世。

颉刚本人所言，《三皇考》的主旨，是"推翻三皇五帝及禹的历史地位，回复他们的神话地位"①。

他在该书"引言"中如是说：

> 三皇是战国末的时势造成功的，至秦而见于政府的文告，至汉而成为国家的宗教。他们是介于神与人之间的人物，自初有此说时直至纬书，此义未尝改变。自王莽们厕三皇于经（原注：《周礼》）和传（原注：《左传》中所说的《三坟》），他们的名称始确立了。
>
> 到了今日，古史上当然不该再有他们的地位，但他们在中国宗教史上的地位是不可磨灭的，对于这一方面，我们实在有整理研究的必要。我们是要把他们从古史里清出去，清到宗教史里去。这不是侮辱他们，只是要使他们得到一个最适当的地位。②

缘是，在实现这一预定目标的过程中，顾颉刚径直将《周礼》《左传》等传世文献，预判为伪书，并据此论定"三皇"无论名称还是史事，均是虚妄不实之说。而今看来，顾先生的理论、方法，均不甚严谨。但是，当时"疑古"之风如是。顾颉刚人在江湖，身不由己！

《夏史三论》全文约 4 万字，顾颉刚亲撰数千字，其余大部分成于童书业之手。有学者称"顾童师徒二人密切的学术合作其实从这时已正式开始"③。

顾颉刚自称：

> 这文写了几千字，别的事忙，搁了下来，哪知一搁便是五个年头。去年童丕绳先生来平，我检出旧稿给他看，他很以为不谬，且说他早有这样的感觉。我说"这好极了，就请你替我完了篇罢"！
>
> 不料他一动笔就是数万言，我说，"这更好了。夏代史本来只是传说的堆积，是我们的力量足以驾驭的材料，不如索性做一部《夏史

---

① 顾洪编：《顾颉刚学术文化随笔》第 1 编，《三皇五帝》，中国青年出版社 1998 年版，第 10 页。

② 顾颉刚：《三皇考·自序》，载吕思勉、童书业编著《古史辨》第 7 册，海南出版社 2005 年版，第 278 页。

③ 王学典、孙延杰：《顾颉刚和他的弟子们》，山东画报出版社 2000 年版，第 208 页。

考》罢!"他为了这件事,到今足足忙了半年,尚未完工。①

原来,1934年,童书业拜见顾颉刚。在论及夏代史事时,顾颉刚提出,"少康中兴"或许是东汉人"影射光武中兴"而伪造的史事的观点。童书业"被他一言提醒"②,退而潜心著述,不及半年,已有数万初稿。

1936年,适逢燕京大学《史学年报》征文。顾颉刚提议将"属稿略定的三章——《启和五观与三康》《羿的故事》《少康中兴辨》——钞出付刊"③,题为"夏史三论",发表在燕京大学《史学年报》二卷三期(1936年6月)上。到了1941年,这篇《夏史三论》,又被收录在《古史辨》第七册中。

《夏史三论》的观点与主张,与《三皇考》如出一辙,是顾颉刚的一贯主张和风格。即首先默认"夏代史本来只是传说的堆积"④,再根据康有为等人刘歆遍伪群经的观点,论证夏史的虚妄不实。

如在"少康中兴"问题上,顾颉刚的观点是:这个说法"康长素先生说是刘歆所造,固然不对,但总是后人窜入《左传》及《史记》的"⑤。

且言,东汉人在《左传》植入"少康中兴"故事的时候,东汉"光武中兴"的事业早已完成。因此,东汉人伪窜《左传》的用意,"只是为《左传》增加些作料",以满足"东汉人的胃口而已"。顾颉刚模仿"作伪者"的口吻说:"夏代有同本朝同样的一件大事,而大家都不知道,不是《左传》记载着,这件重要的史迹便失传了!可见《左传》价值之高;大家还不应该用心诵读吗?"⑥ 由此可见,顾颉刚对"刘歆伪作说"之深信不疑。

总之,就《三皇考》与《夏史三论》而论,顾颉刚疑古辨伪研究的模

---

① 顾颉刚:《夏史三论·前记》,载吕思勉、童书业编著《古史辨》第7册,海南出版社2005年版,第605页。

② 童书业:《夏史三论·后记》,载吕思勉、童书业编著《古史辨》第7册,海南出版社2005年版,第640页。

③ 顾颉刚:《夏史三论·前记》,载吕思勉、童书业编著《古史辨》第7册,海南出版社2005年版,第605页。

④ 同上。

⑤ 同上。

⑥ 童书业:《夏史三论·后记》,载吕思勉、童书业编著《古史辨》第7册,海南出版社2005年版,第643页。必须指出,"后记"虽为童书业所作,但是,他已声明,这是他和顾颉刚的共同观点。

式较为固定，也较为典型：以战国秦汉造伪为既成事实，进而或以伪书证伪史，或以伪史证伪书。

二 辨伪实践

（一）《今文尚书》辨伪

《尚书》是儒家经典中地位最尊的一部书，也是六经中，最难读的一部。

王国维曾言："《诗》、《书》为人人诵习之书，然于六艺中最难读。"并说他自己"于《书》所不能解者殆十之五，于《诗》亦十之一二"。①《古文尚书》真伪问题，号称古今悬案，虽经阎若璩考订，仍有不少争议。在前人研究的基础上，顾颉刚进一步指出《今文尚书》二十八篇并非完全可信。这是 1923 年，顾颉刚在给胡适的书信中，就曾提出的观点。

顾颉刚说道："（胡适）先生要我重提《尚书》的公案"，重点关注"《今文尚书》的不可信"。这也是他本人的心意，称"这事我颇想做"。②缘此，把《今文尚书》二十八篇，按照成书年代及真伪程度，分为以下三组：

第一组，包括《盘庚》《大诰》《康诰》《酒诰》《梓材》《召诰》《洛诰》《多士》《多方》《吕刑》《文侯之命》《费誓》《秦誓》十三篇。这十三篇，无论思想、文字，"都可信为真"③。

第二组，包括《甘誓》《汤誓》《高宗肜日》《西伯戡黎》《微子》《牧誓》《金縢》《无逸》《君奭》《立政》《顾命》《洪范》十二篇。这十二篇，性质稍显复杂。其中，有的"文体平顺，不似古文"；有的"人治观念很重"，与那时的思想有别。顾颉刚认为有三种可能：或者是后世的伪作，或者是史官的追记，或者是真古文的翻译。但可以确认，"决是东周间的作品"④。

---

① 王国维：《与友人论〈诗〉〈书〉中成语书》（一），载王国维《王国维遗书》（一），上海古籍书店 1983 年版。
② 顾颉刚：《论〈今文尚书〉著作时代书》，载顾颉刚编著《古史辨》第 1 册，海南出版社 2005 年版，第 171 页。
③ 同上。
④ 同上。

第三组，包括《尧典》《皋陶谟》《禹贡》三篇。顾颉刚认为，这三篇"决是战国至秦汉间的伪作"，而且"与那时诸子学说"颇有关联。不过，顾颉刚认为，那时伪作的《尚书》篇章很多，这三篇是"其中最好的"。诸如《孟子》所引"舜浚井"等"陋劣"的部分，都"失传了"。并表示，要作两篇文章：《〈禹贡〉作于战国考》《〈尧典〉、〈皋陶谟〉辨伪》。①

由此可见，顾先生将《今文尚书》二十八篇，按写作时间分成三组，分别真伪。其中如《尧典》《皋陶谟》和《禹贡》，都是战国儒生为了宣扬自己的学说所造的伪书。

1925年，他在广州中山大学编的《尚书》讲义，搜集自汉代至近代研究《尚书》的主要各家之说，前后总计62种，编为《尚书学参考资料》八册。1925年，顾颉刚在《语丝》上发表《盘庚中篇的今译》一文，这是《尚书》译文之始。

20世纪30年代，顾颉刚在燕京大学、北京大学等开设《尚书》研究课，专门考辨《尧典》《禹贡》等篇章，所编《尚书研究讲义》，分甲、乙、丙、丁、戊五种，做专题研究。此外，他又和顾廷龙合编《尚书文字合编》，搜集了《尚书》经文文字变迁资料，还主编《尚书通检》，依书中任何一字，即可查到书中任何一句，为研究或阅读《尚书》提供方便。又编《尚书学讨论集》稿，全面抄录研究《尚书》的文章数百篇。并有编辑"尚书学"的志愿，拟为进一步研究《尚书》，奠定了良好基础。

第一，《尧典》著作年代。

顾颉刚从地理、意义、文辞、制度、疆域等方面，指出《尧典》并非唐、虞时代之作品，而是汉人所作。证据有二：一是《尧典》中以"群牧"与"群后"并立，正与西汉初年郡县与封建并立之特殊制度相合；二是《尧典》中"肇十有二州"一语，为汉武帝立十三部刺史的反映，且朔方、南交都是秦汉时期北逐匈奴，南征百越，置朔方郡、交趾郡，地域扩张后的产物。

他推定《尧典》作于汉武帝之时，理由有四："其一为经传之篇目，其二为《史记》之收录，其三为西汉人之征引，其四为汉武帝之志愿及其

---

① 顾颉刚：《论〈今文尚书〉著作时代书》，载顾颉刚编著《古史辨》第1册，海南出版社2005年版，第172页。

时代潮流。"最后，他按先后次序，列举《尧典》有八个版本：

  （甲）孟子所见本；（乙）《论语》所引本；（丙）四岳九牧九官为二十二人本；（丁）《五帝德》所引本；（戊）《史记》所引本——即清儒自《伪古文》洗刷而出之本；（己）《伪古文尚书》析为《尧典》、《舜典》两篇本；（庚）姚方兴所上有"曰若稽古帝舜"十二字本；（辛）《伪舜典》篇首续增"浚哲文明"十六字本。

  他指出，《尧典》中所记郊祀、封禅、举贤良制、赎制、三载考绩制度等，直到汉代才相继出现。这说明，《尧典》并非作于一时一人，而是历经数百年时间才完成的。①

  第二，《禹贡》著成年代。

  顾颉刚认为《禹贡》是战国之世走向统一前夕，由当时地理学家所作，是一篇带有总结性的地理记载。他曾作《〈禹贡〉作于战国考》论文提纲：

  （1）古代对于禹的神话只有治水而无分州；

  （2）古代只有种族观念而无一统观念；

  （3）古代的中国地域甚不大；

  （4）战国七雄的疆域开辟得大了，故有一统观念；……九州之说得以成立，而秦始皇亦得成统一之功；

  （5）邹衍"大九州"之说即紧接九州之说而来；

  （6）"分野"之说亦由九州之说引起；

  （7）——（10）（按，皆考论九州州名）；

  （11）所以考定《禹贡》为战国时书而非秦汉书之故。（1. 禹尚是独立而非臣于舜；2. 每州尚无一定的一个镇山；3. 不言"南交"）②

  第三，《洪范》辨伪。

---

  ①　以上引文，均出自顾颉刚《〈尧典〉著作时代考》，载刘梦溪主编《中国现代学术经典·顾颉刚卷》，河北教育出版社1996年版，第293、353页。

  ②　顾颉刚：《论〈今文尚书〉著作时代书》，载顾颉刚编著《古史辨》第1册，海南出版社2005年版，第200—206页。

顾颉刚曾言："如果有人驳我，说：《尚书》中《甘誓》和《洪范》既说到五行，是五行之说在夏、商的文籍里已有征了。"顾颉刚的回答是："我说，《洪范》为伪书，刘（笔者按，刘节）文中已讲明了。"①

又在《三皇考》中言，《尚书》中，只有《洪范》篇中的"皇"字，有用作名词的情况。但是，《洪范》是一篇"极有问题的书"。它的成书，"或在战国的末年，不能拿来作反证的"②。

第四，《甘誓》辨伪。

顾颉刚根据"《甘誓》始引于《墨子》"，故将其视为与《墨子》"同时代的东西"③。

众所周知，《今文尚书》辨伪，是顾颉刚《尚书》研究成就的重要构成。中华人民共和国成立后，顾颉刚将主要精力，都投入到对《尚书》的研究中来④，并取得了举世瞩目的成就。

杨宽对此给予了高度赞扬："解放以来，顾先生长期努力于各篇今文《尚书》的校释研究。……这真是古史领域里的重大建设。不但便于学者充分运用《尚书》以建设商周史，还便于用《周书》与西周金文作比较研究。"⑤

林甘泉亦认为："解放后，他（笔者按，顾颉刚）脱离了一切干扰，专心致力于《尚书》研究，校勘、注释、翻译、评论，不仅对《尚书》字词作了疏证，而且对其每篇产生的历史背景也进行了细致考订，取得了可观的成绩。可惜这一工作没有完成，只留下一些依据零星的考证整理而成的单篇文章，尚未形成体系，但这也是《尚书》研究一笔极为宝贵的

---

① 顾颉刚：《五德终始说下的政治和历史》，载顾颉刚编著《古史辨》第5册，海南出版社2005年版，第238页。

② 顾颉刚：《三皇考引言》，载吕思勉、童书业编著《古史辨》第7册，海南出版社2005年版，第273页。

③ 顾颉刚：《五德终始说下的政治和历史》，载顾颉刚编著《古史辨》第5册，海南出版社2005年版，第238页。

④ 1965年、1966年前后，顾颉刚即构想从事《尚书》整理及研究的工作（参见顾颉刚《尚书的版本与校勘》，载中国典籍与文化编辑部编《中国典籍与文化论丛》（五），中华书局2000年版，第45页）；顾颉刚：《〈尚书〉学工作计划》，载印永清辑《顾颉刚书话》，浙江人民出版社1998年版，第278—279页。其中的《尚书》学工作计划，即编辑《伪古文尚书集释》的设想。有学者评价顾颉刚治《尚书》的计划"博大而又周密，在《尚书》学史上还没有过先例"。参见李平心《从〈尚书〉研究论到〈大诰〉校释》，载李平心《李平心史论集》，人民出版社1983年版，第44页。

⑤ 杨宽：《顾颉刚先生和〈古史辨〉》，载杨宽《先秦史十讲》，复旦大学出版社2006年版。

遗产。"①

　　香港学者许冠三这样评价道：顾颉刚后期对《尚书》的研究，是"历尽六十年的沧桑与曲折，他终能合疑古、辨伪、考信为一，在刘起釪先生的协助下，写出他一生最圆熟的谨严之作"，顾颉刚"不但会通了汉魏以后各类专家学说的精华，而且抉择准当，论断公允，其疏证之详明精确与绵密细致更在王国维之上。至于资料繁富，体例创新与双重证据配搭的挥洒自如，犹在其次。顾氏所以有此空前创获，关键仍在方法，文法语意演进观点的运用尤为成功"。他又说："（顾颉刚）最后二十年的工夫，则完全以立为宗，已发表的《尚书》诸篇校释议论和待印行的《周公东征史事考证》，都是这一时期的代表作。其造诣之高，无论就规模、见识、方法、资料与体例的全体或任何一方面看，已远在王国维的《尚书》研究之上。"②

　　作为顾颉刚的女儿，顾洪先生也认为：

　　　　他把《尚书·大诰》篇的整理当作"学术的遗嘱"来作，调动了几乎所有的古文献和相关的"传"、"注"材料，采纳以清代学者为主的前人研究成果，结合考古学、古文字学材料，从语言方面寻出头绪，译成今语，从历史方面探讨周公东征迫使东方少数民族大迁徙的史实，作成考证，为后人成功一个"示范之作"，终于在1966年8月中旬完成了70万字的《大诰》译证。其中《周公东征史实考证》，系统地研究鸟夷族，确定尧与陶唐的传说起自济水流域，与舜的传说极近，尧、舜或为彼地两部落中之酋长，或为鸟夷族所崇奉之上帝或祖先，由是确定唐、虞、商均出于鸟夷，夏则有扈及顾亦是鸟夷。这些结论，使他40余年前考辨古史传说的设想有了一个归宿。③

　　顾颉刚先生的《尚书》研究，贯穿其大半个学术生涯。其所取得的成

---

　　① 沈颂金：《论古史辨的评价及其相关问题——林甘泉先生访问记》，《文史哲》2003年第2期。

　　② 许冠三：《顾颉刚：始于疑终于信》，载陈其泰、张京华主编《古史辨学说评价讨论集》，京华出版社2001年版，第534、539—540页。

　　③ 顾洪：《跋：为创建中国现代史学奠立第一块基石》，载顾洪编《顾颉刚学术文化随笔》，中国青年出版社1998年版，第518—519页。

就，也是有目共睹。顾洪先生的上述论定，较为委婉，但意旨明确。特别是有关"学术遗嘱""示范之作"的概念，在学风亟待严谨的当下，未尝不是一剂针砭。

（二）《左传》辨伪

在论证"五行"观念晚出时，顾颉刚径直否认了《国语》与《左传》的真实性。

其言："《国语》和《左传》实出于战国时人的撰述，又加以汉人的窜乱，性质复杂，有待于我们的分析者正多，决不能径看作春秋时代的史料。我们只该存疑。"① 又言，《左传》是"一部很有问题的书，其出现颇不光明。经清代几个今文学家研究，确为刘歆改头换面之作"。书中的材料，有的"甚早"，有的"甚后"，而且"染有浓厚的汉代色彩"②。

在《左传》真伪问题上，顾颉刚的基本观点是，"《左传》的出现由于刘歆，这是我相信的"，但是，《左传》的史料性质及来源，"甚为复杂"③，非一个"刘歆伪造"所能概括。

在顾颉刚看来，《左传》的史料来源，大致有四：有的是《国语》原文；有的是他种古书之文而为刘歆所采；有的是刘歆所臆增；有的是刘歆以后的人所增。因此，"不可一概而论"。即便是"刘歆所臆增者"，也应具体问题具体分析，因为其中"有的是为解释经文而增，有的是为发挥他自己意见而增，有的是为适应汉末新初的时势而增"。由此可见，"也不可一概而论"。此外，刘歆所增的文字，在流传过程中，"或因不合于东汉时的功令，或因不适于东汉人的脾胃，以致被删或被改，也是可有的事"。④

顾颉刚认为，对于上述复杂情况，均"有待于我们的详细考核"。康有为的"刘歆伪造说"，只可作一个提议或一个发凡，"完工的日子正远着呢"。而且，精密研究，也非"今日之事"。⑤

顾颉刚自言，由于"无暇细检"前代学者考辨之始末。因此，只好从

① 顾颉刚：《五德终始说下的政治和历史》，载顾颉刚编著《古史辨》第5册，海南出版社2005年版，第239页。
② 同上书，第295页。
③ 同上书，第325页。
④ 同上。
⑤ 同上。

朱彝尊的《经义考》中"抄出若干条",以窥其概要。经此,顾颉刚得出以下认识:自西汉以后,古文学派虽然"占了胜利",但是"总遏不住有思想的学者的反对"①。综合《经义考》中各家言论可知:

第一,《春秋》与《左传》是"各不相关的两部书"。《春秋》所有的,《左传》中或没有;《左传》中所有的,《春秋》也多没有。

第二,《左传》作者"必不能与孔子同时,必非《论语》中所见的左丘明"。《左传》中所见谥号,在"获麟后八十年",并"秦官秦语"。其生卒年代,显然晚于孔子。

第三,《左传》中记周、晋、齐、宋、楚、郑等国史事"最详",可见左氏得见"这几国的史策"。至于"加以演通",并以年月"综合编次",则是"后代学者的事情"。

第四,《左氏》解《春秋》的说法始于刘歆。《左传》书中的诸如"君子曰",都是刘歆的话。此外,分《经》附《传》,则始于唐人杜预。复经刘、杜二人之手,《春秋》《左传》遂"合为一物"②。

在做出上述总结后,顾颉刚接着又说道,就《经义考》辑录言论观之,朱彝尊时代及其前代学者的"观察都很锐利",但是,"可惜没有一个人起来作系统的研究",详细探研《左传》的作者时代及其由来和演变。直到清代中叶,刘逢禄作成《左氏春秋考证》,"始在《左传》里抉出许多刘歆的作伪的事实"。经此,"《左氏》一书就不得复成为《春秋》的传了"③。在顾颉刚看来,这是刘逢禄的一项重要学术贡献。

在此,顾颉刚同样指出了刘逢禄的"局限":为了弥缝《十二诸侯年表序》中有"《左氏春秋》"的字样,刘逢禄"依然相信左丘明的书名应为《左氏春秋》"④。

刘逢禄以后,在《左传》真伪问题上,以康有为的《新学伪经考》声名最盛。康有为的观点是:《春秋左氏传》和《左氏春秋》都是伪造的;左丘明只著有《国语》;《论语》中"左丘明"的字样,也是刘歆

---

① 顾颉刚:《五德终始说下的政治和历史》,载顾颉刚编著《古史辨》第 5 册,海南出版社 2005 年版,第 315 页。

② 以上均见顾颉刚《五德终始说下的政治和历史》,载顾颉刚编著《古史辨》第 5 册,海南出版社 2005 年版,第 315 页。

③ 顾颉刚:《五德终始说下的政治和历史》,载顾颉刚编著《古史辨》第 5 册,海南出版社 2005 年版,第 315 页。

④ 同上。

伪窜的。

　　顾颉刚引述了康有为的大段论述后，对康有为的贡献给予了充分肯定。称，康有为所言，"都是很重要的创见"。又称，康有为本计划将《左传》拆散，归还《国语》，"成《国语》原本一书"。康有为的设想，有《万木草堂丛书目录》为证。"但遗稿中竟没有，这是一件可惜的事。"①

　　受康有为的论著启发，顾颉刚在《左传》问题上，也提出自己的论断：有关左丘明的史料中，仅有《史记·太史公自序》及《报任安书》（见《汉书·司马迁传》）中所言的"左丘失明，厥有《国语》"是可信的。而《史记·十二诸侯年表序》以及《论语·公冶长篇》中，有关左丘明为鲁君子，以及左丘明与孔子同时的记载，都是刘歆伪窜的。刘歆伪窜的目的，不外乎"为装点《左传》的来历，抬高《左传》的地位"②。

　　康有为之后，崔适继续展开对《左传》的真伪之辨。崔适认为，《公羊传》才是"真正的""唯一的"《春秋传》，不承认《左传》有《春秋传》的地位，故而著《春秋复始》。其著述宗旨："是要根据《公羊传》，《春秋繁露》，及何休《解诂》等寻出孔子作《春秋》的原意；凡《穀梁传》，《左氏传》的经义和纪事尽从刊落"，以"真正的《春秋传》来治《春秋》之学"，从而"恢复《春秋》的原始状态"。③

　　顾颉刚对崔适是《公羊传》而非《左氏传》的方法，"不能认为满意"④，但对打到《左氏传》的效果，表示非常认同。顾颉刚对崔适另一部著作《史记探源》，大加赞赏，称崔适"已把刘歆强《国语》就《春秋》，以及刘歆杜撰《春秋》和《左传》的义例、方法、类别"告给我们"。我们正可以在崔适的基础上"继续加功"，将全部《左传》都经过这样的处理，从而"把这两个主人——左丘明和刘歆——的东西还给这两个主人"⑤。

──────────────

　　①　顾颉刚：《五德终始说下的政治和历史》，载顾颉刚编著《古史辨》第5册，海南出版社2005年版，第317页。

　　②　同上书，第318页。

　　③　同上。

　　④　同上书，第319页。

　　⑤　同上书，第320页。

(三)《易传》辨伪

《易传》，又有《十翼》之称。传为孔子为解《周易》之作，有《象辞》《象辞》《文言》《系辞》《说卦》《序卦》《杂卦》等十篇①，尔后，孔子弟子子夏又为之作传。《隋书·经籍志》曾言，秦始皇焚书，《周易》由于是"卜筮类"文献，不在禁毁之列，故而幸免，"唯失《说卦》三篇，后河内女子得之"。欧阳修以降学者，对《易传》真伪，特别是失而复得的《说卦》，有颇多质疑。

顾颉刚曾言，就《说卦传》的成书年代而言，人们普遍认为，既然"《十翼》为孔子所作"，作为《十翼》之一的《说卦》，"自当出孔子的手笔"②，但实际情况并不如此。

顾颉刚在《周易卦爻辞中的故事》一文中，明确指出《易传》决非孔子所作，其成书年代"最早不能过战国之末，最迟也不能过西汉之末"③。并且，寻章摘句，断言《系辞传》中这一章（笔者按，指《系辞传》中"古者庖牺氏之王天下也"至"盖取诸夬"一段文字）是京房或是京房的后学们所作的，它的时代"不能早于汉元帝"④。正因为如此，《世本》及《史记》之作者及较早之西汉人，皆未能得见。又因其在西汉后期，故可采《淮南子》中之一段作底本。京房之学日盛，其所传《易》成为定本，故后世之《易》皆有此段。⑤

顾颉刚的以上论断，为钱玄同所激赏。钱玄同称，顾颉刚的观点，"将王弼、韩康伯以来未解之谜"，彻底"揭破了"，是"精确不刊"之论，其功绩，不在阎若璩、惠栋、康有为、崔述之下。⑥

除了"断言"《说卦》有汉代京氏易学的"掺入"，顾颉刚还提出

---

① 《十翼》篇目，有多种说法，也是一个歧说纷纭的论题。兹取一说，余不详绎。
② 顾颉刚：《五德终始说下的政治和历史》，载顾颉刚编著《古史辨》第 5 册，海南出版社 2005 年版，第 285 页。
③ 顾颉刚：《论〈易·系辞传〉中观象制器的故事》，载顾颉刚编著《古史辨》第 3 册，海南出版社 2005 年版，第 30 页。
④ 同上书，第 39 页。
⑤ 以上详见顾颉刚《论〈易·系辞传〉中观象制器的故事》，载顾颉刚编著《古史辨》第 3 册，海南出版社 2005 年版，第 39 页。
⑥ 钱玄同：《论观象制器的故事出京氏〈易〉书》，载顾颉刚编著《古史辨》第 3 册，海南出版社 2005 年版，第 41 页。

《说卦》也是汉人伪作的观点。顾颉刚通过《论衡·正说篇》与《隋书·经籍志》的记载，认定《论衡·正说篇》所言的"逸《易》"，正是《隋书·经籍志》所言的《说卦》。但是，前者记作一篇，后者记作三篇，缘何？

顾颉刚给出的解释是，由于《序卦》与《杂卦》文字寥寥，故而，"合之则与《说卦》为一篇，分之则与《说卦》为三篇"。且言，"韩康伯注本及《唐石经》犹以《序卦》、《杂卦》附《说卦》卷内"。①

进而，顾颉刚根据《说卦》上的八卦方位，与"五行相生说"比较，发现无论是五行次序（木、火、土、金、水），还是方位次序（东、南、中、西、北），"竟是一模一样的"。②

顾颉刚认为，《说卦》中的《易》学，"把八卦迁就五行到如此地步，一定要在五行学说极昌盛的时候才能发生"。于是，将《说卦》的著作时间，定位在"汉宣帝时"。也就是说，《说卦》恐怕就是汉宣帝时人所作的伪书。③

需要说明的是，康有为在《新学伪经考》中，已言明"西汉前《易》无《说卦》可知"，《说卦》内容与"蒙、京卦气图合，其出汉时伪托无疑"。与此同时，康有为还认为《序卦》《杂卦》都是"（刘）歆所伪窜"。④

（四）《周礼》辨伪

王莽居摄三年（公元 8 年），王莽的母亲功显君故去。皇太后诏令朝臣"议其服制"。刘歆在与博士诸儒的论辩中，据《周礼》立论。其议为王莽所采纳。其中"发得《周礼》以明因监"的一句记载，引起顾颉刚的极大关注，并指定其为是刘歆伪造《周礼》的动机。

他说道，"在这一段里最重要的一句话"，就是"发得《周礼》以明因监"。因为《周礼》这部书，人们普遍相信是周公致太平之迹。然而溯

---

① 顾颉刚：《五德终始说下的政治和历史》，载顾颉刚编著《古史辨》第 5 册，海南出版社 2005 年版，第 285 页。

② 同上书，第 286 页。

③ 同上。

④ （清）康有为：《新学伪经考》之《汉书艺文志辨伪卷三上》，三联书店 1998 年，第 52—53 页。

其来源，则出于王莽的"发得"。因为，在崇拜周公的高潮下，在周公偶像能够支配现实政治的时代中，忽然出现了一部可以供他"制礼作乐"时"因监"的《周礼》，"这部书的出现不是很有可疑吗?"①

（五）诸子文献辨伪

1.《墨子》辨伪

顾颉刚认为《墨子》是伪书，它的成书年代，"不是在战国末，便是在西汉初"②。他的根据是以下四点：

第一，《墨子》中有"子墨子曰"。显见，该书是墨子后学所作，绝非墨子本人亲为。

第二，《墨子》篇目言辞证明晚出。《墨子》中，如《尚贤》《尚同》至《非乐》《非命》，皆分上、中、下三篇，而且"字句小异而大旨无殊"，清儒俞樾认为是相里、相夫、邓陵三家相传之本，后人合以成书。顾颉刚以其可信，推测《墨子》一书自当在"墨分为三"之后。

第三，《墨子》之"篇题"说明晚出。顾颉刚认为，自《诗经》以至《论语》《孟子》，"皆摘篇首数字"以为篇题，直至《荀子》才出现以"题目做文章"的体例。据此可知，《墨子》一书，不能出现在《荀子》以前。

第四，《墨子》系汉代人附会而成。由史事可知，墨家之衰息，缘于西汉景帝、武帝时代的"诛杀游侠"。今所传的《墨子》，是"墨家绝了之后的一个本子"。顾颉刚以清儒章学诚"古人书无私著"为据，称"今所传的《墨子》出于汉代，其中有些汉代人所附衍的东西也无足怪"。

至于《墨子》书中的"五行"学说。顾颉刚认为，"并不是在墨子生时已有此说"，乃是汉代的墨学者，把"这时代思潮掺入《墨子》中去了"③。

2.《世经》辨伪

《世经》一书，顾颉刚断为刘歆伪造。其言，《世经》这部书，"在别的地方从没有引用过"，只见于刘歆的《三统历》。就当时的"学风而论，

---

① 顾颉刚:《五德终始说下的政治和历史》，载顾颉刚编著《古史辨》第5册，海南出版社2005年版，第303—304页。

② 同上书，第238页。

③ 以上引文，均出自顾颉刚《五德终始说下的政治和历史》，载顾颉刚编著《古史辨》第5册，海南出版社2005年版，第238—239页。

伪书是大批地出现",而且刘歆又是"造伪书的宗师"。所以,此书颇有出于刘歆的可能。或者说,《世经》"也有出于刘歆的学派的可能"①。

顾颉刚进而提出,《世经》所记述的古史系统,自唐尧以上,分别依据《易·系辞传》《左传》《国语》《祭法》和《考德》等文献,但是,这五部书,没有一部是"可靠的",这些材料"都出于西汉末叶"②。

有学者曾就顾颉刚的《世经》辨伪,提出过批评:"1935年发表的顾颉刚的长文《战国秦汉间人的造伪与辨伪》曾对刘歆伪造《世经》作出种种推断,而史书明言王莽并不曾采用《世经》,顾颉刚始终都不能指出《世经》在助莽篡汉上究竟起了什么作用。"③

3.《庄子》辨伪

顾颉刚认为,庄子确有其人,《庄子》这部文献,则是真伪杂糅,需要区别对待。庄子虽然是战国时代的人物,但《庄子》这部书中却极多汉代人的著作。顾颉刚推测,西汉初叶,正是道家全盛之时代,因此这部书,必为那时道家著作的"凑集",不啻为"一部《道家丛书》"④。

4.《管子》辨伪

顾颉刚认为,《管子》也是一部真伪杂糅的传世文献,是一部"杂乱的书籍"。《孟子·公孙丑》中有言"子诚齐人也,知管仲、晏子而已矣"。据此可知,管仲是齐国的中心人物。由于是名人,"故为齐人的著作所凑附"⑤。

三　辨伪成就

（一）当前研究存在的突出问题

20世纪50年代以来,有关顾颉刚文献辨伪研究成就的讨论,可谓不绝如缕。较有代表性的是以下一些观点。

---

① 顾颉刚:《五德终始说下的政治和历史》,载顾颉刚编著《古史辨》第5册,海南出版社2005年版,第264页。

② 同上书,第341页。

③ 吴少珉、赵金昭主编,张京华等著:《二十世纪疑古思潮》,学苑出版社2003年版,第240页。

④ 顾颉刚:《五德终始说下的政治和历史》,载顾颉刚编著《古史辨》第5册,海南出版社2005年版,第268页。

⑤ 同上。

　　胡绳认为，顾颉刚以其毕生的努力从事"辨伪"，力图"打破"并"推翻"古史系统，其意义主要还在政治层面上。① 杨向奎先生也如是说："颉刚先生着眼在'破'字上，他一连四个'打破'，所以我们说《古史辨》的功劳主要是对于传说中的古史的'破'。"② 香港学者许冠三曾说："顾颉刚古史学的要旨并不限于疑古和辨伪，考信方面且是后来居上。他大致是 1928 年前重疑，三十年代尚辨，四十年代由辨伪向考信过渡，六十年代后则以考信为主。"③

　　周予同评价道："'疑古派'在中国史学史上自有其不可一笔抹杀的业绩"，但是"他们的史料限于记载的书本，他们的研究方法仍不免带有主观的成见，他们的研究范围仅及于秦、汉以前的古史以及若干部文学著作，因之，他们的成绩不免消极的破坏多于积极的建设"。④

　　白寿彝先生认为："顾颉刚先生的基本观点对有关古史的荒谬传说起了廓清之功"，对古史研究的发展发挥了作用，"但在具体古史问题的处理上，往往有'疑古'过头的地方。后来，他从对古史的'破坏'转到对古史的建设上来。他也作出了一些成绩。但因没有正确理论的指导，他对于古史研究的工作基本上停留在文献整理阶段"。⑤

　　王树民曾说："《古史辨》的实际方向，则过于重视传说的发展演变，以致一般从事于《古史辨》工作的人，以为《古史辨》的目的即在整理这些传说，不是追寻作为这些传说起源基础的史实和人物，好像古代的传说都与史实无关"，这难免会误入歧途。⑥

　　此外，尹达、顾洪、王煦华、罗义俊对顾颉刚的文献辨伪成就，也有较为深刻的评述，兹不详述。

---

　　① 参见胡绳的讲话。原载 1993 年 11 月 30 日的《北京日报》，题为"由顾颉刚的'古史辨'提出一个问题"（题目为编者所加）；又见《中国社会科学院研究生院学报》1993 年第 5 期，题为"在纪念顾颉刚诞生一百周年学术讨论会上的讲话"；又见《学习与探索》1994 年第 3 期，题为"顾颉刚古史辨学说的历史价值：纪念顾颉刚先生诞 100 周年"。
　　② 杨向奎：《论"古史辨派"》，载中华书局编辑部编《中华学术论文集》，中华书局 1981 年版，第 11—35 页。
　　③ 许冠三：《新史学九十年》上册，香港中文大学 1986 年版，第 182 页。
　　④ 周予同：《五十年来中国之新史学》，载朱维铮编《周予同经学史论著选集》，上海人民出版社 1983 年版，第 547 页。
　　⑤ 白寿彝：《谈谈近代中国的史学》，载白寿彝《中国史学史论集》，中华书局 1999 年版，第 312 页。
　　⑥ 王树民：《〈古史辨〉评议》，《河北师院学报》1997 年第 2 期。

由上述评论不难发现以下两方面问题：（1）世人对顾颉刚"文献辨伪"成就的肯定，多夹杂在"疑古辨伪"的范畴内。（2）对于"疑古""辨伪""破坏""建设"等概念，未作必要的界定与区分。

在全面评述顾颉刚文献辨伪学成就之前，需要厘清以下一系列概念。这是有关顾颉刚先生学术成就的研究中，经常涉及却一再混淆的几组概念："疑古"与"是今"；"古书"与"古史"；"辨伪"与"求真"；"破坏"与"建设"。这四组概念，分别关联顾颉刚文献辨伪研究的态度、对象、手段、目的，所指有严格区别。

但是当前存在的问题是，或有学者将"疑古"与"辨伪"并称，泛指顾颉刚的文献辨伪与史事辨伪；或有学者以"疑古"对应"古史"，以"辨伪"对应"古书"，即以"疑古"对应古史辨伪，以"辨伪"对应"古书辨伪"。严格说来，上述说法虽然有约定俗成的迹象，但毕竟似是而非，不很规范，需要严格区分，明确界定。

"疑古"与"是今"属于认识论的范畴，它们针对的是有关中国历史文化的价值判断。"辨伪"与"求真"属于方法论的范畴，它们是指在认识论的指导下进行事实判断及价值判断的过程。"破坏"与"建设"属于目的论的范畴，它们是指基于认识论的判断，通过方法论的途径，所要实现的目的或效果。

（二）顾颉刚的文献辨伪学思想

通过对顾颉刚文献辨伪实践的梳理，可以发现其本人在文献辨伪问题上，已形成了较为系统的思想见解，其中包括对文献辨伪意义的认识，对文献辨伪手段与目的关系的理解，对文献辨伪与古史辨伪关系的把握等。

1. 对文献辨伪意义的认识

顾颉刚曾明确指出：

> 研究历史，第一步工作是审查史料。有了正确的史料做基础，方可希望有正确的历史著作出现。史料很多，大概可以分成三类：一类是实物，一类是记载，再有一类是传说。这三类里，都有可用的和不可用的，也有不可用于此而可用于彼的。作严密的审查，不使它僭冒，也不使它冤枉，这便是我们研究历史学的人的任务。所谓伪，固有有意的作伪，但也有无意的成伪。我们知道作伪和成伪都有他们的

环境的诱惑和压迫，所以只须认清他们的环境，辨伪的工作便已做了一半。①

在"有意作伪"与"无意成伪"的问题上，顾颉刚的基本判断是："战国大都是有意的作伪，而汉代则多半是无意的成伪。"②

如何对待这些伪书、伪史？顾颉刚的态度是："我们只要把战国的伪古史不放在上古史里而放在战国史里，把汉代的伪古史也不放在上古史里而放在汉代史里。这样的结果，便可使这些材料达到不僭冒和不冤枉的地步而得着适如其分的安插。这便是我们今日所应负的责任。"③

顾颉刚根据《左传》"僖公十二年"和"哀公十六年"中的两段对话，认定："虽然文气卑弱，必不能像殷、周间文字的朴茂，但春秋时有摹仿古文字的风气，即此可以推知。文既仿古，当然有伪造古书的。"④ 又说道："（伪书）作者没有新发现的史料，也没有时代的观念，只凭了个人的脑子去想，而且用了貌似古人的文体写出，拿来欺骗世人。战国、秦、汉之间，这种东西不知出了多少。"⑤ 故而，顾颉刚认为："他们既已为了没有历史观念，失去许多好史料，又为了没有历史观念，喜欢用古文字来作文，引出许多伪书。在这双重的捣乱之下，弄得中国的古书和古史触处成了问题。"⑥

2. 对文献辨伪目的的认识

在顾颉刚的观念中，文献辨伪与古史辨伪一样，都是文化重建的必由之路。顾颉刚在《古史辨》第三册的自序中，曾说明"其编纂的次序，以性质属于破坏的居前，属于建设的居后"，破坏和建设，"只是一事的两面，不是根本的歧异"。⑦

有学者指出，中国历史上曾先后出现三次具有重要意义的古史暨文化重建活动：第一次是孔子对夏商周三代历史文化的重建；第二次是汉

---

① 顾颉刚：《中国辨伪史要略》，载顾颉刚《秦汉的方士与儒生》，世纪图书出版集团、上海古籍出版社 2005 年版，第 110—111 页。

② 同上书，第 166 页。

③ 同上书，第 166—167。

④ 同上书，第 115 页。

⑤ 同上。

⑥ 同上书，第 116 页。

⑦ 顾颉刚：《序》，载罗根泽编著《古史辨》第 4 册，海南出版社 2005 年版，第 19 页。

代对先秦历史文化的重建；第三次是 20 世纪初叶以来利用出土材料并结合传世文献对先秦历史文化的重建。前两次重建的主要途径，是通过文献的修复、整理和阐释而完成；第三次重建，则是在传世文献遭到普遍质疑的情况下，通过"二重证据法"的途径进行。① 这次重建，至今尚未完成。

顾颉刚的文献辨伪研究，正是出现在第三次历史文化重建的大背景下。对此，顾先生有较为清晰的认识和把握。顾先生之所以能够在现代中国学术史上，留下浓墨重彩的一笔，与他对中国历史文化发展进程的整体把握，有密不可分的关系。有关问题的讨论，应该充分认识到这个问题。

3. 对目的与手段关系的认识

1927 年，陆侃如将瑞典学者高本汉（Bernhard Karlgren）的《〈左传〉之真伪及其性质》译成中文，以《〈左传〉真伪考》为书名，由上海新月书店出版发行。1936 年，又附录卫聚贤、胡适等人的议论，以《左传真伪考及其他》为书名（胡适题写），由商务印书馆刊行。

高本汉在该书中，主要论证《左传》不伪，同时对康有为的文献辨伪，颇不以为然。在高本汉看来，康有为的言论不值得信任，"以为他是一个政客而兼传教的人，其主张有点新闻纸的味儿"②。对此，顾颉刚发表了不同意见：

> 康有为为适应时代需要而提倡孔教，以为自己的变法说的护符，是一件事；他站在学术史的立场上打破新代（笔者按，指王莽篡权时代）出现的伪经传又是一件事。我们不能从他们的两件政治性的工作——篡位与变法——上面否定他们的两件学术性的工作——表章古史和打破伪书。③

---

① 郭沂：《从"疑古"走向"正古"——试论中国古史学的发展方向》，《光明日报》2002年 7 月 16 日，第 12 版。

② 顾颉刚转述语，顾颉刚：《五德终始说下的政治和历史》，载顾颉刚编著《古史辨》第 5 册，海南出版社 2005 年版，第 320 页。

③ 顾颉刚：《五德终始说下的政治和历史》，载顾颉刚编著《古史辨》第 5 册，海南出版社 2005 年版，第 320—321 页。

在替康有为"正名"的同时，顾颉刚发表了他对辨伪目的与方法关系的看法："学问的目的与手段，本来可有两种不同的成就"，康有为虽然"是个政客"，但是在"研究今古文问题上"，他"乃是一个上承刘氏（笔者按，刘逢禄）而下开崔氏（笔者按，崔适）的人"，这"与他的从政和传教没有关系"。[①]

顾颉刚对崔述辨伪的"实质"，也有颇为深刻的认识。他说道，崔述著书辨伪的目的，是要替古圣人"揭出他们的圣道王功"。因此，对于崔述而言，"辨伪只是手段"。缘此，顾颉刚对崔述给予了以下定性："他只是儒者的辨古史，不是史家的辨古史。"[②]

至于他本人从事文献辨伪的目的，顾颉刚毫不讳言。他在论及《古史辨》的社会意义时言："《古史辨》的工作确是偏于破坏的，所要破坏的东西就是历代皇帝、官僚、地主为了巩固他们的反动政权而伪造或曲解的周代经典。这个反动政权是倒了，但他们在学术和历史上的偶像还没倒。"[③]因此，他的文献辨伪及古史辨伪，做的就是这个工作：在文化上，完成"反封建"及"古史重建"的时代任务。

4. 对伪书辨伪与伪史辨伪关系的认识

顾颉刚在《古史辨·序》第三册中言：

> 这一册里，十分之九都是讨论《易》和《诗》的本身问题的，关于古史的极少。也许有人看了要说，"这分明是'古书辨'了，哪里可以叫作'古史辨'"？
>
> ……
>
> 这些工作做完的时候，古史材料在书籍里的已经整理完工了，那时的史学家就可根据了这些结论，再加上考古学上的许多发现，写出一部正确的《中国上古史》了。
>
> 所以我编这一册书，目的不在直接整理古史。[④]

---

① 顾颉刚：《五德终始说下的政治和历史》，载顾颉刚编著《古史辨》第5册，海南出版社2005年版，第321页。

② 顾颉刚：《与钱玄同先生论古史书》，载顾颉刚编著《古史辨》第1册，海南出版社2005年版，第75页。

③ 见顾洪编《〈古史辨〉与史料学》，《顾颉刚学术文化随笔》第3编，中国青年出版社1998年版，第249—250页。

④ 顾颉刚：《自序》，载顾颉刚编著《古史辨》第3册，海南出版社2005年版，第3页。

到了20世纪80年代，顾颉刚又说道，《古史辨》第三册编纂主旨：

> 是专门研究《易经》和《诗经》的。其中心思想是破坏《周易》原来的伏羲、神农的圣经地位，而恢复它原来的卜筮书的面貌；破坏《诗经》的文、武、周公的圣经地位，恢复它原来的乐歌面貌。
>
> 有人因此说"古史辨"变成"古书辨"了，是一种怯退的表示。我认为这种说法是不对的。古书是古史的史料，研究史料就是建筑研究历史的基础。由"古史辨"变为"古书辨"，不仅不是怯退的表示，恰恰相反，正是研究向深入发展的表现。①

1945年顾颉刚在《当代中国史学》的最后部分讨论自己的学派归属时，正是划分了"《古史辨》与古史传说的研究"和"《古史辨》与古书的研究"两节。刘起釪则是将古史辨的学术研究分析为"疑古"与"辨伪"两个部分，以"疑古"对应"古史"，以"辨伪"对应"古书"。

刘起釪说："在《古史辨》中，体现出顾先生一生治学成就主要在四个方面，即：考辨古书（辨伪），考辨古史（疑古），考辨历史地理（《禹贡》学研究），以及作为考辨古史的辅助和佐证而进行的民俗学研究（民间故事、歌谣、神道、会社、风俗等）。"②

将"古书辨"视为"古史辨"的"深入发展"，体现了古史辨的一种研究趋向。

5. 对文献辨伪学史的认识

顾颉刚有关中国文献辨伪学史的论述，较为集中地反映在《中国辨伪史要略》一文中，其中战国秦汉间人的辨伪，共13节文字，是顾颉刚先生《中国辨伪史要略》一文中着墨最重，用力最勤的部分。三国至明清的文献辨伪史，是王煦华依照顾颉刚的意思，截取顾颉刚的文章写成的，虽然也可以称得上是顾先生的著作，但与此前的13段文字，还有许多差异。有鉴于此，兹略去不论。

司马迁在中国文献辨伪学史上，居于重要地位。对此，顾颉刚称赞

---

① 顾颉刚：《我是怎样编写〈古史辨〉的？》，载顾颉刚《我与〈古史辨〉》，上海文艺出版社2001年版，第209页。

② 刘起釪：《古史续辨·序言》，中国社会科学出版社1991年版，第6页。

道，他"最有辨伪的眼光"。在顾颉刚看来，司马迁的贡献，不但是注意文献真伪的甄别，还在于"把战国时的伪史作一番大淘汰的工作"①。司马迁辨伪的标准（顾颉刚称是"审查史料的标准"②），是"考信于'六艺'"。顾颉刚认为，虽然有人批评司马迁的辨伪标准，"不严谨"，但在他看来，这个标准，"在考古学没有发达的时候，实在不失为一种有效的方法"。他的理由是："在战国、秦、汉间百家异说杂然并起的时候"，就"六艺"中的史料而言，"比较还算纯粹，著作时代也是比较的早啊"。③ 因此，在顾颉刚看来，战国秦汉间人的辨伪，"司马迁应为首功"④。

班固的《汉书·艺文志》中，也有许多考辨文献真伪的文字。顾颉刚从阐释"汉人历史观念"的角度，谈到这个问题。他说道："汉人本是最缺乏历史观念的，只因校书的人看见的东西多了，不由得不因比较而生判断，于是许多书籍就被定为伪书。"⑤ 进而，顾颉刚以《汉书·艺文志》为例，将其中考辨《太公》《文子》等诸子的文字辑出，一则赞扬《汉书》辨伪存真的做法，"和今日的我们的态度相像"；一则批评班固的局限，是"批评的范围只限于诸子百家语"。⑥

司马迁、班固以降，东汉学者的文献考辨，虽不兴旺，亦不绝如缕。顾颉刚通过对王充的辨《泰誓》《月令》，王肃的《孔子家语》等，对东汉学者的文献辨伪研究，作了简要的描述。而且，对王肃的"贡献"，发表了一通议论："《孔子家语》，不但是一部伪书，而且是一部杂凑书，我现在把它列在辨伪类里，似乎是笑话。但读者须知，这是王肃的造伪以辨伪的手段。"

何谓"造伪以辨伪"？据顾颉刚所言，是造了《孔子家语》以辨郑玄学说之"伪"。其言："在王肃的时代，郑玄的学说正极昌盛，王肃眼见他的说话有许多错误，然而一班学者把他捧作教主，有什么法子可以打到

---

① 以上顾颉刚语，均出自顾颉刚《中国辨伪史要略》，载顾颉刚《秦汉的方士与儒生》，世纪出版集团、上海古籍出版社 2005 年版，第 151 页。

② 顾颉刚：《中国辨伪史要略》，载顾颉刚《秦汉的方士与儒生》，世纪出版集团、上海古籍出版社 2005 年版，第 154 页。

③ 同上书，第 152 页。

④ 同上书，第 154 页。

⑤ 同上书，第 150 页。

⑥ 同上书，第 151 页。

他？他只得假托圣言，造此一书（笔者按，指《孔子家语》）。既作此书，遂作《圣证论》，拿圣人的证据来压倒郑玄。固然里边夹着许多好胜的私见，但也未尝没有公义。"①

顾颉刚认为，中国古代有造伪运动，也有辨伪运动。除了人所共知的"战国秦汉间的造伪"，顾颉刚还提出宋、清及现代，曾经或正在出现的三次"辨伪运动"②。从"造伪"和"辨伪"的角度诠释战国秦汉间的学术史，是顾颉刚的基本主张，也是其学术的基本标志。

除了《战国秦汉间人的造伪与辨伪》（又称《中国辨伪史要略》），在1945年出版的《当代中国史学》一书中，顾颉刚再次强调了他的观点："过去造伪的人往往兼任着辨伪的工作，辨伪的人也往往兼任着造伪的工作。例如儒家感觉古代神话的不可信，用人事去解释它，这一方面便是辨伪，一方面就是造伪。刘歆、王肃一辈人的造伪古书古史，也是因为当时流传的古书古史不尽可信，所以想用自己认为可信的'古书''古史'去辨正它，这一方面是造伪，一方面也便是辨伪。这个见解，我现在还认为是正确的！"③

此外，在《顾颉刚学术文化随笔》一书中，顾颉刚又曾说道："战国时有伪撰神农、黄帝书者，西汉时自会有伪撰周公、孔子书者。不必为刘歆，在此大潮流中之作者固多矣……各时代各有其需要，即各有其托古，本是一长流，不能但指其一节。康氏但斥刘歆，钱宾四等但为刘歆辩护，皆非也。"④ 由此可见，这是顾颉刚文献辨伪研究的基本主张，也是其从事此项研究的思想渊源。

（三）文献辨伪的思想渊源

顾颉刚的文献辨伪思想渊源有自。顾先生晚年，在谈到编辑《古史辨》的指导思想时，曾述及他的学术渊源，其言："我的《古史辨》的指导思想，从远的来说就是起源于郑、姚、崔三人的思想，从近的来说则是

① 以上引文均出自顾颉刚《中国辨伪史要略》，载顾颉刚《秦汉的方士与儒生》，世纪出版集团、上海古籍出版社 2005 年版，第 164 页。
② 顾洪编：《三次辨伪运动》，《顾颉刚学术文化随笔》第 3 编，中国青年出版社 1998 年版，第 241 页。
③ 顾颉刚：《当代中国史学》，上海古籍出版社 2006 年版，第 129 页。
④ 顾洪编：《研究中国古史必由经学入手》，《顾颉刚学术文化随笔》第 3 编，中国青年出版社 1998 年版，第 293 页。

受了胡适、钱玄同二人的启发和帮助。"① 就 1923—1927 年的往事，他这样说道："我那时真正引为学术上的导师的是王国维，而不是胡适。"②

若依顾先生所言，他的文献辨伪思想是博采古今中外的；若依顾先生著述考察，他的文献辨伪思想与上述诸人又似是而非。因此，应该说，顾颉刚的文献辨伪思想，是博采众说而自成一家之言。其实何止是文献辨伪，顾颉刚一生学术均可如是论定。

1. 与康有为等今文经学的关系

顾颉刚关于"刘歆伪作群经诸史"的观点，与康有为、崔适等清末今文经学家的观点，除个别修正，基本上如出一辙。

20 世纪 30 年代前期，顾颉刚将疑古辨伪的重点，放在两汉。且依康有为、崔适之说，坚持刘歆伪窜《周礼》和《左传》的观点，并将"古史辨"的治学精神界定为辨伪之学，将中国古代史学传统演绎为"造伪"与"辨伪"两大主线。

他曾著文指出，康有为的《新学伪经考》和崔适的《史记探源》，"抉出刘歆作伪之迹"，使学术界中认识到新莽时代的学术风气，以及汉学流转的基本情状。这个见解，"自然是巨眼烛照"③。但是，顾颉刚认为，康、崔二人，将"这个改变的责任一起归在刘歆身上"，未免把刘歆的本领"看得太大"④。顾颉刚说道：

> 刘歆固然得到改变学术的机会与权势，且实有许多为所窜乱或臆造的文件，但倘使前无所因，则无源之水，其涸也可立而待也。惟其所改变的东西在汉代已酝酿了二百年（自注：如古史系统），或一百年（自注：如汉帝让国说），大家耳濡目染已久，一旦逢到机会，取而易之，自然不致成为使人疑骇的大问题，故外表虽为突变，而实际则仍为渐变。⑤

---

① 顾颉刚：《我是怎样编写〈古史辨〉的?》，顾颉刚：《我与〈古史辨〉》，上海文艺出版社 2001 年版，第 197 页。

② 同上书，第 201 页。

③ 顾颉刚：《五德终始说下的政治和历史》，载顾颉刚编著《古史辨》第 5 册，海南出版社 2005 年版，第 282 页。

④ 同上。

⑤ 同上。

即便如此，刘歆所为，有的酝酿成熟，有的不很成熟，有的顺从民意，有的出于独断。因此，不成熟的、独断的、"太新的东西"，就不能令人信服，甚而"屡受攻击"。所以，在"刘歆作伪"问题上，顾颉刚对钱穆的《刘向歆父子年谱》，给予了高度赞扬，称该书"寻出许多替新代（笔者按，指新莽朝代）学术开先路的汉代材料，使我草此文时得到许多的方便"①。

顾颉刚认为："自清代学者重提出了今古文问题之后，作最严正的系统的批评的，首推康长素先生的《新学伪经考》。"② 接下来，顾颉刚引述康有为《重刻伪经考后序》中的一段文字，总结康有为对校《史记》《汉书》而辨伪的办法，为"班马异同的办法"，并说，"我深信一个人的真理即是大家的真理"。譬如《新学伪经考》这部书，虽然"议论或有错误"，但是其"中心思想"及其"考证的方法"是没有问题的。康有为"虽没有完工"，但已为我们指出了"一条继续工作的路"③，其贡献是值得肯定的。

在顾颉刚看来，东汉人窜改《左传》和《史记》的动机是："为《左传》增加些作料以求适食于东汉人的胃口而已"，又说道，篡改《史记》的人，"未必是有意造伪"，只是他们读了改窜过的《左传》，再读《史记·吴世家》，发现"所录子胥谏吴王的话太不完全"，便"替它增补了一下，于是少康中兴的故事便被插入了"④。

顾颉刚采用清代今文经学家的观点，或走"公羊学派"⑤ 的路子，与他是不是"今文经师"，在本质上不是一个问题。因此，诸如"他不

---

① 顾颉刚：《五德终始说下的政治和历史》，载顾颉刚编著《古史辨》第5册，海南出版社2005年版，第282页。

② 同上书，第312页。

③ 同上。

④ 童书业：《夏史三论·后记》，载吕思勉、童书业编著《古史辨》第7册，海南出版社2005年版，第643页。需要说明的，这篇"后记"虽为童书业所作，但是，童书业特别强调，这是他和顾颉刚的"共同看法"。

⑤ 杨向奎是顾颉刚的弟子、"古史辨"的成员。20世纪50年代，在对胡适及"古史辨"的批判中，杨向奎提出顾颉刚走的是"公羊学派"老路的观点。其言："顾颉刚教授治学的方面相当广，他治过民俗学，民间歌谣，中国古代地理，以及中国古代史等，最主要的还是古史学和经学。他不愿意人家称道他是'经师'，而喜欢说自己是史学家，事实上他是'通经治史'，走的是'公羊学派'的老路，并不是干干脆脆的史学家。"见杨向奎《"古史辨派"的学术思想批判》，《文史哲》1952年第3期。

愿意人家称道他是'经师'"①，或者"顾颉刚是'今文经师'吗?"② 等论辩，学术意义并不高。故而，曾任顾颉刚先生晚年助手的王煦华，所言较为中肯："顾先生不是今文家……但在这个问题上（指顾颉刚《春秋三传及国语之综合研究》）却全承袭了今文家……但所谓刘歆改造之说，终究是清末今文学家有所为而发的一偏之论，常有意轻忽事实，流于武断……所以刘歆伪造《左传》之说必不能成立……顾先生这书的主旨终究是今文学派一家之言。"③ 徐中舒先生的分析，则显得更为透彻。徐先生言："过去有人说《古史辨》出于今文学派，这只是一种表面现象，是不足为凭的。"④

总而言之，顾颉刚文献辨伪思想有清代今文经学家的渊源，用了今文经学的方法，是确定无疑的，但据此而论定他是经今文学家，不但不切实际，也没有多少学术价值。另外，一个值得注意的问题是。由于在刘歆作伪问题上，顾颉刚的观点及主张，与康、崔等人一脉相承，且渐趋极端。从而在一定程度上，致使顾与胡适、傅斯年之间，在学术上分道扬镳。

2. 与胡适等西方科学主义的关系

胡适对顾颉刚的提携扶持，是顾颉刚在学术上迅速成长的重要条件。胡适推介的实用主义等西方现代哲学思想，是顾颉刚文献辨伪思想的又一重要来源。顾颉刚文献辨伪研究中的"勇于怀疑"，与胡适等西方科学主义有直接关联。

胡适学成回国，执教北京大学之际，正是顾颉刚积极进步，求知若渴之时。胡适诸如"东周以上无史"的言论、"大胆假设，小心求证"的方法、"拿证据来"的主张，为20世纪中国的思想文化的革命推波助澜，也给身在其中的顾颉刚以巨大的冲击和震撼。

胡适有言："大概我的古史观是：现在先把古史缩短二三千年，从诗三百篇讲起，将来等到金石学、考古学发达上了科学的轨道以后，然后用地底下掘出的史料，慢慢地拉长东周以前的古史。"⑤ 又言，所谓

---

① 杨向奎：《"古史辨派"的学术思想批判》，《文史哲》1952年第3期。
② 王学典、孙延杰：《顾颉刚和他的弟子们》，山东画报出版社2000年版，第322页。
③ 同上书，第326页。
④ 徐中舒：《经今古文问题综论》，载尹达、张政烺、邓广铭、杨向奎、王煦华主编《纪念顾颉刚学术论文集》（上册），巴蜀书社1990年版。
⑤ 胡适：《自述古史观书》，载顾颉刚编著《古史辨》第1册，海南出版社2005年版，第29页。

"历史的态度"，这就是要研究事物"如何发生，怎样来的"，以及"怎样变到现在的样子"，并且强调，"这种历史的态度便是实验主义的一个重要的元素。①"又说："凡对于每一种事物制度，总想寻出他的前因与后果，不把他当作一种来无踪去无影的孤立东西，这种态度就是历史的态度。"②

胡适用西方的"科学方法"重编《中国哲学史》讲义，用《诗经》作时代说明，丢开唐、虞、夏、商，径从周宣王以后讲起。顾颉刚回忆道："这一改把我们一班人充满着三皇五帝的脑筋骤然作一个重大的打击，骇得一堂中舌挢而不能下。"胡适的系统、条理，以及易懂的语言风格，很适合新文化运动时期的青年学生，故而顾颉刚对他的同学傅斯年，称赞胡适，是"有眼光，有胆量，有断制，确是一个有能力的历史家"③。

胡适的理论观点，特别是"历史的态度"，对顾颉刚的学术研究，产生了极为深刻的影响。顾颉刚曾言：我们"看史迹的整理还轻，而看传说的经历却重。凡是一件史事，应看它最先是怎样的，以后逐步逐步的变迁怎样的"④。进而就是"层累地造成的中国古史"理论的提出。胡适等鼓吹的"科学主义"，给了顾颉刚勇于质疑中国历史文化的思想动力；基于"科学主义"而提出的"层累地造成的中国古史"学说，给了顾颉刚如何进行文献辨伪的理论方法。

总之，顾颉刚在胡适的教导下，在思想认识上，对自由、民主、科学，有了更加深切的感悟；在学术研究问题上，对西方"科学主义"的实践路径，有了更加具体的理解。至此，中国文献辨伪学史，因为胡适等宣扬的"科学主义"，因为顾颉刚的辨伪实践，而出现了一次划时代的转变。

3. 与中国现代考古学发展的关系

20 世纪上半叶，西方现代考古学在中国的"有限"发展，为顾颉刚

---

① 胡适：《实验主义》，载胡适《胡适文存》第 1 集，黄山书社 1996 年版，第 216 页。

② 胡适：《问题与主义》，载胡适《胡适文存》第 1 集，黄山书社 1996 年版，第 276 页。

③ 以上引文，均出自顾颉刚《自序》，载顾颉刚编著《古史辨》第 1 册，海南出版社 2005 年版，第 20 页。

④ 顾颉刚：《与钱玄同先生论古史书》，载顾颉刚编著《古史辨》第 1 册，海南出版社 2005 年版，第 75 页。

的文献辨伪，解除了最后一丝顾虑。

顾颉刚在北京大学求学之际，即对考古学的发展情况较为熟悉，并且对王国维的"二重证据"法也较为推重。① 1924 年，在顾颉刚制定的《我的研究古史的计画》中，又提出从 1935—1937 年"研究古器物学"的计划。其言：

> 古器物学的常识是前几年早应备的；到这时，书籍方面既经整理好，实物方面就更当着力研究。我觉得中国的古器物学虽已研究甚久，但所定的器物的时代还不可靠。例如商器，通常都将文字特异的，日干纪名的归入；其实文字在秦以前原未统一过，不妨有特异的字体，而日干的纪名在周代还是行用（如齐之丁公乙公）。所以我很想在研究的时候，把传世的古器的时代厘正一过，使得它们与经籍相印证时可以减少许多错误。②

从顾颉刚制定"研究学程"，以及自己有可能"沉溺"在考古学中的情况来看，他对当时考古学的发展动态是有把握的，只是态度上仍有所保留。

中国现代考古学发展的迟缓，不但没有为顾颉刚的"重建"工作带来他所期待的素材，反而为他勇于质疑、辩驳一切传世文献提供了信心和助力。据顾颉刚先生回忆，早在 1922 年，他在为商务印书馆编写《中学本国史教科书》时，就有这样的主张：

> 上古史方面怎样办呢？三皇五帝的系统，当然是推翻的了。考古学上的中国上古史，现在刚才动头，远不能得到一个简单的结论。思索了好久，以为只有把《诗》、《书》和《论语》中的上古史传说整理出来，草成一篇《最早的上古史的传说》为宜。

---

① 刘起釪先生即曾指出：顾颉刚"承认自己在治学上是受过王国维很深的影响"。许冠三也说道：顾颉刚"一生不走'二重证据'路线，极少利用王氏赖以成名的文字遗迹与实物……唯一的例外，或许是在《尚书》研究领域"。实际上，顾颉刚不是不走"二重路线"，而是顾颉刚认为当时的考古发掘，不足以支撑他走完"二重路线"。

② 顾颉刚：《我的研究古史的计画》，载顾颉刚编著《古史辨》第 1 册，海南出版社 2005 年版，第 182—183 页。

我便把这三部书中的古史观念比较看着，忽然发见了一个大疑窦，——尧、舜、禹的地位问题！……

《诗经》和《尚书》（除首数篇）中全没有说到尧、舜，似乎不曾知道有他们似的；《论语》中有他们了，但还没有清楚的事实；到《尧典》中，他们的德行政事才粲然大备了。

因为得到了这一个指示，所以在我的意想中觉得禹是西周时就有的，尧、舜是到春秋末年才起来的。越是起得后，越是排在前面。等到有了伏羲、神农之后，尧、舜又成了晚辈，更不必说禹了。我就建立了一个假设：古史是层累地造成的，发生的次序和排列的系统恰是一个反背。①

这表明，正是由于考古学的"刚才动头"，他才有上述"层累说"的大胆假设。

对于考古学发展与疑古辨伪之间的关系，顾颉刚在《我是怎样编写〈古史辨〉的?》文中的表述，更为直接明快："我们当时为什么会疑，也就是因得到了一些社会学和考古学的智识，知道社会进化有一定的阶段，而战国、秦、汉以来所讲的古史和这标准不合，所以我们敢疑。"② 中国现代考古学的"有限"发展，给顾颉刚的文献辨伪创造了"无限"空间。

到了 20 世纪 30 年代，鉴于考古学在"上古史"研究中的鲜能作为，顾颉刚干脆提出"辨伪考古分工说"，并一门致力于文献辨伪的决心。顾颉刚在 1930 年 8 月出版的《古史辨》第二册言："我以为学术界中应当分工。"③ 至于其中的原因，顾颉刚说道：

书本上的材料诚然不足建设真实的古史，但伪古史的发展十之八九在已有了书本之后。用了书本上的话来考定尧舜禹的实有其人与否固然感觉材料的不够用，但若要考明尧舜禹的故事在战国秦汉间的发展的情状，书本上的材料还算得直接的材料，惟一的材料呢。我们先

① 顾颉刚：《我是怎样编写〈古史辨〉的?》，载顾颉刚《我与〈古史辨〉》，上海文艺出版社 2001 年版，第 57、58 页。
② 同上书，第 216 页。
③ 顾颉刚：《自序》，载顾颉刚编著《古史辨》第 2 册，海南出版社 2005 年版，第 2 页。

把书籍上的材料考明,徐待考古学上的发现,这不是应当有的事情吗?

　　……

　　有许多古史是考古学上无法证明的,例如三皇五帝,我敢豫言到将来考古学十分发达的时候也寻不出这种人的痕迹来。大家既无法在考古学上得到承认的根据,也无法在考古学上得到否认的根据,那么,希望在考古学上证明古史的人将怎么办呢?难道可以永远"存在而不论"吗?①

因此,在顾颉刚看来,辨伪学和考古学是两个迥然有别的领域。前者可以独立开展,在诸如尧舜禹事迹等方面,可以拿出"唯一"的证据;后者则颇有局限,在三皇五帝事迹等方面,"永远不可能找出证据"。前者是基础,后者是第二位的;前者可以不依赖后者,但后者必须借助于前者;先有前者的成就,后者才能获得进展。

所以,他的文献辨伪,"在消极方面说,是希望替考古学家做扫除的工作,使得他们的新系统不致受旧系统的纠缠;在积极方面说,是希望替文籍考订学家恢复许多旧产业,替民俗学家辟出许多新园地"②。

基于这样的认识和判断,顾颉刚的文献辨伪及古史辨伪,简直是"越走越远"。以《战国秦汉间人的造伪与辨伪》为标志,顾颉刚观念中的学术史,就是一部作伪与辨伪此消彼长的历史演绎。

(四) 重要贡献及主要局限

1. 重要贡献

顾颉刚文献辨伪研究的贡献是多方面的,具有学术、文化、社会、思想等多方面的价值及意义。概括起来,主要有以下几点。

第一,构成 20 世纪中国文献辨伪学研究的核心内容。

顾颉刚的文献辨伪成果,相对于同时代的其他学术名家,认识更深刻,方法更全面,思想更成熟,成果更丰富,在民国文献辨伪学史上,居于不可替代的核心地位,是 20 世纪中国文献辨伪学成就的重要代表。

---

① 顾颉刚:《自序》,载顾颉刚编著《古史辨》第 2 册,海南出版社 2005 年版,第 3 页。
② 同上书,第 4 页。

第二，推动中国新文化运动的具体和深化。

顾颉刚受五四以来新文化运动的影响。在他的思想观念中，"打破"并"推翻"中国旧传统、旧文化的概念，根深蒂固。早在 1923 年，他就提出推翻"非信史"需要打破四个观念："（一）打破民族出于一元的观念"；"（二）打破地域向来一统的观念"；"（三）打破古史人化的观念"；"（四）打破古代为黄金世界的观念"。①

此后，诸如"攻倒""推翻""破坏"的概念，屡见不鲜。如："从此以后，我对于无论哪种高文典册，一例地看它们的基础建筑在沙滩上，里面的漏洞和朽柱不知道有多少，只要我们何时去研究它就可以在何时发生问题，把它攻倒。"② 又如，"不由得不激起了我的推翻伪史的壮志。起先仅想推翻书中的伪史，到这时连真书中的伪史也要推翻了。自从读了《孔子改制考》的第一篇之后，经过五六年的酝酿，到这时始有推翻古史的明了的意识和清楚的计划"③。

就这样，顾颉刚将对科学民主、社会发展、文化革命的理解，与文献辨伪的学术实践相结合。从而将 20 世纪初年以来，最具影响力的思想启蒙及文化变革运动，作了进一步的细化、深化。

第三，尝试推动 20 世纪中国历史文化的重建。

中国历史上，曾几度经历"历史文化重建"的运动，但从未有如 20 世纪二三十年代的这场历史文化重建，波及如此广泛，影响如此深远。在这场重建运动中，顾颉刚有极为敏锐的观察，也有极为激进的表现，这都反映在其所从事的文献辨伪及古史辨伪研究当中。从某种意义上，通过文献辨伪的方式，进行历史文化的反思与重建，民国时期的中国学界，鲜能有人出顾颉刚之右。

2. 主要局限

采撷众家，不拘一说，既是顾颉刚献辨伪思想的突出特征，也是其存在显著局限的根本原因。"疑古过勇"是顾颉刚文献辨伪的主要局限，这主要表现在以下几点。

---

① 顾颉刚：《答刘胡两先生书》，载顾颉刚编著《古史辨》第 1 册，海南出版社 2005 年版，第 105—106 页。

② 顾颉刚：《自序》，载顾颉刚编著《古史辨》第 1 册，海南出版社 2005 年版，第 26 页。

③ 同上书，第 24 页。

第一，在考辨对象上，涵盖一切。

中国古代的文献辨伪，其所谓"真"或"伪"的"事实判断"，大都准以"六艺"。符合"六艺"则"真"，不符合则"伪"。从这个意义上，居于主流的文献辨伪，其事实判断和价值判断，是和谐统一的。但是，在革命旧思想、批评旧文化的社会思潮中，民国学者文献辨伪研究的标准，则将旧的"价值判断"的"标准"彻底放弃，而代之以"年代""文体""文字"等看似纯客观的考量。如此一来，无论"经""传"，不论子、史，一切都成为辨伪研究的对象。

顾先生曾说道："崔东壁的书启发我'传'、'记'不可信，姚际恒的书则启发我不但'传'、'记'不可信，连'经'也不可尽信。……所以我的胆子越来越大了，敢于打倒'经'和'传'、'记'中的一切偶像。"①

这在顾颉刚的文献辨伪研究中，表现得尤其明显。学术研究，固然不应该有对象、范畴的限制。但是，脱离历史的背景，而做所谓"纯粹"的考察，实际上并不能得到其所标榜的客观、真实。

第二，在考辨态度上，疑在是前。

如果说在态度上没有"疑在是前"的影响，"勇于考辨一切"的取向，本无可厚非。所谓"疑在是前"，是指顾颉刚的文献辨伪，以上古史事纯属虚无缥缈、先秦文献都经刘歆伪造窜乱为"既定事实"而展开。

在顾颉刚的文献辨伪实践中，将传世文献，特别是先秦文献，预先打上一个大大的"疑"字，是他的习惯性做法。

我们认为无论对何种文化的研究，应该有最起码的尊重。特别是对有着数千年传统的中国历史和中国文化，更应当如此。顾颉刚"疑在是前"的态度，固然受时代思潮及社会背景等多方面影响，但在客观上，毕竟是他的取向，他的局限。

第三，在考辨方法上，有罪推定。

基于对中国传统文化、传世文献的上述态度和判断，顾颉刚的文献辨伪，基本采用"有罪推定"的办法。甚至屡有"执着一点，不计其他"，或者"不能证其真，即认定其伪"，以及"以文献考证文献"，甚至"循环论证"的现象发生。

---

① 顾颉刚：《我是怎样编写〈古史辨〉的?》，载顾颉刚《我与〈古史辨〉》，上海文艺出版社2001年版，第197页。

第四，在辨伪标准上，以今绳古。

顾颉刚曾提出"以今文打破古文、以古文打破今文"①，即"超今古文"的观点。他说道，从历史上看，"今文家先起，古文家后起。……所以这两大派是各有其优点和缺点的"②。顾颉刚在对崔述评述中，将他的"标准"阐述得最为明确："他（笔者按，崔述）著书的目的是要替古圣人揭出他们的圣道王功，辨伪只是手段。……所以他只是儒者的辨古史，不是史家的辨古史。"③ 这就决定了他的文献辨伪，只有"真"与"伪"的"事实判断"，而没有"善"与"恶"的"价值判断"。

第五，在考辨效果上，破多立寡。

顾颉刚曾自言，先破坏，再建立："我知道要建设真实的古史，只有从实物上着手的一条路是大路，我的现在的研究仅仅在破坏伪古史的系统上面致力罢了。我很愿意向这一方面做些工作，使得破坏之后得有新建设，同时也可以用了建设的材料做破坏的工具。"④ 但是，在客观上，顾颉刚的"破"远远多于"立"。

对此，鲁迅先生冷眼旁观，曾说道：

在厦大时，即逢迎校长以驱除异己，异己既尽，而此公（笔者按，指顾颉刚）亦为校长所鄙，遂至广州，我连忙逃走，不知其何以又不安于粤也。现在所发之狗性，盖与在厦大时相同。最好是不与相

---

① "今文打破古文、古文打破今文"见于顾颉刚对钱玄同言论的引述。他曾言："他（钱玄同）兼通今古文而又对今古文都不满意。他不止一次地对我说：'今文学是孔子学派所传衍，经长期的蜕化而失掉它的真面目。古文经异军突起，古文家得到了一点古代材料，用自己的意思加以整理改造，七拼八凑而成其古文学，目的是用它做工具而和今文家唱对台戏。所以今文家攻击古文经伪造，这话对；古文家攻击今文家不得孔子的真意，这话也对。我们今天，该用古文家的话来批评今文家，又该用今文家的话来批评古文家，把他们的假面一齐撕破，方好显露出他们的真相。'"见顾颉刚《序》，载顾颉刚《秦汉的方士与儒生》（王煦华导读本），世纪图书出版集团、上海古籍出版社2005年版，第4页。"今文打破古文、古文打破今文"一段话，又载于顾洪编《顾颉刚学术文化随笔》，而且更加形象具体。据顾颉刚回忆，钱玄同先生常言："我们要拿对的今文说来打破不对的古文说，同时也要拿对的古文说来打破不对的今文说。"顾洪编：《钱玄同先生》，《顾颉刚学术文化随笔》第3编，中国青年出版社1998年版，第326页。

② 顾颉刚：《我是怎样编写〈古史辨〉的?》，载顾颉刚《我与〈古史辨〉》，上海文艺出版社2001年版，第198页。

③ 顾颉刚：《与钱玄同先生论古史书》，载顾颉刚编著《古史辨》第1册，海南出版社2005年版，第75页。

④ 顾颉刚：《自序》，载顾颉刚编著《古史辨》第1册，海南出版社2005年版，第28页。

涉，否则钩心斗角之事，层出不穷，真使人不胜其扰。其实，他是有破坏而无建设的，只要看他的《古史辨》，已将古史"辨"成没有，自己也不再有路可走，只好又用老手段了。①

鲁迅先生言辞素来犀利。但是，其所呈现的事件毕竟真实不虚。姑且不论顾先生在厦门大学时的人事纠葛，单就他的文献辨伪而言，颇有"尽管深耕、不必播种"的意味，这给中国传统文化，带来了不可低估的负面影响。因此，鲁迅所言的"已将古史'辨'成没有"，并非危言耸听。

民国年间，意气风发的顾颉刚，受胡适等人学说鼓动，虽然如同世人所批评的那样，似乎并未真正理解"实证主义""科学""理性"的概念，便对古史、古书真伪的认识，先入为主地进行了一系列"颇为消极"的预判，再用"科学"的"大棒"将它们捶挞一番。中国历史被"缩短了几千年"之后，古史"拉长"和文化"重建"的工作并未如胡适等人所期待的那样顺利。中国历史文化在洋人的"批评"与国人的"自我批评"中，颜面尽失，境遇极为尴尬。

---

① 鲁迅：《鲁迅全集》卷12《书信·致郑振铎（1934年7月6日）》，人民文学出版社2005年版，第170页。

第六章 "刘歆伪作说"驳议

"刘歆伪作说"是清代"今文经学"的核心观点之一，康有为、崔适等人坚持最力。所谓"刘歆伪作说"，是指刘歆为羽翼王莽篡汉，而不惜伪窜群经诸史。《周礼》《左传》等传世文献，均为刘歆伪作；《史记》《汉书》等史籍载记，也为刘歆所改窜。"刘歆伪作说"自提出后，就惹来广泛争论，有是其者，有非其者，哓哓不休，堪称一桩学术公案。顾颉刚、钱穆等学者都深受影响，并各有评说发表，其持论，其旨归，迥然有别，颇值得玩味。顾颉刚等表示赞同的观点详诸上文，本章重点探讨的，是修订或者否定"刘歆伪作说"的论著或观点。

一 公案始末

古文经传出自刘歆伪造暨"刘歆伪作说"，是中国学术史上一桩公案。近代以来，大致经历了一个由《左传》出自刘歆伪作，到"群经"均出自刘歆伪作的过程。"刘歆伪作说"是清代今文家的核心观点，其中"《左传》伪作说"又是核心中的重点。

（一）《左传》伪作说

"《左传》伪作说"是近代以来，中国学术讨论中的热门话题，但是"《左传》伪作说"的观点，并非近代才有的观念。

通过对中国古代学术的考察，不难发现其渊源有自。[1] 自西汉末年刘

---

[1] 改革开放以来，有关此类问题的考论颇为丰富，各类成果数以百计。20世纪90年代，邬锡非先生曾从学官之争、书法凡例、传授系统、作者、《左传》与《国语》关系、从内证法六个方面，对"《左传》争议的几个主要问题作了大致的回顾"。条分缕析，深入浅出，很有参考价值。详见邬锡非《〈左传〉争议诸说述评》，《浙江学刊》1992年第1期。近年来发表的论文中，黄觉弘的《〈左传〉成书战国说综考》［《江汉大学学报（人文科学版）》2006年第6期］、张尚英的《疑古思潮与20世纪〈春秋〉学研究》（《求索》2014年第1期），也是较为系统的研究综述，可资参考。

歆表彰《左传》始，即有质疑之声。汉代以后，对《左传》的怀疑、否定，见诸史籍的，至少中唐的啖助、赵匡等多家。

　　数百年间，几代学人的考论，主要集中在《左传》的作者、文献性质，暨"左丘明与《左传》"，以及"《左传》与《春秋》"等关系问题上。应该说，质疑、批判《左传》的学者，一直都是少数；《左传》有后人增益，刘歆羼入的观点，并不为人所广泛认同。①

　　但是，进入清代后期，到了刘逢禄这里，境况开始大为不同。②

　　刘逢禄（1774—1829），字申受，武进人。其祖父刘纶，官大学士，其外祖父庄存与，以经术闻名，刘逢禄传外祖父庄氏之学。嘉庆十九年（1814），刘逢禄中进士，选翰林院庶吉士，散馆，改礼部主事。

　　刘逢禄的文献辨伪，涉及《古文尚书》《孔子家语》《甘石星经》等多种。但是最能体现其学术思想的，却是《左传》辨伪。③

　　刘逢禄先后写成《公羊何氏释例》《左氏春秋考证》《箴膏肓评》等多部著作。在《公羊何氏释例》一书中，即提出"刘歆之徒，增饰左氏"的观点，开始对刘歆及《左氏》真伪表示怀疑。数年后著成的《左氏春秋考证》与《箴膏肓评》，则开始对古文经学派的《左传》源流及其真伪，提出全面质疑。这就是所谓的"《左传》伪作说"。

　　刘逢禄有言：《左氏春秋》与《铎氏》《虞氏》《吕氏》并列，"非传《春秋》也。故曰'《左氏春秋》'，旧名也；曰'《春秋左氏传》'，则刘歆所改也"④。又言："歆引《左氏》解《经》，转相发明，由是章句义理

---

　　① "刘歆羼入说"，始见于《朱子语类》所引宋人林黄中观点。林氏有言："《左传》'君子曰'是刘歆之辞。"见（宋）黎靖德编《朱子语类》（王星贤点校）卷83《春秋》，中华书局1986年版，第2150页。

　　② 中国古代的文献辨伪，以清代学者的成就最属突出。但刘逢禄以前，几乎没有人主张"刘歆伪作"的观点。以疑辨《左传》成就较为突出的姚鼐为例。姚鼐的观点，也不外乎《左传》"自左丘明以后，有后人不断的增益"的问题。其言："左氏之书，非出于一人所成。自左丘明作传以授曾申，申传吴起，起传其子期，期传楚人铎椒，椒传赵人虞卿，虞卿传荀卿。"因为"后人屡有附益"，以至于何为"左丘明说经之旧"，何为"后人所益"之言，如今已"不知孰为多寡"了。同时，姚鼐又对宋儒"颇知其言之不尽信，然遂以讥及左氏"的做法，提出批判，以为"过矣"。他认为，左丘明"亲承孔子学"，《左传》"存贤人君子之法言，三代之典章"，必然不必字句皆"丘明所记，而固已足贵"，读者"择焉可也"。（清）姚鼐：《惜抱轩全集·文集》卷3《左传补注序》，中国书店1991年版，第24—25页。

　　③ （清）国史馆修：《清国史》卷29《儒林传下·刘逢禄传》，中华书局1993年影印本，第686—687页。刘逢禄的《春秋》学研究，成就突出，影响尤大。但有关刘逢禄《春秋》学著述的记载，其说纷纭。有关情况，可参见吴仰湘《刘逢禄〈春秋〉学著述考》，《湖南大学学报（社会科学版）》2012年第4期。

　　④ （清）刘逢禄：《左氏春秋考证》（顾颉刚校点）卷下《史记十二诸侯年表》，载顾颉刚主编《古籍考辨丛刊》本，中华书局1955年版，第589页。

始具，则今本《左氏》书法，及比年依《经》饰《左》，缘《左》增《左》，非歆所附益之明证乎!"① 且言："歆不托之名臣大儒，则其书不尊不信也。"②

概言之，刘逢禄的观点是：第一，《左氏春秋》与《春秋左传》是两部不同但又有联系的文献；第二，《左氏春秋》本为记事史书，与《春秋》经无涉；第三，左丘明为战国时人，因而《左传》"三家分晋"以后的"续经"，都是刘歆伪造；第四，《左传》"书法凡例"，系刘歆参照《公羊传》而臆造。

刘逢禄近承清代学者庄述祖的思想，远绍先贤怀疑《左传》的各种论说，在此基础上，全面否定《左传》这部传承千年的"经传"，首次系统提出了《传》不绎《经》《左传》是刘歆伪作的学说。

刘逢禄以上几点"发明"，对康有为、崔适等清末士人的影响极大。康氏的《新学伪经考》以及崔氏的《史记探源》和《春秋复始》，都是对刘氏"刘歆伪作说"的拓展与演绎。此外，钱玄同在民国年间，也对该书称赞有加，称其可与阎若璩的《尚书古文疏证》相埒，伪《左传》之案，因该书而真相大白。③

（二）"群经"伪作说

继刘逢禄之后，康有为又发出巨响。④ 他非但将《左传》视为刘歆伪作，而且《毛诗》《古文尚书》《逸礼》《周礼》等古文经，都是刘歆伪作，系新朝之术，非孔圣之学，故径以"新学"名之。⑤

---

① （清）刘逢禄：《左氏春秋考证》（顾颉刚校点）卷下《汉书刘歆传》，中华书局 1955 年影印本，第 593—594 页。

② （清）刘逢禄：《左氏春秋考证》（顾颉刚校点）卷下《汉书·儒林传》，中华书局 1955 年影印本，第 597—598 页。

③ 刘逢禄对《左传》的批驳，可参见黄开国《略述刘逢禄对〈左传〉的攻毁》，《现代哲学》2007 年第 3 期。

④ 梁启超把康有为的著作，比作"飓风""火山大喷火""大地震"："（康）有为第二部著述，曰《孔子改制考》。其第三部著述，曰《大同书》。若以《新学伪经考》比飓风，则此二书者，其火山大喷火也，其大地震也。"梁启超：《清代学术概论》，世纪出版集团、上海古籍出版社 2005 年版，第 66 页。

⑤ 梁启超曾对康有为《新学伪经考》的"新学"二字，做过阐释："有为最初所著书曰：《新学伪经考》。'伪经'者，谓《周礼》、《逸礼》、《左传》及《诗》之毛传，凡西汉末刘歆所立争立博士者。'新学'者，谓新莽之学。时清儒诵法许、郑者，自号曰'新学'有为以为此新代之学，非汉代之学，故焉其名也。"梁启超：《清代学术概论》，世纪出版集团、上海古籍出版社 2005 年版，第 65 页。

古文经有"孔壁之书（孔壁古文）"和"秘府古文（中古文）"两个传承系统。前者指"鲁共王坏孔子宅"而从屋壁中发现的古文经，后者指藏于汉室秘府的古文经典。据记载，"孔壁之书"后来也入于秘府。对于"孔壁古文"，康有为之前的清代今文家，并未否认孔壁出古书一事的真实性，但认为这些孔壁所出之书皆已亡佚；对于"中古文"，康有为之前的清代今文家，只有龚自珍在《说中古文》中否认其真实性：或本系伪书，汉成帝误收秘府；或本无其事，纯属刘歆杜撰。

到了康有为这里，康氏著《新学伪经考》，将孔壁、中秘一概指为刘歆伪造；又作《孔子改制考》，将六经一概定为"孔子托古改制"的"制作"①。对这两部著作，梁启超都有极为精到的评述。之于《新学伪经考》，梁启超言，该书的内容有以下五点：

一、西汉经学，并无所谓古文者，凡古文皆刘歆伪作。

二、秦焚书，并未厄及六经，汉十四博士所传，皆孔门足本，并无残缺。

三、孔子时所用字，即秦汉间篆书，即以"文"论，亦绝无今古之目。

四、刘歆欲弥逢其作伪之迹，故校中秘书时，于一切古书多所羼乱。

五、刘歆所以作伪经之故，因欲佐莽篡汉，先谋湮乱孔子之微言大义。②

至于《新学伪经考》与《孔子改制考》的影响，梁启超的评论可谓一针见血。他说道，康有为的《新学伪经考》，认定"诸经中一大部分为刘歆所伪托"，《孔子改制考》又以"真经之全部分为孔子托古之作"。如此一来，不论经古文、经今文，都成为伪托之赝品。随之，"数千年来共认为神圣不可侵犯之经典"，一下子都"根本发生疑问"，从而"引起学者怀疑批评的态度"③，这也是清末以来，中国传统文化价值观"崩溃"的直接原因。

崔适（1852—1924），字觯甫，号怀瑾，别号觯庐，浙江吴兴人。初

---

① 康有为的"刘歆伪作说"，与廖平的《今古学考》颇有渊源。可参见拙著《清代文献辨伪学研究》（人民出版社 2012 年版）中的有关讨论，兹不详述。

② 梁启超：《清代学术概论》，世纪出版集团、上海古籍出版社 2005 年版，第 65 页。

③ 同上书，第 67 页。

受业于经学家俞樾，习古文经学，后受康有为影响，专讲今文经学，① 成为一个严守今文壁垒的"清末今文学派最后的经学家"②。

所著《史记探源》（作于 1910 年），以《史记》为今文学，《汉书》为古文学；《史记》遭刘歆窜乱，杂有古文学说。《史记探源》的观点，与康有为《新学伪经考》的《史记经说足证伪经考》，颇有渊源。或有学者，指出崔适的《史记探源》，无论观点，抑或论据，都是沿袭了康氏的《新学伪经考》，或在此基础上加以补充。上述论断，基本符合实际。

所著《春秋复始》（作于 1914 年，1918 年由北京大学排印出版），以《穀梁传》为古文，与《左传》同为刘歆的伪作，这是《春秋复始》的基本观点。对此，崔适有言："歆造《左氏传》，以篡《春秋》之统，又造《穀梁传》为《左氏》驱除，故兼论《三传》则申《左》，并论《公》《穀》则右《穀》。"③

传统观点一直认为，作为《春秋》"三传"，《左传》属古文学，《公羊传》《穀梁传》为今文学。崔适一反旧说，将《穀梁传》与《左传》均视为古文伪书，一并刊落。这样，《春秋》"三传"，只有《公羊传》是真经，是《春秋》之"传"了。此外，崔适在《左丘明不传〈春秋〉》一文中，继续发扬康有为的观点，坚持"刘歆割裂《国语》而成《左传》"的观点，并集中辩驳了古文经的传授谱系。

（三）"伪作说"流变

自刘逢禄、康有为、崔适相继提出"刘歆伪作说"以后，一时间是非纷纭，争论不休。其中有胡适、钱玄同、顾颉刚等学者的基本认同与继续阐释，也有章太炎、钱穆等名流的不以为然与不断批驳。这里仅就前面章节所述，对胡适等"认同"派的理论观点，再作归结。④ 章太炎等"批驳"派的各种论说，详诸下文。

"古史辨"的精神导师胡适，虽然对康有为的观点，不能完全认同。但是，在诸如"秦始皇焚书六经未尝亡失"等重要问题的判断上，与康有

---

① 崔适在《与钱玄同书》中，曾自述由学"古文经"到尊"今文经"的思想转变。

② 朱维铮编：《周予同经学史论著选集》，《五十年来中国之新史学》，上海人民出版社 1996 年第 2 版，第 528 页。

③ （清）崔适：《春秋复始》卷 1《穀梁氏亦古文学》，北京大学 1918 年铅字排印版。

④ 这部分论述，参考了卢毅、李可亭等学者的研究成果。大致有卢毅《刘歆与经古文学》，《唐都学刊》2000 年第 3 期；李可亭《钱玄同对康有为经学思想的承继与超越》，《北方论丛》2008 年第 2 期；李可亭《从〈重论经今古文学问题〉看钱玄同与康有为经学思想之异同》，《云南民族大学学报（哲学社会科学版）》2009 年第 2 期等。

为的"刘歆伪作说",几无二致。如胡适曾有言:"平常人都把古学中绝的罪归到秦始皇焚书坑儒两件事。其实这两件事虽有几分关系,但都不是古代哲学消灭的真原因。"①

胡适在《中国哲学史大纲》中,分别考订了"六经"真伪。其言:"《周礼》一书,是一种托古改制的国家组织法";又言,"我以为《尚书》或是儒家造出的'托古改制'的书,或是古代歌功颂德的官书。无论如何,没有史料的价值";至于《春秋》,胡适认定是孔子所作,含有"微言大义",不"单是一部史书","论《春秋》的真意,应该研究《公羊传》和《穀梁传》(笔者按,原文如此),晚出的《左传》最没有用"。②

由此可见,胡适的这些见解,与康有为的"刘歆伪作说",并无二致。故而,时人柳诒徵指斥道:"胡氏论学之大病,在诬古而武断,一心以为儒家托古改制,举古书一概抹杀。"③章太炎也提出:"胡适所说《周礼》为伪作,本于汉世今文诸师;《尚书》非信史,取于日本人;……六籍皆儒家托古,则直窃长素(笔者按,指康有为)之唾余。"④

"古史辨"另一核心人物钱玄同,对康有为的"刘歆伪作说",也极为推崇。

1931年,在所作《重印新学伪经考序》一文中,钱玄同自言:"细细籀绎,觉得崔君(笔者按,崔适)对于康氏之推崇实不为过。"而且,他自此也笃信"古文经刘歆所伪造"之说,认为康有为、崔适二人推翻伪古的著作,在考证学上的价值,较以阎若璩的《古文尚书疏证》,"尤远过之"⑤。又言:"我以为康氏政见之好坏,今文经说之然否,那是别一问题"⑥,而作为"辨伪"的专著则是另一问题。

总而言之,钱玄同认为,《新学伪经考》一书,"证据之充足,论断之精核,与顾炎武,阎若璩,戴震,钱大昕,段玉裁,王念孙,王引之,俞樾,黄以周,孙诒让,章太炎(自注:炳麟)师,王国维诸人的著作相比,决无逊色,而其眼光之敏锐尚犹过之;求诸前代,惟宋之郑樵,朱

① 姜义华主编:《胡适学术文集·中国哲学史》上册,中华书局1991年版,第23页。

② 同上书,第71—72页。

③ 柳诒徵:《论近人讲诸子之学者之失》,载柳曾符、柳定生选编《柳诒徵史学论文续集》,上海古籍出版社1991年版,第518页。

④ 汤志钧编:《章太炎政论选集》下册,中华书局1977年版,第763页。

⑤ 钱玄同:《重论经今古文学问题》,载顾颉刚编著《古史辨》第5册,海南出版社2005年版,第16页。

⑥ 同上书,第18页。

熹，清之姚际恒，崔述，堪与抗衡耳"①。

特别是对《新学伪经考》中《秦焚六经未尝亡缺考》一篇，钱玄同更是推崇备至。他说，该篇所举的证据"没有一条不是极确凿的"，所下的断语"没有一条不是极精审的"。譬如"书缺简脱"及"秦焚《诗》《书》，《六艺》从此缺焉"的说法，经康有为考证，"根本打倒，决不能再翻案了"②。

此外，钱玄同又对康有为《后序》（1917 年重刻时所作）中的一段自述，大加赞赏，称作其为"巨眼卓识"，颇有"大胆的假设""小心的求证"的味道。③

总之，钱玄同对康有为的"刘歆伪作说"等观点，不吝溢美之词，表示基本认同。当然，由于"经学"研究范式的不同，钱玄同也对康有为的部分论断，进行了必要的修订和批判。

如《古文尚书》。钱玄同认为，康氏之辨，"有极精核的议论，也有不彻底的见解，还有很错误的叙述"④。其中就《尚书》篇数而言，康有为诸如"伪古文篇目"的论断，就是"绝无根据的"，是"很错误的叙述"⑤。

如"三礼"。钱玄同认为，康有为论《周礼》为刘歆伪造，"其伪群经，乃以证《周官》"的观点，"真所谓'一针见血'之论"⑥，《周礼》的"原形"被康有为识破了。但是在考辨《礼记》真伪问题上，康有为固然也"有极精之语"，"但他还是被刘歆欺骗了"。因此，《新学伪经考》中"支离穿凿之论也很多"。⑦

如《易经》。钱玄同认为，康有为书中，"以辨《易》的部分为最坏，十之八九都是错误的"。至于出现"错误"的原因，钱玄同分析，因为康有为"主张《经》皆孔子所作，故非说孔子作《卦辞》、《爻辞》不可。"⑧

如《尔雅》。钱玄同认为，《尔雅》中"必有刘歆们增益的部分"，康

---

① 钱玄同：《重论经今古文学问题》，载顾颉刚编著《古史辨》第 5 册，海南出版社 2005 年版，第 18 页。

② 同上书，第 20 页。

③ 同上书，第 21 页。

④ 同上书，第 23 页。

⑤ 同上书，第 24 页。

⑥ 同上书，第 29 页。

⑦ 同上书，第 30 页。

⑧ 同上书，第 34 页。

有为所言不虚。但是，康有为谓《尔雅》全为刘歆伪作，"则未必然"①。此外，康有为提出，古文经中的"古文"，均为刘歆所伪造。钱玄同认为，"这话固然极对"。但是，康有为认定"尊彝也是刘歆所伪造，那就完全错了"②。

钱玄同上述等等批驳，既是对康有为学说的发展，也是对"刘歆伪作说"的发展。钱玄同有超越"古今中外"的视角，故而才对康、崔的"刘歆伪作说"有这样的扬弃。

作为"古史辨"的领军，顾颉刚同样基本肯定了康有为的疑古精神和考证方法。顾颉刚有言：《新学伪经考》论辩的基础，"完全建立于历史的证据上"，他对康有为"这般的锐敏的观察力，不禁表示十分的敬意"③。

顾颉刚的文献辨伪，顾颉刚的古史理论，基本建立在"刘歆伪作说"的基础之上。如顾颉刚认为刘歆助王莽篡汉，改造"五行"说，改造"古史系统"，又伪造了《世经》。基于这样的认识，顾颉刚提出了他的层累说与古史观。

直到 1973 年，顾颉刚仍然说："刘歆表彰《左氏》，保存春秋一代史事，固一大功绩，而其附莽以造伪史，淆乱当时史官之记载，则为千古罪人，功罪自当分别论之。"④

有研究者，根据顾颉刚在不同场合的言论，论证顾颉刚在"《左传》概念及真伪问题"上的"底气不足"。譬如，顾颉刚一方面说今本《左传》系由《左氏春秋》改造而来，并列举了七个途径，"将《国语》中零碎记载加以修改并作一篇者"只是其中一途⑤；一方面又说"《左传》作者将《国语》凑合《春秋》"，"现在《左传》是当初《国语》"⑥，在谈论春秋战国史料时，直接列"国语（包《左传》)"⑦。

由此可见，一边说"西汉时尚无《左传》之名，而《左氏春秋》则实已存在"⑧；另一边又言"《左传》，战国时期所写，是春秋时期的

---

① 钱玄同：《重论经与古文学问题》，载顾颉刚编著《古史辨》第 5 册，海南出版社 2005 年版，第 48 页。

② 同上书，第 52 页。

③ 顾颉刚：《自序》，载顾颉刚编著《古史辨》第 1 册，海南出版社 2005 年版，第 15 页。

④ 印永清辑：《顾颉刚书话》，《与徐仁甫书》条，浙江人民出版社 1998 年版，第 274 页。

⑤ 顾颉刚讲授，刘起釪笔记：《春秋三传及国语之综合研究》，巴蜀书社 1988 年版，第 59—60 页。

⑥ 顾颉刚：《顾颉刚读书笔记》卷 4，中华书局 2011 年版，第 100 页。

⑦ 顾颉刚讲授，刘起釪笔记：《春秋三传及国语之综合研究》，巴蜀书社 1988 年版。

⑧ 同上。

史料"①。显然,"《左传》"的概念不统一。他的结论是:"从顾氏这些矛盾的说法,可以看出他关于'《左传》是伪书,不是《春秋》之传'的假设,不是在充分占有证据的情况下提出来的,而是先入为主,再寻找证据,所以才会在论证过程中摇摆不定。"②

上述论断,颇有见地。但是,应该说,顾颉刚的"矛盾"不是他一个的"矛盾",而是一个时代及其学术逻辑的矛盾。在新旧、中西转换的大潮中,又有几人不曾迷失?

总而言之,胡适等人,虽然在"刘歆伪作说"上的认知,不尽相同。但在这一点上,是高度一致的:《左传》出自刘歆伪作,不是《春秋》之传,作者更不是"好恶与圣人同"的左丘明。这是"古史辨"诸公的一个基本观点。

二 代表论著

自刘逢禄、康有为等提出"刘歆伪作说"的观点后,学界的质疑之声便不绝于耳。其中如清末学者朱一新、皮锡瑞、叶德辉等人的批驳,都屡中康、刘学说之要害。③ 即便如此,"刘歆伪作说"依然得到胡适、钱玄同、顾颉刚等学者的认可与推崇,"疑古辨伪"颇有浪潮涌动之势。在这种社会及文化背景下,章太炎先生以下,钱穆、杨宽等一批学者,在民国期间,对"刘歆伪作说"进行了不遗余力地批驳。经此一役,"刘歆伪作说"偃旗息鼓,非但顾颉刚等人改弦更张,或修正或放弃既有之主张。放眼望去,民国学林几乎鲜有人再揭竿树帜,鼓吹康、刘等人之旧说。④ "刘歆伪作说"的彻底破产,正式截断了今古文之争的余绪。旧经学的时代,

---

① 顾颉刚著,何启君整理:《中国史学入门》,北京出版社 2002 年版,第 33 页。

② 张尚英:《疑古思潮与 20 世纪〈春秋〉学研究》,《求索》2014 年第 1 期。

③ 刘师培曾著《周季诸子述左传考》《左学行于西汉考》《司马迁〈左传〉义例序》《群经大义相通论》《春秋三传先后考》等文稿,对"刘歆伪作说"的批判极为激烈,也极有说服力。刘师培主要运用群经和诸子典籍与《左传》原文相互印证的办法,证明《左传》并非刘歆伪造,而是成于先秦的古书。1919 年,刘师培病故,年仅 36 岁。刘氏英年早逝,学说流传不广,这未尝不是中国学术的损失。

④ 徐仁甫著有《左传疏证》一书(四川人民出版社 1981 年版),认为刘歆并未窜改群书,只是遍采群书中关于春秋的史料,加以别择,创为《春秋左氏传》,其中《左传》采用《史记》文字,就达 127 条。徐先生认为,刘歆作《左传》之目的,仅仅是托古行道,而非助莽篡汉。另著《论刘歆作〈左传〉》(载中华书局编辑部编《文史》第 11 辑)持论类似。刘歆作《左传》的观点,与康有为等人的主张,大同小异。

终于落下帷幕。

(一) 章太炎与《春秋左氏疑义答问》

章太炎 (1869—1936)，初名学乘，名炳麟，字枚叔，别号太炎。浙江余姚人。清光绪十六年 (1890)，章太炎入杭州诂经精舍，向后从俞樾、谭献等人学。章太炎一度积极参加政治活动，后淡出政坛，1933 年卜居苏州，主持国学讲习会。

章太炎著述颇多，上海人民出版社已经出版《章太炎全集》，辑录较为完整，其中有一些文献辨伪的文字。此外，《章炳麟论学集》中，也收录章炳麟在 1911 年至 1936 年间的书信多件。其中，也有关于《古文尚书》等文献真伪问题的讨论。①

1929 年，章太炎完成了《春秋左氏疑义答问》，借此给他的"春秋学"研究，作了最后的定论。②

在该书中，章太炎坚定地贯彻了古文经学中"六经皆史"这一核心观点。③ 章太炎曾明确提出，《经》《传》"具有其文，斯之法戒，百代同之，安得至今而废哉？"④ 始作《春秋》者，"（周）宣王之史官"⑤，因此该书终究是一部史书。至于《左传》，则是以"史"传"经"。《春秋》之"《经》、《传》同修可知"也。⑥ 孔子除了亲授旨意，还参与制作《左传》。此外，《春秋》之中又有左丘明的"佐书"。亦言之，《春秋》是《左传》的大纲，《左传》是《春秋》的内容，二书意旨通贯，"表里"相应⑦，共同构成孔子的"良史之学"。一言以蔽之，"《经》据鲁以守官，《传》依周以阅实，苦心作述，正在于斯"。⑧

---

① 章太炎：《章炳麟论学集》（吴承仕藏，启功等标点），北京师范大学出版社 1982 年版。

② 章太炎于 1929 年写成《春秋左氏疑义答问》，于 1932 年编入《章氏丛书续编》，于 1935 年刊刻问世。今收录在《章太炎全集》第 6 册，上海人民出版社 1986 年版。参见姚奠中、董国炎《章太炎学术年谱》，山西古籍出版社 1996 年版，第 411、454 页。

③ 章太炎的经学思想，有一个演变过程。对此，学界的识见并不相同。笔者认为，刘巍、江湄等人的观点，非常值得关注。详见刘巍《从援今文义说古文经到铸古文经学为史学——对章太炎早期经学思想发展轨迹的探讨》，《近代史研究》2004 年第 3 期；江湄《章太炎〈春秋〉学三变考论——兼论章氏"六经皆史"说的本意》，《史学史研究》2012 年第 1 期。

④ 章太炎：《春秋左氏疑义答问》卷 1，载上海人民出版社编，章太炎著《章太炎全集》第 6 册，上海人民出版社 1986 年版，第 247 页。

⑤ 同上书，第 248 页。

⑥ 同上书，第 252 页。

⑦ 同上书，第 261 页。

⑧ 同上书，第 263 页。

章太炎虽然没有对"刘歆伪作说"进行证明回应，但是他的立场、观点及主张，与康有为等人之持论，截然对立。

章太炎在"刘歆伪作说"风行之际，推出《春秋左氏疑义答问》这部著作，颇有针砭时弊，以正视听之意。对此，章太炎高足黄侃先生，在为《春秋左氏疑义答问》作序时，一语道明："不知孔子有所治定，则云《春秋》不经孔子笔削，纯录鲁史旧文，而修《经》之意泯；不知作《传》之旨悉本孔子，则《经》违本事与褒讳抑损之文辞屈于时君而不得申者，竟无匡救证明之道。"[1]

也就是说，孔子不但"修"《春秋》，而且"述"《左传》（指：述《左传》撰写之旨意），《春秋》之"经"与《春秋》之"传"，皆本自孔子。既是"信史"，均有"大义"。黄侃所言，正是乃师章太炎的"微言大义"。

章太炎认为，《春秋》及《左氏》，都是孔圣人不朽思想的展现。尤其是《左氏传》，绝非刘歆伪作，"刘歆伪作说"纯属无稽之谈。这是章太炎对康有为的最后一次批驳，也是"古文经学"对"今文经学"的最后一次回应。章太炎先生辞世后，一个可以贯通经传、涵咏百家的学术时代，终于落下了帷幕。

（二）钱穆与《刘向歆父子年谱》

钱穆（1895—1990），字宾四，清光绪二十一年（1895）生于江苏无锡，是中国著名史学家、思想家、教育家。钱穆一生苦读，既有良好的国学根底，又受过西方新学的熏陶，学术视野开阔，是现代中国自学成才的典型。钱穆早年在无锡第三师范、苏州中学任教期间，即开始著述，文名初显。

20世纪30年代，得顾颉刚举荐，开始在燕京大学、北京大学等高校任教，后又辗转到云南、四川等地谋生。1949年赴香港，1967年迁居台湾，1990年病逝台北，1992年归葬苏州太湖之滨。钱穆一生颇经坎坷，笔耕不辍，是中国现代史上一位卓有成就的学者。或有人将钱穆与吕思勉、陈垣、陈寅恪，并称为"史学四大家"，或有人尊其为"国学宗师"，中国最后一位士大夫。[2]

---

[1] 黄侃：《春秋左氏疑义答问·序》，载上海人民出版社编，章太炎著《章太炎全集》第6册，上海人民出版社1986年版，第341页。

[2] 钱穆有关事迹，可参见钱穆《八十忆双亲，师友杂忆》（三联书店1998年版）中的有关自述。另外也可参见余英时等人的回忆文章，其中如余英时的《一生为国故招魂——敬悼钱宾四师》（载余英时《钱穆与中国文化》，上海远东出版社1994年版）对于研究钱穆一生事迹及学术思想，均颇有助益。

　　钱穆著述丰富①，其学术研究，固然不以文献辨伪为目的，但由于其所讨论的问题，多是文献辨伪研究的关键所在，故而仍在中国文献辨伪学史上，占有一席之地。

　　钱穆有关文献辨伪的观点，散见于《刘向歆父子年谱》《〈周官〉著作时代考》《先秦诸子系年》等论著。其中，有不少文字经节录，被顾颉刚等人收录在《古史辨》当中。其中如《论〈十翼〉非孔子作》（《古史辨》第3册）；《墨子的生卒年代》《关于老子成书年代之一种考察》（《古史辨》第4册）；《刘向歆父子年谱》《〈周官著作时代考〉》"论秦祠白帝有三畤"节》（《古史辨》第5册）；《先秦诸子系年考辨自序》《公孙龙传略》《再论〈老子〉成书年代》（《古史辨》第6册）等篇。上述论述，均有真知灼见，颇为学界所瞩目。②

　　《刘向歆父子年谱》一文，是钱穆的成名作。钱穆早年读康有为著作，对康氏的"刘歆遍伪群经以助莽篡汉"的说法，"深病其牴牾，欲为疏通证明"。③后来，竟写成《刘向歆父子年谱》。如钱穆自言，主要针对康有为《新学伪经考》作，而且和顾颉刚的主张"正好相反"④。

　　今据钱穆"自序"可知，这篇文章于1929年年底写成，是时任《燕京学报》编辑委员会主任顾颉刚的一篇约稿。1930年6月于《燕京学报》第七期刊出。据顾潮所言，顾颉刚在刊发此文时，对题目有所改动：将《刘向刘歆王莽年谱》改题为今名。⑤这是钱穆学术生涯中至关重要的一篇文章。借此，钱穆由一名中学教员，跻身大学讲坛，并在现代中国学术界留下不可磨灭的印记。

　　《刘向歆父子年谱》以《汉书·儒林传》为基本史料，辅以其他典籍，通过"以史证史"的方法，以人物年谱的形式，列述从汉昭帝元凤二年（前79）到新莽地皇四年（23），总计122年间的史事及事迹。随文指明

---

　　①　钱穆生前著述，多人曾作统计，数字差异较大。据《钱宾四先生全集》（台北联经出版事业公司1995年版）统计，应是57部。有关讨论，可参见徐国利《钱穆史学思想研究》（台湾商务印书馆2004年版）的有关说明。该书是在其同名博士论文（中国社会科学院研究生院2000年博士论文）的基础上修改完成的。

　　②　钱穆与"古史辨"及顾颉刚的关系研究，特别是钱穆对"新文化运动"及"古史辨"的反思，可参见罗义俊《钱穆与顾颉刚的〈古史辨〉》，《史林》1993年第4期。

　　③　钱穆：《刘向歆父子年谱》，载顾颉刚编著《古史辨》第5册，海南出版社2005年版，第63页。

　　④　钱穆：《评顾颉刚〈五德终始说下的政治和历史〉》，载顾颉刚编著《古史辨》第5册，海南出版社2005年版，第357页。

　　⑤　顾潮：《历劫终教志不灰——我的父亲顾颉刚》，华东师范大学出版社1997年版，第138—139页。

康有为曲解、附会，锻炼冤狱的种种问题，并将康氏学说文理不通之处，罗列了 28 条。①

就此，时人有言：钱穆《年谱》一书，"缕举向歆父子事迹，及新莽朝政，条别年代，证明刘歆并未窜改群经，《周官》、《左氏传》二书皆先秦旧籍，而今古学之分在东汉以前犹未彰著。列举康氏之说不可通者二十八端，皆甚允当"②。

这 28 条，紧紧围绕刘歆造伪的"必要性"与"可能性"两方面展开，考证详密，论证确凿。

如钱穆指出，刘向死于汉成帝绥和元年（公元前 8 年），刘歆复领校"五经"，事在绥和二年（公元前 7 年）。而"争立古文经博士"一事，发生在汉哀帝建平元年（公元前 6 年），此事距刘向之死不到两年，距刘歆领校"五经"仅有数月。如果刘歆在刘向死前，即已"遍伪群经"。考虑到当时"竹简繁重"，著述手段及条件均极为有限的事实，乃父刘向，焉有不知之理；如果刘歆伪作群经，发生在乃父故去以后，要"在数月之间"，完成"伪撰《左氏传》，《毛诗》，《古文尚书》，《逸礼》诸经"③的工作，更是没有可能等。

钱穆诸如此类的分析，有根有据，入情入理，不能不令人信服。因此，该文一经刊载，即震动了中国学界。北平各大学开设的经学课，本来大都持康氏学说。钱穆一文既出，此类课程"即在秋后停开，开大学教学史之先例"④。

对此，余英时先生评述道：钱穆的这篇文章，"震撼了当时的学术界，使人从康有为《新学伪经考》的笼罩中彻底解放了出来"。《年谱》一出，"晚清以来有关经今古文学的争论告一结束"⑤。

---

① 钱穆自言：康有为《新学伪经考》有"其不可通者二十有八端"。见钱穆《刘向歆父子年谱·自序》，载顾颉刚编著《古史辨》第 5 册，海南出版社 2005 年版，第 61 页。

② 青松：《评〈刘向歆父子年谱〉》，载顾颉刚编著《古史辨》第 5 册，海南出版社 2005 年版，第 143 页。

③ 钱穆：《刘向歆父子年谱》，载顾颉刚编著《古史辨》第 5 册，海南出版社 2005 年版，第 95 页。

④ 语出罗义俊，转引自罗义俊《钱宾四先生传略》，载中国人民政治协商会议江苏省无锡县委员会编《钱穆纪念文集》，上海人民出版社 1992 年版，第 278 页。此事，始见于钱穆本人的回忆。钱穆自称："余撰《刘向歆父子年谱》，及去燕大，知故都各大学本都开设经学史及经学通论诸课，都主康南海今文家言。余文出，各校经学课遂多在秋后停开。"见钱穆《八十忆双亲，师友杂忆》，三联书店 1998 年版，第 153 页。

⑤ 余英时：《一生为故国招魂》《〈周礼〉考证和〈周礼〉的现代启示》《〈犹记风吹水上鳞〉序》，分别见余英时《钱穆与中国文化》，上海远东出版社 1994 年版，第 24、134、239 页。

又有学者认为，钱穆的考辨，将道咸以降常州今文学家散布的"某些学术迷雾"，一概驱除，不但结束了清代经学上的"今古文之争"，而且平息了经学家的"门户之见"，同时也洗清了刘歆伪造《左传》《毛诗》《古文尚书》《逸礼》诸经的"不白之冤"。自从此书问世，古文经学家如章太炎、今文经学家如康有为之间的"鸿沟"已不复存在，"学术界已不再固执今古文谁是谁非的观念"①。

由此可见，钱穆《刘向歆父子年谱》在中国学术史上所具有的重要地位。"刘歆伪作说"是晚清民国一桩辨伪公案。钱穆从"是否可能"和"有无必要"两个方面，广引博征，驳斥"刘歆伪造经书说"，将对古文经文献真伪的探讨引向深入，是民国学者对文献辨伪学研究的一项重要贡献。

（三）杨宽与《刘歆冤词》

杨宽是中国古史研究的专家。1938年著成的《中国上古史导论》，是他的成名作。这篇文章，后来被童书业收录在1941年出版的《古史辨》第7册中。由于分量较大，约"占了全书四分之一的篇幅"②。

杨宽是吕思勉的弟子，与顾颉刚没有名义上的师承关系。由于顾颉刚弟子童书业先生的关系，杨宽和与乃师吕思勉，都参加《古史辨》第7册的编撰工作③，且在态度上，明显支持"古史辨"。因此，世人多将杨宽视为"古史辨"中人，称他是"古史辨"的后起之秀。

如童书业先生曾言，"这几十年中"，学术随时势进展，"疑古"的学风更是"前进得飞快"，由怀疑古文经学到怀疑群经诸子，由怀疑儒家经传到怀疑夏以前的"整个古史系统"。时到现在，人人知道古史有问题，"谁都知道古代史的一部分乃是神话，并非事实"。甚者，有人撰写中国通史，竟然"不敢提到古史只字"。在这种文化背景下，"顾颉刚先生以后"，能够集"疑古"暨"古史学"研究之大成的，"我以为当推《中国上古史导论》的著者杨宽正先生"。童书业对杨宽极尽褒扬，称杨宽代表了"疑古"的古史观的"最高峰"!④

---

① 参见郭齐勇、汪学群《钱穆学术思想探讨》，《学术月刊》1997年第2期。
② 杨宽：《序》，载吕思勉、童书业编著《古史辨》第7册，海南出版社2005年版，第7页。
③ 有研究者指出："把吕思勉拉入疑古阵营这件事本身，实在是童（书业）对顾颉刚学术事业所作的一大贡献；把杨宽的《中国上古史导论》收入第7册《古史辨》，是童书业对顾颉刚学术事业所作出的又一大贡献。"见王学典、孙延杰《顾颉刚和他的弟子们》，山东画报出版社2000年版，第218页。
④ 以上引文均出自童书业《自序二》，载吕思勉、童书业编著《古史辨》第7册，海南出版社2005年版，第17、18页。

顾颉刚本人也称赞道,杨宽是"古史辨"的"生力军"。又称童书业对于"杨先生贡献的介绍和批评是相当正确的,杨先生把古史传说大部分还原成为古代东西二系民族的神话,每一个古史传说中的人物也都指出了他在神话中的原形,虽然有许多地方还有待于修正,大部分的体系可算是确立了"①。

但是,杨宽与顾颉刚的一些观点与主张并不相同。杨宽对顾颉刚学术标志性的理论观点,如"层累地造成的古史观"和"刘歆伪作说"等,非但毫不客气地表明其不敢苟同的态度,而且还不惮于旗帜鲜明地加以批驳。如他曾明确指出:"近人治古史者,多踵述崔述,昌言'层累地造成的古史观',顾颉刚倡之最先,其《与钱玄同先生论古史书》……此说颇多疏略,亦且传说之演变不如是之简单"等。②

在文献辨伪问题上,杨宽最值得关注,是《刘歆冤词》这篇短文。作为《中国上古史导论》的附录,这篇短文专门针对康有为、崔适、顾颉刚等人的"刘歆遍伪群书说"而作。杨宽在这篇文章中,不但持论与康有为、顾颉刚等人截然相反,而且还语气剀切地加以批驳。

杨宽如是说道,康有为以《左传》《国语》之"少皞"事迹,均为刘歆之伪窜,近读顾颉刚著《五德终始下的政治和历史》,发现顾氏观点,"一承康氏之说",但是显然有"论证尚薄弱"的问题。③ 又言,顾颉刚在其著述中,"更进而以为《吕氏春秋·十二纪》之首篇皆后人所伪窜"。在杨宽看来,"顾氏此论",没有确切依据,纯属"臆说耳"④。

作为"古史辨"的后起之秀,杨宽的上述言论,不但极有勇气,而且颇有见识。

三 旧说驳议

(一)驳《左传》刘歆伪作说

有关《左传》伪作说的驳议,以 1937 年卢沟桥事变为界限,大致可

---

① 顾颉刚在 1945 年所著《当代中国史学》中言,见顾颉刚《当代中国史学》,上海古籍出版社 2006 年版,第 124—125 页。

② 杨宽:《中国上古史导论》,载吕思勉、童书业编著《古史辨》第 7 册,海南出版社 2005 年版,第 62 页。

③ 杨宽:《中国上古史导论·附录》,载吕思勉、童书业编著《古史辨》第 7 册,海南出版社 2005 年版,第 241 页。

④ 同上书,第 245 页。

以分为前后两个时期（或阶段）。

1. 民国前期的主张

1927 年，瑞典汉学家高本汉发表《论左传之真伪及其性质》，旨在否定康有为等人的"刘歆作伪说"。高本汉用《左传》来比较《书经》《诗经》《礼记》《大戴礼》《庄子》和《国语》等书，得出在周秦和汉初，没有一种书和《左传》有完全相同的文法组织，而最接近《左传》文法的是《国语》。高氏又用《左传》的文法来比较"前三世纪的标准文言"，最终得出《左传》是公元前四、五世纪的作品。

高本汉关于《左传》真伪及性质的看法，迅速激起中国学界的广泛讨论。有人赞成，有人批评。如卫聚贤就称："用这个方法（笔者按，以文法辨伪）去工作，高氏（笔者按，又有人译作珂罗倔伦）算是第一人，我是很赞成的。"①

1927 年至 1937 年十年间，围绕《左传》真伪、作者及成书时间等基本问题，国内外学者发表了多篇学术论文。其中不同程度地涉及对"刘歆伪作说"的批驳，谨概述如下。

其一，驳刘歆割裂《国语》而伪作《左传》。

卫聚贤著有《左传之研究》《季札观乐辩》《春秋的研究》《我们的朋友——评林语堂〈左传真伪与上古方音〉》《读〈论左传与国语的异点〉以后》等文章，他认为，《左传》和《国语》是完全不同的两本书，《左传》推崇的是"博物家"，《国语》崇尚的是"知礼者"。②

孙海波的《国语真伪考》与卜德的《左传与国语》，也意在论证《左传》与《国语》是不同的两部书。到了杨向奎这里，则彻底否定了《左传》出于《国语》的观点。详见杨向奎《论左传"君子曰"》与《论左传之性质及其与国语之关系》这两篇文章。

其二，论《左传》成书在刘歆之前。

卫聚贤在《左传真伪考跋》（1927 年）中，认为《左传》成书于周威烈王元年到二十三年之间，即前 425 年到前 403 年之间。③ 胡适在《左传

---

① 卫聚贤：《左传真伪考跋》，载［瑞典］高本汉《左传真伪考及其他》，陆侃如译，商务印书馆 1936 年版，第 121 页。

② 郑良树对卫聚贤《左传》辨伪，毫不客气地给予批评，称辨伪在卫氏的笔下，"简直是手中的魔杖"，可以"呼风风来，唤雨雨降"，令人叹为观止。但是，认真推敲，似乎只是"一团迷人的烟雾"而已。郑良树称，卫的辨伪方法，简直"太过轻妄和草率了"。详见郑良树《古籍真伪考辨的过去与未来》，《文献》1990 年第 2 期。

③ 卫聚贤：《左传真伪考跋》，载［瑞典］高本汉《左传真伪考及其他》，陆侃如译，商务印书馆 1936 年版，第 125 页。

真伪考的提要与批评》（1927 年）中，认为"至早当在前四○三年三晋为诸侯之后，或竟在三八六年田和为诸侯之后"[①]。

钱穆等也持战国说。与此相关的是《左传》作者问题。刘师培、方孝岳《左传略》等人均坚持传统说法，认为《左传》作者是左丘明；卫聚贤认为《左传》作者是子夏；钱穆与郭沫若则提出《左传》出自吴起的观点。

其三，论《左传》与《春秋》关系。

黄侃、杨向奎等人坚持《左传》的确是《春秋》之传。这是对钱玄同、顾颉刚、童书业等"刘歆伪作说"一派观点的驳斥。钱玄同、顾颉刚、童书业则一致认为，《左传》不是《春秋》的传。

2. 民国后期的观点

1937 年日本发动全面侵华战争后，在特殊的历史环境中，我国的《左传》研究，开始重点关注《春秋》的"尊王""攘夷""大复仇"等观念。其中如 1937 年周予同所作《春秋与春秋学》一文，即利用《春秋》学，对各政治势力的反动统治进行批评。1939 年，由锺泰宣讲，李敏信记录的《〈春秋〉之国家观与国际观》发表，借此积极倡导民族主义。

此外，1940 年，杨树达《"春秋大义述"序》、吴其昌《春秋的民族主义和复仇主义》、潘重规《春秋公羊疏作者考》等文章发表，"经世致用"之用意非常明显，就是告诫全国人民要努力抗争，并为抗日复国奠定政治伦理基础。

这样的时代背景及社会环境中，除蒙文通的《论国语、家语皆为春秋》、刘节的《左传国语史记之比较研究》，继续讨论《左传》与《国语》关系问题以外，有关《左传》的真伪及性质的讨论，暂时搁置下来。

1946 年，解放战争爆发。1947 年，陈盘《左氏春秋义例辨》刊行，断定"刘歆分裂《国语》以成《左传》，殆无可疑者"。叶华发表《左传之编者时代问题》，认为《左传》成于秦火之后，由于忽视了大量先秦文献，故结论难以成立。1948 年，罗倬汉《左传著作年代试探》发表，认为《左氏》原为《春秋》编年之书，成书于战国之末或秦汉之际，再次否定刘歆"伪作"说。

相对于民国前期的集中和深入，民国后期的研究略显沉寂。但是，经过前后 20 余年的大讨论，尽管在《左传》成书年代等具体问题上尚有争

---

① 胡适：《左传真伪考的提要与批评》，载［瑞典］高本汉《左传真伪考及其他》，陆侃如译，商务印书馆 1936 年版，第 120 页。

议，大部分学者都认为，"刘歆伪作说"根本不能成立。

（二）驳《周礼》刘歆伪作说

梁启超在《古书真伪及其年代》一书中，谈到《周礼》真伪及成书年代问题时言："这书总是战国、秦、汉之间，一二人或多数人根据从前短篇讲制度的书，借来发表个人的主张。"①

20 世纪 30 年代，郭沫若《周官质疑》（见《金文丛考》）、钱穆《周官著作时代考》（载《燕京学报》第 11 期，1933 年 6 月）、杨宽《刘歆冤词》等论文相继发表。在上述讨论《周礼》作者及成书年代的文章中，郭沫若等人的观点是明确的：《周礼》为晚周时物，非周公所作，亦非刘歆所伪。

与之相关的"成书年代"问题，郭沫若先生在 1945 年撰写《十批判书》时，曾就《周礼》的《考工记》发表他的见解，他提出："《考工记》是春秋年间齐国的官书。"② 到了 1947 年，又在所撰《〈考工记〉的年代与国别》一文，认定《考工记》成书于春秋末年。③ 但是，到他主编《中国史稿》时，又将其视为"（战国时期）齐国的一部技术书"，其所记"六齐"，是世界上"最早的金属合金成份规律"④。郭沫若的《周礼》年代研究，经历了一番徘徊，又回到起点。

范文澜《经学讲演录》（见《范文澜历史论文选集》）、齐思和《西周时代之政治思想》（载《燕京社会科学》第 1 卷，1948 年 8 月）等，都提出《周礼》成书于战国的观点。《周礼》的"战国成书说"，最早可追溯到东汉今文经学家何休。据贾公彦《序周礼废兴》所引何休的言论，何休认为《周礼》一书，是"六国阴谋之书"。何休以后，汉人包咸、明人季本、清人崔述等，均有此论。

有鉴于此，曾经坚持"刘歆伪作说"的钱玄同⑤、顾颉刚等人，也收回旧论。如顾颉刚在《周公制礼的传说和〈周官〉一书的出现》（载中华书局编辑部编：《文史》第 6 辑）一文中，即提出：《周礼》"是

---

① 梁启超：《古书真伪及其年代》（《饮冰室专集》一百四），中华书局 1989 年版，第 109 页。

② 郭沫若：《十批判书》，人民出版社 1954 年版，第 24 页。

③ 该文载于郭沫若《沫若文集》卷 16，人民文学出版社 1962 年版。

④ 郭沫若：《中国史稿》第 2 册，人民文学出版社 1979 年版，第 94 页。

⑤ 钱玄同的观点，详见钱玄同《三礼通论·周礼著作时代》，南京师范大学出版社 1996 年版，第 21—33 页。

（战国时）法家的著作，和西汉儒家思想绝不相同"。又说道："《周官》我敢断定是齐国人所作，但今本《周官》是否即齐国的原本，我却不敢断定。"①

顾颉刚先生放弃"刘歆伪作说"，而与钱穆的观点趋于一致。这种实事求是的态度，是非常值得肯定的。② 顾颉刚的态度转变，直接影响到他的助手兼学生刘起釪先生。作为改革开放后中国《尚书》学研究的领军人物，刘起釪经过考证，认为《周礼》至迟汇编于春秋时代，写定在战国时期，汉代整理时又有掺入。《周礼》真伪及成书年代问题，虽然至今尚有分歧，但是"刘歆伪作说"的错误观点及影响，已经基本订正并廓清。

需要注意到，徐复观先生对顾颉刚 20 世纪 70 年代的观点和结论，很不以为然，作了猛烈批评，并提出所谓"新说"：《周官》是刘歆与王莽合著，是西汉末年政治需要与社会背景的反映与展现。③ 徐复观的著作，是对顾颉刚观点的"反动"。

1991 年，金春峰在所著《〈周官〉之成书及其反映的文化与时代新考》一文中，又对徐复观的观点、论证都有诸多指摘。金春峰通过将《周官》的全部资料，包括文物、制度、授田制、军制、分封、乡遂制、社会行政组织、商业、教育、神灵祭祀系统、法律、风习、度量衡、币制等，一并"放在特定的时代与文化背景中统一考察"，得出的结论是：该书成于秦统一前秦地学者之手。④ 金先生的结论，既是对徐复观学说的"反动"，也是对钱穆观点的发展。⑤

---

① 杨向奎也坚持战国时齐人编制《周礼》的观点："我向来认为《周礼》是齐人编成，他们根据西周文献及齐国当时制度加以理想化而成书。"见杨向奎《宗周社会与礼乐文明》，人民出版社 1992 年版，第 288 页。杨向奎早年即持此论，可见杨向奎《周礼的内容分析及其著作时代》，《山东大学学报》1954 年第 4 期。

② 顾颉刚的"转变"仅局限在《周礼》。他对刘歆伪作《左传》暨"刘歆伪作说"的坚持，是一贯的。甚至直到 1973 年，顾颉刚仍然说："刘歆表彰《左氏》，保存春秋一代史事，固一大功绩，而其附莽以造伪史，淆乱当时史官之记载，则为千古罪人，功罪自当分别论之。"载印永清《顾颉刚书话》之《与徐仁甫书》条，浙江人民出版社 1998 年版，第 274 页。

③ 徐复观《自序》，载徐复观《〈周官〉成立之时代及其思想性格》，台湾学生书局 1980 年版，第 9 页。

④ 金春峰：《〈周官〉的成书时代及研究方法》，《求索》1991 年第 1 期。该文是金教授《〈周官〉成书的时代及其反映的时代与文化背景》一书的"自序"。《周官》成于秦统一六国前后的秦人之手，与秦文化息息相关，是金先生的核心观点。

⑤ 除了金春峰的上述观点，在《周礼》真伪及成书年代问题上，较有影响的观点，还有"周秦之际说"和"汉人所作说"等多种。20 世纪研究动态，可参见杨天宇《略述〈周礼〉的成书时代与真伪》，《郑州大学学报（社会科学版）》2000 年第 4 期。

四　是非得失

（一）"伪作说"的方法局限

作为"刘歆伪作说"的集大成者，康有为以一部《新学伪经考》而青史留名。康有为在论成"刘歆伪作说"的过程中，基本使用了所谓"《史》《汉》对校"的方法，或称"班马异同法"的方法。文献互勘，或称"以古书论古书"①，古往今来，都是学术研究中最为广泛使用的一种办法。只要运用得当，就能取得意想不到的效果。但是，康有为等人"刘歆伪作说"的成功，缘于此；失败，亦缘于此。

有关康氏方法论的局限。钱穆说道："今文学家遇到要证成刘歆伪作而难说明处，则谓此乃刘歆之巧，或遇过分矛盾不像作伪处，便说是刘歆之疏或拙。"② 这是一种"左右逢源"，厚诬古人的做法。

钱穆又说道，究其实质，这些今文学家，"先存一个刘歆伪造的主观见解"。故而，一见刘歆主张"汉应火德"，便疑心汉初的"尚赤"是刘歆的伪造，并根据五行生克，推测秦人的"初祠白帝"也是刘歆伪造的；又见刘歆说少昊为五帝之一，便怀疑凡是述及少昊的文献，尽是刘歆伪造。进而认定，《左传》《国语》《吕览》《淮南子》以及《史记》等一干传世文献，"全靠不住了"③。

总而言之，在钱穆看来，康有为学说中，一个最严重的逻辑缺陷，就是"事先假定"刘歆作伪，进而把"刘向云云"一概认定为刘歆之假托，从而"把刘向以前的一切证据一概抹杀"，将所有"罪状"统归于刘歆一人。这就是康有为等人主张的"今文家法"④。

钱穆的上述质问，直指要害。想必康圣人再世，也百口莫辩。如果对于钱穆的诸多质疑，一时难得其要领。我们不妨参看杨宽先生对"《史》《汉》对校法"的批判：这是"意为进退，初无所据"⑤ 的"玄学之考证

---

① 李学勤：《谈"信古、疑古、释古"》，载李学勤《走出疑古时代》（修订本），辽宁教育出版社1997年版，第345页。

② 钱穆：《评顾颉刚〈五德终始说下的政治和历史〉》，载顾颉刚编著《古史辨》第5册，海南出版社2005年版，第360页。

③ 以上详见钱穆：《评顾颉刚〈五德终始说下的政治和历史〉》，载顾颉刚编著《古史辨》第5册，海南出版社2005年版，第362页。

④ 钱穆：《评顾颉刚〈五德终始说下的政治和历史〉》，载顾颉刚编著《古史辨》第5册，海南出版社2005年版，第363页。

⑤ 杨宽：《中国上古史导论》，载吕思勉、童书业编著《古史辨》第7册，海南出版社2005年版，第50页。

方法"①。康有为当时为证成己说，不惜断章取义、先入为主的做法。实际上，已不是"文献互勘"的局限，而是其学术思想的局限。

（二）"伪作说"的思想局限

人们有关"刘歆伪作说"思想局限的讨论，大都集中在刘逢禄、康有为二人身上。以刘逢禄力证《左传》之伪为例。刘逢禄通过证《左传》之伪的方式，鼓吹"公羊经学"的思想色彩极为鲜明，这是人所共知的一个问题。对此，有学者指出：清代的文献辨伪学"几乎脱离了学术的正轨，如野马之狂驰肆骋"②，刘逢禄应对此负责。

笔者以为，如是批判，颇值得商榷。无独有偶，康有为的证成"刘歆伪作说"，其通过文献辨伪而实现政治目的的旨归，也是尽人皆知的历史事实。对此，钱玄同、顾颉刚等人都曾言及。这也是康有为学术中最为人所诟病的问题。

即便如此。我们应该对"刘歆伪作说"的"思想局限"，有更进一步的认识和理解。应该说，有价值述求的学术研究，是古今中外都曾存在的文化现象。纵观中国文献辨伪学史，这个现象依旧存在。

笔者曾在《清代文献辨伪学》（人民出版社 2012 年版）一书中，对清以前及有清一代近两千年间"文献辨伪"中的"卫道"问题，给予了格外的关注。经研究发现，以辨伪"说法"，以辨伪"卫道"，是中国文献辨伪学史上的一个普遍现象。

如果说，"准以六经"，以辨伪"说法"，以辨伪"卫道"，是中国古代文献辨伪学的局限，那么应该说，以辨伪实现"批判封建"，以辨伪从事"文化重建"，无论是现象抑或实质，均已超出了"纯学术"本身，而颇有"卫道"的意味。

因此，所谓"思想局限"在现象上是绝对的，在逻辑上是相对的。作为研究者，应本着实事求是的态度，进行历史唯物主义的分析评述，不能厚诬先贤，亦不能轻信时彦。这种批判似乎有待商榷。再如清末康有为的文献辨伪，误读误解就更多。③ 学术批判是学术研究的一种，但要有相对

①　杨宽：《中国上古史导论·刘歆冤词》，载吕思勉、童书业编著《古史辨》第 7 册，海南出版社 2005 年版，第 244 页。

②　见郑良树《论古籍辨伪学的新趋势》，载郑良树《续伪书通考》，台湾学生书局 1984 年版，第 19 页。

③　不过，人们往往引杨先生的言论，作为证《左传》《周礼》非伪之同声，却少有人有感于他的睿智而反思文献辨伪研究之偏差。

客观的标准，否则问题难免发生。

（三）"伪作说"驳议的意义

中国文献辨伪的传统源远流长，中华文明在批评与自我批评中，代有承继、不断发展。但是进入民国以后，中国的文献辨伪研究骤然"改弦更张"，伪书越辨越多，信史越来越短。在这样的学术和文化背景下，民国学者有关"刘歆伪作说"的驳议，既有学术价值，又有思想意义。

首先，在学术上。

经此驳议，"刘歆伪作说"可谓"彻底破产"，鲜有人继续坚持。以钱穆所作《刘向歆父子年谱》为例，钱穆本人在自述写作要旨时言：

> 余读康氏书，深病其抵牾，欲为疏通证明，因先编《刘向歆父子年谱》，著其实事。实事既列，虚说自消。元、成、哀、平、新莽之际，学术风尚之趋变，政治法度之因革，其迹可以观。凡近世经生纷纷为今古文分家，又伸今文，抑古文，甚斥歆莽，遍疑史实，皆可以返。循是而上溯之晚周、先秦，知今古分家之不实，十四博士之无根，六籍之不尽传于孔门而多残于秦火，庶乎可以脱经学之樊笼，发古人之真态矣。而此书其嚆矢也。①

很显然，钱穆的目的达到了。他的《刘向歆父子年谱》，彻底推翻刘歆遍伪群经之说，为晚清以来今古文之公案，作出定论。这已为当今学人所广泛认同。②

其次，在思想上。

自康有为等推出"刘歆伪作说"以后，作为中国"古文经学"的基础，《周礼》等传世经典，遭到普遍质疑。又经钱玄同、顾颉刚等人表彰，"刘歆伪作说"看似又有了"长足发展"，却根本破坏了中国文化的根基，彻底颠覆了中国文化的自信。

在这样的时代及文化背景下，钱穆等人有关"刘歆伪作说"的驳议，

---

① 钱穆：《刘向歆父子年谱》，载顾颉刚编著《古史辨》第5册，海南出版社2005年版，第63—64页。

② 余英时、罗义俊、陈祖武、刘巍等均有此议。如余英时的《〈犹记风吹水上鳞〉序》以及《一生为故国招魂》和《〈周礼〉考证和〈周礼〉的现代启示》，均载余英时《钱穆与中国文化》，上海远东出版社1994年版，第239、24、134页；罗义俊《钱穆与顾颉刚的〈古史辨〉》，《史林》1993年4期；刘巍《〈刘向歆父子年谱〉的学术背景与初始反响》，《历史研究》2001年第3期。

对于匡正世人之误解，重振国人之自信，都有不容忽视的思想价值和现实意义。但是，受各种条件制约，客观认识儒家传世经典，复兴中国优秀传统文化，尚有待国人之不懈努力。

第七章　诸子文献辨伪

　　"诸子"的概念有广义、狭义之分。章太炎先生在《诸子学略说》（1906 年）中言："所谓诸子学者，非专限于周秦，后代诸家，亦得列入。"[①] 如章太炎先生所言，"非限于周秦"的，是广义的"诸子"；不包括"后代诸家"的，是狭义的"诸子"。但是，一般意义上的"诸子"，是狭义的，这就是太炎先生所言的"必以周秦为主"[②] 的意思。早此，梁启超也曾有"汉以后无子书"[③] 的观点。应该说，对"诸子"进行广义、狭义的区分，是非常必要的。本书所要讨论的，虽然是"广义"上的"诸子文献辨伪"，但限于篇幅，本章仍以"先秦诸子文献"为重点。其余内容，将以"辨伪辑语"的形式附在书后。

一　辨伪源流

　　诸子文献辨伪发端于两汉，唐宋之际又有进一步发展，明清两代则呈现出繁荣景象。清末民初以降，"传统"的诸子文献辨伪，与所谓的"封建社会"一道凋零，渐成陈迹。

（一）诸子文献辨伪的形成

　　文献辨伪虽然可追溯到春秋战国时期[④]，但真正意义上的"诸子文献

---

① 章太炎：《诸子学略说》，广西师范大学出版社 2010 年版，第 1 页。
② 同上书，第 2 页。
③ 梁启超：《西学书目表后序》（《饮冰室文集》之一），中华书局 1936 年版，第 12 页。
④ 姜亮夫先生曾言，辨伪的工作在我们的文化学术史上，是件极早被重视的事，春秋战国以来，已不断地在学术领域里缓步发展。见姜亮夫《古籍辨伪私议——有关古籍整理研究的若干问题之四》，《学术月刊》1983 年第 6 期。卞孝萱先生也曾言，古代疑古思想的萌芽，可以追溯到春秋战国时期。见卞孝萱《中国辨伪学史序》，载杨绪敏《中国辨伪学史（修订版）》，天津人民出版社 2007 年版，第 2 页。杨绪敏先生持论类似，表述方式也基本相同。见杨绪敏《明清（转下页）

辨伪"，应当是进入汉代以后的事情。随着儒术在汉代确立了"独尊"的地位，除诗、书、礼、易、春秋等文献别出，被奉为"经学"典籍以外，"诸子文献"均成为"经学"之附庸。自司马迁提出"准以六艺"——以儒家经典为标准考论传世文献——的办法以后，诸子文献辨伪自此肇端。

司马迁在所著《史记》中言："故言九州山川，《尚书》近之矣。至《禹本纪》、《山海经》所有怪物，余不敢言之也。"①

对于《山海经》等文献中的记载，太史公何以"不敢言"？因为在司马迁看来，凡是不合乎"六艺"的文献，不典雅的文辞，都在严格甄选、慎于取信的范畴。也就是说，"考信于六艺"② 以及"择其言尤雅者"③，是司马迁甄别文献真伪的基本原则和方法。

《史记》中不设"艺文志"，因此司马迁的文献辨伪活动及成果，除极少一部分散见于《史记》其他篇目以外，大都无从稽查，但这并不影响后人对其学术成就的肯定。一个公认的事实就是：《史记》是一部"善序事理，辩而不华，质而不俚，其文真，其事核，不虚美，不隐恶"的"实录"④。亦言之，司马迁若不进行大量且严谨的文献辨伪工作，是难以著成这样的"实录"的。

所以梁启超说："作史学的始祖是司马迁，辨伪学的始祖也是司马迁。"⑤ 此后，司马迁在文献辨伪学中的始祖地位被广泛认可。⑥

司马迁之后，以刘向著《别录》、刘歆继《别录》作《七略》为标志，围绕诸子文献真伪的考辨正式开始。《别录》《七略》二书亡于唐末五代之乱，宋初已鲜能得见，清代学者为恢复二书面貌，做了许多辑佚工作⑦，然

（接上页）辨伪学的成立及古书辨伪之成就》，《中国社会科学院研究生院学报》1999 年第 4 期。孙钦善先生同样认为辨伪始于先秦，先秦的辨伪学处在草创阶段，以辨伪说为主，多与学派争论关联。见孙钦善《中国古文献学》，北京大学出版社 2006 年版，第 163 页。

① （汉）司马迁：《史记》卷 123《大宛列传第六十三》，中华书局 1959 年版，第 3179 页。
② （汉）司马迁：《史记》卷 61《伯夷列传》，中华书局 1959 年版，第 2121 页。
③ （汉）司马迁：《史记》卷 1《五帝本纪第一》，中华书局 1959 年版，第 46 页。
④ （汉）班固：《汉书》卷 62《司马迁传第三十二》，中华书局 1962 年版，第 2738 页。
⑤ 梁启超：《古书真伪及其年代》（《饮冰室专集》一百四），中华书局 1989 年版，第 31 页。
⑥ 司马朝军则认为，第一个正式揭开辨伪学序幕的是西汉刘向，是辨伪学之开山。见司马朝军《〈四库全书总目〉研究》，社会科学文献出版社 2004 年版，第 265 页。
⑦ 现存辑本有六七种之多。详见来新夏《〈别录〉和〈七略〉——〈目录学浅谈〉之三》，《图书馆工作与研究》1979 年第 3 期。

而依旧不能得窥全帙。虽然《别录》《七略》中的内容，大都保留在班固所著《汉书·艺文志》中，但由于《汉书·艺文志》与《别录》《七略》之间的关系难以釐清，所以将其辨伪成就与班固、刘向、刘歆一一对应，恐非易事。① 因此，这里姑且围绕《汉书·艺文志》，略述刘氏父子及班固的诸子辨伪成就。

就考辨范围而言。《汉书·艺文志》考辨的伪书大致涉及"诸子略"的道家、阴阳家、杂家、农家、小说家；"兵书略"的兵阴阳等。就辨伪方法而言，《汉书·艺文志》的主要辨伪方法有：据语言风格辨伪（如《伊尹说》二十七篇注："其语浅薄，似依托也。"②）；据依托者时代辨伪（如道家《文子》九篇注："与孔子同时而称周平王问，似依托者也。"③）；据被依托者思想（如《晏子叙录》云："又有颇不合经术，似非晏子言，疑后世辩士所为者。"④）等。就辨伪思想而言，《汉书·艺文志》在考辨《神农》时，已提出诸子文献何以成伪的问题⑤，颇有道夫先路的意义。

两汉时期诸子文献辨伪的形成，与先秦之际诸子学术的高度繁荣有直接关系。先秦诸子，以代表人物生活年代为标准，大致可以分作孔、老，孟、庄，荀、韩三个发展阶段。其间，假名赝托的现象屡见，诸多文献都存在作者及著作年代的问题。虽然就存世文献观之，两汉时期的诸子文献辨伪，其考论的规模、方法、理论等，都有格局初定阶段的局限。但这丝毫不影响其在中国诸子文献辨伪学史上的地位及影响。

顾颉刚早年所作的《战国秦汉间人的造伪与辨伪》，以及胡可先、王国强等当代学者的论说⑥，都曾从不同角度切入探讨，兹不赘述。

（二）诸子文献辨伪的发展

唐宋两代，是诸子文献辨伪发展史上的重要阶段。其中，最值得关注

---

① 有关探讨，可参见张舜徽《汉书艺文志释例》，载张舜徽《广校雠略（增订本）》附，中华书局1963年版；张舜徽《汉书艺文志通释》，湖北教育出版社1990年版等论著。

② （汉）班固：《汉书》卷30《艺文志第十》，中华书局1962年版，第1744页。

③ 同上书，第1729页。关于文子和《文子》一书的问题，后世学者争论颇多，特别是清人的论述，值得注意，详见后文。

④ 转引自吴则虞《晏子春秋集释》，中华书局1982年版，第49页。

⑤ （汉）班固：《汉书》卷30《艺文志第十》，中华书局1962年版，第1742页。

⑥ 如胡可先《汉代辨伪略说》，《徐州师范学院学报（哲学社会科学版）》1994年第3期；王国强《汉代文献辨伪的成就》，《图书馆杂志》2006年第8期。

的，是唐代学者柳宗元。

柳宗元（773—819），字子厚，河东（今山西水济县）人。柳氏自幼"精敏绝伦"，以诗文"卓伟特致"，为时人所推重。但是仕途多舛，唐宪宗时病死于柳州，年仅四十七岁。《新唐书》本传概述柳氏一生时言："宗元少时嗜进，谓功业可就。既坐废，遂不振。然其才实高，名盖一时。"①其作品多收在《柳河东集》中。

在诸子文献辨伪学史上，柳宗元是一位非常值得关注的人物。应该说，柳宗元是刘向、刘歆父子以降，明代学者宋濂以前，在诸子考辨中成就最为突出的学者。

柳宗元的诸子辨伪成果，主要收录在《柳河东集注》（第4卷）中。20世纪上半叶，学者张西唐较早地梳理了柳宗元的文献辨伪成就②，可资参考。笔者认为：

其一，柳宗元是两汉以来专篇辨伪数量最多的学者。

他共考辨《列子》《文子》《鬼谷子》《晏子春秋》《亢仓子》《鹖冠子》六种诸子文献。不同于《汉书·艺文志》以注文案语形式进行的辨伪，柳宗元的辨伪更加集中且具体。

其二，柳宗元是汉以来系统使用多种辨伪方法的学者。

柳宗元的辨伪方法，包括依作者所处时代与史实的矛盾（《辨列子》）、依文辞、依思想体系（《辨文子》③及《辨晏子春秋》④）、依史志目录（《辨亢仓子》⑤），以及比读校对的方法（《辨文子》《辨鹖冠子》⑥）等。

---

① 见（宋）欧阳修、宋祁《新唐书》卷168《列传第九十三》，中华书局1975年版，第5142页。

② 张西堂：《唐人辨伪集语序》，载顾颉刚《古籍考辨丛刊》第1集，第16—17页。林艳红对柳宗元的辨伪方法和成就作了简单描述。详见林艳红《柳宗元与古籍辨伪研究》，《桂林师范高等专科学校学报》2004年第3期。其他如司马朝军的《〈四库全书总目〉研究》（社会科学文献出版社2004年版，第268—269页）等论著，间或也有述及，兹不枚举。

③ 限于篇幅，不引述原文，详见（唐）柳宗元《柳河东集注》（宋·童宗说《注释》、张敦颐《音辨》、潘纬《音义》）卷4《辨文子》，台湾商务印书馆1986年影印文渊阁四库全书本，第1076册，第506页。下同，不复说明。

④ 见（唐）柳宗元《柳河东集注》卷4《辨晏子春秋》，台湾商务印书馆1986年影印文渊阁四库全书本，第1076册，第508页。

⑤ 见（唐）柳宗元《柳河东集注》卷4《辨亢仓子》，台湾商务印书馆1986年影印文渊阁四库全书本，第1076册，第508页。

⑥ 详见（唐）柳宗元《柳河东集注》卷4《辨鹖冠子》，台湾商务印书馆1986年影印文渊阁四库全书本，第1076册，第508—509页。

这些方法均非柳氏所发明，但被运用得颇为娴熟。

其三，柳宗元考辨诸子的结论给后人以启示。

柳宗元有关《列子》《文子》《鬼谷子》《亢仓子》的考辨，先后被宋濂、姚际恒等明清学者所征引。有是之者，有非之者。如柳宗元在《辨列子》中提出，刘向《叙录》或将"鲁穆公"误作"郑穆公"的观点①，即为明代宋濂所认同；② 如《辨文子》的"驳书"说③，明人胡应麟、清人姚际恒均深以为然；④ 再如《辨晏子春秋》中有关"思想驳杂，非出晏子手"的观点，也为梁启超先生所赞赏。⑤ 应该说，凡是涉及上述文献的辨伪，柳宗元的著作及观点，都是不能回避的。

除此之外，《老子河上公注》的真伪问题，也是唐宋时期诸子文献辨伪史上一桩有名的公案。笔者曾著文详述其始末。⑥ 兹不赘述。

（三）诸子文献辨伪的繁荣

明清两代是中国古代诸子文献辨伪研究的繁荣期，同时也是中国诸子文献辨伪学史上一个承前启后的阶段。明清时期诸子文献辨伪研究的繁荣，主要表现为明代宋濂、胡应麟，以及清代姚际恒、四库馆臣、周中孚等人的推陈出新。

明代学者宋濂的《诸子辨》，胡应麟的《四部正讹》是明代诸子辨伪研究中的两部代表作。宋濂（1310—1381），字景濂，祖籍金华潜溪，至宋濂时徙居浦江（今浙江浦江）。幼年英敏强记，以文章闻名于世。元代

---

① 见（唐）柳宗元《柳河东集注》卷4《辨列子》，台湾商务印书馆1986年影印文渊阁四库全书本，第1076册，第506页。

② 宋濂引柳宗元所言——"郑缪公在孔子前几百载，御寇书言郑杀其相驷子阳，则郑繻（笔者按，原文如此）公二十四年，当鲁缪公之十年：向盖因鲁缪公而误为郑尔"，以为"其说要为有据"。见（明）宋濂《诸子辨》，朴社1928年版，第14—15页。姚际恒虽然以"柳之驳问诚是"，然而他不同意柳氏关于"鲁穆公"（曹缪公）被讹误为"郑穆公"（郑缪公）的推论。详见（清）姚际恒《古今伪书考·列子》（顾颉刚点校），朴社1933年版，第56页。

③ 语见（明）宋濂《诸子辨》（顾颉刚标点）之《辨文子篇》，朴社1928年版，第9页。

④ 胡应麟在《四部正讹》中言："余以柳谓驳书是也。"姚际恒称赞道："谓之'驳书'，良然。"见（清）姚际恒《古今伪书考》（顾颉刚点校），朴社1933年版，第53页。

⑤ 梁启超称："柳宗元辨《晏子春秋》是最好的从思想上辨别的例，虽不很精，但已定《晏子春秋》是齐人治墨学者所假托。"见梁启超《古书真伪及其年代》（《饮冰室专集》一百四），中华书局1989年版，第53页。

⑥ 佟大群：《论唐代的文献辨伪与官方学术——以〈孝经〉孔、郑注真伪之辨为中心》，《陕西学前师范学院学报》2014年第6期。

至正（1341—1370）年间，荐授翰林院编修，不就，避居龙门山著书，明初出仕，曾历《元史》总裁、国子司业、礼部主事、侍讲学士等职。其著作后人编为《宋文宪公全集》及《宋学士文集》传世。①

宋濂所著《诸子辨》，系居龙门山避乱期间而成，故有《龙门子》之别称，今收在《宋文宪公全集》第三十六卷中。宋濂在《文献通考·经籍考》的基础上，广采众家之长，考辨40余种诸子文献的是非真伪。是中国文献辨伪学史上第一部以专著形式考辨文献真伪的著作。

除了具体文献的考辨，宋濂有关"诸子"辨伪主旨的论述，尤其值得关注。宋濂有言："（《诸子辨》）者何？辩诸子也。通谓之诸子何？周秦以来，作者不一姓也。作者不一姓而其立言何人人殊也！先王之世，道术咸出于一轨，此其人人殊何各备私知而或螫大道也！由或螫大道也，其书虽亡，世复有依仿而托之者也。然则子将奈何？辞而辨之也。曷为辨之？解惑也。"②

在此，宋濂将诸子考辨的范围、宗旨，进行了清晰而全面的阐发。关于考辨范围，宋氏提得十分明确：后世假托先秦诸子的著述。关于考辨宗旨。宋濂所强调的，与司马迁以来绝大多数学人的初衷是一致的：析难解惑，端正道术。

因此，宋濂对于诸子文献中凡是不符合儒家思想的著作、言论，在辨其真伪的同时，都不惮于品评其是非。如对《庄子》中的揶揄孔子之事，批评道："孔子百代之标准，周何人，敢掊击之，又从而狎侮之！"③ 如对《孙子》的攻战权谋，批评道："古之谈兵者有仁义，有节制，至武一趋于权术变诈，流毒至于今未已也。"孙子其为"兵家之祖"，亦为"兵家之祸首"④。缘此，顾颉刚曾针对上述言论，批评宋濂的言论，"简直是董仲舒请罢百家的口气"。⑤

实际上，古往今来，文献考辨都是"事实判断"与"价值判断"相杂糅的"综合判断"。宋濂所言，情有所缘，应客观辩证地看待。此外，宋

---

① （清）张廷玉等：《明史》卷128《列传第十六·宋濂传》，中华书局1974年版，第3784—3788页。

② （明）宋濂：《诸子辨》（顾颉刚标点），朴社1928年版，第1页。

③ （明）宋濂：《诸子辨》（顾颉刚标点）"庄子"条，朴社1928年版，第21页。

④ （明）宋濂：《诸子辨》（顾颉刚标点）"孙子"条，朴社1928年版，第25页。

⑤ 顾颉刚：《诸子辨序》，载（明）宋濂《诸子辨》（顾颉刚标点）卷首，朴社1928年版，第4页。

濂还从诸子文献作伪方法的角度，首次就伪书类型进行了大致区分，即"有所附丽"和"凿空扇虚"①。这在中国文献辨伪学史上，具有标志性意义。

胡应麟的诸子辨伪，在学术史上的地位更高，影响更大。梁启超曾言："专著一书去辨别一切伪书，有原理、有方法的，胡应麟著《四部正讹》是第一次。"②又言："全书发明了许多原理、原则，首尾完备，条理整齐，真是有辨伪学以来的第一部著作。我们也可以说，辨伪学到了此时，才成为一种学问。"③

梁启超肯定胡应麟的初衷可以理解，梁启超给予胡应麟的定位却有待商榷。因为，通过对汉以来辨伪学发展史的回顾，我们不难发现，胡应麟的辨伪的突出特征是"发明"鲜有，"集成"功多。

胡应麟（1551—1602），字元明，又字明瑞，自号少室山人，兰溪（今浙江兰溪）人。幼能诗，万历四年（1576）举于乡，后久试不第，遂读书山中，手自编次，有颇多撰著。胡应麟的文献辨伪学专著《四部正讹》，颇为学界所称道。④该书分为上、中、下三卷，中卷即以诸子文献考辨为主。

胡应麟之前，考辨诸子的成果已经比较丰富，对此，胡氏多有借鉴，且又作了进一步阐发。如辨《鬼谷子》，胡氏在柳宗元、宋濂等人的基础上，提晋人皇甫谧伪作说⑤，发前人所未发。下卷考辨杂史、文集，也多有足资借鉴之处。胡应麟的《四部正讹》及其主要贡献，目前的探讨较为充分。其中如二十一种伪书类型⑥的归纳，"辨伪八法"⑦的总结等，都对后世学人产生了深远影响。以梁启超提出的"辨伪十二公例"⑧为例，比照胡应麟的"辨伪八法"，不难发现梁先生的"公例"，除第十二条以外，

---

① （明）宋濂：《诸子辨》（顾颉刚标点）"言子"条，朴社1928年版，第18—19页。
② 梁启超：《古书真伪及其年代》（《饮冰室专集》一百四），中华书局1989年版，第35页。
③ 同上书，第36页。
④ 有关著录情况见（清）纪昀等纂《钦定四库全书总目》（《四库全书研究所》整理）卷123《子部三十三·杂家类七》，"少室山房笔丛"条，中华书局1997年版，第1646—1647页。
⑤ 文繁不录，详见（明）胡应麟《四部正讹》（顾颉刚点校）卷中，朴社1933年版，第33—34页。
⑥ （明）胡应麟：《四部正讹》（顾颉刚点校）卷上，朴社1933年版，第2—3页。
⑦ （明）胡应麟：《四部正讹》（顾颉刚点校）卷下，朴社1933年版，第76—77页。
⑧ 见梁启超《中国历史研究法》（《饮冰室专集》七十三），中华书局1989年版，第85—100页。

基本上是对胡氏学说的承袭。

清代诸子文献辨伪，前有姚际恒开《古今伪书考》其端，中有《钦定四库全书总目》总其成，后有周中孚《郑堂读书记》继其后，二百余年间，取得了颇为丰硕的成就。特别是《钦定四库全书总目》对诸子文献的考辨，其范围之广，数量之大，迄今未见有人超越。这是非常值得关注的事情。具体情况，可参见拙著《清代文献辨伪学研究》有关章节，限于篇幅，兹不引述。

这里需要强调的是，诸子文献辨伪与"清代诸子学复兴"是既相关联，又相区别的两个问题。直到清末，在章太炎、刘师培等"国粹派"学者的倡导下，中国古代的诸子学研究才经得起"复兴"二字。这也是自先秦以来，诸子学研究从未达到的高度。

但是，"诸子学复兴"并不是"诸子文献辨伪"的"复兴"。因为无论是考辨范围、考辨数量、考辨深度而言，《钦定四库全书总目》及《郑堂读书记》的高度，直到20世纪40年代张心澂《伪书通考》刊行之前，都未见有真正意义上的超越。

较之清末，民国时期的"诸子文献辨伪"，颇有些"复兴"的态势。这是下一节将要探讨的问题。

二　考辨名家

据不完全统计，民国时期，在诸子文献辨伪研究方面，有论著传世的学者，近70人。上述学者考辨的诸子文献，少则一两部，多则数十种。详见"附录一：民国学者辨伪成就一览"。① 其中，顾实、黄云眉、钱穆、罗根泽等人的诸子辨伪，无论深度、广度，都足以名家。谨略述如下。

（一）《古今伪书考》订补
《古今伪书考》出自清初学者姚际恒之手，是"清初惟一的辨伪专科

---

① 20世纪20—40年代，出版的各类诸子学论著数以百计，其中较有代表性的通论性著述即不下20种，详见张涅《略述民国时期的新子学研究》，《诸子学刊》2013年第2期。其中如郭沫若《十批判书》等，均不同程度地述及诸子文献辨伪问题。本书"附录二：民国文献辨伪论点辑录"中所节录的，只是其中较有代表性的文字。

目录"①，经胡适、顾颉刚表彰，开始为现当代学者所广泛关注。

姚际恒（1647—约1715），字立方，一字善夫，号首源。少读书，有"博究群书，撑肠万卷"之称。后放弃辞章之学，致力于经传研究，② 其造诣颇为时人所称道。据毛奇龄言，乃兄毛锡龄（字大千）曾言："仁和只一学者，犹是新安人。"姚际恒祖籍安徽新安，后迁浙江仁和，故而毛锡龄才有此感慨。毛奇龄又言，他曾将《何氏存心堂藏书序》让毛锡龄过目，锡龄言："何氏藏书有几，不过如姚立方腹箧已耳!"③ 姚之骃④也有"千古之多藏而善读者，孰如首源先生"⑤ 的感叹。毛氏兄弟素来傲视学林，姚际恒能为他们所激赏，必有令人折服之处。

姚际恒著述，散佚颇为严重。《古今伪书考》是姚际恒写成的一部群书辨伪简录，本附在所著《庸言录》之后。后来，清人鲍廷博将其析出，刻在《知不足斋丛书》里，方以单行本传世。20世纪20年代，在胡适的倡导下，顾颉刚致力于《古今伪书考》的宣传推介和整理出版工作。其间，顾实、黄云眉二人，对该书又做考订，分别写成《重考古今伪书考》《古今伪书考补正》两部著作。

顾实（1878—1956），古文字学家。早年攻习法学，曾在国立东南大学执教。后在无锡国专任教，教授中古文学。通多国语言，喜专研先秦史籍，又通达西方学术，有《汉书艺文志讲疏》《穆天子传西征讲疏》等论著刊行。顾实所著《重考古今伪书考》，全书四卷，意在订姚际恒之偏，1928年由上海大东书局出版。今有《近代名家散佚学术著作丛刊》（《语言文献》类第4种，山西人民出版社2014年版）等版本。

黄云眉（1897—1977），字半坡。浙江余姚人。1919年任余姚县立小学教员，1926年加入国民党。1930年以后，历任金陵大学研究员、世界

---

① 杜泽逊先生语，见杜泽逊《文献学概要（修订本）》，中华书局2008年版，第199页。

② 转引自（清）国史馆修《清国史》卷3《儒林传下·姚际恒传（孙之騄附传）》，中华书局1993年影印本，第576页。

③ （清）毛奇龄《西河诗话》中言，转引自（清）陶元藻辑《全浙诗话》卷43《国朝·姚际恒》，上海古籍出版社2002年续四库本，第1703册，第608页。

④ 姚之骃，字鲁斯，浙江钱塘人，康熙六十年（1721）进士，改翰林院庶吉士。官至御史。博雅好古，尤长于史学。见（清）国史馆修《清国史》卷15《文苑传·姚之骃传（邵远平传附）》，中华书局1993年影印本，第813页。《好古堂书目序》，原文多脱字，可据顾颉刚《古今伪书考序》所引增补。

⑤ （清）国史馆修：《清国史》卷3《儒林传下·姚际恒传（孙之騄附传）》，中华书局1993年影印本，第576页。

书局《辞林》编辑厅主任编辑、浙江地方行政干部训练团教官、上海无锡国学专修学校教授、上海临时大学新中法商学教授等职。中华人民共和国成立后，历任山东大学中文系、历史系教授，青岛山东文学院教授等职。1952 年加入中国民主同盟，1961 年加入中国共产党。又相继任民盟山东省委第一届委员会副主委、山东省政协第三届常委、民盟中央候补委员、山东省历史学会主席、中国科学院山东分院历史研究所研究员等科研及行政职务。所著《古今伪书考补正》，1932 年由南京金陵大学中国文化研究所出版，今有山东人民出版社 1959 年版、齐鲁书社 1980 年版等版本。本书引据，均为山东人民出版社 1959 年版。

顾实、黄云眉二人的著述，各有侧重，对《古今伪书考》一书都有订补，但褒贬不一。顾实的批评略多，黄云眉的词旨平和。就第三卷"子部" 40 种文献而言，据统计，顾实推翻的姚际恒论断，前后达 17 种，近乎一半。而黄云眉的修订不但只有 1 种（《文中子》），而且还是关于"伪书"和"谬书"的概念界定问题。详见本书"附录三：订补《古今伪书考》条列"。

（二）《先秦诸子系年》与诸子辨伪

《先秦诸子系年》一书的撰写始于 1923 年，据钱穆自言，该书屡经订补，用功甚勤，甚至"一篇之成，或历旬月，或经寒暑。少者三四易，多者十余易"①。1935 年冬，该书顺利刊行，成为继《刘向歆父子年谱》之后，钱穆学术史研究中的另一部代表作。《先秦诸子系年》全书 4 卷，有考订文章 160 余篇，外加"通表"四篇、"附表"三张。

在这部考辨诸子年世、纵论先秦学术的著作中，钱穆就《邓析子》《范子》《关尹子》《鬼谷子》《鹖冠子》《孔丛子》《老子》《老子河上公注》《列子》《论语孔注》《墨子》《慎子》《孙子》《文子》《西京杂记》《尹文子》《於陵子》《庄子》（《说剑篇》《胠箧篇》）《子华子》《孔子家语》等 20 余部"诸子文献"的真伪及讹误，发表意见。

他认为：《邓析子》《鬼谷子》《鹖冠子》《列子》《墨子》《慎子》《孙子》《文子》《尹文子》《庄子》《子华子》11 部文献，都是专篇辨伪；其余 9 部，则在行文中径称"伪书"云云，没有详加论辩。具体情况详诸

① 余英时：《钱穆与中国文化》，上海远东出版社 1994 年版，第 24 页。

"附录四：《先秦诸子系年》辨伪辑录"。

纵观钱穆书中的诸子文献辨伪，有两点很值得关注。

其一，辨伪与学术关系论定。

钱穆认为，前人治诸子"各治一家，未能贯通"①。为此，对上自孔子下至吕不韦的"先秦诸子"，采取排比联络，一以贯之的办法，即"以诸子之年证成一子"的方式，详述诸子生平事迹、学术渊源、思想流变等。其间，自然涉及诸子文献的收集与甄别问题。钱穆认为，在这个问题上，必须得助于辨伪与辑佚二法，二者"相待以有成"②，不可偏废。

先秦诸子，除孔、老、庄、申、韩、孙、武、孟、荀等人以外，其余诸子，在《史记》中均无传文。因此把梳史料，勾稽诸子事迹，补其缺略，非借助辑佚而不能竣其事。与此同时，另一个不能不面对，而且不得不破解的，就是各种文献的伪托增益问题。

这是一个颇为复杂的问题。因为诸子材料作伪，不但要兼顾人、世、事、地、书、说等要素，而且还要充分考虑上述因素的彼此关联，即所谓"凡伪其人者，必伪其事焉，伪其时焉，伪其书焉，伪其说焉"③，如此方能掩饰作伪之印记。因此，对文献的伪托增益，进行严格的甄别考辨，不但是文献真伪的简单厘定，还是考定诸子年世行谊过程中的必要环节。

在这个意义上，诸子文献辨伪既是目的，也是手段，但终究是钱穆为实现厘清先秦学术谱系这一"既定目的"的"必要手段"。

概言之，诸子辨伪固然是钱穆诸子学研究中的重要组成部分，但并非"本业"。这是评述钱穆诸子文献辨伪问题时，需要强调指出的一个问题。也是 20 世纪 20—40 年代诸子文献辨伪研究中的一个普遍现象。

其二，朴素的文献考辨方法的运用。

就《先秦诸子系年》一书内容而言，钱穆考辨诸子文献真伪的方法，还是汉唐以来的"老办法"。以卷 1 第七篇《孙武辨》为例。钱穆指出，《史记·孙吴列传》与《汉书·艺文志》有关《孙子》兵法篇数的叙述，存在显著差异，《史记》本传称十三篇，而《汉书·艺文志》称八十二篇。前后差异极大，故而作出以下推断："其人与书，盖皆出后人伪托。"④

---

① 钱穆：《自序》，载钱穆《先秦诸子系年》，商务印书馆 2001 年版，第 21 页。

② 同上书，第 45 页。

③ 钱穆：《自序》，载钱穆《先秦诸子系年》，商务印书馆 2001 年版，第 44 页。

④ 钱穆：《先秦诸子系年》卷 1 第七《孙武辨》，商务印书馆 2001 年版，第 14 页。

　　继而，钱穆又不惮罗列叶适《习学记言》、全祖望《鲒埼亭集》、姚鼐《惜抱轩集·读孙子》、章学诚《与孙渊如观察论学十规》四家文字，为证成己说。其实，叶适等人辨《孙子》伪托的证据，主要有两条：《左传》不见有孙武事迹；春秋用兵不能超过十万。钱穆对上述四家言论暨两点依据，未作任何评述。

　　钱穆又根据《孙子》书中内容，断定其成书年代应在"庄周之后"，确切地说，是在"战国中晚期"，其言："余读《孙子·五校》，首之以道，而后天地，此必自庄周后乃知有此。其曰：'斗众如斗寡，形名是也'，形名之语，亦起战国中晚。"①

　　钱穆的《孙子》辨伪，是《先秦诸子系年》一书中较有代表性的一篇，也是较能体现钱穆诸子文献辨伪特点及得失的一篇。首先，钱穆非常重视学术史的梳理，对古今《孙子》辨伪诸家言论，有较为全面的掌握，与同时代个别学者的"径直"论定，自然少了许多武断；其次，钱穆的《孙子》辨伪，固然综合了制度、思想、理证、事证等多种方式、方法，但是依然是"以书证书"的套路。当然，这不但是钱穆的局限，是那个时代的局限。都不必苛求，有正确认识就好。

（三）刘汝霖与罗根泽的"诸子考"

　　刘汝霖、罗根泽二人，之所以在诸子辨伪学史上占有一席之地，主要得益于所著《周秦诸子考》和《诸子丛考》（及《续考》）。谨将有关情况，简述如下。

　　刘汝霖（1905—？），字泽民，号白村居士，河北雄县人。曾师从经学家、古文字学家吴承仕。吴承仕与钱玄同、黄侃都得章太炎亲炙，号称"章门三大弟子"。刘汝霖从吴承仕学，为章氏再传，学术渊源有自，根底自然牢固。有《周秦诸子考》《汉晋学术编年》等著作传世，在民国学术史上有一定影响。

　　刘汝霖曾计划分六集撰写《中国学术编年》。可惜时运不济，他仅撰写出两集就爆发了抗日战争，以后诸集终未能问世。其中的《汉晋学术编年》曾作为北师大研究所丛书之一，分八册由北平书店印行，后于1932年、1935年由商务印书馆出版；《东晋南北朝学术编年》于1936年由商

――――――――――
① 钱穆：《先秦诸子系年》卷1第七《孙武辨》，商务印书馆2001年版，第15页。

务印书馆出版，尔后几经再版。《民国丛书》编辑委员会将其编入《民国丛书》第三编中，列"哲学·宗教类"第三、四册，1991 年由上海书店出版社影印出。1992 年，作为"《民国丛书》选印"之两种，由上海书店出版社再次出版。刘汝霖有关先秦文献真伪的考辨，散见于《周秦诸子考》一书中。

刘汝霖自幼便对先秦诸子的传记行谊感兴趣，后在杨树达（字遇夫）、黎锦熙（字劭西）、靳德俊、王重民等师友的鼓励和帮助下，终于集腋成裘，完成这部《周秦诸子考》，并于 1929 年由文化学社印行。时年 25 岁的刘汝霖，即推出一部 500 余页的大著，可谓头角初露，便有峥嵘气象。为示奖掖，钱玄同先生为这位师侄亲自题写书名，并自署"疑古玄同"名号。

《周秦诸子考》全书十八章，探讨了老子以下，韩非子以上，前后十八家诸子的"生平遭遇"与"思想渊源"等。周秦三百余年学术源流，由此可得其梗要。其间，刘汝霖也对诸子著述的真伪问题，也进行了较为深入的讨论，成就斐然。

刘汝霖在《周秦诸子考》中考辨的伪书，有《老子》《关尹子》《列子》《慎子》《尹文子》《於陵子》《公孙龙子》《庄子》《商子》《韩非子》等十余种。其中，对《老子》真伪及其成书年代的考订，颇有见地。

首先，刘汝霖通过"老子没有出关的事情"，否认《老子》一书出自老子之手。进而，认定《老子》一书"是春秋以后的作品"①，是一部"辑本"，并非"一气作成"②。再次，对《老子》的辑录者进行了推断，以为《老子》出自战国李耳之手。

他说道：老子是确有其人的，是南方的"楚人"③，是"孔子以前的人物"④，且有许多"格言"⑤ 传世。这些格言的辑录工作，或者就是李耳所作。李耳的儿子，在战国时代为魏将，因此，李耳本人"也必是战国时代的人物"。李耳以一己之力，辑成了这书，定名叫作《老子》。李耳后人，承袭他的书，看见《老子》的书名，又知道出于他们的祖宗之手，就

---

① 刘汝霖：《周秦诸子考》第一《老聃》，文化学社 1929 年版，第 51 页。
② 同上书，第 54 页。
③ 同上书，第 33 页。
④ 同上书，第 43 页。
⑤ 刘汝霖语，见刘汝霖《周秦诸子考》第一《老聃》，文化学社 1929 年版，第 62 页。

误把书名当作著书的人名。于是，"老子"变成他们的祖宗，就和"李耳"合而为一人了。至于司马迁作《史记》，又把李耳的家谱羼入，"等等怪话，由此产出，就成了千古疑案"①。

总之，刘汝霖的判断是，老子早于孔子，确有其人；《老子》书是战国时李耳的辑录之作，后人误将《老子》的"书名"当作作者的"人名"。

关于诸子辨伪理论，刘汝霖虽然没有集中系统的论述，但是只言片语中，依然不乏真知灼见。

第一，关于辨伪旨趣。

刘汝霖在书前《凡例》中有明白表述："本书以说明诸子生平的遭遇和思想的渊源与影响为宗旨。至于他们的书籍的真伪和源流，如果和他们的思想有密切的关系，前人未曾讨论过，或者讨论而未有结果的，也附带讨论。"② 由此可见，诸子辨伪虽然不是刘氏主业，但确实是刘氏诸子学研究中不可或缺的组成部分。

第二，关于伪书成因。

刘汝霖认为，伪书的形成，不外乎杂糅、误题、托名三方面原因。关于杂糅，刘汝霖说道：诸子书的"篇数可以自由增加，所以那些托古发财的先生们，假造诸子的成绩，非常之多。偶然得到几篇真的著作，总嫌篇数太短，不能多卖钱，就东拉西扯，凡稍与此书有点关系的，都被采入"，因此，"诸子书中，往往真伪掺杂，就是这个缘故"。③ 关于误题，刘汝霖提出，有一类文献，以"旁人的名义作题目以发挥自己的思想"，后人"张冠李戴"，将"书名当作著书的人名"④，是为"误题"。除了上述，还有一类伪书，是"自己实有一种主张，恐怕人微言轻，说出来不见信用，往往假借前人的名子（笔者按，原文如此）"。⑤ 总之，刘汝霖认为杂糅、误题、托名是诸子书成伪的三个基本原因，也是伪书的三种类型。

第三，关于辨伪方法。

刘汝霖对"按思想批评一篇文字的真伪"的做法，态度较为保留。他说道，胡适、梁启超、顾实三人，在考辨《列子·杨朱篇》时，大多据

① 刘汝霖：《周秦诸子考》第一《老聃》，文化学社1929年版，第63页。
② 刘汝霖：《凡例》，载刘汝霖《周秦诸子考》，文化学社1929年版，第1页。
③ 刘汝霖：《总论》，载刘汝霖《周秦诸子考》，文化学社1929年版，第13—14页。
④ 同上书，第14—15页。
⑤ 同上书，第15页。

"思想"而论断其真伪，这种做法，总有不妥之处：无论"证其伪"，抑或"是其真"，总是"虚无缥缈"，不足"令人心服"。①

如对梁启超的观点，刘汝霖指出：梁先生将《杨朱篇》与《庄子》的前七篇相比较，觉得《杨朱篇》完全是晋代"清谈家颓废思想"，周秦诸子中，"像这样没出息的虚无主义，断断不会有的"②。刘汝霖认为，梁启超的观点"令人莫名其妙"。他的依据是，"战国诸子不止庄子一人，各人所著的书，笔法那〔哪〕能相同，《庄子》内七篇既不能完全代表先秦诸子，若因为和这几篇笔法不同，就断定是汉以后的笔法，也未免武断"③。在这里，刘汝霖所说的"笔法"，如梁启超先生所言，是指《杨朱篇》文字所反映的"颓废思想"。

至于顾实的观点，刘汝霖也不以为然。顾实在《汉书艺文志讲疏》中指出：列子的《杨朱篇》"乃一意纵恣肉欲"，而且"仰企桀纣若弗及"，绝非列子本人的思想。因此，断定"此篇尤当出湛臆造"④。刘汝霖訾其为"更令人难信"，更用顾实之矛，击顾实之盾。他说道：《列子·盗跖篇》肯定是列子所作，世人均无异议。但正是这篇"真书"，赫然写有"目欲视色，耳欲听声，口欲察味"云云，显然是带有"肉欲"色彩的文字。据此，刘汝霖认为，这种"肉欲"思想，"不一定到魏晋时代才有"⑤。

刘汝霖言之凿凿，不难认识到，根据文献"思想"，简单判断文献"真伪"的做法，确实应该郑重其事。那么，该如何运用"思想"分析的方法，判断文献真伪及其年代呢？

刘汝霖在《庄周篇》中，有如下说明："一派思想出世，原先必是含混的，后来必是清晰的"，但是人们的一般做法却是：或者"以为思想完满的，一定年代在前，不完满的，一定在后"；或者"认为好的，就说是真的；认为坏的，就说是假的"。⑥

在刘汝霖看来，上述两种取向，都是不正确的。他认为，人们所认为的"完满"，并不是"思想致密"，无懈可击，而实在是"言词含混不易

---

① 刘汝霖：《周秦诸子考》第六《杨朱》，文化学社 1929 年版，第 234 页。
② 梁启超语，转引自刘汝霖《周秦诸子考》第六《杨朱》，文化学社 1929 年版，第 233 页。
③ 刘汝霖：《周秦诸子考》第六《杨朱》，文化学社 1929 年版，第 234 页。
④ 顾实语，转引自刘汝霖《周秦诸子考》第六《杨朱》，文化学社 1929 年版，第 233 页。
⑤ 刘汝霖：《周秦诸子考》第六《杨朱》，文化学社 1929 年版，第 234—235 页。
⑥ 刘汝霖：《周秦诸子考》第十一《庄周》，文化学社 1929 年版，第 345—346 页。

批评的缘故"①。所以，他主张判断文献真伪及成书年代，应该以"思想含糊与清晰为标准"，含糊的年代早，清晰的年代晚。

罗根泽（1900—1960），字雨亭，河北深县人。出身贫寒，1925年考入河北大学。因时局动荡，河北大学时办时停。罗根泽也因经济困窘，时读时辍。1927年，考取清华大学研究院国学门，后又投考燕京大学国学研究所，1929年自两校毕业。

罗根泽在清华大学、燕京大学求学期间，先后得梁启超、陈寅恪、冯友兰等人教导，学问日渐增益。1929年毕业后，先后在河南大学、天津女子师范学院、河北大学，以及安徽大学任教。1937年，日军发动全面侵华战争后，罗根泽西迁，先后任教于西北联合大学、西北师院等。1940年，由陕入川，就职于中央大学。中华人民共和国成立后，长期在南京大学从事科研及教学工作。1960年病逝，享年61岁。

20世纪三四十年代，罗根泽在诸子学研究及诸子文献辨伪方面，取得了一系列成就，是民国时期诸子文献辨伪研究中，又一位较有影响的学者。除此之外，罗根泽在中国文学批评史领域，也有开创之功。

罗根泽诸子研究暨辨伪的成果，除了个别篇章，《古史辨》第四册、第六册中，收录了其中的绝大部分。1957年，罗根泽将昔日旧稿，加以整编，以"诸子考索"为题出版。

罗根泽在该书"序言"中曾明白表述："这里所收的文章，都是对先秦以及汉代诸子的考证和探索，所以题目《诸子考索》"，这些文章，除了《试论战国策作者问题》（潘辰著）及罗根泽的《商榷》，"都写于解放以前"，而且"绝大部分都曾收入《诸子丛考》和《续考》，即《古史辨》第四册和第六册，少数曾单本出版，其余也在各杂志发表过。解放后，由于个人教学任务的不再包括诸子，因而没有再写这方面的文章"②。

为便于检阅，笔者在考察罗根泽诸子文献辨伪成就时，基本参照1958年的《诸子考索》。

罗根泽诸子文献辨伪的成绩，大致有以下几个方面。

第一，《诸子丛考》等编纂。

顾颉刚曾将《诸子丛考》作为《古史辨》第四册刊行，又将《续考》

---

① 刘汝霖：《周秦诸子考》第十一《庄周》，文化学社1929年版，第346页。
② 罗根泽：《序言》，载罗根泽《诸子考索》，人民出版社1958年版，第1页。

作为《古史辨》第六册刊行。《诸子丛考》主要收录罗根泽的诸子通论，以及考辨儒、墨、道、法四家的文字。《诸子续考》则以诸子通考及诸子考据为上编，以老子考据为下编。

此外，罗根泽还为这两册《古史辨》，撰写《诸子丛考旧序》（《古史辨》第四册"序"，1933 年写成）、《历代学者考证老子年代的总成绩》（《古史辨》第六册"自序"，1936 年写成）两篇序文①，以表明其对诸子考辨的认识和理解。

第二，文献考辨实践概要。

罗根泽考辨诸子年代及真伪的论说，主要有以下数篇：《战国前无私家著作说》《"孔丛子"探源》《陆贾"新语"考证》《"新序"、"说苑"、"列女传"不作始于刘向考》（附《"战国策"作始删通考》）、《跋张季同"关于老子年代的一假定"》《老子及老子书的问题》《"管子"探原》《慎懋赏本"慎子"辨伪》《慎懋赏"慎子传"疏证》，以上见《古史辨》第四册。

《"邓析子"探源》《"尹文子"探源》《"商君"书探源》《"燕丹子"真伪年代之旧说与新考》《跋金德建先生"战国策"作者的推测》《再论老子及老子书的问题》，以上见《古史辨》第六册。《"庄子"外"杂篇"探源》（《燕京学报》1936 年第 39 期，该篇不见录于《古史辨》）。

罗根泽曾经考辨的诸子文献，主要包括《燕丹子》《邓析子》《新语》《古列女传》《续列女传》《管子》《孔丛子》《连丛子》《商子》《慎子》《新序》《说苑》《尹文子》《孔子家语》《公孙龙子》《韩子》《列子》《庄子》等十余种。

有关上述文献真伪的基本论断是：《孔丛子》《连丛子》《慎子》《邓析子》《尹文子》《燕丹子》等都是伪书。《管子》一书，既非出一人之手，也非一时之书等。罗根泽对《慎子》一书的考证，堪称民国时期诸子辨伪之名篇，其中列举八条证据，力证其伪，极为详尽。② 限于篇幅，文繁不具。

第三，文献辨伪理论思考。

在具体考辨过程中，罗根泽也提出了自己的理论思考。他认为，周秦

---

① 1957 年，罗根泽在这篇序言之后，又题写了一段"跋语"，略叙《古史辨》第 6 册出版过程及影响等。见罗根泽《诸子考索》，人民出版社 1958 年版，第 279—281 页。

② 详见罗根泽《慎懋赏本慎子辨伪》，载罗根泽编著《古史辨》第 4 册，海南出版社 2005 年版，第 415—422 页。

诸子，无不"不托古改制"，如果能够做到"言之成理，持之有故"，不妨保存。但是，必须"疏通明辨，使还作主，而不赝伪古人"，防止紊乱学术之系统。

为了进一步陈述该主张，罗根泽以《列子》为例，说道，该书出自晋人之手，"非列御寇作"。近年来，这个论断，"已渐成定谳"。晋人的著述，鲜有引述、传承。因此，据此伪《列子》而研究"战国学术固妄"，若据此探究晋人之学术，则是"绝好材料"。

总之，就《列子》而言，"不得以其非列御寇作卑弃不一顾。"并强调，这是他"对伪书的根本观念"①。

由上述可见，罗根泽对于诸子文献辨伪，有较深入的理论思考。在他看来，较以单纯的"真伪分析"，考订"成书时代"的意义更大。缘此，罗根泽说道："与其辨真伪，无宁考年代，始有功于古人，有裨于今后之学术界也。"②

以上是罗根泽有关诸子文献辨伪的"基本判断"和"根本观念"。这是讨论罗根泽诸子文献辨伪成就时，必须要关注的问题。

罗根泽的诸子辨伪，虽然也有值得商榷的问题，但是他的大部分论证都言而有据，论说缜密，故而在中国诸子文献辨伪史上，占有重要一席。

三　学案举隅

（一）《老子》年代及真伪

汉唐数百年间，人们对《老子》作者及真伪问题，鲜有异议。自宋叶适提出"著《道德经》之老子，非教孔子之老聃"③ 的观点后，宋人黄震《黄氏日抄》、明人宋濂《诸子辨》、明人焦竑《焦氏笔乘》、清人崔述《洙泗考信录》等论著，都曾发表各式疑辨。但是上述论说，并不为时人所广泛认可，赞同者寥寥无几，影响也自然有限。

进入 20 世纪，随世风流变、思潮转换，《老子》成书时代及其真伪，

---

① 以上引文均出自罗根泽《诸子丛考旧序》，载罗根泽《诸子考索》，人民出版社 1958 年版，第 7 页。

② 罗根泽：《〈管子探源〉叙目》，载罗根泽编著《古史辨》第 4 册，海南出版社 2005 年版，第 409 页；又载罗根泽《诸子考索》，人民出版社 1958 年版，第 422 页。

③ （宋）叶适：《习学记言序目》卷 15，中华书局 1977 年版，第 209 页。

开始成为一个备受关注的问题。并且，基于不同的文化述求，人们有关上述问题的讨论，明显分成两个阵营：以胡适、唐兰人等代表的早出说；以梁启超、钱穆等为代表的晚出论。

在成书时代问题上，胡适、唐兰等人，认定《老子》在春秋末年，至少在战国早期就已经形成；梁启超、钱穆等人则将《老子》的成书年代，推定在战国中晚期，其中如顾颉刚，甚至提出了"秦汉成书说"。在文献真伪问题上，胡适、唐兰等人，基本认定其真；梁启超、钱穆等人，则根据文字语气、典章制度等，普遍认定其伪。

以胡适为例。胡适将《老子》作为其"诸子学"研究的核心及重点。胡适通过考证，断定老子生于公元前 570 年左右，"比孔子至多不过大 20 岁"，而且孔子必定有向老子问"礼"之事。① 1931 年，胡适在批评钱穆《老子》晚出说的同时，再次强调了他的观点。

钱穆曾言："余尝谓老子之伪迹不影［彰］，真相不白，则先秦诸子学术思想之系统条贯终不明，其源流派别终无可言。"② 但他考证后说："据其书思想议论，及其文体风格，盖断在孔子后。当自庄周之学既盛，乃始有之。"③ 并认为老子可能是楚人詹何，《老子》产生于《庄子》之后，《荀子》之前。④

对于钱穆的观点及方法，胡适不以为然。他说道，如果"依此推断"，则老庄出世之后，便不应有人再提出"天命天志之说了吗？"难道"这二千年中天命天志之说"，自董仲舒、班彪以下，其时代及位次，"都应该排在老庄以前吗？"胡适认为，显然不应如此。他又说道，如果坚持"这样的推断"，还不如说"几千年来人皆说老在庄前，钱穆先生不应说老在庄后。何者？思想上之线索不如此也？"⑤

胡适还认为，《老子》不同于《庄子》《韩非子》等子书，其中伪的成分非常少。胡适的主张，与汉唐以来中国古人的学说，并无轩轾。但在新的社会及文化背景下，胡适的"保守"，却引发一场较为持久的争论。

---

① 胡适：《中国哲学史大纲》，河北教育出版社 2001 年版，第 32 页。
② 钱穆：《先秦诸子系年》卷 2《七二、老子杂辨》，商务印书馆 2001 年版，第 235 页。
③ 同上书，第 257 页。
④ 同上书，第 236 页。
⑤ 胡适：《评论近人考据老子年代的方法》，载胡适《胡适文存》第 4 集，黄山书社 1996 年版，第 77 页。

仅就《古史辨》中收录的文章统计，一二十年间，有关《老子》成书时代及真伪的讨论文章，就多达40余篇，累计30余万字。唐兰在《老聃的姓名合时代考》中指出：《老子》产生于孔说盛行之前，除一小部分为后人搀入错乱外，可信为老聃自著。①

以梁启超、顾颉刚等为代表的另一派，则将老子的生活时代普遍后置。如梁启超认为："《老子》一书或身份甚晚，究在庄周之前，或在其后，尚有商量余地。"②

张寿林撰文指出，世人根据《史记》中"孔子适周见老子"的记载，"遂谓《道德经》著作之年代在孔子之前"③，该这种观点，非常值得商榷。进而，通过事证、理证，驳斥"孔子适周问礼说"之无稽，并对清儒崔述的观点④表示认同。

在《道德经》成书年代问题上，张寿林自有主张。其言："古书著作之年代，盖可就史事推而知之。"书中所记叙之史事，与作者之年代、著作之年代及真伪，均"至关重要"⑤。基于上述主张，张寿林通过考订史事，利用"旁证之方法求之"（张寿林语），从而得出《道德经》出于孔子之后的结论。⑥ 言下之意，"《道德经》为老子所著"，在张寿林看来，当为伪说，当为伪书。

张季同在《关于老子年代的一假定》一文中，提出这样的推断，《史记·老子传》中"根本没有提到太史儋"⑦，所谓"太史儋"绝非老子本人。老子与太史儋年代相近，在孔子、墨子之后，"墨子与孟子之间"⑧，

---

① 唐兰：《老聃的姓名合时代考》，载罗根泽编著《古史辨》第4册，海南出版社2005年版，第234—236页。

② 梁启超：《梁任公学术演讲集》，转引自张心澂《伪书通考》（修订本），商务印书馆1957年版，第790页。

③ 张寿林：《老子〈道德经〉出于儒后考》，载罗根泽编著《古史辨》第4册，海南出版社2005年版，第216页。

④ 崔述曾言："今《史记》之所载老聃之言，皆杨朱之说耳"，转引自张寿林《老子〈道德经〉出于儒后考》，载罗根泽编著《古史辨》第4册，海南出版社2005年版，第218页。

⑤ 张寿林：《老子〈道德经〉出于儒后考》，载罗根泽编著《古史辨》第4册，海南出版社2005年版，第218页。

⑥ 同上书，第219页。

⑦ 张季同：《关于老子年代的一假定》，载罗根泽编著《古史辨》第4册，海南出版社2005年版，第294页。

⑧ 同上书，第295页。

慎到、申不害等人之前。《老子》"大体出于一人手笔"①，确实是老子的个人专著，其中有后人补入的内容，"是战国初的作品"②。就文体而言，"至迟是战国中期的作品"③。

钱穆在《老子》成书年代问题上，也非常保守。他根据"其书思想议论及文体风格"，推断老子"在孔子之后。当自庄周之学既盛，乃始有之"④。并认为老子可能是楚人詹何，《老子》一书，出现在《庄子》后，《荀子》前。

日本学者武内义雄著《老子原始》，提出这样的观点：《老子》是老子后学荟萃各派所传老聃之言而成书的。老聃年世后于孟子，在周威烈王到周显王初年数十年间。《老子》成书在《庄子·胠箧篇》之后，《韩非子》解老、喻老二篇之前，可能是秦汉之际。⑤

顾颉刚的判断，与武内义雄类似。顾颉刚提出：《吕氏春秋》的作者"是很肯引用书的，所引的书是不惮举出它的名目的"⑥。就其与《老子》的关系而言，"《吕氏春秋》的作者用了《老子》的文词和大义这等多，简直把五千言的三分之二都吸收进去了，但始终不曾吐出这是取材于《老子》的"⑦。于是，顾颉刚"作一个大胆的假设：在《吕氏春秋》著作时代，还没有今本《老子》存在"⑧。

除此之外，孙次舟的论断，则更为大胆。他认为，《庄子》内篇中的"老聃"，乃是庄子捏造出来的寓言人物，其与庄子后学（指《庄子》外篇、杂篇）所言的"老子"，并非一人。他的主要依据是，"老子"的称谓，不见于《论语》《墨子》《孟子》等文献。直至荀卿、韩非的年代，才有"老子"的概念。而且，特别值得注意的是，《庄子》一书中，其《内篇》，只称"老聃"不言"老子"；只是《外篇》《杂篇》中，才出现

---

① 张季同：《关于老子年代的一假定》，载罗根泽编著《古史辨》第4册，海南出版社2005年版，第288页。

② 同上书，第295页。

③ 同上书，第288页。

④ 钱穆：《先秦诸子系年》卷2《七二、老子杂辨》，商务印书馆2001年版，第257页。

⑤ 参见［日］武内义雄《老子原始》，载江侠庵编译《先秦经籍考》，上海商务印书馆1931年版，第207、309页。

⑥ 顾颉刚：《从〈吕氏春秋〉推测〈老子〉之成书时代》，载罗根泽编著《古史辨》第4册，海南出版社2005年版，第310页。

⑦ 同上书，第317页。

⑧ 同上书，第318页。

"老子"的字样,而且多引《老子》言论。基于上述考虑,孙次舟认为,先秦史中,断无"老子"其人,"老子"是"庄周后学"捏造的人物形象。亦言之,《老子》是庄周后学假名"老子"的伪书,道家始祖当推"庄周",而非"老子"①。

"老子晚出说"由于多人的坚称,也符合"文化批判"的潮流,故而流传甚广。直到1973年,湖南长沙马王堆三号汉墓出土的帛书中,有《老子》甲乙两本。因为帛书本《老子》均抄写于秦汉之际,这使得秦汉成书说不攻自破。到了1993年,湖北荆门郭店出土楚简中,发现《老子》甲乙丙三组,这是迄今所见最早的抄本。

裘锡圭据此认为:"把《老子》形成的时代定在战国早期,还是比较合理的。如果《老子》确为老聃的弟子或再传弟子所编成,其成书年代很可能在公元前五世纪中叶或稍晚一些时候,下距郭店《老子》简的时代一百几十年。"② 于是,《老子》成书于战国中晚期的说法,也因为出土文物而被推翻。

由此可见,20世纪上半叶,在有关《老子》成书时代及真伪的论辩中,"且论且晚",有压倒一切之势。《老子》的真实性,遭遇前所未有的质疑。20世纪70年代以后,随着简帛文献的出土,"晚出说"不攻自破。《老子》成书在春秋末至战国初的概念,为人所普遍接受,虽然其中确有后人附益缀辑的问题,但基本上已没有人遽尔认定其为伪书了。

(二)《孙子》辨伪

《孙子》辨伪,是20世纪诸子文献辨伪学史上另一桩著名公案。

孙武,字长卿,亦称孙子,生卒年月不详,约与孔子同时,是春秋末期吴国著名军事家。其祖为陈国公子完,内乱逃至齐国,改姓田。田完的五世孙,名田书,为齐大夫,因军功,得齐景公所赐,改姓孙氏。孙武为田书世孙,因田鲍谋乱,投奔吴国。以《兵书》见吴王阖闾,得信用。任将军。孙武曾领吴军北抗齐、晋,西破强楚,显赫一时。

《孙子》十卷,旧题周齐孙武撰。现存最早的刻本为南宋年间的《武

① 孙次舟:《跋〈古史辨〉第四册并论老子之有无》,载罗根泽编著《古史辨》第6册,海南出版社2005年版,第62页。

② 裘锡圭:《郭店〈老子〉初探》,载陈鼓应主编《道家文化研究》第17辑,三联书店1999年版,第30页。

经七书》本与《十一家注孙子》本。现存最早的单注本，为影宋本《魏武帝注孙子》。传世刊本数量大且系统复杂。

自《史记》《汉书》著录孙子事迹及其著述以来，人们普遍信而不论者。自南宋始，有人提出质疑。如叶适提出，细细品读《孙子》，发现其与《管子》《六韬》《越语》相出入，必为"春秋末战国初山林处士所为"，由于该人之言论，为吴国所采纳，故而"其徒夸大之说也"①。

明儒胡应麟指出，此书《隋书·经籍志》中已有著录，且唐时马总纂《意林》，又曾从中辑录百余语，可知其书确有。但是，《唐书·艺文志》均不见著录，或许已失传。因此，南宋以后，其书复流行于世。胡应麟以为可疑，推测"本书亡逸而后人补之者"②。

清代以来，疑者日众，全祖望、姚鼐、章学诚也都撰文，反复申辩孙膑其人之凭空虚构。但也不乏有人表示异议，致使长期以来，聚讼纷纭，莫衷一是。

20 世纪 20 年代，梁启超在所著《〈汉志诸子略〉各书存佚真伪表》一书中，就《孙子》成书时代及真伪，提出以下判断："此书未必孙武所著，当是战国人依托。书中所言战事规模及战术，虑皆非春秋时所能有也。但其非汉以后书亦可断言。"③ 在所著《中国近三百年学术史》中，梁启超又说道，该书"旧题孙武作"，本"不可信"，应当"是孙膑或战国末年人书"④。

钱穆的《先秦诸子系年》，不但认为孙武其人与书，皆出自后人之伪托。⑤ 又说道，吴孙子本无其人，"疑凡吴孙子之传说，皆自齐孙子而来。《史记·本传》吴孙子本齐人，而齐孙子为其后世子孙。又孙膑之称，以其膑脚，而无名，则武殆即膑名耳"⑥。孙武、孙膑为一人，应该是钱穆诸子学研究中，最不希望人们提及的"著名论断"。

日本学者斋藤拙堂在《孙子辨》里，认为："孙武见吴王在吴伐楚之

---

①　（宋）叶适：《习学记言序目》卷 46，中华书局 1977 年版，第 675 页。

②　（明）胡应麟：《四部正讹》（顾颉刚点校）卷中《孙子》，朴社 1933 年版，第 46 页。

③　梁启超：《考诸子略以外之现存子书》，载梁启超《〈汉志诸子略〉各书存佚真伪表》（附）（《饮冰室专集》八十五），中华书局 1989 年版，第 9 页。

④　梁启超：《中国近三百年学术史》（新校本），商务印书馆 2011 年版，第 312 页。

⑤　钱穆：《先秦诸子系年》卷 1《七、孙武辨》，商务印书馆 2001 年版，第 14 页。

⑥　钱穆：《先秦诸子系年》卷 3《八五、田忌邹忌孙膑考》，商务印书馆 2001 年版，第 304—305 页。

前，其时吴王已得见武之十三篇。然作书之时，越国尚小，其兵不应多于吴，今《孙子·虚实篇》云：'以吾度之，越人之兵虽多，亦奚益于胜哉？'"所以今本《孙子》作成年代，应该在越强于吴之后。他又认为："《左传》昭公十三年，吴伐越，为吴、越相争之始，而《九地篇》云：'吴人与越人相恶。'是在吴、越相雠后之证。"综合这两条证据，他认为孙武和孙膑，实际上，是同一个人，武其名，而膑其号，而十三篇之作自然是战国时的孙膑。武内义雄更进一步认为，今本《孙子》十三篇的作者是孙膑。①

当然，论《孙子》不伪的学者，亦不鲜见。如齐思和就说道："余详研其书，遍考之于先秦群籍，然后知孙武实未必有其人，十三篇乃战国之书，而叶氏之说为不可易也。"他经过对《孙子兵法》中所论之战术、用兵规模、军制、使用的名辞、其书这体例、学术发展之顺序等项逐一考证后，认为："所谓孙武者既未必真有其人，而十三篇所言之战术、军制，其中所有之名辞，皆系战国时物，而其著书体例，又系战国时代之体例，则其书为战国中后期之著作，似可确定。"②

1972 年，考古工作者在山东临沂银雀山西汉墓，发现《孙子兵法》《孙膑兵法》《六韬》《卫缭子》等古籍残简，并有《吴问》《四变》《黄帝伐赤帝》《地形二》《见吴王》等佚文五篇。以上均为汉初抄本，是现存最早的本子。1979 年，青海大通县上孙家寨 115 号西汉墓，也出土了木椟《孙子兵法》佚文。

据出土文献可知，第一，《史记·孙吴列传》所言，言之有据。孙武、孙膑确有其人；第二，孙武、孙膑各有兵法传世，所谓《孙子》"十三篇"确为《孙子》文本。

郑良树根据地下出土资料所引及《孙子兵法》的文字来考察，认为："《孙子》十三篇作成的时代应该在春秋末年，战国早期（战国始年以《史记》为准），也就是大约孙武卒后的四十余年间。"③

有学者根据《顾颉刚书话》中的一条笔记（题为《剑桥格芮菲司来询

---

①　转引自郑良树《竹简帛书论文集》，中华书局 1982 年版，第 53 页。

②　齐思和：《孙子兵法著作时代考》，《燕京学报》1939 年第 26 期。又载齐思和《中国史探研》，中华书局 1981 年版，第 219、225—226 页。

③　郑良树：《论〈孙子〉的作成年代》，载郑良树《竹简帛书论文集》，中华书局 1982 年版，第 72 页。

〈孙子〉书之年代》①，1972 年），谈及顾颉刚有关《孙子》成书年代及真伪的观点。时年已 80 岁的顾颉刚，遵照时任中国社会科学院院长的郭沫若的指示，对英国剑桥新学院教授格芮菲司（Samuei B. Griffith）的有关《孙子》真伪的疑惑，进行了答复。顾颉刚在引述古今学者的观点后，提出以下论断：第一，《史记·孙武传》全不可信；第二，《孙子兵法》决不作于春秋时，而成书于战国时期；第三，《孙子兵法》的作者猜想是孙膑。

这位学者特别写道：

特别值得注意的是，在这条笔记的末尾，顾颉刚写道："闻今年山东某地出土木简《孙子兵法》，视今本倍多，不知何时可见到。一九七二年八月廿三日陈金生君来谈及。"

因为整条笔记没有注明时间，这段话不知是否出于补记。如果这段话是补记，按文意前面的部分也应写于当年。而补记中所说出土木简一事，正是 1972 年 4 月山东临沂银雀山西汉墓同时出土《孙子兵法》与《孙膑兵法》竹简的大事，完全推翻了宋代以来对《孙子兵法》《孙膑兵法》及《史记·孙武传》的种种怀疑。

这次考古发现（同年出土的还有湖南长沙马王堆汉墓帛书）与顾颉刚的上述考辨在同一年发生，正可看作古籍辨伪与考古发掘两种研究方法的明显差异，而顾颉刚一生所从事的古史辨和古籍辨伪工作，与 20 世纪 70 年代以来的大量简帛文献的出土，亦正可谓失之交臂，无疑便成为 20 世纪学术史上最令人惋惜的一件憾事。②

（三）《墨子》辨伪

梁启超在《读墨经余记》中，就《墨子》成书时代及真伪，提出以下论断：《经》上下、《经说》上下、《大取》及《小取》六篇，虽"多言名学"，但诸篇"性质各异"，需就事论事，区别对待，"不容并为一谈"③。

---

① 印永清辑：《顾颉刚书话》，浙江人民出版社 1998 年版，第 161—165 页。
② 吴少珉、赵金昭主编，张京华等著：《二十世纪疑古思潮》，学苑出版社 2003 年版，第 366—370 页。
③ 梁启超：《读墨经余记》，载罗根泽编著《古史辨》第 4 册，海南出版社 2005 年版，第 174 页。

第一，《大取》《小取》两篇，既不名以"经"字，当为"后世墨者所记"。既然"非经"，就不必论及"《经》之真伪"。

第二，《经》上下篇，"文例不同"。《经》上篇，"必为墨子自著无疑"。《经》下篇著者待考，"或墨子自著，或禽滑厘、孟胜诸贤补续"。证据不足，"未敢悬断"。

第三，《经说》已非"原本"。其中大半传述，系"墨子口说"。由于"非墨子手著"，自然"不能谓其言皆墨子之意"。其中，除了"后学引申增益"，还有"后人案识之语"而掺入正文。①

在论断上述六篇时代及真伪之余，梁启超就《墨子》辨伪原则或依据，提出三点认识。第一，《墨子》中《经》的文体，与其他诸篇不同，此乃"《经》为墨子自著之确证"。而《大取》《小取》六篇，皆有"子墨子曰"的字样，"必为门弟子所述"，绝非墨子亲著。第二，《墨经》文体，与《易·象传》《春秋》"颇相类"，此种文体，"战国无有也"。第三，墨子提倡"智与爱"，故而《墨经》"多教智之言"，《墨经》"根本理想实与墨教一致"，当为墨子所著。至于《明鬼》等篇，"多迷信之言"，胡适"以为不同出一手之证"，梁启超不以为然，称胡适"此论非是"。②

梁启超在《墨子学案》中，又按各篇真伪"程度"，将《墨子》五十三篇分作以下五组：

第一组，自《亲士》至《三辩》等七篇，"皆后人伪造"。前三篇"全无墨家口气"，后四篇，大致根据"墨家余论"而作。

第二组，《尚贤》三篇、《尚同》三篇、《兼爱》三篇、《非攻》三篇、《节用》三篇、《节葬》一篇、《天志》三篇、《明鬼》一篇、《非乐》一篇、《非命》三篇、《非儒》一篇，总计二十四篇，基本是"演墨子学说所作"。其中，也有后人加入者。《非乐》《非儒》两篇比较可疑。

第三组，《经》上下、《经说》上下、《大取》《小取》等六篇，既非墨子书，亦非墨者记墨子学说之书，乃《庄子·天下篇》所说的"别墨"所作。这六篇中的"学问"，绝非墨子时代所能发明。施惠、公孙龙的学

---

① 以上引文，均出自梁启超《读墨经余记》，载罗根泽编著《古史辨》第 4 册，海南出版社 2005 年版，第 174 页。

② 梁启超：《读墨经余记》，载罗根泽编著《古史辨》第 4 册，海南出版社 2005 年版，第 174—175 页。

说，"几乎全在此六篇之内"，当为"施、龙时代之别墨所作"。

第四组，《耕柱》《贵义》《公孟》《鲁问》《公输》等五篇，乃"墨家后人"将"墨子之言行"辑聚而成。类似儒家之《论语》，其中有许多资料，比第二组更加重要。

第五组，自《备城门》以下至《杂守》等十一篇，内容皆"墨家守城备战"之方法。①

胡适在《中国哲学史大纲》一书中有言：《庄子·天下篇》谓墨家之两派，"俱诵《墨经》而倍谲不同，相谓'别墨'，以坚白同异之辩相訾，以觭偶不仵之词相应"②。

胡适的具体主张是：《经》上下、《经说》上下、《大取》《小取》六篇，系此等"别墨"所作。所谓"墨经"，乃墨教之经典，非此六篇，如《兼爱》《非攻》等篇，才属于"墨经"的范畴。

墨家后人，虽皆诵"墨经"，信奉墨教，但与"墨经"本身，大有"倍谲不同者"。而且，于带有"宗教"色彩的墨学外，另分出颇富"科学"精神的墨学一派。譬如研究"坚白""异同""觭偶不仵"等问题的，可以通称为"别墨"。因此，《经》上下、《经说》上下、《大取》《小取》这六篇，都是此类学说，定非墨子所作。

胡适认为，其持论如上述，主要理由有以下四点：

其一，文体不同。其文体、句法、字法，与《兼爱》《非攻》《天志》诸篇皆不相似。

其二，思想不同。墨子之议论，往往有极鄙浅可笑者，如《明鬼》虽用三表法，其实全无论理。此六篇则不然，全无浅陋迷信之言，此乃科学家及名学家议论，非墨子时代所能作。

其三，墨者之称。《小取》篇两称"墨者"。

其四，与惠施、公孙龙之关系。《庄子·天下篇》所举施、龙等人议论，几乎无一条不在此六篇之中讨论过。公孙龙之《坚白》《通变》《名实》三篇，"不但其资料都在《经》上下、《经说》上下四篇之中"，而且"字句文章"亦多有同者。由此可见，上述诸篇"若不是惠施、公孙龙作

---

① 梁启超：《墨子学案》（《饮冰室专集》三十九），中华书局 1989 年版，第 6—7 页。

② 胡适：《中国哲学史大纲》，河北教育出版社 2001 年版，第 140 页。

的，一定是他们同时的人作的"①。

张煊在《墨子经说新解》中，也提出他的判断，《亲士》以下七篇，或为"后人伪托，本非翟书"。首先，《亲士》《修身》二篇，文辞"富丽"，与荀子文章相似，"皆儒者言"，决非墨子所作。其次，《所染》《法仪》等五篇，虽似墨说，"实后世续墨者所为"，而且诸篇大意，又与《尚贤》《天志》等篇重复。特别是据《所染》篇"宋康染于唐鞅、田不礼"一语考之，可以确认：上述"数篇殆作于宋亡而后，其时墨骨已朽，胡能著述"②。

朱希祖则认为，《备城门》以下二十篇，九篇亡佚，今存十一篇，不论存亡，"皆属汉人伪托"③。为证明上述观点，朱希祖举证如下：

第一，今存十一篇，多汉代官名。其中，如城门司马，城门侯，都司空，执盾，中涓，曹三老，令丞尉，太守等，"此皆汉制，汉以前未闻有此官名"④。因此，"据上列数官"，就可以断定《墨子》诸篇，"为汉人伪托"⑤。

第二，今存十一篇，有汉代刑法制度。其中如城旦、复、符传等，根据《汉书·刑法志》《汉书·惠帝纪注》以及崔豹《古今注》，可以确定"皆系汉制"。据此可知，《墨子》诸篇"为汉人伪托，更显然矣"⑥。

第三，今存十一篇，多剿袭战国末及秦汉诸子。其中如《备城门》篇中"凡守围城之法"的文字，出自《管子·九变篇》；《迎敌祠》篇中"敌以东方来迎坛"的文字，系"剿袭"《黄帝兵法》。特别是《旗帜》《兵教》两篇中剿袭《尉缭子》的文字，"必为汉人作，又无疑矣"⑦。

第四，今存十一篇，多言铁器铁兵，与墨子时代不符。《备城门》以下诸篇，多载铁器、铁兵。朱希祖认为，这与墨子时代之实际情况不符。就"铁蒺藜"等兵器观之，《备城门》等篇，"实有剿袭《六韬》痕迹"。

① 胡适：《中国哲学史大纲》，河北教育出版社2001年版，第141—142页。
② 转引自张煊《〈墨子·经说〉作者考》，载罗根泽编著《古史辨》第4册，海南出版社2005年版，第161页。
③ 朱希祖：《〈墨子·备城门〉以下十二篇系汉人伪托说》，载罗根泽编著《古史辨》第4册，海南出版社2005年版，第179页。
④ 同上书，第180页。
⑤ 同上书，第182页。
⑥ 同上。
⑦ 同上书，第184页。

《六韬》为汉人伪托，已无疑义。朱希祖推测，《备城门》以下诸篇，或许处于"伪托之《六韬》后也"①。

总而言之，朱希祖认为《备城门》以下诸篇，伪托之踪迹显然，"实为汉人伪托，殆无疑义"②。

张其锽在所著《墨经通解》中，对《墨子》诸篇年代及真伪，都进行了较深入的探讨。其中诸多观点，都与胡适、梁启超有别。例如《经》上篇，张其锽认为，其"文词简质，界说谨严"，与《经》下篇"说者大殊"。《经》上篇"为墨子所以教弟子者，可无所疑"。这一点，与胡适的"别墨"说，梁启超的"皆墨子所著"说，均不相同。③

冯友兰在《中国哲学史》中指出，《墨子》书中《经》及《经说》等篇，均为"战国后期墨者所作"。到了战国后期，"游学之风极盛"，为了实现"简练易记"，才有"经"这种文体。"若战国前期"，则绝无此类体裁之著作也。譬如《大取》《小取》两篇，皆为"据题抒论"之"著述体裁"，也非"墨子时代所有也"。此外，《经》《经说》及《大取》《小取》等篇中，有关"坚白同异""牛马非牛"等辩论，"皆以后所有"。如果墨子时代就有，以孟子之"好辩"，对于"此等问题"不会置而不论的。总而言之，冯友兰认为，"此六篇为战国时后期之作品矣"④。

（四）《管子》辨伪

《管子》二十四卷，旧本题周管仲撰。唐宋以来，多有学者质疑其真伪。如唐人孔颖达在《左传正义》中言："世有《管子》书者，或是后人所录。"⑤

宋代学者的辨伪工作则更加深入系统。如苏轼从内容辩证着手，指出《管子》书中，有诸多不合管子学说的内容。譬如"废情任法，远于仁义

---

① 朱希祖：《〈墨子·备城门〉以下十二篇系汉人伪托说》，载罗根泽编著《古史辨》第4册，海南出版社 2005 年版，第 184 页。

② 同上。

③ 张其锽：《墨经通解》，转引自张心澂《伪书通考》（修订本），商务印书馆 1957 年版，第 881 页。

④ 冯友兰：《中国哲学史》（上），载冯友兰《三松堂全集》卷 2，河南人民出版社 2001 年版，第 324—325 页。

⑤ （周）左丘明传，（晋）杜预注，（唐）孔颖达正义：《春秋左传正义》（浦卫忠等整理）卷 8《庄公九年》，北京大学出版社 1999 年版，第 237 页。

者"，基本属于申不害、韩非子的言论，"非管子之正也"①。朱熹则认为，管子以"功业"著称，"未必曾著书"。此外，《弟子职》篇，"全似《曲礼》"；其他篇章，又多与庄子、老子言论类似。此外，《管子》书中，还存在"说得太卑""小意智"的问题，管仲其人，不应有"如此之陋"。总而言之，朱熹认为"《管子》非管仲所著"，或许"只是战国时人"汇编管子"行事言语"，并"附以它书"而成的伪书。②

此外，叶适的考辨，非常值得注意。他认为，《管子》既非一人之笔，亦非一时之书。他根据《管子》书中称毛嫱、西施，以及吴王好剑等事迹，推断其为"春秋末年"的作品。又称，"管氏独盐筴为后人所遵，言其利者无不祖管仲，使之蒙垢万世，甚可恨也"③。叶氏关于此书"非一人之笔，亦非一时之书"的观点，为后人广泛接受。

黄震在《黄氏日抄》中指出，《管子》一书，"不知谁所集"。该书内容"庞杂重复"，大概"不出一人之手"。譬如《心术》《内业》等篇，"皆影附道家以为高"，再如《侈靡》《宙合》等篇，"皆刻斫隐语以为怪"，而上述"虚浮之语"，绝非管子的风格。再如《轻重》篇，以"多术"见称。黄震认为，"管子虽多术，亦何至如此之屑屑哉？"此外，《管子》书中，还有诸多"自相矛盾"的问题。"似不出一人之手"。④

明代学者宋濂认为，《管子》非管仲所自著。但是，我们注意到，宋濂所列举的理由以及有关成书始末的推断，均与叶适类似。⑤ 可详诸顾颉刚标点本《诸子辨》，兹不详述。明代学者梅士享在《诠叙管子成书》一文中，对《管子》书中诸篇逐一考订⑥，颇有见识。这种考辨法，为罗根泽等后世学者所发扬光大。

进入 20 世纪，梁启超等学者有关《管子》真伪问题的讨论，步子迈

---

① （宋）苏轼：《古史管晏列传》，转引自张心澂《伪书通考》（修订本），商务印书馆 1957 年版，第 888 页。

② （宋）黎靖德编：《朱子语类》（王星贤点校）卷 137《战国汉唐诸子》，中华书局 1986 年版，第 3252 页。

③ （宋）叶适：《习学记言序目》卷 45，中华书局 1977 年版，第 663 页。

④ （宋）黄震：《黄氏日抄》卷 55《读诸子》，台湾商务印书馆 1986 年影印文渊阁四库全书本，第 707 册，第 405，407 页。

⑤ （明）宋濂：《诸子辨》（顾颉刚标点）之"管子"，朴社 1928 年版，第 2—4 页。

⑥ 梅士享：《诠叙管子成书》，转引自张心澂《伪书通考》（修订本），商务印书馆 1957 年版，第 889 页。

得更大。

譬如梁启超，他在所著《古书真伪及其年代》一书中指出，管子是春秋初年的人，但是《管子》一书中有如"批评兼爱、非攻、息兵"的文字，分明是"战国初年墨家兴起之后"才有的问题。因此，若认《管子》为管仲作，则春秋初年即有人讲兼爱非攻等问题，时代岂非紊乱？①　此外，梁启超在《〈汉书·艺文志·诸子略〉考释》中，又以《管子》书中一小部分内容是春秋末年传说，其余大部分，则是战国至汉初递为增益而成，是一种无系统之类书而已。②

譬如胡适，他在《中国哲学史大纲》一书中说道：

> 《管子》这书，定非管仲所作，乃是后人把战国末年一些法家的议论和一些儒家的议论（如《内业篇》，如《弟子职篇》）和一些道家的议论（如《白心》、《心术》等篇），还有许多夹七夹八的话，并作一书；又伪造了一些桓公与管仲问答诸篇，又杂凑了一些纪管仲功业的几篇；遂附会为管仲所作。③

总而言之，胡适认为，《管子》一书，伪造之"证据甚多"。具体而言：

首先，《管子》一书，"说了作者死后的许多史事"④。譬如，《小称篇》既有"管仲将死之言"，又记毛嫱、西施等人事迹。"西施当吴亡时仍在，吴亡在公元前472年前，管仲已死（笔者按，胡适称，管仲死于公元前634年）百七十年矣。"⑤　譬如《立政篇》中，有"兼爱之说胜，则士卒不战"等"墨子学说"。墨子生卒年代"远在管仲后矣"⑥，《管子》书中不当预测墨子学说。再如《管子》书中的"法治学说"可谓完备，但是管仲死后百余年，仍有子产铸《刑书》（前536年），叔向极力反对；晋国作刑鼎、铸《邢书》，孔子亦极不赞成（前513年）的现象发生。胡适

---

①　梁启超：《古书真伪及其年代》（《饮冰室专集》一百四），中华书局1989年版，第7页。

②　梁启超：《〈汉书·艺文志·诸子略〉考释》（《饮冰室专集》八十四），中华书局1989年版，第21页。

③　胡适：《中国哲学史大纲》，河北教育出版社2001年版，第17—18页。

④　均出自胡适《中国哲学史大纲》，河北教育出版社2001年版，第20页。

⑤　胡适：《中国哲学史大纲》，河北教育出版社2001年版，第18页。

⑥　同上。

据此质疑道："若管仲时代已有《管子》书中的法治学说，决不会二三百年中没有法治观念的影响。"① 他认为，唯一合理的解释，就是《管子》书中之法治学说，"乃战国末年之产物"②。

其次，《管子》的"文法笔势皆非老子、孔子以前所能产生"③。特别是"《管子》那种长篇大论的文体，决不是孔子前一百多年所能作的。后人尽管仿古，古人决不仿今"④。

依据上述，胡适认定：《管子》必为"后人伪作"⑤。

再如罗根泽。他的考证，在前人的基础上，更进一步。在所著《管子探源》中，罗根泽分别指出《管子》各篇来源以及为何人所作。通篇条理明辨，可成一家之言。

如《正世》及《治国》篇，均为"西汉文景后政治思想家作"⑥；《封禅》篇，为司马迁作⑦；《小问》，为辑管子传说之辑录⑧；《度地》篇，为汉初人作⑨；《弟子职》篇，疑为汉代儒家所作⑩。总之，罗根泽认为，《管子》书非管子作，"毫无疑义"⑪。

《管子·轻重》篇，是《管子》研究中的一个热点，也是 20 世纪诸子文献辨伪研究的一个焦点。⑫

《管子·轻重》非管仲所著，古人早已有了认识。但是，对《管子·轻重》著作年代，进行真正意义上的研究，则始于王国维所著《月氏未西迁大夏时故地考》。

王国维依据《管子·轻重》多处出现的"玉起于禺氏"等语，提出"文景说"。其言："余疑《管子·轻重》诸篇为汉文、景间作，其时月氏

① 胡适：《中国哲学史大纲》，河北教育出版社 2001 年版，第 21 页。
② 以上引文，均出自胡适《中国哲学史大纲》，河北教育出版社 2001 年版，第 18 页。
③ 胡适：《中国哲学史大纲》，河北教育出版社 2001 年版，第 18 页。
④ 同上书，第 20 页。
⑤ 同上书，第 18 页。
⑥ 罗根泽：《管子探源》，载罗根泽《诸子考索》，人民出版社 1958 年版，第 477 页。
⑦ 同上书，第 481 页。
⑧ 同上。
⑨ 同上书，第 484 页。
⑩ 同上书，第 486 页。
⑪ 同上书，第 499 页。
⑫ 研究概况，可参见巩曰国：《从"疑古"到"走出疑古时代"——〈管子·轻重〉著作年代研究百年回首》，《管子学刊》2008 年第 3 期。

已西去敦煌祁连间而西居且末于阗间，故云'玉起于禺氏'也。"①

郭沫若对王国维"文景说"非常推崇，在《管子集校》中录入《月氏未西迁大夏时故地考》一文，使得"文景说"有了更为广泛的影响。王国维以后，对《管子·轻重》著作年代进行详细研究的是罗根泽，他在《管子探源》中，对《管子·轻重》的著作年代有专门考证。

罗根泽认为，《管子·轻重》是"汉武昭时理财家作"。他列举了十余条根据，其最主要者有以下五点：（1）《轻重》诸篇中，多见"山海""盐铁"连用，是武帝时主张盐铁策者依托管仲所作；（2）《轻重》诸篇多处论述平准之策，"除武昭时，前古未有也"；（3）《轻重》诸篇的"社会情形经济状况，绝类武昭之世"；（4）《轻重》与《盐铁论》均提到"汤禹铸币"，当"为一家一派之学"；（5）《轻重》中"通施""刀布"等术语，"与武昭时理财者之所用相仿"。②

罗根泽的"武昭说"，辨析细致，颇为详赡，姑且不论结论是否经得起推敲，至少在形式上，能够代表民国时期中国学者论辩诸子文献真伪的最高水平。③

马非百在《管子·轻重篇》研究中用力颇多，也是 20 世纪《管子》辨伪研究中，一位承上启下的学者。所著《管子轻重篇新诠》，自 1943 年动笔，中华人民共和国成立后，又数易其稿，直到 1979 年，方由中华书局刊行。马先生认为，《轻重篇》是一部独立的著作，与《管子》其他各篇不是一个思想体系，它是西汉末年王莽时代的人所作。这一观点，最初散见于《管子轻重篇新诠》的稿本。后经马先生本人整理，以"关于《管子·轻重篇》的著作年代问题"为题，发表在《历史研究》1956 年第 12 期上，后又收在中华书局 1979 年版《管子轻重篇新诠》一书中。④

20 世纪 20 年代以来，关于《管子·轻重篇》的成书年代，由文景说，到武昭说，再到王莽说，一再推问晚近。虽然也有学者坚持"战国说"的

① 王国维：《观堂集林》（附别集），中华书局 1959 年版，第 1156—1158 页。
② 以上，详见罗根泽《诸子考索》，人民出版社 1958 年版，第 489—499 页。
③ 有学者指出：罗根泽"武昭说"回避了司马迁《史记·管晏列传》中"吾读管氏《牧民》、《山高》、《乘马》、《轻重》、《九府》"的记载，这使其论证大打折扣。详见巩曰国《从"疑古"到"走出疑古时代"——〈管子·轻重〉著作年代研究百年回首，《管子学刊》2008 年第 3 期。
④ 马非百：《关于〈管子·轻重篇〉的著作年代问题》，《历史研究》1956 年第 12 期。

观点：如容肇祖就曾提出，"《管子·轻重篇》著作的时代大致是战国"①。但是，"汉代说"已占据绝对优势的地位。

20世纪80年代以后，越来越多的学者倾向于"战国说"。其中以胡家聪的（《〈管子·轻重〉作于战国考》和《〈国蓄〉篇的"平籴"思想发微——兼论〈国蓄〉作于田齐时代》），以及李学勤的主张影响较大。其中如李学勤，曾利用出土文献，讨论《管子·轻重》的著作年代等问题。由于立足于新史料，故而较有说服力。②

（五）《鹖冠子》辨伪

《鹖冠子》三卷，旧题鹖冠子撰，陆佃解。最早著录的是《汉书·艺文志》列入"道家类"。南朝刘勰《文心雕龙》的"诸子篇"也有记载。隋唐《经籍志》及《艺文志》中，也有著录，但是篇数、卷数，或有出入。今有宋人陆佃校三卷本等版本，其中以明正统道藏本为优。上海古籍即依此本影印，编入《诸子百家丛书》之中。

中唐以前，未见有人提出《鹖冠子》真伪问题，柳宗元是最早发难者。柳宗元自称，他对贾谊之《鵩赋》，颇为欣赏。但是，有学者以为该赋"尽出《鹖冠子》"。柳宗元颇为好奇，特意"往来京师"，求《鹖冠子》而不得。后来，"至长沙始得其书"。开卷读之，以为"尽鄙浅言也"。因而推测，其为"好事者伪为"之书。为混淆视听，采用贾谊《鵩赋》"以文饰之"，而非贾谊借助《鹖冠子》中言，以为自己的文章增色。③

此后，《鹖冠子》真伪，成为人们时常论及的问一个问题。如《崇文总目》中言："唐世尝辨此书后出，非古所谓《鹖冠子》者。"④此外，如晁公武《郡斋读书志》、陈振孙《直斋书录解题》、王应麟《困学纪闻》、张淏（《云谷杂纪》）、宋濂《诸子辨》、胡应麟《四部正讹》，以及《钦定四库全书总目》、崔述《考古续说》等，都对《鹖冠子》的真伪，发表过各种论断。

---

① 容肇祖：《驳马非百"关于管子·轻重篇的著作年代问题"》，《历史研究》1958年第1期。

② 李学勤：《〈管子·轻重〉篇的年代与思想》，载陈鼓应主编《道家文化研究》（第2辑），上海古籍出版社1992年版。

③ （唐）柳宗元：《柳河东集注》卷《辨鹖冠子》，台湾商务印书馆1986年影印文渊阁四库全书本，第1076册，第508页。

④ 转引自张心澂《伪书通考》（修订本），商务印书馆1957年版，第860页。

民国时期，除了吕思勉等个别学者以外，绝大多数人的论辩，基本沿着"伪书说"的路子进行。如梁启超认为，今本《鹖冠子》虽非全伪，但必经后人窜乱，附益者多。只是仍有汉代旧貌，"非《关尹子》、《鬼谷子》等伪书能比"①。

钱穆《先秦诸子系年》则认为：今本《鹖冠子》内容与史实多相抵牾，如《王鈇篇》评述柱国令伊，而内容则全抄袭《管子》。而且，"郡县之名，虽秦前已有，然废封君而全国以郡县相统属，其制始于秦，未必楚人先有其制"。因此，钱穆推测道："盖后人见《汉志》有鹖冠楚人之说而妄托者耳。"②

直到 20 世纪 70 年代，随着 1975 年长沙马王堆汉墓《黄老帛书》等文献的出土与整理，《鹖冠子》伪书说，渐为人所修正。其中如唐兰的《马王堆出土〈老子〉乙本卷前古佚书的研究》（《考古学报》1975 年第 1 期）、李学勤与吴光的《〈鹖冠子〉非伪书考辨》（《浙江学刊》1983 年第 4 期），还有裘锡圭等人，都提出"《鹖冠子》不伪"的观点。③

民国学者的诸子文献辨伪，虽然都主张用新的理论视角及研究方法，对传世的子部文献进行考辨、审读与诠释。但由于旨趣不同，依然呈现出截然不同的两种取向。

概言之，胡适、顾颉刚、钱玄同等人的诸子文献辨伪，意在通过"科学"的考辨，为中国文化中蕴含的"科学精神"做注脚，从而实现其文化批判和文化重建的目的。他们的诸子辨伪，立意"高远"，但深刻欠缺，"务虚"的色彩更重。

与其形成鲜明对照的，是顾实、黄云眉、钱穆、罗根泽等人的诸子文献辨伪。这些学者的文献辨伪虽然不以"六艺"为标准，但也不以"主义"为追求。他们的考辨在成书年代等环节上反复论证，学术的意趣较以"主义"的色彩要浓重得多，学术的价值较以"思想"的意义要浓重得多。这些学者的诸子文献辨伪，承前启后，堪称 20 世纪诸子学研究之殿军。

---

① 梁启超：《〈汉书·艺文志·诸子略〉考释》（《饮冰室专集》八十四），中华书局 1989 年版，第 26 页。

② 钱穆：《先秦诸子系年》卷 4《一五八、鹖冠子辨》，商务印书馆 2001 年版，第 559 页。

③ 20 世纪 70 年代以来的研究概况，可参见陈亚秋《近年来〈鹖冠子〉究综述》，《学海》2002 年第 3 期。

第八章 辨伪集成之作

《伪书通考》是中国文献辨伪学史上，一部规模最大的辨伪资料汇编。该书编著者张心澂先生，虽然不以文献辨伪为主业，但所著《伪书通考》一书，足以令其在中国文献辨伪学史上，居于不可替代的位置。就此，曾有学者发表高论①，但仍有许多问题值得商榷。

一 撰写始末

张心澂（1887—1973），字仲清，号冷然，广西永福县人。光绪十三年（1887）生于官宦之家。张氏一门，清末曾出三位进士，在广西地方盛极一时。其祖父张增垣，进士出身，官至江西候补道，又曾任乡试提调官。其父亲张其鏐，光绪十五年（1889）进士，官至江西建昌府知府。其堂叔张其锽，光绪三十年（1904）二甲赐进士出身，入民国后，曾任广西省省长。张心澂自幼便接受系统教育，熟读四部文献，国学功底牢固。后进京，于清光绪三十一年（1905），考入京师大学堂译学馆。这所译学馆是我国最早的外语专科学校。张心澂期间主修英文。

清宣统二年（1910），张心澂自译学馆毕业，得举人身份。后入北洋政府北京通传部任职，后升任会计部科长。北伐战争后，随交通部迁往南京。1932年，出任南京国民政府交通部第一任会计长。不久因生性耿直而辞官，后调任交通部参事。1933年年初，回上海寓所，闭门著书。1934

---

① 杨绪敏的《张心澂与〈伪书通考〉》（《徐州师范大学学报》2000年第2期），是较早较全面介绍张心澂及其著述的文章。此外，林艳红的《张心澂与〈伪书通考〉》（《津图学刊》2003年第5期），就张心澂生卒年及祖籍提出自己的判断：张心澂（1896—1988），广西桂林永福县人。此外，李岚完成的学位论文，当是目前同类研究中，论述最深入的成果之一。参见李岚《张心澂与〈伪书通考〉》，广西师范大学2001年硕士论文。

年，应广西当局礼聘，出任广西省经济委员会委员，并负责筹建会计、审计二处。同年 10 月，任广西省政府会计委员会主任委员。1936 年年初，辞职回到上海。致力于《伪书通考》的撰写。1937 年 6 月，重返广西，任广西省政府会计长。

此后，潜心从事会计学研究及会计人才培养工作，其间出版如《政府会计原理与实务》等十几种会计学专著，并创建了广西省立桂林高级商业职业学校。1949 年前，张心澂离开广西省政府，任广西大学经济系教授。1953 年，院系调整，广西大学裁并。张心澂到广西省文史研究馆，成为建馆以来第一批馆员。张心澂晚年，倾心于古籍及古史研究，撰成《春秋国际公法》《易经哲学》等书稿。1973 年 1 月，张心澂于桂林病逝，享年87 岁。

据张心澂自言，早在 20 世纪 20 年代，就萌生编著《伪书通考》之心。其言："我编著这书的动机，是在《古史辨》第一册出版未久时，我读了它感觉到辨伪对于研究学术和考察各时代思想和情况的重要性。我阅读了姚际恒的《古今伪书考》，引起我对于伪书的辨伪很感兴趣，又得着宋濂的《诸子辨》和胡应麟的《四部正讹》，于是把这三部书拼合起来，以书名为纲，对于某一部书辨伪之说，集合在一起，以便于阅览，初无意于编著。以后在他书得有辨伪资料，也随时加入，逐渐发展，所集渐多，遂立意编著一部《伪书通考》，以供读者参考。"①

1936 年至 1937 年寓居上海期间，张心澂得以集中时间和精力，专心完成书稿的编订工作。1939 年 2 月，该书由商务印书馆刊行，是为初版。中华人民共和国成立后，1954 年由商务印书馆再版。后来，张心澂对全书再次重加修订，修订本于 1957 年 11 月，复由商务印书馆刊印。

二　主要内容

（一）《伪书通考》的结构

《伪书通考》有初版、修订版两个版本。这两个版本的版式、内容都略有区别。

---

① 此据张心澂回忆。见张心澂《修订版序》（1955 年），载张心澂《伪书通考》（修订本），商务印书馆 1957 年版，第 11 页。

第一，初版分上下两册，竖版排印。修订版也分上下两册，横版排印。

第二，初版全书 1142 页，共考辨文献 1059 种；修订版共 1318 页，共考辨文献 1105 种，增加了 46 种。

第三，初版全书由例言、目录、总论、经部、史部、子部、集部、道藏、佛藏共 9 部分构成；修订版增加了修订版序、索引 2 部分，共 11 部分。

第四，初版收录民国学者的考辨成果，时间截至 1937 年前后；修订版收录的现代学者的研究成果，截至 1955 年。

表 8-1　　　　　　　《伪书通考》初版、修订版考辨文献统计

类别	初版	修订版
经部	73	88
史部	93	98
子部	317	324
集部	129	145
道藏	31	33
佛藏	416	417
合计	1059	1105

（二）《伪书通考》的内容

由于本书研究的时间下限是 1949 年，因此有关张心澂《伪书通考》内容成就时，据《伪书通考》1939 年的初版（1954 年再版），而非 1955 年的修订本（1957 年初版）。初版反映的是张心澂 20 世纪二三十年代对文献辨伪的认识和理解。

《伪书通考》的内容是较为丰富的，粗略区分，大致可分为两类：一类是张心澂辑录的他人著述；另一类是他本人的研究心得。

第一，关于辑录的古今学人辨伪语。

这是《伪书通考》的主体部分，在古今学人辨伪语中，《钦定四库全书总目》的内容所占比重非常大。

首先，《伪书通考》收录的考辨文献，除了确定无疑的伪书，以下 5 种也在收录范围：（1）部分伪的文献；（2）有伪造嫌疑的文献；（3）存

在伪造问题的亡佚文献；（4）误题作者及时代的文献；（5）与辨伪有关的文献。

其次，《伪书通考》辑录的考辨语，在辑录办法和编排上，也自有体例。对于辨伪专篇或专书，篇幅过大不便全文过录，则摘录要点；考辨语大致按照作者年代排列，不得其详的，则酌情排列。① 《伪书通考》对每一部在历史上曾为人所考辨的古书，都按照时代的顺序，罗列历代学者的考辨之说，说明了古籍辨伪的源流，使读者能清晰地了解历代学者对该书的考辨情况。张心澂这种从古至今的贯通性考察，使该书俨然成为一篇篇辨伪学史"汇编"。

第二，关于张心澂本人的研究心得。

这部分是张心澂文献辨伪理论、文献辨伪实践的集中展现。前者集中反映在"总论"中，主要论述了"辨伪之缘由""伪之程度""伪书之来历""作伪之原因""伪书之发现""辨伪律""辨伪方法""辨伪手续""辨伪事之发生"九个方面的问题。其中不乏编著者本人的见解。笔者拟在下文有详细说明，兹从略。后者散见于张心澂为41部文献所注的"按语"。

张心澂对许多文献的真伪，都有自己的认识和理解。如对史部文献《西京杂记》的考辨，张心澂在罗列了颜师古《汉书注》、黄伯思《东观余论》、晁公武《郡斋读书志》、陈振孙《直斋书录解题》，以及胡应麟、谭献、《钦定四库全书总目》等不同时代学者的论述之后，附了一大段按语，提出他本人对《西京杂记》一书真伪的意见。②

除此之外，值得注意的是，除了上述41种文献，对于书中收录的绝大多数文献，张心澂都未作按语。但是，他在每部文献题名之后，都做了"伪"或"疑伪"或"非伪"的标记。应该说，这是张心澂对上述文献真伪的整体意见。对此，他在"修订本序言"中做了说明：

　　辨别伪书，对于每一部书应当有一个结论，但各书不能都有编著

---

① 张心澂："例言"，载张心澂《伪书通考》，商务印书馆1954年版，第1页。

② 张心澂：《伪书通考》，商务印书馆1954年版，第546—547页。在"修订版"中，张心澂对此前的考辨再作梳理，按语篇幅增加了两倍不止。在这篇增订的按语中，张心澂提出了7条证据论说《西京杂记》的内容是刘歆未成的《汉书》底本的一部分，此外，他还列举7条证据，说明该书不是葛洪所撰。见张心澂《伪书通考》（修订本），商务印书馆1957年版，第653—659页。

者的按语，因为门类太多了，书也太多了，编著者个人的学识有限，哪能每部都做按语？所以就有话即长，无话即短，而对于多数的书，是无话就不说了。但编者的按语，也不能认为是最后的结论，因为不敢说按语说的都正确，在读者仍然可以提出不同的意见的。①

三　学术成就

（一）关于辨伪理论

张心澂写在书前"总论"中的文字，较全面阐释了他对文献辨伪理论的认识和理解。其中有关"辨伪意义""伪书类别"（张心澂称为"伪的程度"）、"成伪的类别"（张心澂称为"伪书的产生"）、"作伪的原因""伪书的分布"（张心澂称为"伪书的范围"）、"辨伪的规律"等内容的叙述，多依据胡应麟《四部正讹》、梁启超《古书真伪及其年代》等古今学者的成说，创新不多。

最能代表张心澂理论水平的，则是他有关"辨伪规律"的总结。共有以下六点：

其一，辨伪不可别有目的。

张心澂主张，文献辨伪"应以求真为目的，即为辨伪而辨伪"，不可存其他目的，不可与其他目的相混淆。

第一，不能与拥护圣道的目的相混淆。比如儒者为了拥护圣道而辨伪的，凡是不合于他们"所谓圣道的书，即断其为伪书"，但是他们说所的"伪书"，未必就是伪书。比如崔述的文献辨伪，成绩固然不小，但他的辨伪为的是"拥护圣道"，这也是不合辨伪规律的。

第二，不能以破坏为目的，以矜奇好异为目的，以多发现伪书以推翻破坏为目的，以炫耀自己学识才能为目的。

第三，上述目的而外的其他目的。张心澂认为，基于上述目的的辨伪，都非"辨伪之正途"，是危险的做法，应当避免。

其二，辨伪不可有主观成见。

张心澂认为，辨伪书是要求获得"客观的唯物的实在"。若辨伪的人

---

① 张心澂：《修订版序》（1955年），载张心澂《伪书通考》（修订本），商务印书馆1957年版，第12—13页。

用"主观主义唯心论",预先存有一个成见,那么"辨别所得的结论,就不会正确。"

其三,辨伪不可以以偏概全。

张心澂提出:不可因书内一部分的伪,或一句、数句的话,或所用的名词和著者的时代不合,因而断定"这书全体是伪"。或因一部分或者有为后人所窜入,字句间或者"有因传写的错误",或者为后人所改的。……总之,不能以一种"孤立的证据来定是非",而是要参以"他种证据",综合起来,"才能肯定"。

其四,不可以与书的价值相混淆。

张心澂主张,应该将文献真伪与文献价值区别开来。不能简单地说这书是真,就有价值,不真就没有价值,因为书的价值是另外一个问题。

他举例说道:比如王安石说孔子的《春秋》是"断烂朝报",认为《春秋》虽然是孔子作的,也没有价值。而有些文献虽为伪书,却有相当价值,比如张湛伪造的《列子》,可用来考察晋人的思想。《本草》虽假名神农,《素问》虽假名黄帝,但都在医学上有很高的价值。

其五,不可和书中内容真伪相混淆。

张心澂提出,应该将文献本身的真伪与文献内容的真伪区别开来。他认为:"不能因为书是真的,就认为它所叙的事实都确实,所说的理论都正当。"同样,也"不能因书内所叙的事实不真确,所说的理论不正确,而认这书是伪的"。

其六,不可和书的存废相混淆。

张心澂提出价值判断和事实判断是两回事,文献的存废与文献的真伪也是两回事,都应该区别对待:"并不是经过辨别了,真的就应该存留,伪的就应该废弃。可能有书虽不是伪造,而它本身没有什么价值,没有保存的必要的;有的书虽是伪造,而它本身确有价值,有值得保存、批判的采用,或可留作参考之用的。"①

上述六点,既是对古今辨伪经验的总结,也是对古今辨伪偏失的反思,都有所源,都有所本,都有所针对。

就所见同时代学者的辨伪成果而言,识见如张心澂者,寥寥无几。此

---

① 以上引文均出自张心澂《总论》,在张心澂《伪书通考》,商务印书馆 1954 年版,第 5—7 页。

外，他还总结了"辨伪所具备的条件"（张氏称为"辨伪的手续"）：须有丰富之书籍，须有学问之修养，须知前人之成说，用锐利之眼光，用公平之态度，用科学之方法等。①

应该说，这既是对从事文献辨伪学研究者的最基本要求，也是最高的要求。但实际情况却是，无论是现代，抑或是当代，具备上述六方面条件之后，才开始文献辨伪研究的学者寥寥无几。

（二）关于辨伪实践

在评述《伪书通考》辨伪实践暨成就问题时，时常列举其所考辨文献的数据，并与宋濂、胡应麟、姚际恒等人的论著相比较。为说明问题，这种比较是很有必要的。

就笔者掌握的统计数据而言，宋濂《诸子辨》考辨各类文献44种，胡应麟《四部正讹》考辨各类文献104种，姚际恒《古今伪书考》102种，《钦定四库全书总目》709种。②曹养吾在《辨伪学史》中对宋濂、胡应麟、姚际恒的群书辨伪，有过较为形象的评述。他说道，上述三人，都是给中国的伪造文献做"总账簿"的人，宋濂"做了第一任结账先生"③，胡应麟做了"第二任结账先生"④，姚际恒所著《古今伪书考》"尤能与《诸子辨》，《四部正讹》鼎足，为辨伪学界三大杰作"⑤。言外之意，姚际恒就是"第三任结账先生"了。

有学者，在曹养吾论断的基础上，又进一步，称张心澂是第四任"结账先生"⑥。这种概况，也未尝不可。《伪书通考》收录各类文献合计1059种，其中41部，均有张氏按语。若扣除佛藏、道藏两部分，其对传统的"四部文献"的考辨，前后总计612种。

需要注意到，在当时的社会条件下，以一己之力，征引数百种古今学

① 以上引文均出自张心澂《总论》，在张心澂《伪书通考》，商务印书馆1954年版，第15—16页。

② 有关姚际恒、《钦定四库全书总目》考辨伪书的统计，可详见拙著《清代文献辨伪学研究》（人民出版社2012年版）有关章节。

③ 曹养吾：《辨伪学史——从过去说到最近的过去》，载顾颉刚编著《古史辨》第2册，海南出版社2005年版，第285页。

④ 同上书，第286页。

⑤ 同上书，第286—287页。

⑥ 林艳红：《张心澂与〈伪书通考〉》，《津图学刊》2003年第5期。

人著述，编录百万字规模的资料汇编，是极为难得的。《伪书通考》的著成，为张心澂在中国文献辨伪学史上，确立了无人能够替代的重要地位。

民国学者的文献考辨，敢于打破禁忌，领域空前拓展。不论经史子集，抑或释道经典，凡有可疑，则悉数辨析。张心澂的《伪书通考》，考辨儒释道等各类文献千余部，是继《钦定四库全书总目》《郑堂读书记》以后，考辨文献数量最多、范围最广的文献辨伪学专著。

（三）存在的问题

首先，关于研究旨趣的表述。

张心澂提出，文献辨伪"应以求真为目的，即为辨伪而辨伪"。并特别指出诸如以"卫道为目的"的辨伪，不符合辨伪规律云云的观点。实际上，这是值得推敲的。

其次，关于辑录考辨语的缺失。

张心澂辑录的考辨语，严格说来既不全面，也不完整。因此作为一部辨伪学专著，《伪书通考》的权威性，自然要稍打折扣。但是作为一部辨伪学工具书，还是相当难得的。

再次，关于按语及判定。

张心澂在《伪书通考》初版中，共对 41 部文献的真伪，阐明了自己的观点；此外，还一一标注了对其他千余部文献真伪问题的初步判定。

就现有研究成果观之，不但张心澂的个别按语，是值得推敲的，而且他对其他千余部文献真伪的认识，同样也存在较多问题。

第九章　传承的迷思

　　20世纪初年以降，如何实现学术的"现代转型"，成为一个严肃的"世纪命题"。缘此，民国学者的文献辨伪，也以空前的热情和自觉，铁肩道义并取得了一系列备受瞩目的文化成就。但是，由于未能妥善处理好诸如技法与心法、继承与创新、东方与西方、传统与现代等一系列复杂关系，民国文献辨伪研究的局限同样显而易见。这对当代中国文化的伟大复兴，不无重要启示。

一　重要成就

　　民国时期文献辨伪的成就丰富而具体，在上文个案研究、专题研究的基础上，拟从以下几个方面进行简要总结。

（一）文献辨伪理论更新

　　民国文献辨伪理论与中国古代的文献辨伪，看似一脉相继，实则有根本区别。文献辨伪在中国学术研究中，渊源有自，其最早可上溯到秦汉之际。这距民国文献辨伪学研究序幕的开启，有不下2200年的历史。在这段悠远曲折的历史长河中，中国古圣先贤，以其聪明才智，不断诠释其对于"文化自觉"的感悟和理解。

　　在儒家思想居于主流的时代环境和社会文化中，文献辨伪，以其较为特殊的方式，完成了"羽翼圣道"的文化使命。在这种语境中，中国古代文献辨伪，表现出以"价值判断"统领"事实判断"的时代特征。这就是所谓"准以六艺""卫经卫道"的内容及实质。笔者曾在《清代文献辨伪学研究》（人民出版社2012年版），对中国古代文献辨伪的"理论体系"，以及古人文献辨伪研究中所体现的"文化自觉""文化使命"，进行过较为系统的梳理，兹不赘述。

梁启超撰写的《古书真伪及其年代》，是中国现代文献辨伪学的理论体系正式创立的标志。承其余绪，当属顾颉刚的《战国秦汉间人的造伪与辨伪》（《中国辨伪史略》）、张心澂的《伪书通考》。上述三部著作，自成体系，体例严整。以梁启超、顾颉刚、张心澂等人论著为代表的民国时期文献辨伪理论，严格说来，与其说是对传统文献辨伪理论体系的继承，不如说是对传统文献辨伪理论的革命。

详诸梁启超等人论著，不难发现，"羽翼圣道""准以六艺""卫经卫道"非但不是他们的文化追求，而且更是他们的批判对象。至于胡适、顾颉刚等人对姚际恒、崔述等人文献辨伪研究的"表彰"，其用意，不在于姚、崔等人疑古辨伪的"精神"，而是"古籍考辨"的"实践"。因为显而易见，姚际恒、崔述，甚至是给《古文尚书》学案定谳的阎若璩，鼓吹"刘歆遍伪古文经"的康有为，自始至终，都没有"显悖程朱"、忤逆孔孟之心。

但是，正如钱玄同在 1921 年致顾颉刚信中所言，康有为的《新学伪经考》，"本因变法而作"，崔适也是一个"纯粹守家法"的"经学老儒"，而且"笃信今文过于天帝"。康、崔二人的辨伪，一个是"利用孔子"；一个是"抱残守阙"。因此，"他们辨伪的动机和咱们是绝对不同的"①。这个"绝对不同"是什么？钱玄同自言，是"超越一切家法，超越古今"，敢于质疑一切，敢于否定一切的"求是"精神。

民国学者的文献辨伪虽然在现象上，与古人的"勇于疑古""敢于疑古"确有关联。但是，在实质上，其价值判断与事实判断的理论和标准，其文献辨伪的初衷与目的，与古代学者相比较，已迥然不同。以对"文献辨伪"学术价值的认识为例。郭沫若的观点，是较有代表性的。

1930 年，郭沫若在《中国古代社会研究》中对顾颉刚的"古史观"及"古书辨"，给予了高度赞扬，称顾颉刚的"层累地造成的古史观"是个"卓识"，在现在新的史料尚未充足之前，顾颉刚的论辩虽然"未能成为定论，不过在旧史料中凡作伪之点大体是被他道破了"。②

---

① 钱玄同：《论今古文经学及〈辨伪丛书〉书》，载顾颉刚编著《古史辨》第 1 册，海南出版社 2005 年版，第 41 页。

② 郭沫若著作编辑出版委员会编：《郭沫若全集》之《历史编》第 1 卷，人民出版社 1982 年版，第 304—305 页。又见郭沫若《评古史辨》，载吕思勉、童书业编著《古史辨》第 7 册，海南出版社 2005 年版，第 710 页。

1943 年，郭沫若又在《古代研究的自我批判》中，再一次说道："无论作任何研究，材料的鉴别是最必要的基础阶段。材料不够固然大成问题，而材料的真伪或时代性如未规定清楚，那比缺乏材料还要更加危险。因为材料缺乏，顶多得不出结论而已，而材料不正确便会得出错误的结论。这样的结论比没有更要有害。"① 又说道："研究中国古代，大家所最感受着棘手的是仅有的一些材料却都是真伪难分，时代混沌，不能作为真正的科学研究的素材。"② 且言"关于文献上的辨伪工作，自前清的乾、嘉学派以至最近的《古史辨》派，做得虽然相当透彻，但也不能说已经做到了毫无问题的止境。而时代性的研究更差不多是到近十五年来才开始的③。"

这里以郭沫若相隔十余年的两段论说为例，不仅仅因为郭沫若作为中国马克思主义史学开拓者的身份、地位及影响；更多因为郭沫若先生所言，道出了民国时期文献辨伪研究中的一个普遍现象：自经学被人从中国文化的"神坛"上拉下，"经典"所蕴含的文化价值，"经典"所代表的神圣与尊严，不再为世人所关注。一切"经典"都归于平凡，一切文献都成为史学、文学、哲学，甚至是神话学、社会学解析的"材料"。当传世文献被剥离了"思想"的执着，而成为"西方科学""现代理性"解析的对象，古典文献辨伪学的时代便宣告终结。

上述这些，都是中国文献辨伪学史上前所未有之事。与其疑古辨伪现象的类似相比较，其实质的迥然不同，更具深入研究的学术价值和现实意义。因为，自中国国门被列强洞穿之际，国人即暴露在继承与创新、传统与现代、东方与西方等一系列复杂的矛盾关系之中，如何正确对待，如何妥善处理，非但是民国学者汲汲探索的时代命题，也是当代国人仍需努力的事业。

（二）文献辨伪方法归结

民国文献辨伪学成就的另一方面重要表现，是有关学者对古往今来文献辨伪方法的归纳、总结与反思。这种方法论的自觉，在中国文献辨伪学

---

① 郭沫若著作编辑出版委员会编：《郭沫若全集》之《历史编》第 2 卷，人民出版社 1982 年版，第 3—4 页。

② 同上。

③ 同上书，第 4 页。

发展史上，有非常重要的意义和影响。自宋濂、朱熹以降，中国古代学者就基于各自的理解，对文献辨伪研究方法进行过概括总结。其中，最为后人所称道，亦最为详尽的，是明代学者胡应麟写在《四部正讹》中的"辨伪八法"。① 但是，进入 20 世纪，西方学说理论及表述习惯，开始以前所未有的规模和速度，影响着民国时期中国的知识精英，并在他们的著述中极为鲜明地表现出来。

以梁启超为例，他对文献辨伪方法的归结，已与宋濂、朱熹、胡应麟等人截然不同。梁启超的归纳，有前后有两个版本，在《中国历史研究法》中，是"辨伪十二公例"，梁启超将其分成"据具体的反证"与"据抽象的反证"两类。② 在《古书真伪及其年代》一书中，有总计十三种划分，梁先生也将其划分为"书的来历（传授统绪）"以及"书的本身（文义内容）"两类。③ 作为"现代文献辨伪学"的开创者，梁启超的表述既具有示范性，也具有典型性。

所谓示范性，是指同时代及后世学者的方法总结，或有损益，但基本采用梁启超的模式方法，即进行条例式的说明并进行必要的类别划分。以同样在文献辨伪方法研究方面卓有见地的刘汝霖为例。刘汝霖自言，梁启超《中国历史研究法》里所讲的"鉴别史料的方法，所说的原理，纯粹是具体的事实，缺乏抽象的概念"，但在所著《学术史料考证法》中，其所总结的方法，与梁先生的归纳，无论形式，还是内容，都有相似之处。④

所谓典型性，是指梁启超的方法总结，较以古代学者的归纳总结，更为直观形象，也更为通俗易懂，这在同类著述中颇有代表性。

（三）文献考辨领域拓展

民国学者文献考辨领域的扩展，主要表现为广度的拓展与深度的延展两方面。

---

① 详见（明）胡应麟《四部正讹》（顾颉刚点校）卷下，朴社 1933 年版，第 76—77 页。
② 梁启超：《中国历史研究法》（《饮冰室专集》七十三），中华书局 1989 年版，第 83—100 页。
③ 梁启超：《古书真伪及其年代》（《饮冰室专集》一百四），中华书局 1989 年版，第 40 页。
④ 《学术史料考证法》一文由四部分组成。前两部分，论伪的来源和辨伪法，专讲鉴别的方法；后两部分，论事实和思想史料整理法，专讲整理的方法。后，刘汝霖又写成《汉晋学术编年》，在书中，他将辨伪方法又作归纳。在确定史事年代问题上，即提出线索、转证、剩余、范围、试错、关键、递推和假定八种方法。

首先，在广度上，不论经史子集，释道经典，凡有可疑，悉数辨析。

在这方面，以张心澂的《伪书通考》最属典型。在 1939 年版《伪书通考》一书中，全书考辨 1059 部存在真伪及成书时代问题的文献，其中经部 73 部、史部 93 部、子部 317 部、集部 129 部，此外还包括道藏文献 31 部、佛藏文献 416 部。这是继清代《钦定四库全书总目》、清代学者周中孚《郑堂读书记》之后，考辨文献数量最多、范围最广的一部文献辨伪学专著。

其他学者的研究，由于研究视角的转变，特别是随着新的史学研究模式的构筑，包括曾经神圣的"儒家经典"，都失去为人所尊崇的荣威，而与其他文献一并被纳入"史料学"讨论的范畴。这在客观上，打开了制约文献辨伪领域拓宽的最后一道阻碍。

就这样，一切文献，不论经史子集，不论道藏、佛藏，凡有当疑，凡有可疑，都无一例外地接受"是非真伪"的审查。例如翦伯赞先生在《略论中国文献学上的史料》一文中，即从史料学的角度，泛论包括"四部文献"在内，一切类型、年代文献的真伪、性质及价值等问题。①

在广度上的拓展，还表现为对辨伪学史的高度重视。如白寿彝在《朱熹辨伪语辑录序言》中说道："在当时能提出一种辨伪书的具体方案，并能应用这样多的方法的人，恐怕还是要推朱熹为第一人了。他辨伪书的话虽大半过于简单，但在简单的话里，颇有一些精彩的见解，给后来辨伪书的人不少的刺激。"②诸如此类论说，不惮枚举。

至于通论辨伪学史的论著，也不乏见。再以翦伯赞先生为例，他于 1946 年发表的《略论收集史料的方法》（原载《中华文化》1946 年第 2 卷第 3 期，后收入翦伯赞《史料与史学》，北京出版社 2004 年版）一文中，专门别出一目（《史料的择别与辨伪》），概论中国"辨伪学发展史"。

民国时期的文献辨伪学研究者，对清代辨伪学史的关注较多，特别是对其中姚际恒、崔述、康有为等人的讨论，较为充分。清代学者的文献辨伪研究，是中国古代文献辨伪史上的最高峰，也是古典文献辨伪学研究中的最后一抹辉煌。梁启超、顾颉刚等人有关清代文献辨伪学者、

① 1945 年 8 月写成，后与其他两篇文章，题名"史料与史学"，1946 年 4 月由上海国际文化服务社印行，2004 年北京出版社又出增订本。
② 白寿彝：《朱熹辨伪书语·序》，载顾颉刚主编《古籍考辨丛刊》第 1 辑，1955 年中华书局影印本，第 103 页。

清代文献辨伪研究成就的发掘、表彰，具有承前启后，薪火相传的文化价值和意义。如顾颉刚自言，他的研究就是继郑樵、姚际恒和崔述等人而来的。

特别是崔述，对顾颉刚的影响最大、最直接："我们今日讲疑古辨伪，大部分只是承受和改进他（笔者按，指崔述）的研究。"① 又言："我弄了几时辨伪的工作，很有许多是自认为创获的，但他的书里已经辩证得明明白白了，我真想不到有这样一部规模弘大而议论精锐的辨伪的大著作已先我而存在！我高兴极了，立志把它标点印行。"②

由此可见，《崔东壁遗书》得以印行，与顾颉刚的上述发愿，有直接关系。

关于崔述对顾颉刚的影响，曹养吾当时即言："他（笔者按，顾颉刚）的思想来源，当然是多方面的，近代学术思想呀，师友的讨究呀……都是；而影响他最大的要算上述的［这］个声名很小的东壁先生（笔者按，崔述）了。"③

其次，在深度上，民国文献辨伪学研究领域的拓宽，有以下三点最值得关注。

第一，重视对中国古代辨伪学史的梳理、总结和表彰。

有关中国古代辨伪学史的讨论，是民国文献辨伪学研究中，颇受关注的一个论题。譬如梁启超《古书真伪及其年代》的撰写、顾颉刚《辨伪丛刊》的编辑等，都有许多对汉唐以来文献辨伪史、古代辨伪学家及其著作的发掘、表彰。因前面章节，有较详尽说明，兹不复述。

第二，破解了一系列颇富争议的问题。

其中钱穆对"刘歆伪作说"的辩驳，最值得关注。钱穆从"是否可能"和"有无必要"两个方面，辩驳"刘歆伪造经书说"。

首先，在可能性上。

钱穆提出两点依据。其一，刘歆没有作伪的时间。刘向死于汉成帝绥和元年（前8年），刘歆复领校五经在绥和二年（前7年），争立古文经博

---

① 顾颉刚：《崔东壁遗书序》，载（清）崔述《崔东壁遗书》，上海古籍出版社1983年版，第60页。

② 顾颉刚：《自序》，载顾颉刚编著《古史辨》第1册，海南出版社2005年版，第25页。

③ 曹养吾：《辨伪学史》，载顾颉刚编著《古史辨》第2册，海南出版社2005年版，第292页。

士在哀帝建平元年（前 6 年），钱穆指出："歆窥中秘，其父犹在，古人竹简繁重，岂有积年作伪而其父不知之理？"因此，刘歆造伪，只能在刘向死后至争立古文经博士之间。但是，钱穆认为，刘歆"在数月之间，欲伪撰《左氏传》，《毛诗》，《古文尚书》，《逸礼》诸经，固为不可能"①。其二，若说刘歆伪作群经，刘歆同僚及后代学人，不可能既无人亲见，亦无人揭发。因此，所谓"古文经"确系存世古籍，非刘歆所能伪造。

其次，在必要性上。

钱穆经考证，发现刘歆争立古文经博士时，"莽已失职，汉廷亦绝无倾覆之象"，刘歆没有必要为一个失势的外戚，甘冒风险，作伪献媚。难道是"莽之与歆已预定篡汉之谋，乃举歆校书，遍伪群经，以为莽将来谋篡之地耶？"②钱穆认为，也没有如此必要。钱穆历数当时流行的阴阳五行学说，以证明"汉运将终"与"汉运中衰之说"久播，已深入人心③，刘歆不必叠床架屋，通过作伪营造舆论。

总之，钱穆广引博征，论证刘歆于情于理，都没有，也不必为助王莽篡汉而炮制"符命"、遍伪群经。钱穆之文既出，康氏之此论休矣。钱穆的论辩，将对古文经文献真伪的探讨，引向深入，这是民国学者对中国文献辨伪学研究的一个重要贡献。

第三，对其他学科、领域问题研究的增广。

应该说，20 世纪初萌生的许多学派或研究领域，如史料派、史观派、考古学等，都与文献辨伪存在不同程度的互动，并从文献辨伪研究中，汲取滋益各自学科自身发展的动力。④

以中国现代马克思主义史学的开拓者郭沫若为例。20 世纪三四十年代，郭沫若的学术研究，也深受疑古辨伪等文化浪潮冲击，不但就文献辨伪问题，提出了许多卓有见地的论断；而且也将古史及古文献辨伪研究，

① 钱穆：《刘向歆父子年谱》，载顾颉刚编著《古史辨》第 5 册，海南出版社 2005 年版，第 95 页。

② 同上书，第 94 页。

③ 同上书，第 76—77 页。

④ 廖名春、张京华等学者，都曾论述到这个问题。参见廖名春的《梁启超古书辨伪方法平议》《论古史辨运动兴起的思想起源》《钱穆与疑古学派》等文章（分别载陈明主编《原道》第 3、4、5 辑）以及《试论冯友兰的"释古"》，载冯钟璞、蔡仲德编《冯友兰先生百年诞辰纪念文集》，清华大学出版社 1997 年。此外，还有张京华等《20 世纪疑古思潮》，学苑出版社 2003 年版。

引向一个新境界。郭沫若自言，由于受顾颉刚等"古史辨"学者论著及观点的影响，他的中国古代社会研究，进入一个"批评与自我批评"的阶段。特别是对《周易》《尚书》等传世文献真伪及成书年代的认识，进入一个新的、更高的层面。①

如《周易》一书，郭沫若早年即将其视为殷末周初的史料。后来，在读到顾颉刚《论〈易·系辞传〉中观象制器的故事》等论著后，郭沫若写成《〈周易〉之制作时代》一文。在这篇文章中，郭沫若将《周易》确定为"战国初年的东西"，可以用来说明战国初年的历史和思想。其言："顾颉刚有《论〈易·系辞传〉中观象制器的故事》一篇文章，把这件事论得很透彻，八卦并非作于伏羲是毫无疑问的。本来伏羲这个人的存在已经是出于周末学者的虚构，举凡有巢、燧人、伏羲、神农等等，都是当时学者对于人类社会的起源及其进展的程序上所推拟出的假想人物，汉人把那些推拟来正史化了，又从而把八卦的著作权送给伏羲，那不用说完全是虚构上的一重虚构。"② 概言之，"《周易》非文王所作"③"孔子与《易》并无关系"④，成为郭沫若古史研究的一个基本判断。

除此之外，郭沫若对《尚书》的性质，也因为"古史辨"及"古籍辨伪"的推进，而有了新的理解。其言：虽然"早已知道有今古文之别，古文是晋人的伪作，但在今文的二十八篇里面也有真伪"⑤，则是开始时并没有注意到的。所以，曾一度"把《洪范》认为确是箕子所作，曾据以探究过周初的思想"⑥。郭沫若是在批判地研究了古史辨派的成果之后，才确切地认识到如该书的《尧典》（包括古文的《舜典》）、《皋陶谟》（包括古文的《益稷》）、《禹贡》《洪范》等篇章，"其实都是战国时代的东西——我认为当作于子思之徒"⑦。

---

① 有关郭沫若与"古史辨"史学的关系，可参见杜蒸民《郭沫若对顾颉刚和〈古史辨〉史学的科学批判》，《郭沫若学刊》2002 年第 1 期。

② 郭沫若著作编辑出版委员会编：《郭沫若全集》之《历史编》，第 1 卷，人民出版社 1982 年版，第 378 页。

③ 同上书，第 380—381 页。

④ 同上书，第 385 页。

⑤ 郭沫若著作编辑出版委员会编：《郭沫若全集》之《历史编》，第 2 卷，人民出版社 1982 年版，第 4 页。

⑥ 同上。

⑦ 同上。

又如，《诗经》作为一部时代性很为"混沌"的著作，郭沫若也与一般人的认识一样，曾相沿《毛诗》的旧说。如把《七月流火》一诗，看作是"周公陈王业"①。也是在批判地研究了"古史辨"等学者的研究成果之后，经过自己的新考证，郭沫若才"知道它实在是春秋后半叶的作品了。就这样，一悬隔也就是上下五百年"。②

二 主要局限

民国学者的文献辨伪，既取得了较为突出的成就，也存在非常明显的局限。民国文献辨伪研究的局限，表现得非常具体，个中事例，不惮枚举。但就整体而言，在现象上突出表现为以下两方面：勇于疑古而疏于考订；破坏过多而建设不足。造成如是问题，究其根源，不外乎以下两方面原因：理论方法多有缺失；思想认识多有偏颇。如果说前者是学科发展的正常现象，那么后者则是可以视为特定时代及社会背景下的特殊产物。

（一）主要问题

民国文献辨伪研究中的局限，是极为显著的。在现象上，突出表现为勇于疑古而疏于考订，破坏过多而建设不足。这既是学科"新兴"之际的正常现象，也是文化"转型"期间的特殊产物。譬如胡适，他本人虽然主张"拿证据来"，但还是先入为主地采取"疑而后信"的态度，对先秦文献有颇多不信任。胡适回国伊始，在讲授"中国古代哲学史"时，便截断众流，抛弃三皇五帝，从《诗经》时代讲起。

20世纪20年代，颇得胡适提携的顾颉刚，1923年即在《读书杂志》上刊登《启示》，旗帜鲜明地提出"中国的古史全是一篇糊涂账"③的观点。至于声名显赫的钱玄同，也有"中国的伪书伪物很多"④的说法。

到了30年代，顾颉刚甚至以"造伪"和"辨伪"为主线，尝试重新

---

① 郭沫若著作编辑出版委员会编：《郭沫若全集》之《历史编》，第2卷，人民出版社1982年版，第5页。

② 同上。

③ 顾颉刚：《启示三则》，载顾颉刚编著《古史辨》第1册，海南出版社2005年版，第161页。

④ 钱玄同：《研究国学应该首先知道的事》，载顾颉刚编著《古史辨》第1册，海南出版社2005年版，第107页。

诠释中国古代学术。如此考辨传世文献，一个难以回避的局面，就是真古书寥寥无几、真古书记载的真古史寥寥无几。中国历史被"缩短了几千年"之后，古史"拉长"和文化"重建"的工作，并未如胡适等人所期待的那样顺利推进。中国历史文化在洋人的"批评"与国人的"自我批评"中，境遇极为尴尬。

胡适、顾颉刚、钱玄同等人截断众流，刊落群书的做法，对世人的冲击极大，对中国历史文化的破坏极大。于是，引以为新颖而随声附和者不少，较为理性的批评反思的声音也多。实际上，早在民国文献辨伪学兴起之初，就有人开始反思其间存在的诸多问题及局限。

如 1923 年 5 月，刘掞藜在《读顾颉刚君〈与钱玄同先生论古史书〉的疑问》中，对顾颉刚的"轻狂无知"提出质疑："《尚书·尧典》所记'仲春日中星昴，仲夏日中星火'等，据日本天文学者所研究，西纪前二千四百年时确是如此。因此可证《尧典》最少应有一部分为尧舜时代之真书。"① 无论当时，抑或当下，刘氏的质疑都不无道理。

1925 年 4 月，张荫麟发表了《评近人对中国古史之讨论》一文。在文中，张氏指出顾颉刚超过限度，尽用默证为"根本方法之谬误"：

> 凡欲证明某时代无某某历史观念，贵能指出其时代中有与此历史观念相反之证据。若因某书或今存某时代之书无某史事之称述，遂断代某时代无此观念，此种方法谓之"默证"（Argument from silence）。默证之应用及其适用之限度，西方史家早有定论。吾观顾氏之论证法几尽用默证，而什九皆违反其适用之限度。②

正如张荫麟所言，顾颉刚的"默证法"，确实已超出"科学精神"的范围，而纯属是"为了批判而批判"的执着。张荫麟的批评，也正中顾颉刚学说之失。

但在那个狂飙急进的时代，面对新老同仁的批评，顾颉刚的锐志不为少简，斗志益发高昂。其形式及观点都极为新颖，其所受到的赞誉和批评

---

① 顾颉刚编著：《古史辨》第 1 册，海南出版社 2005 年版，第 95—96 页。
② 张荫麟：《评近人对中国古史之讨论》，载顾颉刚编著《古史辨》第 2 册，海南出版社 2005 年版，第 199—172 页。

也颇为世人瞩目。

20 世纪八九十年代以来，这种质疑和批评，在经历了一番慷慨激昂之后，也渐趋和缓。因为，人们似乎认识到，诸如"走出疑古时代"等反思，固然提出了需要正视的问题，但是依然太过执着，偏离学术批评应该持有的心态与状态。20 世纪上半叶，诸如顾颉刚等人的"勇于疑古"，是特定时代及文化背景下的特殊反映，应给予"历史的同情"，而非施以"政治斗争式的批判"。

（二）成因剖析

中国文献辨伪的传统源远流长，中华文明在自我批评中代有承继、不断发展，但是进入民国以后，中国的文献辨伪研究突然改弦更张，伪书越辨越多，可以存信的历史文化越来越少。之所以造成上述问题，既有方法论方面的原因，也有认识论方面的原因，而根本原因还是认识论方面的问题。

首先，在方法论上。

民国学者的文献辨伪，基本未能脱离"以文献证文献"之窠臼。时人周予同，在《古史辨》第一册发表后，曾在《读后感》中说道："我们要考证古书的真相，逃不了两个方法：一，实物考证法；二，记载考证法；而前者方法的价值实远胜于后者。"但实际情况是，顾颉刚的"古书"辨伪，并未在"实物考证法"方面有多少作为。对此，周予同有言："拿证据来"是"治一切学术"的"法门"，但在这方面，顾颉刚所用的方法，并不见得十分成功。①

陆懋德从"以文献证古史"的角度，对顾颉刚的"方法论"进行了批评："在西国，凡研究上古史事，纯为考古学家之责任。历史学家不必皆是考古学家，故作上古史者必须借用考古学家所得之证据。今顾君仅作文字上之推求，故难得圆满之结果。"② 因此，对于尧舜禹等史前人物，"终当待地下之发掘以定真伪，实不能凭借书本字面之推求而定其有无者也"。所以，他给顾颉刚的建议是："顾君能用其方法以治周以后之史事，则其

---

① 详见周予同《顾著〈古史辨〉的读后感》，载顾颉刚编著《古史辨》第 2 册，海南出版社 2005 年版，第 235—239 页。

② 陆懋德：《评顾颉刚〈古史辨〉》，载顾颉刚编著《古史辨》第 2 册，海南出版社 2005 年版，第 277 页。

廓清之功有益于学界者必大成于此矣。"①

　　这个建议，现在看来，也都是极为中肯的。但是，顾颉刚终其一生，都未能将其落到实处。顾颉刚的古书辨伪与古史辨伪是互动的，走的是"循环证伪"的道路，即因为古书伪，所以古书的记载均伪；由于古史伪，所以记载古史的古书亦伪。

　　对于古书真伪问题，1943 年前后，尹达先生曾有一段颇为精当的论述："古书的真伪问题，在这里也应当加以分析：大约是十几年以前的事了，个别的史学家为了探求真正的中国古史，将一些古书加以批判，找出了一些后代伪称为前于那一时代的古书；因此他们把许多所谓'伪书'里的史料一笔抹煞，不去采用了。"尹达又说道："这样严谨的态度固然很好"，但造成的问题，"是缩小了史料的范围"，中国原始社会的研究因此而"遇到更大的困难"。

　　因此，他的判断和主张是："我以为即令是后代伪照的古籍或者经过后代删改的古籍，它里面还是会保存着不少可以供我们参考的史料；只要我们能够依据着考古学上所提供的骨干，参之以世界原始社会的具体内容，审慎地探求一些可靠的史料，还是可能而且必要的事。"②

　　1946 年，翦伯赞也曾刊文述及这个问题："清代学者的考据学，就只是拘束在文献的部门之中。他们使用的方法，也就是以文献考证文献，即以甲书上的史料辨证乙书上的史料，以真书上的史料订正伪书上的史料。以各书上一般的通论，指斥某一书上独特的异说。这种方法，用以有史以后的史料之考证是可以的；若用于史前史的资料之考证，那就无异以伪辨伪，结果，还是疑伪。所以清代学者对史前史料的考证，结果只是在神话传说中兜了一些圈子，弄得头昏目眩而一无所得。"

　　如何解决这个问题呢？翦伯赞提出："我们现在对史料考证的认为，是一面批判地接受清代学者对文献上的史料之考证的成果；另一方面，又要开辟一种新的考据学，进行对考古学上的资料之考证。用现在既存的考古学的资料，去衡量清代学者考证过的史料，使考古学的资料与文献上的

---

　　①　陆懋德：《评顾颉刚〈古史辨〉》，载顾颉刚编著《古史辨》第 2 册，海南出版社 2005 年版，第 277 页。

　　②　以上引文均出自尹达《中国原始社会》，载尹达《尹达史学论著选集》，人民出版社 1989 年版，第 184 页。需要说明的是，《中国原始社会》早在 20 世纪 30 年代末或 40 年代初就已经完成。1943 年，曾于延安出版。

资料结合为一，然后史料的考证，才算达到最后的完成。"① 所说"以文献考证文献"的局限性，近年来李学勤也屡有揭示，称为"以古书论古书"的方法。②

其次，在认识论上。

民国学者的文献辨伪，或基于"实用主义""实证主义"的理论观点，或基于反对封建文化，反思历史传统的考虑，对中国传世文献进行"简单粗暴"的，甚至是"超人文"的"纯文本"分析。这是 20 世纪以来的文献辨伪，伪书越辨越多、伪史越辨越多的根本原因。

以胡适为例。胡适将"实证主义"引入中国古书及古史考辨，并曾喊出"拿证据来"的口号。这自有其学术价值和时代意义。但是，不能回避的问题就是，在都无确切证据的情况下，胡适缘何一定要选择"假定其伪，然后证其非伪"，而非"假定其真，然后证其非真"的研究路径呢？

再如钱玄同、顾颉刚等人。他们在没有深入考辨，没有确切依据之前，也都无一例外地表现出对中国文献及文化"疑其伪"的鲜明特征。譬如"刘歆伪作说"，钱玄同先生终其一生都对此深信不疑；顾颉刚直到读罢钱穆的《刘向歆父子年谱》，虽然不再鼓吹，但心中仍有几分坚持。③

是"考而后信"，还是"考而后不信"？这既是一个价值取向问题，也是一个价值判断问题。

自古以来，中国的文献辨伪就存在"价值判断"和"事实判断"相互影响、融会贯通的现象及特征。在儒家思想居于国家意识形态及社会文化主流的中国古代社会，"离经叛道"是考辨文献真伪的基本原则和最终标准，这是一个基于价值判断的事实判断，也是一个表现为事实判断的价值判断。

民国时期的文献辨伪，也是一个"价值判断"与"事实判断"相互影

---

① 以上均出自翦伯赞《略论搜集史料的方法》，载翦伯赞《史料与史学》，北京出版社 2004 年版，第 103、104 页。

② 李学勤：《走出疑古时代》（修订本），辽宁教育出版社 1997 年版，第 345 页。

③ 直到 1973 年，顾颉刚仍然说道："刘歆表彰《左氏》，保存春秋一代史事，固一大功绩，而其附莽以造伪史，淆乱当时史官之记载，则为千古罪人，功罪自当分别论之。"印永清辑：《顾颉刚书话》之《与徐仁甫书》条（1973 年 8 月 11 日顾颉刚写给徐仁甫信），浙江人民出版社 1998 年版，第 274 页。

响、融会贯通的过程，但表现形式则与前代迥然有别。首先，民国时期文献辨伪研究中"价值判断"的内涵与古代截然不同。民国学者文献辨伪研究的"价值判断"，是"崇信科学"，而非过去的"离经叛道"。其次，民国学者文献辨伪学"价值判断"的表现形式与古代不同。现代科学崇尚理性，客观上需要将感性的因素排除出去。因此民国文献辨伪学中的"价值判断"，预设在"辨伪"之前，而非提炼于"辨伪"之后。然而，包括胡适在内，均未将"价值判断"与"事实判断"很"科学"地区别开来。至于顾颉刚，更有学者批评指出，顾先生并未真正理解"实证主义"，其有关"科学""理性"的认识，与胡适的境界相距甚远。

然而无论如何，上述认识论方面的缺憾，在根本上决定了胡适、顾颉刚等人关于文献真伪的认识，是一系列"颇为消极"的预设、预判。更为关键的问题是，20世纪上半叶，在中国现代考古学发展乏力的文化背景下，通过出土文物证文献非伪、将古史拉长的设想，近乎没有可能。而以文献证文献，又有难以克服的局限。于是，在客观上，造成伪书越证越多，伪史越证越多，破坏多而建设少的尴尬局面。

（三）问题之实质

民国文献辨伪研究之所以造成伪书泛滥、文化缩水的局面。固然有认识论、方法论方面的局限，但还有更深层次的原因。

自1840年鸦片战争以来，外敌入侵，国门洞开。中国在西方列强坚船利炮的威逼之下，中国传统文化也饱受冲击，备受质疑。这是一短苦难的历史，也是一段不堪回首的历程。中国社会各界，曾做出过各种各样的探索，诸如洋务运动、维新变法、辛亥革命等，尽人皆知。其间，国运起伏跌宕，国民辗转反侧，直到20世纪20年代，如何处理文化批判与文化重建，如何融合西方文化与中国文化，依然是摆在中国知识精英面前的一项重大时代命题。

他们在积极探索破解办法的过程中，固然取得了一定的成绩，但存在的缺憾、出现的失误不一而足。历史与现实、东方与西方的矛盾冲突，是造成民国时期文献辨伪研究出现诸多局限的根本原因。

第一，中国文化批判与重构的时代命题。

批评旧思想、旧文化，是五四以来中国文化思想界涌动的一股热潮。民国文献辨伪学研究以其独特的方式，诠释着文化批判、文化解构与重建的时代命题。《尚书》《周礼》等之所以能够成为古代中国的经典，是因为其中蕴含着"圣道治统"。缘此，鲜有人疑伪，即便是论定其伪托，也不忘强调其文化价值，表白其"卫圣卫道"之心。

但是20世纪初年以后，中国的文化批判与重构的景象，骤然出现根本改观：在反封建文化的疾风暴雨间，"圣道治统"非但不再是世人惜护的观念，反而沦为备受批驳的对象。于是，一切传世文献，都被拉平了高度，经史子集没有尊卑之别。同时，也被降低了身价，一切文献都是文史研究的史料和素材。民国时期的文献辨伪，非但没有了应有的敬谨，反而因为少了几分"忌惮"而颇有肆意之势。径直陈述某某"伪托"的文字，在在皆有。继而，经不起信重的伪书越来越多，经得起推敲的文化越来越少。

由于失之严谨，民国时期的文献辨伪，从某种程度上，也是一次文化解构的过程。文化的批评和重构，中国历史上已有多次，但从未有如20世纪上半叶这样，野蛮推倒之后，未及重构便草草收场。

第二，东西文化冲突与融合的时代命题。

20世纪上半叶，有关"国粹"与"国渣"以及"中体西用"与"全盘西化"等问题的讨论，进行得极为激烈。如何认识东西方文化的区别与联系，如何解决东西方文化的矛盾与冲突，如何实现两种文化的融合发展，成为牵涉广泛，头绪纷繁的时代命题。

文献辨伪研究，看似学术论辩，但也能超离其外。胡适提倡用"实证主义"的方法考辨古书、古史，就是中国学人为破解这一时代命题而做出的努力和尝试。于是，一个不能回避的问题就是：西方的"和尚"能否读懂东方的"经典"？确切地说，西方的"实证主义"和"纯文本解析"，能否真正解决中国古书的真伪问题？单纯的事实判断能否反映中国文献辨伪学发展史的全部内涵？

就目前而言，我们给出的答案是："不能。"这是一个至今都未能超越的局限，至今都未能破解的困惑。

三　文化反思

中国的文献辨伪学研究，是一个前后相继、不断发展的文化历程。发展到现当代，固然要面对一系列新局面，处理一系列新问题，但是文献辨伪研究自有其规范、规律。因此，以下几方面问题，仍需要强调一下，且给予高度重视。

（一）正确处理"技法"与"心法"关系

文献辨伪是"辨伪技法"与"辨伪心法"的统一。忽视二者之间的辩证关系，或者不能妥善处理二者之间的关系，往往会出问题。

譬如康有为的《新学伪经考》。他的一系列论证，都是为了说明"古文经"是刘歆伪造的。新古文经，就是新伪经。其目的，是给他鼓吹的"今文经"营造声势，为他的维新变法主张营造声势。康有为的《新学伪经考》是辨伪"技法"与"心法"的统一，虽然有瑕疵，但是依然产生了较为轰动的社会反响。

对此，顾颉刚有清醒的认识。他说，今文家是"拿辨伪做手段，把改制做目的，是为运用政策而非研究学问"①。顾颉刚等人的"古史辨"，同样也是辨伪"技法"与"心法"的统一。如顾颉刚自言，他的手段是辨伪，形式是破坏，目的是重建。虽然没有实现重建的目的，但是重建的理想是可以理解的。顾颉刚的"古史辨"也产生了较为轰动的社会反响。

钱穆的《刘向歆父子年谱》，也是"技法"与"心法"的统一，钱穆为了达到驳倒康有为"刘歆伪作说"的目的，广征博引，列举28条证据，入情入理。《年谱》一文既出，康说为之倾倒，钱穆亦一举成名。

从一定意义上，康有为、顾颉刚、钱穆等人的"文献辨伪"，都成功了。无论褒扬，抑或批判，他们得到的关注，都比时人多些。无论是政治目的，还是文化目的，或者是学术目的，上述诸公之于"心法"的理解，都是深刻的。

至于具体论证过程，亦即"技法"之高下，则因个体差异性极大，而呈现出明显反差。有的技法高明，可以立于不败之地；有的技法拙劣，结果被批驳得体无完肤。

譬如康有为的"技法"，章太炎批评道："康有为以《公羊》应用，则是另一回事，非研究学问也。"② 钱穆则戏称为"有新闻纸的气息"③。

---

① 顾颉刚："自序"，载顾颉刚编著《古史辨》第1册，海南出版社2005年版，第24页。
② 章太炎：《清代学术之系统》，载章太炎、刘师培撰《中国近三百年学术史论》，上海古籍出版社2006年版，第35页。
③ 顾颉刚转述钱穆语，顾颉刚：《五德终始说下的政治和历史》，载顾颉刚编著《古史辨》第5册，海南出版社2005年版，第320页。

至于杨宽，则说，康有为及其论著，"只是宣传而不是学术"。①

此外，人们经常批评顾颉刚文献辨伪及古史研究的疏略。平心而论，大家指出的问题确实是存在的。例如顾颉刚在《五德终始说下的政治和历史》（《秦汉的方士与儒生》）一书中，对《左传》《管子》《庄子》的真伪，都发表了一系列论断：

《左传》是一部"很有问题的书，其出现颇不光明"②，《左传》是"他们的势力范围，可以随意增订的"③；《管子》这部书，我们可以用了"秦汉间的《齐学丛书》的眼光去看它"④；庄子虽是战国时人，《庄子》这部书却极多汉人的著作，不啻为一部汉代《道家丛书》⑤。

对于"刘歆伪作说"，顾颉刚说道：刘歆"他借着帝王的权势，收得三十个博士，一万零八百个弟子员，数千个奇材异能之士，漫说十几部书，就是几百部书也未始做不出呢！刘歆何须亲自动手，只消他发凡起例，便自有人承应工作"⑥，等等。

如果考虑到顾颉刚先生的辨伪"心法"，我们知道，他采取上述看似轻率的辨伪"技法"，也是可以理解的。至于钱穆对顾颉刚的批评，我们也会有较为超脱，同时也是更为客观的认识和理解。⑦

这给今人的启示，至少有以下两点：第一，文献辨伪学史研究不应缺少思想、学术的考量，应当全面评估研究个案的价值及意义；第二，文本真伪的甄别不是简单地作"真"或"伪"的描述，而是要对其形成过程中隐含的文化信息，给予足够的关注与考量。

（二）客观认识出土简帛文献的文化价值

20 世纪 70 年代以来，随着一系列简帛文献的出土，顾颉刚、钱穆等

---

① 以上参见顾颉刚《当代中国史学》，上海古籍出版社 2006 年版，第 38—42 页。

② 顾颉刚：《五德终始说下的政治和历史》：载顾颉刚编著《古史辨》第 5 册，海南出版社 2005 年版，第 295 页。

③ 同上书，第 336 页。

④ 同上书，第 268 页。

⑤ 同上。

⑥ 顾颉刚：《秦汉的方士与儒生》（王煦华导读本），世纪图书出版集团、上海古籍出版社 2005 年版，第 92 页。

⑦ 罗义俊先生曾将顾颉刚与钱穆的史学研究，冠以"科学主义史学""人文主义史学"的名号。并对二人的学术旨趣，做了很好的评估解析。详见罗义俊《钱穆与顾颉刚的"古史辨"》，《史林》1993 年第 4 期。

学者对传世古籍的误判才得以纠正。有赖于简帛文献的出土,人们才得以重新识别《周礼》《左传》《老子》《孙子》《孙膑兵法》《文子》《鹖冠子》《六韬》《孔子家语》《战国策》等传世文献的真伪,同时也给了反思民国文献辨伪研究的局限与偏狭,以更多的文献依据和更加扎实的文化基础。

以《文子》为例。

自《汉书·艺文志》"自注"提出"依托说"以来。《文子》伪书说,渐成古今学人之定论。20世纪20年代以来,章太炎、胡适依然坚持《文子》伪书说。如章太炎在《菿汉微言》中说:"今之《文子》,半袭《淮南》,所引《老子》,亦多怪异,其为依托甚明。"①

胡适在《淮南王书》中说:"《文子》实伪书,只可算是一种《淮南》节本,不过因节钞还在前汉时代,故往往可供学者校勘之用。"②

1973年,考古工作者在马王堆汉墓中,发现帛书《老子》卷前佚书。唐兰经与传世诸子文献比读,发现"《文子》与《淮南子》很多辞句是相同的。究竟谁抄谁,旧无定说。今以篇名袭黄帝之言来看,《文子》当在前。……先秦古书见于《汉书·艺文志》的,如《六韬》之类,过去都认为后世伪作,近西汉墓中所出古籍,证明很多是西汉初已有的古籍。《文子》中有很多内容为《淮南子》所无,也应当是先秦古籍之一。"③ 唐兰所言,虽然只是推测,但在《文子》真伪及成书年代问题上,有重要意义。

同年,河北定县八角廊汉墓(经考,墓葬年代为汉宣帝元凤二年,公元前56年)出土简牍中,有部分《文子》残简,内容与今本《文子》文辞相似。

整理者据此认为:"从几个与今本相同的章节证明,凡简文中的文子,今本都改成了老子,并从答问的先生变成了提问的学生。平王被取消,新添了一个老子……证明《文子》本非伪书,今本《文子》实经后人窜乱。其佚文部分,大半是刘天道、仁、义、功、德和教化的阐发。"④ 定县汉简

① 转引自顾实《汉书艺文志讲疏》,上海古籍出版社1987年版,第117页。
② 胡适:《淮南王书》,商务印书馆1934年版,第12页。
③ 唐兰:《马王堆出土〈老子〉乙本卷前古佚书的研究——兼论其与汉初儒法斗争的关系》,载马王堆汉墓帛书整理小组编《经法——马王堆汉墓帛书》,文物出版社1976年版,第188—189页。
④ 国家文物局古文献研究室等:《河北定县40号汉墓出土竹简简介》,《文物》1981年第8期。

残本的发现，说明至少在汉代初年，就有了《文子》传世。

李学勤据此说道："今本是把平王问文子改成了文子问老子，其他尚沿简本之旧。因此，今本《文子》至少一部分还是真书，过去全加否定，实在是冤枉了。"① 李先生所言，不无道理。残本《文子》的出土，至少可以证明两件事：《文子》汉初即有文本传世；《文子》并非抄缀《淮南子》等书而成。

其他有关《孙子兵法》《孙膑兵法》《六韬》《鹖冠子》等"知名伪书"的"平反"论说，屡有刊发，兹不枚举。

郑良树在20世纪80年代，对简帛文献出土以后的"古籍文献辨伪"趋势，做了如下判断或预测：（1）在态度上渐趋平实；（2）在方法上渐趋严密；（3）在论断上渐趋谨慎；（4）在论证上渐趋周备。② 诚如郑先生所言，20世纪70年代以来的文献辨伪研究，确实出现了新的变化。而且，这种新变化，有不断演进、不断更新的趋势。

虽然如此，我们依然不能盲目夸大"出土简帛"对民国文献辨伪学成就的"革命性意义"。"出土简帛"也是文献，也需要客观分析，谨慎对待。否则，又会走上"盲目信古"的错误道路。对此，裘锡圭曾指出：

> 疑古派以及其他做过古书辨伪的古今学者，确实"对古书搞了不少冤假错案"。不过他们也确实在古书辨伪方面取得了不少成绩，有不少正确的、有价值的见解。真正的冤案当然要平反，然而决不能借平反之风，把判对的案子也一概否定。对古书辨伪的已有成果，我们要给予足够的重视，决不能置之不理或轻易加以否定。……我们走出疑古时代，是为了在学术的道路上更好地前进，千万不要走回到轻率信古的老路上去。我们应该很好地继承包括古书辨伪在内的古典学各方面的已有成果，从前人已经达到的高度继续前进。只有这样做，古典学的第二次重建才能正常地顺利地进行下去。③

---

① 李学勤：《世纪之交与学术史研究》，载李学勤《重写学术史》，河北教育出版社2002年版，第429页。

② 郑良树：《论古籍辨伪学的新趋势》，载郑良树《续伪书通考》，台湾学生书局1984年版，第19—49页。

③ 裘锡圭：《中国古典学重建中应该注意的问题》，载北京大学中国古文献研究中心编《北京大学中国古文献研究中心集刊》（2），北京燕山出版社2001年版，第12—14页。

裘锡圭先生的评述非常中肯。出土文献的意义固然重大，但是执持一端、睥睨一切，绝非文化重建的康庄大道。在所谓"走出疑古时代"的话语体系中，客观认识出土简帛文献的文化价值，是须要时刻掌握的一项学术原则。

（三）正确处理"继承"与"创新"的辩证关系

综观中国两千余年文献辨伪研究的历史，不难发现古往今来，文献辨伪如同其他学术研究门类一样，都是一个薪火相传、不断积聚、推陈出新的过程。正确认识并妥善处理好"继承"与"创新"的辩证关系，是文献辨伪研究能否取得成就的必要条件。

曾几何时，人们不惮批评古人"孜孜矻矻""皓首穷经"的迂阔。如今看来，这种"迂阔"又何尝不是对古圣先贤的尊重、对学术之为学术的虔诚。古人的学术研究，每取得一点进展，无不是在通读百家、广撷众长的基础上取得的。

就民国文献辨伪研究的成功与缺憾而言，凡是对文献辨伪学史有足够广的关注、足够深的理解，他们的论断都是经得起推敲的。相反，凡是读书不多、引据不广，甚而是人云亦云的论著，其学术价值都会大打折扣，而终究是文化舞台上的匆匆过客。

胡适、顾颉刚等学者主张通过文献辨伪的方式，发掘传世典籍中的"真古史"和"真精神"，借此实现打倒旧文化、建设新文化的人文追求。这种指向鲜明的"破旧立新"，不可避免地为号称"科学"的文献考辨，加注了强烈的主观色彩。自此，新文化运动在文献辨伪学领域，完成了其反封建、反传统的文化诉求。这场声势浩大的文献辨伪，虽然号称与古圣先贤划清界限，但是在实质上，与他们以辨伪"卫道"的人文指向之间并无根本区别。

胡适、顾颉刚等人主导的文献辨伪，是一场西方文化中的"科学形式"，诠释中国文化中的"形式科学"。这种沟通中西文化的尝试，非学贯中西而不能窥其崖略，非潜心钻研而不能掌握要领，非前赴后继而不能克竣其功。而这些主观条件，在胡适、顾颉刚等学者当中，是不具备的。以胡适为例，在一批根基扎实的民国学者眼中，"胡说"二字并非胡适的"自嘲"。

再以顾颉刚的文献辨伪为例。

顾颉刚自言，康有为、崔述等人的学说为他的古籍辨伪及古史研究拓宽了思路、提供了依据。可以说，顾颉刚这方面学术成就，确实是在继承康、崔等人学术的基础上取得的。这本身就是"继承"与"创新"相结合的范例。顾颉刚因此而获得常人不能企及的声名。20世纪20年代的顾颉刚还受胡适接济，到了30年代成为知名教授，与胡适、傅斯年共称北平"三老板"。

然而，顾颉刚的"缺憾"也是很明显的。当时他的古籍辨伪与古史研究，并未与中国文献辨伪、古史研究的统绪真正结合，他的"创新"并没有坚实的文化根基。

顾颉刚也自称："我弄了几时辨伪的工作，很有许多是自认为创获的"，但清人崔述的书里，"已经辩证得明明白白了"，所以感慨道："我真想不到有这样一部规模弘大而议论精锐的辨伪的大著作已先我而存在！"①

如果能够潜心梳理中国古代文献辨伪学史，顾颉刚想必还要惊叹规模更加"弘大"、议论更加"精锐"的论著在在皆有，崔述既非清人文献辨伪之重镇，更非中国古代文献辨伪之领军。

受年龄阅历、教育背景等方面制约，以论辩文献真伪、希冀文化重建相标榜的顾颉刚先生，敏锐有余而精深不足，其"国学"根底也不足以掌控局面。康有为学说一倒，顾颉刚的理论体系随即岌岌可危。这实在是一个值得关注的问题。

从这个意义上，我们就容易理解，何以有人批评顾颉刚不读书、"大禹虫"是无稽之谈了。如果没有全面深入的发掘、虚心勤恳的继承，就不会有经得起推敲的创新。顾颉刚等人文献辨伪的成功，在于站在康、崔等人的肩膀之上；顾颉刚等人文献辨伪的狭隘，缘于对康、崔以外更多的文化巨人置若罔闻。

较以顾颉刚等人，张心澂的虚心勤恳则有目共睹。因此就文献辨伪而言，顾颉刚固然在民国思想史上的地位高于张心澂，但是在学术史上的贡献恐怕难以与后者比肩。

这场文献辨伪领域的"新文化运动"，虽然将经学的荣耀和权威彻底褫夺，将传统文化的核心和旗帜打翻在地，但终究未能构筑起完整的现代

---

① 顾颉刚：《自序》，载顾颉刚编著《古史辨》第1册，海南出版社2005年版，第25页。

文献辨伪学的学科体系，更不论其所追求的文化重建。

应该说，这场打上鲜明时代烙印的文献辨伪研究，虽然打倒了旧权威却未能确立起新权威，虽然打倒了旧文化却未能建立起新文化，因而终究不是一场究竟圆满的文化运动。在这个鼓励创新的时代，我们更需要认真体会"继承"二字的深刻含义。

（四）正确处理"文献辨伪"与"文化精神"关系

20 世纪上半叶，在如何推进文化近代化的探索中，民国学者通过文献辨伪研究，进行了有益尝试，并做出了积极贡献。

胡适、顾颉刚等人的文献辨伪，看似激进，但其实质，毕竟是民国时期的知识分子，在特定历史条件下的文化实践，其所展现的"文化精神"，具有隽永的时代价值与意义。但由于胡适、顾颉刚等人的文化实践，未能妥善处理"文献辨伪"与"文化精神"的关系，这不但给时人的批驳留下口实，也给后世的文化造成诸多阻碍。

所谓未能妥善处理"文献辨伪"与"文化精神"的关系。具体表现在：顾颉刚等人虽然毫不掩饰自己的文化诉求，但是几乎毫无例外地将古人"卫经卫道"的"思想性旨趣"，从文献辨伪学史的回顾中剔除出去，并无限放大前人辨伪方法中所蕴藉的"科学精神"。

这不但给 20 世纪初年以来的反传统思潮推波助澜，也造成了文献辨伪与文化精神之间的疏离与隔膜。自此以后，人们不但习惯于将方法论实践，视为一切文献辨伪研究的全部文化价值，也习惯于将事实性判断视为所有辨伪研究之得失的唯一标准。

无视文献辨伪中的价值判断，将文献辨伪与文化精神割裂开来，仅仅"以成败论英雄"，是实用主义在民国时期文献辨伪研究中的生硬投射。顾颉刚等人对前儒文献辨伪成就的任意剪裁，固然基于他们文化解构、文化批评的目的，但终究不能"保佑"他们在文化阐释、文化重建的殿堂中得以立于不败之地。

直至今日，人们在评述顾颉刚等民国学者的文献辨伪学成就时，也普遍地对他们的"文化精神"视而不见，这未尝不令人感叹文化传承中也有"宿命"，切莫等闲视之。

文献辨伪研究不论古今，都是事实判断和价值判断、文化研究与文化精神的辩证统一，任何单向度的诠释都是不合适、不正确的。文献辨伪研究既是对前人文献辨伪研究成就的扬弃，也是对时代主题及文化使命的回应。文献辨伪是对文化理想的实践，是对文化精神的诠释，这是中国文献辨伪学研究的优良传统之一。

近代以来，在内忧外患的煎熬中，如何协调传统与现代、过往与当下、继承与创新、东方与西方等复杂矛盾关系，开始成为国人不懈探索的时代命题。文献辨伪只是民国学者这一"破题"之旅的精彩片段。民国时期的文献辨伪学研究，身不由己地开启了它的"近代化"道路。

基于不同的理念和理解，梁启超、胡适、顾颉刚、钱玄同、钱穆等学者在文献辨伪问题上各有主张，并取得了一系列备受瞩目的文化成就。但由于未能很好地掌控"技法"与"心法"，特别是"继承"与"创新"等辩证关系，他们的局限也是显而易见的，这给当代中国的文化传承以不可多得的启示。

附录一　民国学者辨伪成就一览

1	曹聚仁	《仪礼》
2	岑仲勉	《列子》
3	陈登原	《周礼》（《周官》《周官经》）
4	陈文波	《列子》
5	陈柱	《老子》
6	邓思善	《韩子》
7	杜国庠	《公孙龙子》《荀子》《墨子》
8	范文澜	《周礼》（《周官》《周官经》）《今文尚书》《十翼》《老子》
9	冯友兰	《十翼》《中庸》《老子》《墨子》
10	冯振	《韩子》
11	符定一	《书序》《古文尚书》
12	高亨	《韩子》
13	高明	《连山易》
14	顾颉刚	《今文尚书》《庄子》《周礼》（《周官》《周官经》）《山海经》《古文尚书》《老子》《十翼》《卦辞》《爻辞》《十翼》
15	顾实	《公孙龙子》《尹文子》《商子》《十翼》《尉缭子》《列子》《金匮要略论注》《甘石星经》《小尔雅》（一名《小雅》）《心书》《子夏易传》《元经》（《玄经》）《晋史乘》《楚史梼杌》《周易乾凿度》《鬼谷子》《孔丛子》《司马法》《六韬》《易林》（又名《焦氏易林》）《刘子新论》
16	郭沫若	《周礼》（《周官》《周官经》）《管子》《韩子》《今文尚书》《墨子》《十翼》《归藏易》《管子》《荀子》《商子》《公孙龙子》《尹文子》《今文尚书》《卦辞》《爻辞》《礼记·乐记》
17	杭辛斋	《子夏易传》《十翼》
18	胡适	《老子》《列子》《文子》《尔雅》《墨子》《商子》《庄子》《管子》

19	黄云眉	《黄帝素问》（《黄帝内经素问》《素问》）《致身录》《灵枢经》《难经》（《黄帝八十一难经》）《文子》《阴符经》《周髀算经》《商子》《鹖冠子》《周礼》（《周官》《周官经》）《慎子》《鬼谷子》《今文孝经》《公孙龙子》
20	金德建	《荀子》《尸子》《孙子》《司马法》
21	李镜池	《十翼》《卦辞》《爻辞》
22	梁启超	《今文尚书》《荀子》《春秋左氏传》《尸子》《邓析子》《尹文子》《墨子》《汉杂事秘辛》《涑水记闻》（又名《司马温公记闻》）《幸存录》《韩子》《尔雅》《庄子》《孙子》《本草》《尹文子》《阴符经》《易林》（又名《焦氏易林》）《管子》《十翼》《连山易》《周礼》（《周官》《周官经》）《今文孝经》《邓析子》《论语·阳货·公山弗扰章》《关尹子》《书序》《吕氏春秋》《荀子》《慎子》《孟子》《山海经》《黄帝素问》（《黄帝内经素问》《素问》）《列子》《老子》《墨子》《鹖冠子》《伊尹》《韩子》《庄子》《晏子春秋》《文子》《本草》《越绝书》（《越绝记》）《南渡录》《窃愤录》《灵枢经》《竹书纪年》（《古文纪年》或《汲冢纪年》）《逸周书》《国语》《仪礼》
23	刘节	《今文尚书》
24	刘咸炘	《庄子》
25	陆侃如	《卦辞》《爻辞》《山海经》
26	栾调甫	《公孙龙子》
27	罗根泽	《燕丹子》《诗格》《邓析子》《新语》《二南密旨》《文苑诗格》《古列女传》《续列女传》《管子》《孔丛子》《商子》《慎子》《新序》《说苑》《尹文子》
28	刘汝霖	《老子》《关尹子》《於陵子》《孔子家语》《公孙龙子》《古文尚书》《韩子》《商子》《列子》《庄子》
29	吕思勉	《今文孝经》《荀子》《尸子》《商子》《鹖冠子》《列子》
30	马叙伦	《心史》《邓析子》《道德真经著述》《老子》《老子河上公注》《列子》《尹文子》《庄子》
31	蒙文通	《道德真经著述》《山海经》《老子河上公注》
32	齐思和	《孙子》
33	钱宝琮	《周髀算经》旧题周公撰
34	钱基博	《尹文子》《慎子》
35	钱穆	《周礼》（《周官》《周官经》）《关尹子》《老子》《尉缭子》《鹖冠子》《孙子》《邓析子》《尹文子》
36	钱玄同	《周礼》（《周官》《周官经》）《春秋左氏传》《今文尚书》《庄子》《十翼》

37	容肇祖	《韩子》《归藏易》《十翼》
38	苏渊雷	《卦辞》《爻辞》
		《十翼》
39	孙次舟	《墨子》《管子》《邓析子》《新语》《尸子》
40	谭其骧	《山海经》
41	唐兰	《老子》《庄子》
44	唐钺	《尹文子》
43	童书业	《穆天子传》
44	王成祖	《山海经》
45	王琯	《公孙龙子》
46	王国维	《卦辞》《爻辞》《十翼》《今文尚书》《竹书纪年》(《古文纪年》或《汲冢纪年》)
47	王叔岷	《文子》
48	卫聚贤	《今文尚书》《穆天子传》《春秋左氏传》
49	吴其昌	《今文尚书》
50	杨国荣	《老子》《庄子》
51	杨筠	《荀子》
52	杨树达	《文子》
53	叶国庆	《庄子》
54	余嘉锡	《新语》
55	余绍宋	《後画录》《管夫人墨竹谱》《笔髓论》《赵氏家法笔记》《画学秘诀》(别名《山水诀》)
56	余永梁	《今文尚书》《卦辞》《爻辞》《十翼》
57	袁柯	《山海经》
58	恽铁樵	《灵枢经》
59	张公量	《穆天子传》
60	张季同	《老子》
61	张其锽	《墨子》
62	张寿林	《老子》
63	张西堂	《荀子》《新语》《尸子》

续表

64	张心澂	《曹子建集》(《曹子建集》《陈思王集》)《三礼考注》《疮疡经验全书》《春秋左氏传》《燕丹子》《玉函山房辑佚书》《列仙传》《西京杂记》《子夏易传》《周礼》(《周官》《周官经》)《汉武故事》《竹书纪年》(《古文纪年》《汲冢纪年》)《郑注孝经》《本草》《韩子》《关尹子》《归藏易》《管子》《老子》《庄子》《齐民要术》《黄帝素问》(《黄帝内经素问》《素问》)《周髀算经》《汉杂事秘辛》《贡举叙略》《诗史》《兀涯西汉书议》《绍熙州县释奠仪图》《盐法考略》《钱法纂要》《论语·阳货·公山弗扰章》《别本汉旧仪》《古文尚书》《文子》《吕氏春秋》《孔子家语》《十翼》《今文尚书》《老子河上公注》《邓析子》《国赋纪略》《新语》《新序》《汉官旧仪》《补遗》《禽经》《尔雅》《毛诗正义》《道德真经著述》《书序》
65	张煊	《墨子》
66	章太炎	《春秋左氏传》《枕中书》《帝王历纪谱》《列子》《文子》《老子河上公注》《伤寒论》《中说》(又名《文中子》)《十翼》
67	郑振铎	《心史》《书序》
68	朱希祖	《墨子》《六韬》《竹书纪年》(《古文纪年》或《汲冢纪年》)《明史纪事本末》
69	[日]本田成之	《十翼》
70	[日]内藤虎次郎	《管子》《今文尚书》《吕氏春秋》
71	[日]武内义雄	《孔子家语》《老子》《列子》《庄子》《孙子》《大学》:
72	[日]新城新藏	《竹书纪年》(《古文纪年》或《汲冢纪年》)
73	[日]斎藤拙堂	《孙子》

附录二 民国文献辨伪论点辑录

1	《连山易》10卷，旧题伏羲作	梁启超《古书真伪及其年代》：刘炫因《周易》而想及《连山》《归藏》。书初上时，文帝大喜，后来知道是假的，以为大逆不道，就把刘炫杀了。一代大学者因为造假书被砍头，太不值得。
		高明《连山归藏考》（《斯文半月刊》第2卷，第6—8期）：《连山》《归藏》最迟亦应为周时书。《周易》于次最后，则《连山》《归藏》之时代，或当先于《周易》。
2	《归藏易》13卷，旧题黄帝作	容肇祖《占卜的源流》（前中央研究院《历史语言研究所集刊》第1本第1分册）：只有《周易》是可靠，《连山》《归藏》为哀、平间出品，依附《周易》而作的。
		郭沫若《青铜时代》：荀勖得到了《易繇阴阳卦》，便任意把它拟为《归藏》罢了。到宋以后又散佚了。佚文由马国翰辑录在他的《玉函山房辑佚书》里面。
		张心澂《伪书通考》：《归藏》在汉初已亡，至隋代忽然出现，就不会是真的。现在所辑的佚文，不是汉以前的《归藏》文，是隋时伪《归藏》的一鳞半爪。
3	《卦辞》《爻辞》，旧题文王作	王国维《古史新证》：《卦辞》《爻辞》周初作。
		余永梁《易卦爻辞的时代及其作者》：《卦辞》《爻辞》产生于周初。
		李镜池《周易筮辞考》：《卦辞》《爻辞》乃筮占之筮辞，与甲骨卜辞同类。从《卦辞》《爻辞》中筮占贞问等字，可证明《易》为卦筮之书，由卜筮而成，由卜筮而作。《周易》之编纂年代在西周初叶。
		陆侃如《论卦爻辞的年代》：《卦辞》《爻辞》写定的年代约当东周中年。
		苏渊雷《易学会通》：《卦辞》《爻辞》为农业社会初期产物，非孔子作，证之社会学可明矣。至于是否文王作，似不易决。
		顾颉刚《周易卦爻辞中的故事》：《卦辞》《爻辞》为西周时所作。
		郭沫若《周易之制作时代》（《青铜时代》）：我相信《说卦传》以下三篇应该是秦以前的作品，但是《象》《系辞》《文言》三种是荀子的门徒在秦的统治期间所写出来的东西。《象》是在《彖》之后，由别一派的人所写出来的。

续表

4	《十翼》，旧题孔子撰	章太炎《章太炎文录初编》《国故论衡》：以《十翼》非孔子作。
		梁启超《古书真伪及其年代》：《系辞》言辞玄妙，来历较晦，只能认为儒家后学或进步或分化推演而出。若认为全属孔子，则不可。吾人应将画《卦》归之上古，重《卦》及《卦辞》《爻辞》归之周初，《彖辞》《象辞》暂归之孔子，《系辞》《文言》归之战国，《说卦》《序卦》《杂卦》归之战国、秦、汉之间，以观察各时代之心理、宇宙观、人生观。
		杭辛斋《读易杂识》：孔子但取其《卦》《爻》《彖》《象》以为赞，其要义别著于《系传》《说卦》，余皆删之，与删《诗》《书》五异。
		钱玄同：孔子与《十翼》无关。孔子以后之儒者，借以发挥其哲理（此亦是托古），作《彖传》《象传》《系辞传》《文言传》者。汉又有焦赣、京房一流人，作《说卦传》。不知何浅人作《序卦传》，何学究作《杂卦传》，配成所谓《十翼》。
		顾实《汉书艺文志讲疏》：孔子作《十翼》称"子曰"者，此是古人著书通例，有因此而疑《十翼》非孔子作者，不思之过也。
		冯友兰《中国哲学史》：认《论语》之言为孔子所说，又认《易彖》《象》等为孔子作，将将孔子陷于一矛盾之地位。
		顾颉刚《周易卦爻辞中的故事》：《易》传之作，至早不得过战国，迟则在西汉中叶。 顾颉刚《论〈易·系辞传〉中观象制器的故事》：《系辞》下传"古者包牺氏之王天下也"至"盖取诸夬"一段，乃京房或京房后学所作。
		李镜池《易传探源》：否定了孔子作《十翼》之说。《彖》《象》二传最早不出于战国末，最迟不到汉宣帝，作于秦汉间为最可能。《系辞》《文言》是经师田何到田王孙的口传易说，《说卦》以下三篇，约在宣元之间。
		苏渊雷《易学会通》：《十翼》要非全为孔子之手作，而彼之大部分思想，仍可于此中觇之。
		王国维《古史新证》：《十翼》相传为孔子作，至少亦七十子后学所述也。
		容肇祖《占卜的源流》：汉初尊崇孔子，抱遗书的多依附于孔门以自重，传《易》的人托古自重，以神其术，《十翼》因以尽归于孔子。
		余永梁《易卦爻辞的时代及其作者》：儒家后来得势，投机地去以政教解释《易》，于是这几部向来在巫者手里的也就轻轻地抓过手来了。
		郭沫若《青铜时代》：《易传》的《十翼》不作于孔子，是不待论的。《易传》中大部分是秦时代的荀子门徒们楚国人著的，时期当在秦始皇三十四年以后。
		范文澜《中国通史简编修订本》（第1编）：孔子曾用大功夫专研《卦辞》《爻辞》，孔子讲说的记录及后来传《易》大师的补充，总称为《易传》或称《十翼》。

4	《十翼》，旧题孔子撰	张心澂《伪书通考》：司马迁说孔子与《易》的关系，是可以相信的。《彖传》《象传》说的话，是孔子作的，而不是孔子以后的人伪造的。《系辞传》不见得是孔子作的，而是孔子的后学南方人于道家所得甚深的人作的。《文言传》肯定不是孔子作的。至于《说卦传》《杂卦传》《序卦传》也可肯定不是孔子作的，可能是馯臂子弓以后的易师作的，时代要更后些。
		[日]本田成之《作易年代考》（载《先秦经籍考》）：相传孔子作《十翼》之说，全出于《易》学者一流之附会。
5	《子夏易传》11卷，旧本题卜子夏撰	杭辛斋《读易杂识》：十哲之中，未闻子夏传易。其为后人伪书，不待辨也。
		顾实《重考古今伪书考》：《子夏易传》十一卷，则宋以后伪作。
		张心澂《伪书通考》：《七略》明谓《易传》子夏、韩氏婴所作，后人不知即《汉志》之韩氏二篇，将子夏二字移于《易传》之上，遂变为卜子夏之书。苟勖误于前，而《七录》《隋志》《经典释文》因之。
6	《易林》（又名《焦氏易林》）16卷，汉焦延寿撰	梁启超《古书真伪及其年代》：这分明是东汉以后的人，见了那晚出的《左传》才假造的。
		顾实《重考古今伪书考》：《易林》为焦延寿作，他是汉成帝时人。
7	《周易乾凿度》2卷，旧题仓颉修	顾实《重考古今伪书考》：《乾凿度》《通卦验》两书并附依《系辞》等数及《说卦》方位为说，当作于汉武、宣以后，亦今文博士之遗说，兼有郑玄注，俱未可蔑视也。
8	《今文尚书》28篇，西汉伏生传授	王国维《古史新证》：对康有为的观点不以为然。《尧典》《皋陶谟》《禹贡》《甘誓》《汤誓》，文字稍平易简洁，或系后世重编，然至少亦未必为周初人所作。《盘庚》《高宗肜日》《西伯戡黎》《微子》《牧誓》诸篇，皆当时作也。
		钱玄同《答顾颉刚先生书》：二十八篇中有历史的价值恐怕没有几篇，如《尧典》《皋陶谟》《禹贡》《甘誓》等篇，一定是晚周人伪造的。
		顾颉刚《论〈今文尚书〉著作时代书》：将二十八篇分成三组。《盘庚》《大诰》《康诰》等篇，在思想、文字上都可信为真；《甘誓》《汤誓》《高宗肜日》《西伯戡黎》《微子》《牧誓》《金縢》《无逸》《君奭》《立政》《顾命》等篇，或是后世的伪作，或者是史官的追述，或者是真古文经过翻译，均说不定。不过决是东周间的作品。《尧典》《皋陶谟》《禹贡》三篇，决是战国至秦汉间的伪作。
		卫聚贤《〈禹贡〉研究》：成书于战国。系战国末年之秦人作。
		刘节《洪范疏证》：为战国末年作品。
		梁启超《洪范疏证·跋语》：刘节的推定均是用科学方法研究之结果，令反驳者极难容喙。其余诸条亦多妙解，可谓空前一大发明。
		余永梁《〈柴誓〉的时代考》：《柴誓》是僖公伐徐，在费誓师时作的。《牧誓》是后人摹仿《费誓》而作的，与《甘誓》《汤誓》都是春秋、战国时人叙述传说的历史上的大战托而为古的。《秦誓》是秦穆公时作。
		吴其昌《金文历朔疏证附录》：秦、汉是《洪范》作者认《小旻诗》为周初《诗》，故伪撰武王时之《洪范》即剽袭之也。

续表

8	《今文尚书》28篇，西汉伏生传授	郭沫若《中国古代社会研究》：二十八篇上自唐、虞，下至秦穆，时期非常辽远。可以断定《虞书》和《夏书》四篇完全不可靠。《帝典》《皋陶谟》《禹贡》三篇是后世儒家伪托的；《甘誓》或许是《商书》羼入的，文字很简单，也没有什么大道理在里面，大约不会是伪作。二十五篇的可靠性，依据时代远近而递减。 郭沫若《青铜时代》：《洪范》一定是子思所作的文章，《尧典》《皋陶谟》《禹贡》当得是他作的。 郭沫若《十批判书》：《洪范》《尧典》《皋陶谟》《禹贡》诸篇都是战国时儒者所依托，据我的看法，这人也就是思、孟这一派的人。《吕刑》一篇我揣想它是春秋时吕国的某王所造的刑书，经过后来儒者润色，决不是周穆王所作的。
		范文澜《中国通史简编》（修订本第1编）：《禹贡篇》是战国时人所作，文字简要，系统分明，确是极为宝贵的古地理志。《尚书·洪范篇》据说是周史官记录箕子所说殷政治文化的纲要，大体可信。
		张心澂《伪书通考》：所以若说《尧典》《皋陶谟》这两篇是虞代所作的，那就是伪书；若说是孔子采旧时记载而加以自己的理想编成的，那就不是伪书。
		［日］内藤虎次郎《尚书编次考》（载《先秦经籍考》）提出：《尚书》在孔子以后伏生以前，已有甚多之变化。 又作《禹贡制作年代考》（载《先秦经籍考》）：则《禹贡》实战国末年利用极发达之地理知识而行编纂，亦未可知。
9	《古文尚书》，虞夏商周之书，孔丘删定	刘汝霖《中国学术编年方法·汉晋学术编年》：吾以为孔壁出书之事，刘歆既敢引证于朝廷之中，与其反对之博士亦未闻有对此怀疑之语，可知来历原自分明，不容怀疑也。可证《书》当在景帝末，进书当在武帝初。事实本甚昭然，不疑此一字之误，而怀疑全段，危险孰甚？ 刘汝霖《汉晋学术编年》：孔壁所得者仅有《书》十六篇，《礼》三十九篇，及《论语》《孝经》，并举出三个证据。
		符定一《新学伪经考驳谊》：康举十伪，似是而非，逐一辟之，实成十误。又，《逸书》十六篇不伪，马融所言《逸书》十六篇绝无师说，其言不合，不能据以疑《逸书》之伪。杜林前于西州得漆书，书为宏、巡所见，又为卫、贾、马、郑所注，已证实确有其书。
		顾颉刚《古史辨》：王肃所作。
		张心澂《伪书通考》：汉初有《古文尚书》是可以确定的。而且孔子那时所抄写下来的《尚书》，该当是用原书的文字。孔家所藏的，可能比伏生的多些。现存的《古文尚书》，是晋代梅赜所上的《伪书》。经宋、明、清儒详细究考，可以确定是伪书无疑了。
10	《诗序》2卷：《大序》，题汉孔安国撰；《小序》，题周孔子撰	符定一《新学伪经考驳谊》：至云《序》出于歆之伪古文，则予考之《史记》，已得古文《书叙》之确证。史公从安国问故。当然本之于《古文尚书》，何待刘歆本《史记》，更何得云刘歆作伪。
		梁启超《古书真伪及其年代》：以两汉儒者说诗，从未言及《诗序》。西汉一代文字，无引用诗序者，亦未言诗有序。《后汉书》既明言宏作毛诗序，吾人又何必夺其功耶！但不可因此谓其伪造。但事迹之附会，姓名之错乱，诗意之误解，乃宏强不知以为知之过也。

10	《诗序》2 卷：《大序》，题汉孔安国撰；《小序》，题周孔子撰	郑振铎《读毛诗序》：《诗序》不是子夏所作，《后汉书》明言卫宏作，所说不至无据。即使不是卫宏所作，也决不在毛公、卫宏以前。
		张心澂《伪书通考》：最初由子夏甚至孔子首创，不断积累，演绎到卫宏时才最终告成的。
11	《毛诗正义》40 卷	张心澂《伪书通考》：毛氏传的《诗经》不是伪书，内容可能和齐、鲁、韩三家小有出入。自创一家和三家并重，目的是做官。
12	《仪礼》17 篇，周姬旦撰	梁启超《古书真伪及其年代》：《仪礼》决非西汉以后人伪造。今十七篇或出孔子厘定。至少《仪礼》中的《士丧礼》等当为孔子写定。但整部《仪礼》必非孔子一手所定。
		曹聚仁：《仪礼》是战国时代人胡乱抄成的杂书；清代毛奇龄、顾栋高、袁枚、崔述等人，已经证明的了。《周礼》是西汉末年刘歆伪造的；两《戴记》中十之八九是汉代儒士所作的。
13	《周礼》（《周官》《周官经》）	梁启超《古书真伪及其年代》：以《周礼》虽非周公作，伪造者虽不知名，但必为战国末至汉初人。吾人如认其为周公时代之政制，则误矣。若据以研究战国至汉初政制，则颇可宝贵。《考工记》为战国末之书，比《周礼》前五篇略早，绝非在孔子以前。
		钱穆《周官著作时代考》：《周礼》战国说。
		郭沫若《郭沫若全集·周官质疑》：《周礼》战国说
		顾颉刚《周公制礼的传说和周官一书的出现》：《周礼》战国说
		范文澜《经学讲演录》：《周礼》战国说
		钱玄同《三礼通论·礼书编·周礼著作时代》：《周礼》战国说
		陈登原（据黄云眉《古今伪书考补正》中语）：伪。
		黄云眉《古今伪书考补正》：伪。
		张心澂《伪书通考》：《周礼》一书，为战国前期儒家而通法理经济者所草拟之《建国方略》。至西汉前期发现而入秘府。及王莽时，刘歆见之，改窜而公布。
14	《礼记·乐记》篇	郭沫若《公孙尼子与其音乐理论》：今存《乐记》不一定全是公孙龙子的东西，由于汉儒的杂抄杂纂，已经把原文混乱了。但主要的文字仍来自《公孙龙子》。
15	《三礼考注》64 卷，旧本题元吴澄撰	张心澂《伪书通考》：晏璧将吴氏未完之稿增改而题己名。杨氏等遂以晏本为吴著，故真伪杂糅。而姚氏以之列于真书杂以伪者是也。
16	《仪礼》	梁启超等人都认为不是姬旦所作。

续表

17	《春秋左氏传》（又名《左氏春秋》《左传》）30卷，旧题春秋时左丘明撰	章太炎《章氏丛书·春秋左传读》：对刘歆伪造《左传》不以为然，他认为《左传》并不是析《国语》而成，更非刘歆伪作。而是左丘明门人吴起所作。
		卫聚贤《左传的研究》：从三个方面论证了《左传》非左丘明撰。《左传》与《国语》决非一人所作。
		钱玄同《论〈春秋〉性质书》：《左传》是刘歆从《国语》中分出的。刘歆把《国语》的一部分改成《春秋》的传，意在抑制《公羊传》。
		梁启超《古书真伪及其时代》：以《左氏》与《国语》之体裁及文章皆不相同，并无割裂痕迹。非刘歆伪造或从《国语》分出，《左氏》非其所作。
		张心澂《伪书通考》：《左传》为左丘明原作，其未定部分则有其子孙补作。
18	《帝王历纪谱》3卷，周荀卿撰	章太炎《春秋左传读叙录》：荀况《谱》与《世本》相类甚明。惟《血脉谱》之名，不似周、秦，而《汉艺文志》又无其目。《隋书经籍志》有杨氏《血脉谱》二卷，是《血脉谱》之称，起于隋前。或后人改题荀书而名此邪？
19	《今文孝经》18章，题周孔丘撰	梁启超《古书真伪及其年代》：非战国之书，而属汉代之书，最早亦不能过战国，非孔子所作，只可归入《礼记》，作孔门后学推衍孝字之书。
		吕思勉：《孝经》一书，无甚精义，然其书在汉时实有传授，且《吕览》即已引之，则姚姚际恒伪书说未当。
		黄云眉《古今伪书考补正》：《孝经》之产生必与汉代最有关。其作期必在《戴记》后，后人以其言孝，未敢直斥其伪，不知孝盖天性，非诗教而后能也。
20	《郑注孝经》1卷，汉郑玄注	张心澂《伪书通考》：郑玄弟子未闻玄注《孝经》，晋《中经薄·郑氏解》亦未言玄作。晋隋唐所见之《郑注》，疑即郑众《注》，因玄注经多而名较盛，且曾为《孝经略说》，故误为玄注。马融注亡，遂误以郑众注并亡也。
21	《大学》，旧题曾子撰	[日]武内义雄（转引自《先秦经籍考》）：从两个方面证明《大学》是汉武帝以后的作品，由此再进一步，推想《大学》是武帝时所作。
22	《中庸》，旧题子思孔伋撰	冯友兰《中国哲学史》：细观《中庸》所说义理，是秦汉统一中国后的景象，肯定不是子思所作。
23	《论语·阳货·公山弗扰章》	梁启超《古书真伪及其年代》：公山弗扰乃季氏手下家臣，孔子当时作鲁司寇，公山弗扰好像北京的大兴县知事一样，孔子好比司法总长，岂有大兴县知事造反，司法总长跑去帮忙的道理？至于佛肸以中牟畔时，孔子已经死了十余年，佛肸虽愚，万不会请死人帮忙，孔子纵想做官，亦不会从坟墓中跳起来。
		张心澂《伪书通考》："公山弗扰"这一章，是孔门弟子的忠实记录，不是后人伪造的。

24	《孟子》14 卷，周齐孟轲撰	梁启超《〈汉书·艺文志·诸子略〉考释》：外书四篇，经岐鉴别为伪，后无传者，遂亡佚。至明季姚士所传《孟子外书》四篇，则又伪中出伪，并非汉时之旧。
25	《尔雅》3 卷，周姬旦撰	梁启超《古书真伪及其年代》：《尔雅》年代当在《诗经》之后。《释地》解九州五岳，乃汉初地理，则不惟非周公时书，且非孔子以前书，当属汉儒抄录过去及同时人对于古书之训诂，以便检查者。 梁启超《要籍解题及其读法》：《尔雅》今列于十三经，陋儒竞相指为周公所作，甚可笑。其实不过经师访经之文，好事考编为类书以便参捡耳。
		胡适《胡适文存》：今观《尔雅》一书，其释经者居其泰半，其说或合于毛（公），或合于郑（玄），或合于何休、孔安国。似《尔雅》实成于说经之家，而非说经之家引据《尔雅》也。
		张心澂《伪书通考》：揖盖欲推崇其所上之《广雅》，故以此书托始于周公也。《尔雅》一书，当系汉及汉以前之字典，陆续有增益，非成于一手，故《汉志》亦无主名。
26	《小尔雅》（一名《小雅》）1卷，战国楚孔鲋撰	顾实《重考古今伪书考》：《小尔雅》盖出西京儒者相传，以求占毕之正名，辅奇觚之绝谊，其来古矣。王肃辈伪造《孔丛子》，捃摭及于《小尔雅》，岂无变乱窜定，而遽以当《汉志》之旧，恐未必为归赵之完璧乎？
27	《竹书纪年》（《古文纪年》或《汲冢纪年》）2卷	朱希祖《汲冢书考》：《后序》并非杜预自撰。
		王国维《今本竹书纪年疏证·序》：始知今本所载殆五一不袭他书；其不见他者，不过百分之一，又率空洞无事实，所增加者年月而已。且其所出本非一源，古今杂陈；矛盾斯起，既有违异，乃生调停，纠纷之因，皆可剖析。夫事实既具他书，则此书为无用；年月又多杜撰，则其说为无征。
		梁启超《中国历史研究法》：而今本《竹书纪年》削去之，则"反证其伪也。"今本记伯益、伊尹等文全与彼（原本）相反，其年代又托始于黄帝。故知决非汲冢之旧也。
		张心澂《伪书通考》：今本《竹书纪年》经上列各家考证的结果，可以肯定它是伪书，没有什么可疑的了。《晋书》以前，在汲冢出土时的人杜预见过《竹书》，在他的《春秋左传集解后序》内详细说了《纪年》的内容，难道都是造谣的吗？
		［日］新城新藏《周初之年代》：作伪者不够精通历法，以至于出现这样的错误。
28	《元经》（《玄经》）10 卷	顾实《重考古今伪书考》：世咸以此书为阮逸所伪撰也。此书直无知妄作而已矣。
29	《明史纪事本末》80 卷，清谷应泰撰	朱希祖《中国文学史要略》：《续通鉴》非袭自邵氏之书，独具卓识。他认为旧说纯属臆测，很不可靠。但对于《明史纪事本末》，则仍然依照传统观点。
30	《逸周书》10 卷	梁启超《中国历史研究法》：《逸周书》若干篇，真赝参半，然其真之部分，吾侪应认为与尚书有同等之价值也。以吾度之，今最少应有十一篇为伪造者；其余诸篇亦多窜乱。但某篇为真，某篇为伪，未能确指。

31	《穆天子传》6卷，晋郭璞注，前有荀勖序	卫聚贤《穆天子传研究》：在十个方面综合论证的基础上得出《穆传》为战国时作品。成书于战国初年，此《传》非荀勖、郭璞伪造，郭注亦非六朝时人伪造。推测此《传》似匈奴族中山人所作，与魏有关。
		童书业《穆天子传疑》：为晋人杂集先秦散简，附益所成；其间固不无古代之材料，然大部分皆晋人杜撰之文。
		张公量《〈穆传〉〈山经〉合证》《〈穆天子传〉版本及关于〈穆传〉之著述》《略论〈山海经〉与〈穆天子传〉》《顾实著〈穆天子传西征讲疏〉评论》：采用比较的方法，将《穆传》与《山海经》比较，指出二书貌合神似。
32	《晋史乘》1卷；《楚史梼杌》1卷，不著撰人名氏	顾实《重考古今伪书考》：《乘》凡十二篇，《梼杌》凡二十七篇，非有心于作伪也。后人刻其书者，伪撰子行《题辞》于前，以盗流传古书之名，当出于明万历以后人所为。汪士汉又录晋、楚两世家《索隐》述赞，各加以按语，为《晋史乘》《楚史考》，分冠于卷首，其诬益甚矣！
33	《国语》21卷，吴韦昭注	梁启超《中国历史研究法》：左丘或称左丘明，今本《左传》共称为彼所撰。然据《史记》所称述，则彼固名丘不名丘明，仅撰《国语》而未撰《左传》。或谓今本《左传》乃汉人割裂《国语》以伪撰。
34	《越绝书》（《越绝记》）15卷，旧注周端木锡撰	梁启超《中国历史研究法》：其书题某人撰而书中所载事迹在本人后者，则其书或全伪或一部分伪。例如《越绝书》，《隋志》始著录，题了贡撰。然其书既未见《汉志》，且书中叙及汉以后建置沿革，故其书不唯非子贡撰，且并非汉时所有也。
35	《西京杂记》6卷旧本题晋葛洪撰	张心澂《伪书通考》：《西京杂记后序》似属可信。据《后序》所说，书名是葛洪定的，而书的内容是刘歆未成的《汉书》底本的一部分。
36	《汉武故事》1卷旧本题汉班固撰	张心澂《伪书通考》：此书《隋志》始著录，疑亦牛宏购书时所得。当时未尝伪充固撰，乃后世妄题固名。
37	《致身录》1卷，旧题明史彬撰	黄云眉《古今伪书考补正》：《致身录》盖晚出附会，不足信。《致身录》之伪，钱说诚确，固未有能针对其事而否定之者。
38	《南渡录》2卷；《窃愤录》1卷，或题无名氏，或并题为辛弃疾撰	梁启超《中国历史研究法》：辛弃疾《南烬纪闻录》《窃愤录》所采阿计替笔记，此考证宋徽、钦二宗在北庭受辱情状之第一等史料。
39	《古列女传》7卷、《续列女传》1卷，汉刘向撰。	罗根泽《〈新序〉、〈说苑〉、〈列女传〉不作始于刘向考》认为：刘向时已有成书，已有定名，故刘向得读而校之，是非作始刘向。

40	《山海经》18卷，晋郭璞注	梁启超《考诸子略以外之现存子书》：便如杜佑、朱子辈，指为全属汉以后人杜撰，则殊不然。至书中所见秦、汉郡名，则出于附益，古籍多然，不独此书矣。
		陆侃如《论山海经的著作年代》：《山海经》由三部分综合而成，三部分内容各成体系，而成书时间互异。《山经》为战国时作，《海经》为西汉时作，《大荒经》及《海内经》为东汉魏晋时作。侯仁之也如此认为。
		顾颉刚：《山经》早于《禹贡》，其所载山川于周秦河汉间最详最合，故作者之国籍当不外乎此。
		谭其骧：《山经》成于《禹贡》之后，是秦时方士所作。
		王成祖：《山经》在《禹贡》之后，是战国后期的作品。
		蒙文通：《山经》和《海外经》是一个整体，《大荒经》四篇和《海内经》一篇是一个整体。为《大荒经》和《海内经》是西周时代的作品。
		袁柯：《山海经》的著作年代，是从战国中叶到汉代初年，著作地方是战国时代的楚国和汉代初年的楚地。作者是楚国和楚地人。
41	《汉官旧仪》1卷、《补遗》1卷	张心澂《伪书通考》：撰人或误。
42	《别本汉旧仪》2卷，旧本题汉议郎东海卫宏敬仲撰	张心澂《伪书通考》：后人杂录而成。
43	《贡举叙略》1卷，旧本题宋陈彭年撰	张心澂《伪书通考》：此书为剽自他书，谩题撰人，系伪书。
44	《绍熙州县释奠仪图》1卷，宋朱子撰	张心澂《伪书通考》：此书有附益伪托之处，列为伪书。
45	《盐法考略》1卷、《钱法纂要》1卷，旧本皆题明邱濬撰	张心澂《伪书通考》：二书乃摘录他书而成，列为伪书。
46	《国赋纪略》1卷，倪元璐著	张心澂《伪书通考》：疑为伪书。
47	《兀涯西汉书议》12卷，旧本题明张邦奇撰	张心澂《伪书通考》：此书误题撰人，列为伪书。
48	《诗史》15卷，旧本题明顾正谊撰	张心澂《伪书通考》：此书为剽窃他人之作，列为伪书。

49	《晏子春秋》8卷，旧本题齐晏婴撰	梁启超《〈汉书·艺文志·诸子略〉考释》：此殆非春秋时书，尤非晏子自作。柳宗元谓墨子之徒有齐人者为之，盖近是。然其人并非能知墨学者，且其依托年代似甚晚，或不在战国而在汉初。今传之本，是否为迁、安所尝读者，盖未可知，然似是刘向所校正之本，非东汉后人窜乱附益也。
50	《孔子家语》10卷，孔子门人撰，魏王肃注	刘汝霖《汉晋学术编年》：此书后人多疑其伪，盖王氏（笔者按，王肃）欲掊击郑玄，不得不伪托古人以自重也。
		张心澂《伪书通考》：是伪品已无疑义。
		[日]武内义雄（转引自《先秦经籍考》）：今之《孔子家语》，非全部伪撰，似尚存有古《孔子家语》之文于其中焉，今之《孔子家语》删去《荀子》及说礼之文，其余的材料大体为古《孔子家语》文，当是改篇次，加私定者。
51	《荀子》20卷，周荀况撰	梁启超《〈汉书·艺文志·诸子略〉考释》：《荀子》全书，大概可信。惟《君子》《大略》《宥坐》《子道》《法行》《哀公》《尧问》七篇，疑非尽出荀子手，或门弟子所记，或后人附益也。 梁启超：荀卿及荀子：全书大部可推定为荀卿自著，但是如《儒效》篇、《议兵》篇、《强国》篇皆称"孙卿子"，似出门弟子记录。杨倞将《大略》《宥坐》《子道》《法行》《哀公》《尧问》六篇降附于末，似有特识。《宥坐》以下五篇，文义肤浅，《大略》篇虽间有精语，然皆断片，故此六篇宜认为汉儒所杂录，非荀子之旧。
		吕思勉《经子解题》：《荀子》者，乃较早出之《孔子家语》耳。其与诸书同处，正足证其书由抄袭而成。而较《荀子》晚出之书，则又转袭《荀子》者也。《荀子》之《刘向序》之伪，亦显而易见也。至于《荀子》之书当读，则初不因其真伪而异；因其书有甚精处，要必为先秦之传，固不必问其集自何人，题为何子也。
		杨筠《荀子研究》：该书是杂凑的。
		张西堂《〈荀子·劝学平〉冤词》：《荀子》各篇当分六组，分别看待。有的信为荀子文，有的一半可信，有的是荀子弟子所述，有的思想与文字都可疑，《大略》以下六篇，是汉儒杂录之辞。
		金德建《古籍丛考》：《大略篇》征引群书，年代多在荀卿后，于是证此篇确非荀子亲著。当系武、宣之际，传经诸儒，崇尚荀卿者，所托以伪撰矣。《成相篇》是否原属荀卿所作，恐有问题。《赋篇》著作地域，余谓应出于西土秦地。颇抑荀卿弟子李斯所作。
		郭沫若《十批判书》：《荀子》书事实上是由门人弟子纂辑而成，《哀公篇》末尾的一段赞辞便是绝好的证据。
		杜国庠《先秦诸子思想概要》：现存《荀子》三十二篇差不多都是可靠的，研究上可以放心利用。
52	《孔丛子》3卷，旧本题曰孔鲋撰	顾实《重考古今伪书考》：《孔丛子》《孔子家语》二书并出王肃伪托。清儒多谓伪《古文尚书》及孔氏传亦出肃手。故《孔丛子·论书篇》，其说与伪孔传、伪《家语》并同，此即王肃伪造《孔丛》之证也。
		黄云眉《古今伪书考补正》：伪。
		罗根泽《孔丛子探源》：综合前人例证的基础上，补充了两条很重要的证据，证明必是王肃所造。

53	《新语》2 卷，汉陆贾撰	罗根泽《陆贾〈新语〉考证》：其决为陆贾之书。
		余嘉锡《四库提要辨证》：《提要》既谓此书之伪似在唐前，又谓后人因不完之本补缀五篇，可谓自相矛盾矣。当宋时，自有两本：一只七篇；一则十二篇。
		张西堂《穀梁真伪考》上篇《附记》：其书实似为依托者。
		孙次舟《再评〈古史辨〉第四册》之《论陆贾〈新语〉的真伪》：据文字、文体、思想、旁证四点，论定今本《新语》为伪托。
		张心澂《伪书通考》：疑伪，同时指出张西堂对"表定六艺"一语解读的错误。
54	《新序》10 卷，汉刘向撰	罗根泽《新序、说苑、列女传不始于刘向考》：《新序》亦当时已成之书，非向撰著名。"所序"二字即今天所谓"编辑"，说明此书佚其作者，所以系志刘向，并冠以"所序"二字，班固误为刘向所著，并将扬雄所著三十八篇也冠以"所序"二字。
		张心澂《伪书通考》：以罗根泽所言有误。《汉志》所云"某某所序"即今所谓"某某编辑"。与曰"撰"曰"著"者不同。
55	《说苑》20 卷，汉刘向撰	罗根泽《新序、说苑、列女传不始于刘向考》：可见此书非刘向自撰。
56	《中说》（又名《文中子》）10 卷，隋王通撰，宋阮逸注	章太炎《章氏丛书·检论》：由今验之，《中说》与文中子《世家》皆勃所谰诬也。
57	《伊尹》	梁启超《〈汉书·艺文志·诸子略〉考释》：因该书篇帙颇繁而断言其伪。又《孟子》征引伊尹言论多条，《逸周书》中有伊尹献令，梁氏认为该书起源颇古，孟子时即已有该书。
58	《老子》（又称《道德经》《老子五千文》）	梁启超《梁任公学术演讲集》：《老子》一书或身份甚晚，究在庄周之前，或在其后，尚有商量余地。
		胡适《评论近人考据老子年代的方法》：就钱穆考订《老子》成书年代方法上的错误，提出几千年来人皆说老在庄前，钱穆先生不应说老在庄后。何者？思想上之线索不如此也。
		顾颉刚《从〈吕氏春秋〉推测〈老子〉之成书时代》：秦汉间说。
		刘汝霖《周秦诸子考》：战国时人老耳辑录老子恪言，成语录体《老子》。后人误将书名视为人名，又将"老子"与"老耳"混为一人。
		钱穆《先秦诸子系年》：据其书思想议论及文体风格，盖断在孔子之后。当自庄周之学既盛，乃始有之。并认为老子可能是楚人詹何，《老子》产生在《庄子》后，《荀子》前。
		马叙伦《老子覈诂》：老子是宋国人，与孔子同姓。聃、彭字通，老聃即《论语》"窃比我老彭"之老彭。
		张寿林《老子〈道德经〉出于儒后考》：老子出于孔子之后，甚且在墨子、孟子之后。

58	《老子》（又称《道德经》《老子五千文》）	陈柱《老学八篇》：其中有言极浅陋，非老子之文者。
		唐兰《老聃的姓名合时代考》：《老子》产生于孔说盛行之前，除一小部分为后人掺入错乱外，可信为老聃自著。
		张季同《关于老子年代的一假定》：《老子》乃专著，非纂辑，但有后人补入的部分，至迟是战国中期作品。老子生世在孔、墨之后，杨朱、庄周、孟子、慎到、申不害之前。
		冯友兰《中国哲学史》：《老子》史战国时代的作品。
		杨国荣《中国古代思想史》：《老子》成书于战国时代的庄子之学大兴之后。
		范文澜《中国通史简编修订本》：确是战国时期的著作。著者是楚国苦先（河南鹿邑县）厉乡曲仁里的李耳。《史记》所叙，必有根据，绝非虚构。
		张心澂《伪书通考》：《老子》书的出世，总在战国时《庄子》以后，《韩非子》以前。
		［日］武内义雄《老子原始》：《老子》是老子后学荟萃各派所传老聃之言而成书的。老聃年世后于孟子，在周威烈王到周显王初年数十年间。《老子》成书在《庄子·胠箧篇》之后，《韩非子》解老、喻老二篇之前，可能是秦汉之际。
59	《老子河上公注》，汉河上公注	章太炎《菿汉微言》：据太公所言，河上丈人远在衰周之世，而云汉文（笔者按，汉文帝）亲见，必非其实。今之河上公《注》，刘子玄已证其伪矣。
		马叙伦《老子覈诂序》：所谓汉文帝亲见河上公，盖本于葛洪《神仙传》。意者，河上《注》即齐处士仇岳所为，古其陈义颇与顾欢相类。
		蒙文通《校理老子成玄英疏叙录》：河上公《章节》者，诚不得为周、汉之作，其出于魏、晋殆无疑也。
		张心澂《伪书通考》：唐代通行河上公本，而河上丈人本遂亡失了，后人或与河上公本混而为一。
60	《道德真经著述》8卷，原题南齐顾欢述	马叙伦《老子核诂》：成玄英《道德经义疏》，《道藏》误题顾欢撰。
		蒙文通：自阮氏之说出，言者殆皆以顾欢书为君相书也。然君相《集解》四卷，今顾《注疏》乃有八卷，则书名卷数益不合也。知阮、刘说均未确，知是书为李荣之所作也。
		张心澂《伪书通考》：张的考证不同于马叙伦，其论据确凿，基本符合事实。
61	《关尹子》1卷，旧本题周尹喜撰	梁启超《古书真伪及其时代》：关尹这个人生得很早，但是《关尹子》这部书则出得很晚，看其文章，纯是唐人翻译佛经的笔墨，至少当在唐代以后。
		钱穆《先秦诸子系年》：《汉志》所载，或出汉初人依托。
		张心澂《伪书通考》：《关尹子》这书和刘向的"序"都是伪造的，上面所列各家说得不错。

62	《文子》12卷	章太炎《菿汉微言》：《文子》九篇，本见《七略》。今本《文子》，本袭《淮南》；所引《老子》，亦多怪异，其伪托甚明。
		梁启超《〈汉书·艺文志·诸子略〉考释》：此书班氏已疑其伪托。今本盖非班旧，实伪中出伪也。其大半剿自《淮南子》。
		胡适：《淮南王书》认为《文子》是伪书，是《淮南子》的节本；又有《文子》一书，相传是老子的弟子所作，内容往往与《淮南王书》相同，故清代学者多用来校正《淮南》。但《文子》实为伪书，只可算是一种《淮南》节本，不过因节钞还在前汉时代，故往往可供学者校勘之用。
		黄云眉《古今伪书考补正》：《文子》就是伪书。
		杨树达《汉书管窥》：沈钦韩曰："书为《淮南》袭取殆尽"；树达按："此今本《文子》袭《淮南》，非《淮南》袭《文子》，沈说殊误"。
		王叔岷《文子斠正》：从文献校勘的角度详细论证了《文子》如何抄袭了《淮南子》。
		张心澂《伪书通考》：列为伪书。
63	《列子》8卷，旧本题周列御寇撰	梁启超《梁任公学术讲演集》：认为今本《列子杨朱》篇文章虽优美，却是汉以后人笔法。 梁启超《国学入门书要目及其读法》：系晋人伪书，可作魏晋玄学书读。 梁启超《中国历史研究法》又以《列子》八篇，系由数本拼成，而数本皆出湛戚谊之家，可证当时社会绝无此书，则吾辈不能不质疑。 梁启超《古书真伪及其年代》：谓《列子》乃东晋张湛，即《列子注》作者采集道家之言，凑合而成。真《列子》八篇，《汉书艺文志》尚存其目，后佚。张湛依八篇之目，假造成书并载刘向一"序"。
		章太炎《菿汉昌言》：《列子》书汉人无引者。王、何、嵇、阮下及乐广，清谈玄义，散在篇籍，亦无有引《列子》者。观张湛"序"，殆其所自造。湛谓与佛经相参，实则有取于佛经尔。
		胡适《中国哲学史大纲》：《列子》伪，《列子·杨朱篇》不伪。
		顾实《汉书艺文志讲疏》：《列子》为伪书，特别是《杨朱篇》，纯属张湛臆造。
		刘汝霖《周秦诸子考》：疑《列子》为真伪杂糅。此书虽不是魏晋人伪造的，却也不是先秦的文献，应是汉时的作品。《列子》虽然是伪书，但至晚是晋人的记载，似乎还有可信的价值。《杨朱篇》全是汉以后的笔法。《盗跖篇》无论如何都可断定是战国时的作品。
		马叙伦《列子伪书考》："举证十二事"，以辨《列子》书及刘向叙录皆为魏晋以来好事之徒或王弼之徒伪造。考证最详。
		岑仲勉《列子非晋人伪作》：逐条驳斥马叙伦的观点。
		陈文波《伪造列子之一证》：《列子·周穆王篇》抄袭《穆天子传》四段，两相比较，相异甚少。《周穆王篇》"故阴气壮则梦涉大水"一段，与《灵枢经》"阴气盛则梦涉大水"一段同，而字句小异。《灵枢》之出世，当在皇甫谧时，《列子》之抄《灵枢》，即晋人抄晋人，此实一剿袭之最便利而又最可笑者。
		吕思勉《经子解题》：书前列张湛"序"，述得书源流，殊不可信。湛盖亦以佛与老、庄之道为可通，乃伪造此书，以通两者之邮也。
		［日］武内义雄《列子冤词》：对马叙伦所列一一驳之，认为今本大体上保存了该书原貌，并非王弼之流伪造。

64	《庄子》10 卷，周庄周撰	梁启超《庄子天下篇释义》：古人著书，叙录皆在全书之末，《天下》篇即《庄子》全书之自序。近人疑此篇为非庄周作。《庄子》书有后人羼附之作，《外篇》《杂篇》可疑者更多，无容为讳。惟《天下篇》似无甚怀疑之余地，此篇文体极朴茂，与《外篇》中浅薄圆滑之各篇不同，故应认为《庄子》书中最可信之篇。 梁启超《古书真伪及其年代》：《庄子》一书，《内篇》是庄周所作，《外篇》乃后人注解庄周之书。抄书的抄了《内篇》，又把注解一并抄下，统名之为《庄子》。但是《内篇》《外篇》内容文体俱不相同，一见可以了然，绝不能认为出自一人之手。如认《内篇》为正文，则《外篇》《杂篇》必为注解。如认《外篇》《杂篇》非注解，则《外篇》《杂篇》必为后人所伪托。总之，不是庄周所作的东西。
		胡适《中国哲学史大纲》：《庄子·内篇》大致可信，但有后人加入的部分。《外篇》不可信，为后人伪作。并考证《天下篇》为战国末年人伪托。
		钱玄同《论〈庄子〉真伪书》：以今本《庄子》三十三篇之思想与文章，前后不一致，谓其非全属庄作，固然。但如苏轼疑《盗跖》等四篇为伪，以其毁孔为理由，却不能成立。至于《内篇》最精深，《外篇》便远不及，《杂篇》则尤为浅薄的说法，亦不尽然。如《杂篇》之《天下》，乃极精博之"晚周思想总论"，但未必是庄子手笔。
		顾颉刚《〈庄子外杂篇〉著录考》：该书是战国秦汉间论道之人所作单篇文章的总集；并认为《外篇》《杂篇》乃周秦间道家杂文，辑附《庄子》之后而成，非庄子手笔。
		刘汝霖《周秦诸子考》：该书包括自庄子至汉刘安时的道家思想，乃道家思想之总集。《内七篇》，可定为庄子亲手或受他的影响最深的弟子所作。《外篇》如《骈拇》《马蹄》《胠箧》诸篇，文体不同，年代也有时不符。
		叶国庆《庄子研究》：疑《人间篇》为伪。
		刘咸炘《陈柱著〈老子与庄子〉引》：大抵《内篇》似所自著，《外篇》则师徒之说混焉，凡诸子书皆然。
		唐兰《老聃的姓名和时代考》：举出《庄子》关于老子的十六条记载，辨其真伪。其实并无《内篇》为真，《外篇》《杂篇》为假之证据。就《庄子》体例观，每篇往往包含几章，而几章即不必出于一人之手。其中有可疑、必伪、真伪难定多种情况。《庄子》之所以有伪，因庄子以后，其门徒或私淑者作此类文章，传颂既多，误入《庄子》内；或本不在《庄子》内，而秦、汉人因文体相类而采入。古此类文字，虽在《庄子》书为伪，而作者却非存心作伪。其究属前秦文字，就史料论，当有可信者。
		马叙伦《庄子义证序》：《庄子》为后人附益者，郭象注《庄子》时已删除，今所见，除《说剑》篇以外，都是郭象不怀疑的。今见郭象注本，已非其旧。夫古人书，不必皆自作，其弟子所记，或其私淑者所为，不违其旨，而附益者，盖未可以其书亡而后人伪作以代之，如《鹖子》《列子》《邓析》《尹文》者视之也。今本既非《汉志》之旧，未易必其出于迁（笔者按，司马迁）以后人所为。

64	《庄子》10卷，周庄周撰	杨国荣《中国古代思想史》：《内篇》七篇中，六篇极为可靠，其中只《齐物》一篇，据近人研究，说是慎到或慎到一派人的作品。但有一点，这篇一定是经过庄子一流人改窜过，于是也就编在《庄子》里面了。《外》《杂》各篇，当亦多为后人的杂凑伪作。
		张心澂《伪书通考》：《让王》等四篇和《天下篇》是否庄子作的，是一个问题。但是苏、马、叶三氏以庄子对于孔子的态度（赞成或反对）做标准，来定谋篇的真伪，是站在儒家的立场，主观的见解，正如钱玄同说的"苏轼抑《盗跖》等四篇为伪，以其毁孔为理由，却不能成立"。我的见解是《天下篇》是庄子作的。
		［日］武内义雄《庄子考》（转引自《先秦经籍考》）：《汉志》所载，其《内篇》是辑其近于庄周之本真者，其《外篇》是辑其后学之说及与《内篇》重复而文字异者，《杂篇》是杂载短章逸事，《解说》似是淮南门下士之解释《庄子》者。
65	《列仙传》2卷，旧本题汉刘向撰	张心澂《伪书通考》：《列仙传》不是刘向作的，那刘向的《序》也是伪造的。《序》内的文和《汉书·楚元王传》的文很多相同，刘向在《汉书》以前，他作的序不会抄《汉书》的文，或者是《汉书》抄刘向的文吗？如果是的话，那《汉书》叙刘向所著的书，就不会漏掉《列仙传》了。
66	《鹖冠子》3卷，鹖冠子撰，唐陆佃解	梁启超《〈汉书·艺文志·诸子略〉考释》：今书时含名理，且多古训，似非出魏晋以后人手。然则此书经后人窜乱，附益者多矣。今所存者，即中三卷，虽未必为《汉志》之旧，然犹为近古，非《伪关尹》《伪鬼谷》之比也。
		钱穆《先秦诸子系年》：今本内容于史实多相抵牾，如《王鈇篇》评述柱国令伊，而内容全抄袭《管子》。盖后人见《汉志》有鹖冠楚人之说而妄托者耳。
		吕思勉《经子解题》：今所传十九篇，皆词古义茂，决非汉以后人所能为。盖而又确为古书也。
		黄云眉《古今伪书考补正》：是书决为后人伪托。
67	《阴符经》1卷，旧本题黄帝撰，太公、范蠡、鬼谷子、张良、诸葛亮、李筌六家注	梁启超《古书真伪及其年代》：其文简洁，不似唐人文字，姚（际恒）、王（谟）所言甚是，特未必太公或寇谦之所作。置于战国之末，与《系辞》《老子》同时可耳。盖其思想与二书相近也。
		黄云眉《古今伪书考补正》：成书于东汉末说。
68	《枕中书》1卷，旧本题晋葛洪撰	章太炎《检讨》：《墨子枕中五行记》乃汉末刘根所作。……后汉《方术传》有刘根，不言其字墨子明鬼，而刘根亦能见鬼，其道本自墨子耳。

69	《墨子》15 卷,旧本题宋墨翟撰	梁启超《读墨经余记》:诸篇性质各异,不容并为一谈。《大取》《小取》既不名经,自是后世墨者所记,断不能因其篇中有"墨者"之文,而牵及《经》之真伪。《经》上下篇文例不同。《经》上必为墨子自著无疑。《经》下或墨子自著,或禽滑厘、孟胜诸贤补续,未敢悬断。《经说》固大半传述墨子口说,染既非墨子手著,自不能谓其言皆墨子之意,后学引申增益,例所宜有。况现存《经说》,非尽原本,其中尚有后人案识之语掺入正文。至《经》之文体,与他篇不同,此正乃《经》为墨子自著之确证。诸篇皆有"子墨子曰",必为门弟子所述。
		梁启超《墨子学案》:将《墨子》五十三篇分作五组:第一组自《亲士》等七篇,皆后人伪造。第二组《尚贤》等二十四篇,大抵皆墨者演墨子学说所作。其中有后人加入者。第三组《经》上下等六篇,非墨子书,亦非墨者记墨子学说之书,"别墨"所作。第四组《耕柱》等五篇,乃墨家后人将墨子之言行辑聚而成,似儒家之《论语》,其中有许多资料较第二组尤为重要。第五组《备城门》等十一篇,所记皆墨家守城备战之方法。
		胡适《中国哲学史大纲》:可见《经》上下、《经说》上下、《大取》《小取》六篇,系此等别墨所作,非墨子所作。其理由有四。诸篇非如施、龙作,必为彼等同时人作。
		张煊《墨子经说新解》:认为《亲士》以下七篇盖后人伪托。如依《所染》篇"宋康染于唐鞅、田不礼"一语考之,此数篇殆作于宋亡后,其时墨骨已朽矣。
		朱希祖《〈墨子·备城门〉以下十二篇系汉人伪托说》:《备城门》以下二十篇,系汉人伪托。证据有四。如今存十一篇中多言铁器铁兵,与墨子时代不符。《备城门》以上诸篇亦尝言攻战之事,且言攻守之械,然未尝言及铁器与铁兵。而《备城门》以下诸篇,则颇多。《越绝书》《吴越春秋》之铁剑铁铔既有人证明其伪,则墨子时代之铁器铁兵必不能如此发达。诸篇铁器铁兵之多,为战国诸子冠,实与汉人伪托《太公六韬》同。汉代兵家,因《墨子》之《非攻》及《鲁问》《公输》诸篇有言守备之术者,遂伪作此二十篇以托之墨子。
		张其锽《墨经通解》:《经》上皆举名而释其文,文词简质,界说谨严,与《经》下举义而著其说者大殊。上言其定义,下究其类别,尤昭昭也。吾谓《经》上为墨子所以教弟子者,可无所疑。《经》上之论辩,以视《经》下,殷周文质之殊矣。
		孙次舟《〈墨子·北城门〉以下数篇之真伪问题》:《备城门》以下十一篇,文体并不一律。《号令》《杂守》二篇与前九篇相较,既无残缺,又甚平易,且多汉代官名与制度,如朱氏言。愚意朱氏以此二篇为"汉代燕、赵诸侯王备边塞时所作守城书,而托于墨子"者,当无间言。若并前九篇而疑之,则大不可也。
		郭沫若《青铜时代》:《墨子》自己并不会著书,现存的《墨子》一书,是汉人所纂集的。其中有些是墨家弟子的著录,有些还不是墨家的东西,所以我们还不好抱着一部《墨子》,便笼统地来谈墨子。《尚贤》《非命》等十篇以外的东西,那就只好认为是后来的附益或者发展了。
		冯友兰《中国哲学史》:《墨子》之《大取》《小取》皆据题抒论之体,非墨子时代所有。《经》《经说》《大取》《小取》言"坚白同异""牛马非牛"等辩论,皆以后所有。孟子虽好辩,对于此等问题均未论及,可知此六篇为战国时期作品。
		杜国庠《先秦诸子思想概要》:依照我们的看法,它是墨家后学所作,而且不是出于一人的手笔,其写定的年代也在战国末期,约在《荀子》和《韩非子》成书的中间。它是战国末叶的作品,它写定得晚,所以能集名家的大成。

70	《管子》24 卷，旧本题管仲撰	梁启超《古书真伪及其年代》：《管子》批评兼爱非攻息兵，明系战国初年墨家兴起后方成为问题。若认《管子》为管仲作，则春秋初年即有人讲兼爱非攻等问题，时代岂非紊乱？ 梁启超《〈汉书·艺文志·诸子略〉考释》：其中一小部分当为春秋末年传说，其大部分则战国至汉初递为增益，一种无系统之类书而已。
		胡适《中国哲学史大纲》：以《管子》乃后人将战国末年法家议论与儒家议论（如《内业》《弟子职》篇）、道家议论（如《白心》《心术》等篇），并其他之语并为一书，又伪造桓公与管仲问答诸篇，杂凑记管仲功业几篇，遂附会为管仲所作。其伪造之证据甚多。《管子》书中之法治学说乃战国末年之产物，决非管仲时所能发生。全书文法笔势皆非老子、孔子以前所能产生。即以论法治诸篇观之，如《法法》篇两次云："春秋之记，臣有弑其君，子有弑其父者矣。"可见乃后人伪作。
		孙次舟《〈墨子·备城门〉以下数篇之真伪问题》：《管子》非出于管仲之手，学者所公认，且其书非一时产物，乃代有附益。在今日于《管子》各篇之著作人，《管子》各篇之时代，与夫汇集诸篇而成今《管子》之年岁，并无确切考证。
		罗根泽《管子探源》：分别指出《管子》各篇的来源，为何人作，条理明辨，可备一家之言。
		郭沫若《奴隶制时代》：《管子》书虽然不是管仲所作，但多取材于齐国官书档案。 郭沫若《青铜时代·宋钘尹文遗著考》：《管子》书一种杂烩，早就成为学者间的公论了。那不仅是管仲作的书，而且非作于一人，也非作于一时。它大率是战国及其后的一批零碎著作的总集，一部分是齐国的旧档案，一部分是汉开献书之令时由齐地汇献而来的。
		张心澂《伪书通考》：《汉志·儒家》内有《内业》，那《管子》内的《内业篇》是误掺入的，郭氏说的又可得一证。
		［日］内藤虎次郎《尚书编次考》：《管子》之书，在太史公以前，已比于最初出时已有逐步变化甚明。
71	《商子》5 卷，旧本题秦商鞅撰	胡适《中国哲学史大纲》：今世所传《商君书》乃商君死后的人假造的书。又称"长平之胜"，此事在前 260 年，商君已死七十八年了。书中又屡称秦王，秦称王在商君死后十余年，此皆可证《商君书》是假书。商君是一个实行的政治家，没有法理学的书。
		顾实《汉书艺文志讲疏》：根据书中多处商鞅以后事，从而定其为后人伪托。
		罗根泽《商君书探原》：《商君书》中言及之事，最后者为长平之战，当西前二六〇年，则必作于二六〇年以后。《韩非子》已引及此书，则其成书最晚不能后于韩非。必作于秦人或客卿为秦谋者之手。其成书时代，约在西前二六〇至二三二年之间。
		吕思勉《经子解题》：今《商君书》精义虽不逮管，韩之多，然要为古书，非伪撰。
		黄云眉《古今伪书考补正》：今书既掺入商君卒后事，其非商君撰无疑。思勉漫谓要为古书，非伪撰，殊无据。

71	《商子》5卷，旧本题秦商鞅撰	郭沫若《十批判书》：现存《商君书》除《境内篇》殆系当时功令，然亦残夺不全者外，其余均非商鞅所作。其作伪之最显著者当推《徕民》与《弱民》二篇。伪此书者，我疑就是韩非的门人，乃韩非死后留仕于秦者，揣摩商君之意而为之，文多橘瘠，意杂申、韩，故于《靳令》这篇文字，既被编为《商君书》，亦可收入《韩非书》了。
		刘汝霖《周秦诸子考》，对该书考证颇详，似可成为定论：此篇为秦汉人掇拾法家余论，伪托商君而作。《商君书》之首篇《更法》大意与《战国策》赵武灵王提倡胡服骑射者相类，文字亦多相同，虽不是商君之书，但也不是后人有意伪造。万不能因这一篇时代不合就抹杀全书。
72	《慎子》1卷，周慎到撰	梁启超《〈汉书·艺文志·诸子略〉考释》：其书代有散佚，今所存者《威德》等凡五篇。《直斋书录解题》称麻沙本五篇，殆即此也。其文简短，似是后人掇辑所成。近江阴缪氏有一抄本，云是明万历间吴人慎懋赏所刻，分为内外篇，其书鄙俚芜秽，将现存五篇改头换面，文义全不相属。诸书佚文，则一无所采。又攀引《孟子》书中之慎滑厘为慎到，又因《史记》之文，而伪造为邹忌、淳于髡、慎到、田骈、接子、环渊问答语。
		刘汝霖《周秦诸子考》：今《四部丛刊》江阴缪氏本，题明吴人慎懋赏校，分内、外、杂篇，此盖明代之妄人杂抄各书以成也。
		罗根泽《慎懋赏本慎子辨伪》：列伪证八，考证极为详尽。来历不明。伪证一也。与慎子思想矛盾。伪证二也。抄袭他书。伪证三也。据《意林》及他书所载《慎子》逸文而略有附益。伪证四也。与古本不合。伪证五也。混慎子为禽滑釐。伪证六也。有孟轲字。伪证七也。尚有逸文。伪证八也。
		钱基博《名家四子校读记》：《慎子》书陈振孙所见已止五篇，安得明代独出完本？细核其书，凡不见守山阁本者，除缀辑《治要》《意林》《御览》各书而外，凡《国语》《国策》《鹖子》……诸家，罔不剿窃。
		黄云眉《古今伪书考补正》：吾意今书文字明白，不类先秦残籍，当由后人抄撮诸书法家语而成。果如《文献通考》所引《周氏涉笔》所言，其书诚伪托矣。
73	《韩子》20卷，周韩非撰	梁启超《古书真伪及其年代》：《初见秦》篇完全和《战国策·秦策》的第四段相同。《存韩》篇，极力想保存韩国，便知韩非韩非决不致有这样矛盾的主张，那一定是编书的人抄自他书的。 梁启超《〈史记〉中所述诸子及诸书目录考释》：《初见秦》篇乃范睢文错入者，《存韩》篇末附李斯驳议，非出韩非编定其明。《难言》篇盖非在秦所上书。《爱臣》《主道》二篇辞旨芄近。疑此五篇皆后人编韩非者所录。《有度》以下，则非所自著，然有无附益，尚难具判也。
		容肇祖《韩非子的著作考》：考证详尽。他根据《史记》中已有"非归于黄老"一句，疑当时其书已混有《解老》《喻老》两篇。又认为其书远在司马迁之前已相当混乱。其首篇《初见秦》、次篇《存韩》已自相矛盾。《初见秦》一篇见于《战国策》，为张仪所说。《存韩》记李斯之策划行事，不似非作。《解老》《喻老》，文体殊异，恐书经后人混乱，掺入者多。容氏又认为《初见秦》所言之事，皆在张仪死后，可证非张仪作。《存韩》为非说，而《初见秦》自非其说矣。此篇或系不著名之人所作，日久失名，则附之仪或非耳。

73	《韩子》20卷，周韩非撰	邓思善《读容肇祖先生韩非的著作考志疑》：对容氏的一些说法表示质疑。认为《初见秦》所言皆昭王事，在惠王时不能预知，必非张仪之言。
		刘汝霖《周秦诸子考》：《初见秦》，此篇历举秦人失策，最后言及长平之战，五次称大王，可见上书时之秦王即围大梁长平战时之秦昭王。则此篇必作于秦昭王时。或即为蔡泽或其徒所作。《存韩》篇乃在始皇十年秦史官之记载。此篇与《初见秦》篇必在同一记载上，而《初见秦》恰在《存韩》之前，《存韩》既被认为韩非作而采入，《初见秦》亦遂认为非作而一并采入。《难言》，此篇乃后人仿《说难》而作。《难言》此篇乃后人伪造。《有度》为后人伪造，理由甚薄弱。但从其他方面观之，韩非可靠诸篇中，皆反对效法先王，而《有度》五次称先王，与韩非思想根本不同，可知为他人作。《十过》，多肤廓语，远不如《难一》谨严，故可断定《十过》为伪。《饰邪》纯系摭拾法家常谈而成。此篇作者见赵魏之亡，其时非已死矣。
		高亨《〈韩非子·初见秦〉篇作于韩非考》：举《初见秦》所言事皆在仪死后，绝非韩非作。
		冯振《韩非子各篇提要》：韩非子为韩之诸公子，《初见秦篇》屡言亡韩，非（韩）非所宜言。《国策》以为张仪说秦惠王之辞，是也。《饬令篇》与《韩子》不相类，而与《商君书·靳令篇》文多同，疑本《商子》之言也。《制分篇》文字与《韩子》不类。
		郭沫若《青铜时代》：《初见秦》篇不是蔡泽或其徒作的，因而推想是吕不韦作的。《韩非子》书中还有性质相同而被误收的东西，如《喻老》是韩非的东西，《解老》是佚名氏的。
		张心澂《伪书通考》：《初见秦》非仪作，非雎作，亦非泽作。而为非书首篇，当为非作。其《五蠹》篇诋纵横，亦图别开生面耳。游士无新奇之说，无足以动人主也。言破纵而不主连横，固不得视为仪说也。既入秦，不为秦谋，焉能有为？碓非既为韩之公子，究属天良未泯，眷念宗邦，故初见以后，复有《存韩》之说，亦李陵得间以报汉之心耳，非其思想之矛盾也。不过，进言有其相当之时，邓氏谓"时机不同，则政策亦生变化"，所言未甚恰当。
74	《邓析子》1卷，周邓析撰	梁启超《〈汉书·艺文志·诸子略〉考释》：全书皆肤廓粗浅，掇拾道家之言，与名家根本精神绝相反。盖唐宋后妄人所为，决非《汉志》旧本也。邓析有无著书，本属疑问，无厚同异诸论，皆起自《墨经》以后，疑原书已属战国末年人依托，今本又为伪中出伪也。 梁启超《古书真伪及其年代》认为：《邓析》既为名家书，在《无厚》篇竟将"厚"字作道德名词看，"无厚"作刻薄解，可见非邓析作，亦非战国人伪造，乃后世不学无术人所为。
		罗根泽《〈邓析子〉探源》：今本二篇，半由捃拾群书，半由伪造附会。并举八证。且言，有此八证，必知其伪。今本之伪作年代，不能晚于梁代，或为晋代之作。
		孙次舟《〈邓析子〉伪书考》：疑为后人所依托。理由有三。综上三端，《汉志》著录之《邓析书》乃战国后期辩学大盛，辩者之徒显其学之源远流长，遂依托而为其书。现行之《邓析子》二篇，乃战国之书亡，后人又依托为之。其证有五。

74	《邓析子》1卷，周邓析撰	马叙伦《邓析子校录后序》：今是书其所明义，尚法而不能坚，治名而不能精，于韩非、慎到之旨时或一中，又杂而不醇，儒家言亦往往存焉，其辞不类出春秋时人，又复驳裂似聚敛众书为之者。《汉志》所录二篇，鲁胜既不得见，此为后之妄人掇拾残文，伪托于旧传，故不徒剿之失，抑且甚失其义。或且出伪《列子》《鬼谷子》后也。
		钱穆《先秦诸子系年》：认为如刘向及《淮南子》之言，则邓析书乃战国晚世桓团辩者之徒所伪托。邓析实仅有《竹刑》，未尝别自著书也。荀卿曰："山渊一，天地比，齐、秦袭，入乎耳，出乎口，钩有须，卵有毛，是说之难持者也，而惠施、邓析能之。"如荀子所云，可证邓析之说起于晚世之辩者。其云惠施、邓析，犹如云陈仲、史鳍，大禹、墨翟，神农、许行，黄帝、老子。其一人为并世所实有，别一人则托古以为影射。今传《邓析》书，"天于人无厚也，君于民无厚也"，更非坚白无厚之谓，则今本复非战国晚世之真也。
		张心澂《伪书通考》：王应麟所言，如非徒袭刘向语，而曾见是书，则宋时所见之本，其"无厚"犹是名家言，而今本并非宋所见之旧矣。
75	《尹文子》1卷，周尹文撰	梁启超《〈汉书·艺文志·诸子略〉考释》：此书虽伪，但仍是先秦古籍，应当珍视。 梁启超《古书真伪及其年代》：其书则本为先秦名家言，编者不得其主名，遂归诸尹文耶？
		顾实《汉书·艺文志讲疏》：《列子》曰："死也者，德之徼也。"（《天瑞篇》）《尹文子》亦曰："穷则徼终，徼终则反始。"（《大道篇》）二书之出同时，而义亦相照，其为魏晋间人所依托无疑。
		马叙伦《庄子义证天下篇自注》：出仲长统所撰定。然仲长统之序前人证其伪作。余观二篇，辞既庸近，不类战国时文。文义尤杂，盖并出伪作。别宥既有《尸子》《吕览》可证，则今《尹文》书所记，定有作伪者不得别宥之义，而强造其说也。
		钱基博《读庄子天下篇疏记》：世所传《尹文子》书，析题《大道上篇》《大道下篇》，大指陈论治道，欲自处于虚静，而万事万物则一一综核其实，其言出入黄、老、申、韩之间，与庄生所称不类，疑非其真也。
		唐钺《中国史的新页》：以《魏志·刘劭传注》引《文章志》"（缪）袭友人山阳仲长统，汉末为尚书郎"，撰《尹文子序》者，故作狡猾，影射仲长统，未曾细考，遂露破绽。清周广业《意林注》以为恐是序出伪托，非是史误，诚然。
		刘汝霖《周秦诸子考》：今本两篇，近人多疑其伪。
		罗根泽《尹文子探源》：据（1）与古本不同；（2）误解尹文学说；（3）论及尹文后学等三点，论该书伪托。晋、宋时既有伪书，则真书已亡，今本亦当为伪。
		郭沫若《青铜时代·宋钘尹文遗著考》：《尹文子》仅《大道》一篇，分为上下。学者颇有人信以为真，案其实完全是假造的。文字肤浅，了无精义，自不用说。
		钱穆《先秦诸子系年》：《大道上》："接万物使分，别海内使不杂，见侮不辱，见推不惊，禁暴息兵，救世之斗。"云云，明袭《庄子·天下篇》。庄书乃约述宋、尹论学宗旨，决非袭取《尹文》书也。又《圣人下》序田骈、彭蒙事，尤为误袭《天下篇》之显见者。书中屡引《老子》，亦为其书晚出一证。

76	《公孙龙子》3卷，周公孙龙撰	顾实《汉书艺文志讲疏》：首篇《迹府》，疑非原书。
		刘汝霖《先秦诸子考》：以《迹府篇》首句为"公孙龙，六国时辩士也"，下文所载为龙与孔穿论辩之事。可见此篇不过汉代编者由《吕氏春秋》一类书采入，而加增首句，作为传记，置于第一篇。
		王琯《公孙龙子悬解》：魏、梁之间，原著犹存。《隋书经籍志》无《公孙龙子》书名，但载《守白论》一卷。若为公孙原著，是《隋志》固有其书，当时并未散佚也，但有可疑者。
		栾调甫《名家篇籍考》：《隋志·道家》有《守白之论》，而《名家》无《公孙龙子》；《唐志·名家》有《公孙龙子》，而《道家》无《守白之论》。是知其本为一书，著录家有出入互异。《隋志》之录《守白》于《道家》，又何足疑？
		郭沫若《十批判书》：扬雄《法言》称"公孙龙诡辩数万"（《吾子篇》），然今书仅存六篇。就中《跡府》一篇显系后人杂纂，数万诡辞仅余一千八百余言而已。
		杜国庠《先秦诸子的若干研究》：关于现存六篇之非伪作，还可从《史记集解》所引刘向《别录》邹衍批评公孙龙之言，得到证明。可见这书不是后人伪作。
		黄云眉《古今伪书考证补》：然今书《公孙龙子》六篇，果否出自公孙龙子之手，则殊可疑。
77	《六韬》6卷，旧题周吕望撰	朱希祖《〈墨子·备城门〉以下十二篇系汉人伪托说》：《越绝书》《吴越春秋》之铁剑铁钮既有人证明其伪，则墨子时代之铁器铁兵必不能如此发达。诸篇铁器铁兵之多，为战国诸子冠，实与汉人伪托《太公六韬》同。
		顾实《重考古今伪书考》：今本《六韬》与《群书治要》所载异。已非汉、隋、唐《志》之旧，而为宋元丰间所改定本。
78	《孙子》1卷，周孙武撰	梁启超《古书真伪及其年代》：此书未必孙武所著，当是战国人依托。书中所言战事规模及战术，虑皆非春秋时所能有也。但其非汉以后书亦可断言。梁启超《中国近三百年学术史》：《孙子》十三篇，旧题孙武作，不可信。当是孙膑或战国末年人书。
		钱穆《先秦诸子系年》：考证孙武其人与书，盖皆出后人伪托。又说：疑凡吴孙子之传说，皆自齐孙子而来。《史记》本传吴孙子本齐人，而齐孙子为其后世子孙。又孙膑之称，以其膑脚，而无名，则武殆即膑名耳。
		齐思和《孙子兵法著作时代考》：孙武实未必有其人十三篇乃战国之书，而叶氏之说为不可易也。所谓孙武者既未必真有其人，而十三篇所言之战术、军制，其中所有之名辞，皆系战国时物，而其著书体例，又系战国时代之体例，则其书为战国中后期之著作，似可确定。
		金德建《古籍丛考》：今本十三篇与先秦、两汉人所见的真本《孙子》相同，并非后世伪作。《孙子》篇数，也仅有此十三篇，为先秦、两汉人所共信，而无有信其溢出于此十三篇之外者。孙武既为传说，则《孙子》这部书的作者，当为战国时的孙膑无疑。所以书中颇有战国时代的行迹可考。

78	《孙子》1卷，周孙武撰	［日］斋藤拙堂《孙子辨》：疑《史记》所载孙武之事。今《孙子》为战国以后之作。今之《孙子》乃孙膑著。武与膑乃一人，武其名，膑其号也。
		［日］武内义雄《孙子十三篇之作者》（转引自《先秦经籍考》）：今本出孙膑所作。今本《孙子》之由来，如杜牧之言，则似魏武自孙武之书所录出者，盖当时兵乱之际，古书多已亡佚，既不得《吴孙子》之书，遂以《齐孙子》误作《吴孙子》，后世袭其误，遂相沿曰孙武之书欤？
79	《尉缭子》5卷，周尉缭撰	钱穆《先秦诸子系年》：书有称梁惠王问（年代不相及），则出依托。其殆秦宾客之所为，而或经后人之羼乱者耶？
		顾实《汉书艺文志讲疏》：其书唐、宋犹存。据《史记》所言，此当为《杂家》尉缭，非梁惠王时之《兵家》尉缭为商君学者。
80	《司马法》，1卷，旧题周司马穰苴撰	顾实《重考古今伪书考》：古传记所引《司马法》之文，今书皆无之，则佚文甚多，似未可遽据以为伪作之证也。
		金德建《古籍丛考》：姚（姚际恒）、龚（龚自珍）二家虽多怀疑今本《司马法》为伪，可是他们并没有提出充分的证据。其实我们只要看汉代各书所引的《司马法》文句，均见于今本五篇的《司马法》中，就足以证明今本五篇的《司马法》尚系汉代之旧，决非汉后所伪作。
81	《心书》1卷，旧本题汉诸葛亮撰	顾实《重考古今伪书考》：《蜀志·诸葛亮传》详列著作于后，初无是书之名，隋唐诸志、宋人书目亦俱不载之，故是书最为晚出。自《兵机》以迄《北狄》凡五十五篇，篇幅均不甚长，即可知窨才之也。
82	《齐民要术》10卷，后魏贾思勰撰	张心澂《伪书通考》：《四库提要》的怀疑不确。指出：我国以农立国，而古时农家的书很少，读书的人多不重视，务农的人有看不到，以致亡佚的多，存到于今的很少，农家的书既不见重视，做伪书的人也就不做这类的书，所以很少发现农家的伪书。这《齐民要术》是著名农学家贾思勰著的，《钦定四库全书总目》对于它的批评并怀疑有后人所羼入，所说的都是不正确的。
83	《禽经》1卷，旧本题师旷撰。晋张华注	张心澂《伪书通考》：作者之伪无损于该书的价值。
84	《本草》，神农撰	梁启超《中国历史研究法》：今所称《神农百草》，殆经千年间许多人心力所集成，但其书不惟非出神农，即西汉以前人参与者尚少，殆可断言也。 梁启超《古书真伪及其年代》：此书在东汉、三国间盖已有之，至宋、齐间则已成立规模矣。著者之姓名虽不能确指，著者之年代则不出东汉末讫宋齐之间。若仍固执俗说，附会证据，若清人孙星衍之所论，则嫌于辞费耳。
		张心澂《伪书通考》：《本草》一书，若说是神农著的，便成了伪品。其实这是由于尊重古人，托名于古人，以取信于人耳。不可因误题撰者人名而轻视之。

85	《黄帝素问》（《黄帝内经素问》《素问》）原9卷，今24卷，旧题黄帝撰旧题黄帝撰	梁启超《中国历史研究法》：《素问》《灵枢》中言阴阳五行，明是邹衍以后之思想，黄帝时安得有此耶？
		梁启超《考诸子略以外之现存子书》：大抵《素问》为西汉以前书，其是否即《汉志》中《内经》，无从证明。
		黄云眉《古今伪书考补正》：该书可能出自六朝以后。《列子》托于晋，《晏子》托于六朝，说明《本草》出书时间是比较晚的。
		张心澂《伪书通考》：《素问》一书，若说是黄帝著的，便成了伪品。其实这是托名的，无论著者是谁，然而确是我国先贤的文化遗产，不可因误题撰者人名而轻视之。
86	《灵枢经》12卷，黄帝撰	梁启超《考诸子略以外之现存子书》：《灵枢》殆魏晋后作也。梁启超《中国历史研究法》：《素问》《灵枢》中言阴阳五行，明是周衍以后之思想，黄帝时安得有此耶？
		黄云眉《古今伪书考补正》：《灵枢》乃唐人王冰所造，杭世骏已辨之甚析，而廖平误信元、明以来医家之谬论，必谓《灵枢》为经，《素问》为传，《灵枢》载前，《素问》在后，殊为多事。至谓此二书全出孔门，尤见诬妄。
87	《难经》（《黄帝八十一难经》）2卷，周秦越人撰	恽铁樵《铁樵函授学校开学演辞》：是不通医生拾汉人吐余，托名伪撰之书。
		黄云眉《古今伪书考补正》：《难经》又在唐王冰后。张守节《史记正义》所引为《八十一难》，本非今之《难经》。今之《素问》盖好事医生冒《八十一难》之目，杂撮《灵》《素》，益以荒谬之语而成，此不通之怪书耳。廖平欲证《难经》之伪，故攻《史记正义》所引为不足据，不知《难经》之伪，固不待攻《正义》而始明也。
88	《伤寒论》10卷，汉张仲景撰，晋王叔和编，金成无己注	章太炎《伤寒论单论本题辞》：清世所传，惟成无己《注本》，而《伤寒论》单论本则清修《四库》时，已不可见。安政三年，日本丹波元坚据日本枫山秘府本重摹之，由是复行于中土。是本之出，非论古方技者之幸欤？是天之未绝民命也。
		顾实《重考古今伪书考》：自明以来，方有执、喻昌诸家，又横以王叔和所编为失次，任意改动，以求仲景之原本，则诬妄弥甚矣。
		张心澂《伪书通考》：王叔和之名，世所不知。据章太炎《菿汉微言》可知，高平王熙即高平王叔和也。
89	《金匮要略论注》24卷，汉张机撰，晋王叔和集	顾实《重考〈古今伪书考〉》：依据《隋书·经籍志》及新旧《唐书》中著录情况，认为《伤寒论》十卷为单论本，而五卷即《金匮玉函》，合起来刚好十五卷，与《隋书·经籍志》所说相符。并且《外太秘要》引用时又称《金匮玉函方》，说明两书异名同实。又从晁公武和林亿等人对此书校定过程的记录中，判断此书今之传者，是残缺不全的本子，并不是姚氏所说的伪托本。
90	《疮疡经验全书》13卷，旧本题宋窦汉卿撰	张心澂《伪书通考》：窦汉卿为元人。若按是说，原题作者的时代也有伪了。

91	《尸子》20卷，周鲁尸佼撰	梁启超《〈汉书·艺文志·诸子略〉考释》：今所存佚文，多中正和平，颇类儒家言。彦和（刘勰）所谓"总兼杂术"则有之，子政（刘向）所谓"不循孔氏"则未之见。使佼果为商鞅师，则其道术与鞅太不类矣。盖原书在东汉已佚其大部分，而魏晋间人依托补撰。勰所见本未必即向所见本，而《群书治要》及他书所征引，则皆魏黄初以后本也。（盖依托补撰）（前代已经亡佚大部分）
		张西堂《尸子考证》：……恐真尸佼之书已亡，唐宋所见之本，或为后人伪造者。现通行之《尸子》非佼所著……或至少又有后人依托之部与在内。
		吕思勉《经子解题》：此书虽阙佚特甚，然确为先秦古籍，殊为可贵。
		孙次舟《再平〈古史辨〉第4册·论〈尸子〉的真伪》：足见东汉之季，尸佼原书已佚，而儒士伪造之书已大行。《隋志》云九篇亡者，已为东汉之伪书；所续者，又伪中之伪矣。
		金德建《古籍丛考》：《新旧唐书》所记二十卷，就是《隋志》后李贤所见真伪相杂之本。而此本的亡佚，大概在宋末。《汉志》以前的《尸子》是否真本，仍有疑问。
92	《於陵子》，1卷，旧题周齐陈仲撰	刘汝霖《周秦诸子考》：现在通行的《於陵子》虽题名陈仲，其实是姚士粦伪撰，里面的事迹，大都不可靠。
		钱穆《先秦诸子系年》：《於陵子》乃伪书，更不足据。
		顾实《重考古今伪书考》：伪书。
		黄云眉《古今伪书考补正》：伪书。
93	《鬼谷子》1卷，周鬼谷子撰	黄云眉《古今伪书考补正》：详考书中《揣篇》《摩篇》，以为《鬼谷子》伪作之铁证。
		顾实《重考古今伪书考》：《鬼谷子》十四篇本当在《汉书·艺文志》著录之《苏子》三十一篇中，盖《苏子》为总名，而《鬼谷子》其别目也。《鬼谷子》正有《揣摩篇》《阴符篇》，明是苏秦自道其所得，而为重要之部分。故后世《苏子》书亡，而《鬼谷子》犹以别行以存也。
94	《吕氏春秋》26卷，旧本题秦吕不韦撰	梁启超《〈汉书·艺文志·诸子略〉考释》：此书经二千年，无残缺，无窜乱，且有高诱之佳注，实古书中之最完好而易读者。此书于孔、曾、庄、墨之言，伊尹、列子之书，无不采辑，反映了当时秦一统天下的共同愿望，保存了先秦各家学派各种不同的思想和学说。
		张心澂《伪书通考》：认为此书篇目次序或有颠错，其言，此书于《史记》之《吕不韦传》《十二诸侯年表》中，皆作"《八览》《六论》《十二纪》"，则原书应是《八览》在前，《十二纪》在后，《意序》在全书之末，此与《淮南子》中《要略》一篇列于书末正同。又言：《八览》《六论》中有不韦死后事……为不韦之宾客或后人所窜入，未必《八览》《六论》全部为不韦死后，司马迁以前所附加也。
		［日］内藤虎次郎《尚书编次考》：据《八览》《六论》中有吕不韦死后事，以证《八览》《六论》本加于《十二纪》之后，但司马迁前，书已发生变化，故《史记》中列以《八览》《六论》在前，而《十二纪》在后之次序。

95	《刘子新论》,10卷,梁刘勰撰	顾实《重考古今伪书考》:至名曰《新论》,当出程荣、何镗辈误改从桓谭之书名,非其实也。
96	《燕丹子》3卷,不著撰人名氏	罗根泽《诸子考索》:以南朝梁庾仲容《子抄》载有《燕丹子》三卷为据,断为成书于萧齐之世。
		张心澂《古今伪书考》:此书《隋志》始著录,唐时始见引用,当系隋牛宏购书时,人咄古书顾事增损之以献。至宋后覆亡。而明初所存者,又系后人杂缀者也。
97	《汉杂事秘辛》1卷,不著撰人名氏	梁启超《古书真伪及其年代》:此书疑即晚明时杨慎用修所作。杨老先生文章很好,手脚有点不干净,喜欢造假。若相信这部书是汉人作品,因而断定缠脚起自汉朝,不起自五代,岂非笑话?
		张心澂《伪书通考》:此书来历不明,当是杨氏伪造。
98	《涑水记闻》(又名《司马温公记闻》)16卷,宋司马光撰	梁启超《古书真伪及其年代》:《涑水记闻》向称宋时司马光作,原书虽是真的,许是未定稿。后代的人以为司马光名声大,易于欺世骇俗,于是抽些出来,加些进去,以为攻击造谣的工具。其中对王安石造谣特别多,攻击的特别厉害。现存的《涑水记闻》攻击阴私之处颇多,司马光与王安石政见虽不合,最少他的人格不会攻击人的隐私,这是我们可以担保的。
99	《幸存录》不分卷,原题明夏允彝撰	梁启超《古书真伪及其年代》:夏是东林党人,人格及其高尚,我们看他不会作《幸存录》那种作品。书中一面骂魏忠贤,一面骂东林党。造伪手段很好,使人看去觉得公道,忠贤固非,东林亦未必是,还是自家人出来说公道话。黄宗羲曾讲过,《幸存录》真是不幸存录,并且说原书非夏允彝作,夏不会说那种话。
100	《甘石星经》1卷,汉甘公、石申撰	顾实《重考古今伪书考》:后人采晋、隋二《志》之文成之,词意浅近,必非古书。故《汉书·天文志注》《易·乾凿度郑注》引《星经》,今本皆无之。是知刘宣卿所见之《星经》尚是真古书,未审失于何时,而今本《星经》当属北宋人所伪托。
101	《周髀算经》,旧题周公撰	钱宝琮《周髀算经考》:《周髀》非周公遗书,不待证而自明。似撰于西汉。
		黄云眉《古今伪书考补正》:此书不必论真伪,此书即为西汉人所撰。
		张心澂《伪书通考》:《周髀算经》命名之义,应由髀字研究。既称《周髀》,当与周有关,可能周代所传古算资料,经后人整理增益,如《本草》之类,不能确定撰者主名。此书实为我国最早之数学书流传至今世者,无论撰者为谁,实可珍贵之先民文化遗产也。
102	《笔髓论》1卷,旧题唐虞世南撰	余绍宋《书画书录解题》:该书系假托虞世南。
103	《後画录》1卷,唐释彦悰撰	余绍宋《书画书录解题》:余氏以卷中二十六人与张彦远《历代名画记》所引彦悰诸条细校,发现除末一条"李凑"为作伪者妄增外,余俱有之,仅字句稍有出入。而《历代名画记》于郑法轮、刘乌两传尚有引彦悰此书之文,今本却无之,即可知彦悰原书久已亡佚,今本乃作伪者掇拾《历代名画记》所引而成。

104	《画学秘诀》（别名《山水诀》）1卷，旧本题唐王维撰	余绍宋《书画书录解题》：疑为南宋画院之流所为。明焦竑《国史经籍志》始著於录，盖近代依托也。
105	《赵氏家法笔记》1卷，原著人不详	余绍宋《书画书录解题》：是书内容全系抄昔人论画之书。如"画诀"、"山水训"，抄袭郭熙《林泉高致》；"画家十二忌"，抄袭饶自然《绘宗十二忌》；"六法"、"六长"等条，杂抄《古画品》《五代名画补遗》；另抄摘多处托名王维、李成、荆浩诸伪书。可见其为伪书已不待言。余氏以为该书系明书坊广招徕计而伪之。
106	《管夫人墨竹谱》1卷，旧题元管道升撰	余绍宋《书画书录解题》：是编即剿录李衎《墨竹谱》一篇，伪托于管夫人以欺人者。
107	《玉函山房辑佚书》，题清马国翰编辑	张心澂《伪书通考》：此书或为马国翰编辑，不是盗窃章宗源的：我看皇华馆和湘远堂两种刊本的《玉函山房辑佚书》，没有找着各序内称"家实斋"的，倒找到不是章宗源而是马国翰编辑的证据。……马国翰可能得着张宗源的《经部》《子部》，或他已用过的资料，加入自己平日所得的资料内，而辑成此书，他死时还未曾整编完竣，但不是完全盗窃宗源的，因其中有采用到宗源的资料，所以有盗窃的嫌疑。
108	《曹子建集》（《曹子建集》《陈思王集》）10卷，魏曹植撰	张心澂《伪书通考》：根据《乐府诗集》《文选》以及李善注引，证明《君子行》乃古辞，非曹植作。
109	《心史》七卷，旧本题宋郑思肖撰	马叙伦《读书小记》：不伪。
		郑振铎《跋〈心史〉》：不伪。
110	《诗格》1卷，三国魏曹丕撰	罗根泽《中国文学批评史》：考《文镜秘府论》，未引及此书，知伪托的时代，大概在遍照金刚以后，书中的八病条乎夫下引及梅圣俞，知伪托的时代，显然在伪托的《续金针诗格》之后。但八病条所述即沈约所立八病，见于《秘府论》西卷的文二十八种病。八对条所述为：正名、隔句、双声、叠韵、连绵、异类、回文、双拟八对，见于《秘府论》东卷的文二十种对。还有六志条，亦于《秘府论》地卷的六志类，大致从同。
111	《二南密旨》1卷，旧本题唐贾岛撰	罗根泽《诸子考索》：因此，如没有别的证据，只据陈氏《直斋书录解题》断为"伪本之重僇"是很危险的。所以作者虽不是贾岛，但大概出于五代前后，决不是"伪本之重僇"。
112	《文苑诗格》1卷，旧题白居易撰	罗根泽《诸子考索》：该书是欧阳修诗文革新运动以后，留恋旧窠臼之徒的伪作。

附录三 《古今伪书考》订补条列

	姚际恒《古今伪书考》	顾实《重考古今伪书考》	黄云眉《古今伪书考补正》
经部	第一卷经部（21 种）	经类	
《易传》	伪	不伪	伪
《关朗易传》	伪	伪	伪
《焦氏易林》	伪	不伪	伪
《古文尚书》	伪	伪	未补
《古三坟书》	伪	伪	未补
《子贡诗传》	伪	伪	伪
《周礼》	伪	不伪	伪（春秋以后书，有人总其成）
《大戴礼》	伪	不伪	伪
《孝经》	伪	不伪	伪（汉儒作）
《忠经》	伪（称汉马融作，则伪）	不伪	不伪，唐马融作，非汉马融
《孔子家语》	伪	伪	伪
《小尔雅》	伪	不伪	或即《汉志》之书，然必为王肃变乱
《家礼仪节》	伪	未论定	未补
《子夏易传》	伪	不伪	伪
《麻衣正易心法》	伪	伪	未补
《易乾凿度》	伪	不伪	未补
《尚书孔氏传》	伪	伪	未补
《诗序》	伪，是非伪书，而实亦同于伪书也	不伪	伪（大小序皆与卫宏无关，其余不足信）
《申培诗说》	伪，兼论《鲁诗世学》《石经大学》之伪	伪	伪，《石经大学》亦伪

续表

	姚际恒 《古今伪书考》	顾实 《重考古今伪书考》	黄云眉 《古今伪书考补正》
史部	第二卷史部（20 种）	史类	
《竹书纪年》	伪，兼论《竹书纪年沈约注》	伪	今本为明人抄合
《汲冢周书》	伪，（汉后人作）又名《逸周书》，兼论《周书孔晁注》	不伪	真伪杂糅
《穆天子传》	伪，系汉后人作，兼论《穆天子传郭璞注》 又兼论《师春》（姚际恒注："不存，宋时本即与杜预所引不同"）	不伪	非古本，亦非汉后人作
《晋史乘》	伪	不伪	非伪，系补阙
《楚梼杌》	伪	不伪	非伪，系补阙
《汉武故事》	伪	伪	伪，今本非王俭旧书
《飞燕外传》	伪，兼论《汉杂事秘辛》《焚椒录》之伪	伪	伪
《西京杂记》	伪	伪	伪，出隋唐间
《天禄阁外史》	伪	伪	未补
《元经》	伪	伪	伪
《十六国春秋》	伪	伪	伪
《隆平集》	伪	伪	伪
《致身录》	伪，兼论《从亡日记》	待考	伪
	第三卷子类（40 种）	第三卷：子类	
《鬻子》	伪	不伪	伪
《关尹子》	伪	伪	伪
《子华子》	伪	伪	伪
《亢仓子》	伪（王世元伪作）	不伪	伪，今本非王本
《晏子春秋》	伪	不伪	伪
《鬼谷子》	伪	不伪	伪
《尹文子》	伪	伪	伪，今本或为陈隋人伪托
《公孙龙子》	伪	不伪	伪，后人研究名学者附会《庄》《列》《墨》
《商子》	伪	不伪	伪，汉人伪作

	姚际恒《古今伪书考》	顾实《重考古今伪书考》	黄云眉《古今伪书考补正》
《鹖冠子》	伪	不伪	伪，非刘勰所见
《慎子》	伪	不伪	伪，慎懋赏本亦伪
《於陵子》	伪，兼论《心史》，非伪	伪	伪
《孔丛子》	伪	伪	伪
《文中子》（《中说》）	伪	伪	不伪，乃谬书
《六韬》	伪	不伪	伪
《司马法》	伪	不伪	伪
《吴子》	伪	不伪	伪
《黄石公三略》	伪	不伪	伪
《尉缭子》	伪	不伪	伪
《李卫公问对》	伪	伪	伪，阮逸伪托
《素书》	伪	伪	伪
《心书》	伪	伪	未补
《风后握奇经》	伪	伪	伪，唐以后伪托
《周髀算经》	伪	不伪	伪，作于西汉
《石申星经》	伪	伪	伪，采晋隋二志而成
《拨沙经》	伪	未论定	未补
《续葬书》	伪	未论定	未补
《黄帝素问》	伪，兼论《黄帝内经》	不伪	伪，杂采诸子伪书而成
《灵枢经》	伪	不伪	伪，唐王氏撰
《神农本草》	伪	不伪	伪，汉自宋代有增补，内容可供研究
《秦越人难经》	伪	伪	伪，好事医生杂采《灵枢》《素问》而成
《脉诀》	伪	伪	伪，宋代庸医伪托
《神异经》	伪	伪	伪，六朝人伪作
《十洲记》	伪	伪	伪
《列仙传》	伪	伪	伪，出魏晋间
《洞冥记》	伪	伪	伪

续表

	姚际恒《古今伪书考》	顾实《重考古今伪书考》	黄云眉《古今伪书考补正》
《博物志》	伪	不伪	伪，好事者杂取诸书引文，又掺和他书而成
《杜律虞注》	伪	未论定	伪
	以上总计 81 种。除《心史》均伪		
	第四卷	第四卷	
	有真书杂以者 8 种		
《三礼考注》	吴澄作，多所增益	伪	伪，庸妄者伪托
《文子》	真书杂伪	伪	伪
《庄子》	《盗跖》《渔父》《让王》《说剑》非庄子作	不伪	内七篇可信，外杂篇不可信
《管子》	战国周末之人羼入	不伪	数家学说杂糅，书可取
《列子》	战国时书，汉明帝以后人增益	伪	伪，魏晋以来伪作
《贾谊新书》	绝非贾谊原书	不伪	非贾谊原书
《伤寒论》	驳杂不伦	不伪	单论本传于今者不伪
《金匮玉函经》	姚际恒明确指出是后人伪托，却将其归入"真书杂以伪"	不伪	非伪，今本为《要略》
	有本非伪书而后人妄托其人之名者，6 种		
《尔雅》	本非伪书而托于汉世	不伪	小学家先后缀辑而成，不知何人何时
《韵书》	秦汉间人作，非大禹、益作	不伪	未补
《山海经》	本非伪书而后人托名	不伪	不伪，始于秦汉，后人又增益
《水经》	非桑钦作，不知何人	不伪	不伪，非一人一时
《阴符经》	寇谦作，非黄帝	伪	伪，唐李筌伪作
《越绝书》	东汉袁康、吴平同作，非子贡或子胥	不伪	东汉袁康、吴平同作，但二人未必同时同邑
	有两人共此一书名，今本不知为何人所作者，1 种		
《吴越春秋》	赵晔、杨方未定	不伪	今传乃杨方书
	有书非伪而书名伪者，2 种		

续表

	姚际恒 《古今伪书考》	顾实 《重考古今伪书考》	黄云眉 《古今伪书考补正》
《春秋繁露》	董仲舒作，书名疑伪	不伪	伪，书亦伪
《东坡志林》	有书非而书名者	不伪	未补
	有未足定其著书之人者，4 种		
《国语》	著书之人待考	不伪	今本为《左传》残本，刘歆补缀
《刘子新论》	刘昼、刘勰、刘歆、刘孝标未定	不伪	非刘昼、刘勰、刘歆、刘孝标，不知何人
《孙子》	著书之人待考	不伪	非孙子书，但书可取
《化书》	宋齐邱撰；或谭峭撰，齐邱夺之	不伪	谭峭作，齐邱又有伪窜
	以上经、史、子三部合计 102 种		

附录四 《先秦诸子系年》辨伪辑录

序号	篇名	辨伪语
1	《孔子家语》	《家语》为王肃伪书，其言非可徵信。《孔丛》亦伪托。《孔丛》《家语》，其可信之价值，犹在《庄子》下也。（卷1《四、孔子与南宫敬叔适周问礼老子辨》）
2	《孙子》	《史记·孙吴列传》有孙武为吴将兵。《汉书·艺文志》有《吴孙子兵法》八十二篇，而本传则称十三篇。然其人与书，盖皆出后人伪托。水心（笔者按，叶适）疑吴原未尝有此人，而其事其书，皆纵横家之所伪为者，可以补《七略》之遗，破千古之惑。《孙子》十三篇，洵非春秋时代。其人则自齐之孙膑而误。（卷1《七、孙武辨》）
3	《论语孔注》	《伪孔注论语》谓："弗扰为季氏宰，与阳虎共执季桓子而召孔子"，阳虎执季桓子在定公五年，此以弗扰召孔子亦在定公五年也。（卷1《一〇、公山弗扰以费畔召孔子考》）
4	《邓析子》	《汉·艺文志》名家有《邓析》二篇，则《邓析书》乃战国晚世桓团辨者之徒所伪托。邓析实仅有《竹刑》，未尝别自著书也。今传《邓析子》，复非战国晚世之真也。（卷1《一一、邓析考》） 《邓析子》伪书，故亦称引之。（卷4《一六三、诸子擥逸》）
5	《尚书孔传》	《孔传》虽伪，自是古训。（卷1《二六、孔鲤颜回卒年考》）
6	《孔丛子》	墨子《非儒篇》云："漆雕形残"，《孔丛子》作"漆雕开形残"，则知《韩非》漆雕之为漆雕开也。《孔丛》伪托不足据。又曰：《韩非·显学》漆雕之儒，亦非漆雕开明甚。今按：《孔丛》固不可尽据，然非别有确证，亦何以此漆雕之决不为开乎？（卷1《二九、孔子弟子通考》）
7	《西京杂记》	余意《西京杂记》乃晚出伪书，未可尽据。（卷1《二九、孔子弟子通考》）
8	《范子》	《汉志·范蠡》二篇，殆亦出后人假托也。（卷1《三四、计然乃范蠡著书篇名非人名辨》）
9	《今本伪纪年》	《今本伪纪年》，越灭郯在周威烈王十二年，上距周贞定王四年勾践卒，凡五十一年，是也。（卷2《四九、越灭郯乃晋烈公三年非四年六年辨》）
10	《庄子》之《说剑篇》《胠箧篇》	《胠箧》为晚周伪品。（卷2《五二、田齐为十二世非十世辨》） 昔人均断《说剑》为伪篇不足信，然未能详考其年者，余故为论定如此。（卷4《一四五、庄子见赵惠文王论剑乃庄辛非庄周辨》）

序号	篇名	辨伪语
11	《中庸》	然《中庸》伪书出秦世，则前说尤不足信。［卷2《五八、子思生年考（附颜般、王慎、长息）》］
12	《列子》	然今《列子》书既出后人缀拾。（如其书中言魏牟，孔穿，邹衍，皆出列子后）向《叙》不在《七略》《别录》，后人自得伪为，无足深论。［卷2《五九、列御寇考（附南郭子綦）》］ 然观《列子》文，乃似禽子辈行转后。伪书晚出，不可尽据。（卷2《六二、墨子弟子通考》） 后人疑《列子》为张湛伪书，然如此条陈义精卓，盖得之古籍，或即四篇之遗，非湛所能伪。（卷4《一四六、魏牟考》）
13	《墨子》	《墨经》尤晚出，当在墨学二三传以后。其书皆有条贯，不自为称说，疑当时墨子门徒，并不自著书。随巢、胡非，殆出后世假托。（卷2《六二、墨子弟子通考》）
14	《老子》	今不得已而必为《老子》五千言寻其作者，则詹何或庶其近之。（卷2《七二、老子杂辨》）
15	《老子河上公注》	至梁时河上丈人《注》，又系后世假托，非真战国时书。不然，《汉志》何未著录？（卷2《七二、老子杂辨》）
16	《关尹子》	《汉志》所载（《关尹子》），或出汉初人依托，今本则为唐宋间物。（卷2《七二、老子杂辨》之《环渊即关尹》）
17	《文子》	今《文子》书皆袭《淮南》，并采《庄子》，则其书最先当出汉世，犹在马迁后。不知尚为《七略》旧本否？班氏《注宋子》云："其言黄老意"，宋钘、尹文并称，汉人以宋钘为黄老，故伪为《尹文》书者，亦引老子为言，而以尹文为其弟子。班氏本其书为说，故云既为老子弟子，则与孔子同时，而称周平王，乃伪托。非别有据，而真谓是老子弟子也。至名家别有《尹文子》一篇，则如道家既有涓子，复有《关尹子》，汉代伪书诵说不少，不得以汉时有二书，即证先代有两人也。（尹文在齐宣王时，下及湣王，其年代与詹何、环渊略相当，惟谓其师詹何，则亦无证）（卷2《七三、老子杂辨》之《十五、老子弟子文子乃尹文之误》）
18	《子华子》	《子华子》，或是秦前原有其书。《汉志》无著录，则刘向时书已亡。今本系宋人伪作，谓子华子即程本，亦非是。（卷3《八九、子华子考》）
19	《鬼谷子》	今《汉志》亦无《鬼谷子》，疑后之伪《鬼谷》书者，本《史记》而成《揣摩》之篇，非《史记》袭《鬼谷》而缀揣摩之字也。 按，裴骃曰：《风俗通义》，鬼谷先生六国时纵横家。此或可确有其人，或亦策士伪饰。要之其书既伪，其人又无他事迹言行可考，则置之不论不议之列可也。 《鬼谷子》则犹为东汉后晚出伪书。（卷3《九五、苏秦考》［附］《鬼谷子辨》）
20	《尹文子》	《汉志·尹文子》一篇，在名家。今《道藏》本序曰："尹文子者，盖出周之尹氏"云云，《序》出伪托，《伪序》自有据。（卷3《一二四、尹文考》）

序号	篇名	辨伪语
21	《慎子》	慎子虽战国一显士，然其事迹流传者少，已难详定。明人慎懋赏伪为《慎子》书，缀其事若较备，然均不足信，兹再略辨如次。（卷4《一三七、慎到考》）
22	《左传》	清儒自武进刘逢禄为《左氏春秋考证》，及康有为承其说而益肆，乃谓《左传》为汉刘歆析《国语》伪造，崔适和之，近人颇多信者。实则其说无据，可以破之者非一端。（卷4《一四七、虞卿著书考》[附]《国语采及铎氏虞氏钞撮考》）
23	《於陵子》	《於陵子》乃伪书，更不足据。（卷4《一五〇、陈仲考》）
24	《鹖冠子》	《汉志》道家《鹖冠子》一篇，班云："楚人，居深山，以鹖为冠。"今按《鹖冠》书《世兵篇》多同贾谊《鹏赋》，显出后人剿袭。（卷4《一五八、鹖冠子辨》） 《鹖冠》伪书，固不足据。（卷4《一五七、庞煖剧辛考》）

参考文献

一 古籍文献

[1] （汉）班固：《汉书》，中华书局 1962 年版。

[2] （汉）司马迁：《史记》，中华书局 1959 年版。

[3] （明）胡应麟：《四部正讹》（顾颉刚点校），朴社 1933 年版。

[4] （明）宋濂：《诸子辨》（顾颉刚标点），朴社 1928 年版。

[5] （清）崔适：《春秋复始》，北京大学 1918 年铅字排印版。

[6] （清）崔述：《崔东壁遗书》，上海古籍出版社 1983 年版。

[7] （清）国史馆修：《清国史》，中华书局 1993 年影印本。

[8] （清）纪昀等纂：《钦定四库全书总目》（《四库全书研究所》整理），
中华书局 1997 年版。

[9] （清）康有为：《新学伪经考》，三联书店 1998 年版。

[10] （清）刘逢禄：《左氏春秋考证》（顾颉刚校点），载顾颉刚主编
《古籍考辨丛刊》第 1 辑，中华书局 1955 年影印本。

[11] （清）陶元藻辑：《全浙诗话》，上海古籍出版社 2002 年续四库本，
第 1703 册。

[12] （清）姚际恒：《古今伪书考》（顾颉刚等点校），朴社 1933 年版。

[13] （清）姚鼐：《惜抱轩全集·文集》，中国书店 1991 年版。

[14] （清）张廷玉等：《明史》，中华书局 1974 年版。

[15] （宋）黄震：《黄氏日抄》，台湾商务印书馆 1986 年影印文渊阁四库
全书本，第 707 册。

[16] （宋）黎靖德编：《朱子语类》（王星贤点校），中华书局 1986 年版。

[17] （宋）欧阳修、宋祁：《新唐书》，中华书局 1975 年版。

［18］（宋）叶适：《习学记言》，中华书局 1977 年版。

［19］（宋）朱熹：《晦庵先生朱文公文集》（刘永翔、朱幼文点校），上海古籍出版社 2002 年版。

［20］（唐）柳宗元：《柳河东集注》，台湾商务印书馆 1986 年影印文渊阁四库全书本，第 1076 册。

［21］（周）左丘明传、（晋）杜预注、（唐）孔颖达正义：《春秋左传正义》（浦卫忠等整理），北京大学出版社 1999 年版。

二　今人著作

［1］白寿彝：《白寿彝史学论集》，北京师范大学出版社 1994 年版。

［2］白寿彝：《中国史学史教本》，北京师范大学出版社 2000 年版。

［3］白寿彝：《中国史学史论集》，中华书局 1999 年版。

［4］北京大学传统文化研究中心编：《国学研究》第 7 卷，北京大学出版社 2000 年版。

［5］北京大学中国古文献研究中心编：《北京大学中国古文献研究中心集刊》（2），北京燕山出版社 2001 年版。

［6］曾欢：《西方科学主义思潮的历史轨迹》，世界知识出版社 2009 年版。

［7］陈独秀：《独秀文存》，安徽人民出版社 1987 年版。

［8］陈鼓应主编：《道家文化研究》第 2 辑，上海古籍出版社 1992 年版。

［9］陈鼓应主编：《道家文化研究》第 17 辑，三联书店 1999 年版。

［10］陈其泰、张京华主编：《古史辨学说评价讨论集》，京华出版社 2001 年版。

［11］陈其泰：《史学与民族精神》，学苑出版社 1999 年版。

［12］杜泽逊：《文献学概要》（修订本），中华书局 2008 年版。

［13］冯友兰：《三松堂全集》卷 2，《中国哲学史》，河南人民出版社 2001 年版。

［14］傅斯年：《出入史门》，浙江人民出版社 1998 年版。

［15］傅斯年：《傅斯年选集》，天津人民出版社 1996 年版。

［16］顾潮、顾洪：《顾颉刚评传》，百花洲文艺出版社 1995 年版。

［17］顾潮：《顾颉刚年谱》（增订本），中华书局 2011 年版。

［18］顾潮：《历劫终教志不灰——我的父亲顾颉刚》，华东师范大学出版

社 1997 年版。

［19］顾洪编：《顾颉刚学术文化随笔》，中国青年出版社 1998 年版。

［20］顾颉刚：《当代中国史学》，上海古籍出版社 2006 年版。

［21］顾颉刚：《顾颉刚读书笔记》，中华书局 2011 年版。

［22］顾颉刚：《秦汉的方士与儒生》，世纪图书出版集团、上海古籍出版社 2005 年版。

［23］顾颉刚：《我与〈古史辨〉》，上海文艺出版社 2001 年版。

［24］顾颉刚：《中国上古史研究讲义》，中华书局 2009 年版。

［25］顾颉刚编著：《古史辨》第 1 册，海南出版社 2005 年版。

［26］顾颉刚编著：《古史辨》第 2 册，海南出版社 2005 年版。

［27］顾颉刚编著：《古史辨》第 3 册，海南出版社 2005 年版。

［28］顾颉刚编著：《古史辨》第 5 册，海南出版社 2005 年版。

［29］顾颉刚讲授，刘起釪笔记：《春秋三传及国语之综合研究》，巴蜀书社 1988 年版。

［30］顾颉刚主编：《古籍考辨丛刊》第 1 辑，1955 年中华书局影印本。

［31］顾颉刚著，何启君整理：《中国史学入门》，北京出版社 2002 年版。

［32］顾颉刚著，王煦华编：《古史辨伪与现代史学·顾颉刚集》，上海文艺出版社 1998 年版。

［33］顾实：《汉书艺文志讲疏》，上海古籍出版社 1987 年版。

［34］郭沫若：《沫若文集》，人民文学出版社 1962 年版。

［35］郭沫若：《十批判书》，东方出版社 1996 年版。

［36］郭沫若：《中国古代社会研究（外二种）》（上），河北教育出版社 2000 年版。

［37］郭沫若：《中国史稿》第 2 册，人民文学出版社 1979 年版。

［38］郭沫若著作编辑出版委员会编：《郭沫若全集》，人民出版社 1982 年版。

［39］国务院学位委员会办公室编：《中国社会科学家自述》，上海教育出版社 1997 年版。

［40］胡适：《胡适全集》（郑大华整理），安徽教育出版社 2003 年版。

［41］胡适：《胡适文存》，黄山书社 1996 年版。

［42］胡适：《淮南王书》，商务印书馆 1934 年版。

［43］胡适：《疑古与开新——胡适文选》，远东出版社 1995 年版。

［44］胡适：《中国哲学史大纲》，河北教育出版社 2001 年版。

［45］翦伯赞：《史料与史学》（增订本），北京出版社 2004 年版。

［46］江侠庵编译：《先秦经籍考》，上海商务印书馆 1931 年版。

［47］姜义华主编：《胡适学术文集·中国哲学史》（上册），中华书局 1991 年版。

［48］李大钊：《李大钊选集》，人民出版社 1959 年版。

［49］李济：《安阳》，商务印书馆 2011 年版。

［50］李丽：《科学主义在中国》，人民出版社 2012 年版。

［51］李零：《李零自选集》，广西师范大学出版社 1998 年版。

［52］李平心：《李平心史论集》，人民出版社 1983 年版。

［53］李学勤：《李学勤学术文化随笔》，中国青年出版社 1999 年版。

［54］李学勤：《夏商周年代学札记》，辽宁大学出版社 1999 年版。

［55］李学勤：《重写学术史》，河北教育出版社 2002 年版。

［56］李学勤：《走出疑古时代》（修订本），辽宁教育出版社 1997 年版。

［57］李泽厚：《中国现代思想史论》，东方出版社 1987 年版。

［58］梁启超：《〈汉书·艺文志·诸子略〉考释》（《饮冰室专集》八十四），中华书局 1989 年版。

［59］梁启超：《〈汉志诸子略〉各书存佚真伪表》（《饮冰室专集》八十五），中华书局 1989 年版。

［60］梁启超：《古书真伪及其年代》（《饮冰室专集》一百四），中华书局 1989 年版。

［61］梁启超：《管子传》（《饮冰室专集》二十八），中华书局 1989 年版。

［62］梁启超：《墨子学案》（《饮冰室专集》三十九），中华书局 1989 年版。

［63］梁启超：《评胡适之〈中国哲学史大纲〉》（《饮冰室文集》三十八），中华书局 1989 年版。

［64］梁启超：《清代学术概论》，世纪出版集团、上海古籍出版社 2005 年版。

［65］梁启超：《西学书目表后序》（《饮冰室文集》之一），中华书局 1989 年版。

［66］梁启超：《要籍解题及其读法》（《饮冰室专集》七十二），中华书局 1989 年版。

［67］梁启超：《中国近三百年学术史》（新校本），商务印书馆 2011年版。

［68］梁启超：《中国历史研究法》（《饮冰室专集》七十三），中华书局 1989 年版。

［69］刘梦溪主编：《中国现代学术经典·顾颉刚卷》，河北教育出版社 1996 年版。

［70］刘起釪：《古史续辨》，中国社会科学出版社 1991 年版。

［71］刘汝霖：《汉晋学术编年》，华东师范大学出版社 2010 年版。

［72］刘汝霖：《周秦诸子考》，文化学社 1929 年版。

［73］刘师培：《刘申叔遗书》，凤凰出版社版 1997 年。

［74］柳曾符、柳定生选编：《柳诒徵史学论文续集》，上海古籍出版社 1991 年版。

［75］鲁迅：《鲁迅全集》，人民文学出版社 2005 年版。

［76］罗根泽：《诸子考索》，人民出版社 1958 年版。

［77］罗根泽编著：《古史辨》第 4 册，海南出版社 2005 年版。

［78］罗根泽编著：《古史辨》第 6 册，海南出版社 2005 年版。

［79］吕思勉、童书业编著：《古史辨》第 7 册，海南出版社 2005 年版。

［80］马王堆汉墓帛书整理小组编：《经法——马王堆汉墓帛书》，文物出版社 1976 年版。

［81］欧阳哲生：《新文化的传统：五四人物与思想研究》，广东人民出版社 2004 年版。

［82］欧阳哲生编：《胡适文集》第 9 册，北京大学出版社 1998 年版。

［83］齐思和：《中国史探研》，中华书局 1981 年版。

［84］钱穆：《八十忆双亲，师友杂忆》，北京三联书店 1998 年版。

［85］钱穆：《钱宾四先生全集》，台北联经出版事业公司 1995 年版。

［86］钱穆：《先秦诸子系年》，商务印书馆 2001 年版。

［87］钱玄同：《钱玄同日记》（北京鲁迅博物馆编），福建教育出版社 2002 年影印本。

［88］钱玄同：《钱玄同日记》（杨天石整理），北京大学出版社 2014 年版。

［89］钱玄同：《钱玄同文集》，中国人民大学出版社 1999 年版。

［90］钱玄同：《三礼通论·周礼著作时代》，南京师范大学出版社 1996

年版。

[91] 上海大学古代文明研究中心、清华大学思想文化研究所编:《上博馆藏战国楚竹书研究》,上海书店出版社 2002 年版。

[92] 邵东方:《崔述与中国学术史研究》,人民出版社 1998 年版。

[93] 司马朝军:《〈四库全书总目〉研究》,社会科学文献出版社 2004 年版。

[94] 司马朝军:《四库全书总目研究》,社会科学文献出版社 2004 年版。

[95] 苏秉琦主编:《考古学文化论集》,文物出版社 1989 年版。

[96] 孙钦善:《中国古文献学》,北京大学出版社 2006 年版。

[97] 佟大群:《清代文献辨伪学研究》,人民出版社 2012 年版。

[98] 王国维:《观堂集林(附别集)》,中华书局 1959 年版。

[99] 王国维:《王国维遗书》,上海古籍书店 1983 年版。

[100] 王国维著,傅杰编校:《王国维论学集》,中国社会科学出版社 1997 年版。

[101] 王树民:《中国史学史纲要》,中华书局 1997 年版。

[102] 王学典、孙延杰:《顾颉刚和他的弟子们》,山东画报出版社 2000 年版。

[103] 吴少珉、赵金昭主编,张京华等著:《二十世纪疑古思潮》,学苑出版社 2003 年版。

[104] 吴则虞:《晏子春秋集释》,中华书局 1982 年版。

[105] 徐复观:《〈周官〉成立之时代及其思想性格》,台湾学生书局 1980 年版。

[106] 徐国利:《钱穆史学思想研究》,台湾商务印书馆 2004 年版。

[107] 徐仁甫:《左传疏证》,四川人民出版社 1981 年版。

[108] 徐旭生:《中国古史的传说时代》(增订本),文物出版社 1985 年版。

[109] 许冠三:《新史学九十年》,香港中文大学 1986 年版。

[110] 杨伯峻:《杨伯峻学术论文集》,岳麓书社 1984 年版。

[111] 杨宽:《先秦史十讲》,复旦大学出版社 2006 年版。

[112] 杨向奎:《中国古代史论》,齐鲁书社 1983 年版。

[113] 杨向奎:《宗周社会与礼乐文明》,人民出版社 1992 年版。

[114] 杨绪敏:《中国辨伪学史》(修订版),天津人民出版社 2007 年版。

［115］姚奠中、董国炎：《章太炎学术年谱》，山西古籍出版社 1996 年版。

［116］尹达、张政烺、邓广铭、杨向奎、王煦华主编：《纪念顾颉刚学术论文集》（上册），巴蜀书社 1990 年版。

［117］尹达：《尹达史学论著选集》，人民出版社 1989 年版。

［118］尹达：《中国史学发展史》，中州古籍出版社 1985—1987 年版。

［119］印永清辑：《顾颉刚书话》，浙江人民出版社 1998 年版。

［120］余英时：《钱穆与中国文化》，上海远东出版社 1994 年版。

［121］袁英光、刘寅生：《王国维年谱长编》，天津人民出版社 1996 年版。

［122］张岱年：《直道而行》，大众文艺出版社 2000 年版。

［123］张光直：《考古人类学随笔》，三联书店 1999 年版。

［124］张京华等：《20 世纪疑古思潮》，学苑出版社 2003 年版。

［125］张舜徽：《广校雠略》（增订本），中华书局 1963 年版。

［126］张舜徽：《汉书艺文志通释》，湖北教育出版社 1990 年版。

［127］张心澂：《伪书通考》（修订本），商务印书馆 1957 年版。

［128］张心澂：《伪书通考》，商务印书馆 1954 年版。

［129］张学书：《中国现代史学思潮研究》，湖南教育出版社 1998 年版。

［130］章炳麟著，汤志钧编：《章太炎政论选集》，中华书局 1977 年版。

［131］章太炎、刘师培撰：《中国近三百年学术史论》，上海古籍出版社 2006 年版。

［132］章太炎：《章炳麟论学集》（吴承仕藏，启功等标点），北京师范大学出版社 1982 年版。

［133］章太炎：《诸子学略说》，广西师范大学出版社 2010 年版。

［134］章太炎著，上海人民出版社编：《章太炎全集》，上海人民出版社 1986 年版

［135］郑良树：《续伪书通考》，台湾学生书局 1984 年版。

［136］郑良树：《诸子著作年代考》，北京图书馆出版社 2001 年版。

［137］郑良树：《竹简帛书论文集》，中华书局 1982 年版。

［138］知原：《面向大地的求索——20 世纪的中国考古学》，文物出版社 1999 年版。

［139］中国大百科全书出版社编辑部：《中国大百科全书·考古学卷》，大百科全书出版社 1986 年版。

［140］中国典籍与文化编辑部编：《中国典籍与文化论丛》（5），中华书

局 2000 年版。

[141] 中国科学社编：《科学通论》，上海书店出版社 1934 年版。

[142] 中国人民政治协商会议江苏省无锡县委员会编：《钱穆纪念文集》，上海人民出版社 1992 年版。

[143] 中国社会科学院科研局、《中国社会科学》杂志社编：《五四运动与中国文化建设》，社会科学文献出版社 1989 年版。

[144] 中华书局编辑部编：《中华学术论文集》，中华书局 1981 年版。

[145] 周予同撰，朱维铮编：《周予同经学史论著选集》，上海人民出版社 1996 年版。

[146] ［德］丹尼尔·格林：《考古学一百五十年》，黄其煦译，文物出版社 1987 年版。

[147] ［美］郭颖颐：《中国现代思想中的唯科学主义（1900—1950）》，雷颐译，凤凰出版传媒集团、江苏人民出版社 2010 年版。

[148] ［瑞典］高本汉：《左传真伪考及其他》，陆侃如译，商务印书馆 1936 年版。

三　期刊论文

[1] 曹述敬：《钱玄同先生年谱》（上），《北京师范大学学报》1982 年第 5 期。

[2] 曹述敬：《钱玄同先生年谱》（中），《北京师范大学学报》1982 年第 6 期。

[3] 曹述敬：《钱玄同先生年谱》（下），《北京师范大学学报》1983 年第 1 期。

[4] 陈福康：《也谈钱玄同的晚节》，《读书》2015 年第 4 期。

[5] 陈亚秋：《近年来〈鹖冠子〉究综述》，《学海》2002 年 3 期。

[6] 董德福：《钱玄同与胡适》，《史林》2001 年第 2 期。

[7] 杜蒸民：《郭沫若对顾颉刚和〈古史辨〉史学的科学批判》，《郭沫若学刊》2002 年第 1 期。

[8] 耿云志：《胡适传略》，《晋阳学刊》1987 年第 1 期。

[9] 巩曰国：《从"疑古"到"走出疑古时代"——〈管子轻重〉著作年代研究百年回首》，《管子学刊》2008 年第 3 期。

[10] 郭齐勇、汪学群:《钱穆学术思想探讨》,《学术月刊》1997 年第 2 期。

[11] 国家文物局古文献研究室等:《河北定县 40 号汉墓出土竹简简介》,《文物》1981 年第 8 期。

[12] 河北省文物研究所定州汉简整理小组:《定州西汉中山怀王墓竹简〈文子〉的整理和意义》,《文物》1995 年第 12 期。

[13] 河北省文物研究所定州汉简整理小组:《定州西汉中山怀王墓竹简〈六韬〉的整理及其意义》,《文物》2001 年第 5 期。

[14] 胡可先:《汉代辨伪略说》,《徐州师范学院学报(哲学社会科学版)》1994 年第 3 期。

[15] 胡念贻:《〈左传〉的真伪和写作时代问题考辨》,载中华书局编辑部编《文史》第 11 辑,中华书局 1981 年版。

[16] 胡绳:《在纪念顾颉刚诞生一百周年学术讨论会上的讲话》,《中国社会科学院研究生院学报》1993 年第 5 期。

[17] 黄觉弘:《〈左传〉成书战国说综考》,《江汉大学学报(人文科学版)》2006 年第 6 期。

[18] 黄开国:《略述刘逢禄对〈左传〉的攻毁》,《现代哲学》2007 年第 3 期。

[19] 翦伯赞:《略论搜集史料的方法》,《中华论坛》1946 年第 3 期。

[20] 江湄:《章太炎〈春秋〉学三变考论——兼论章氏"六经皆史"说的本意》,《史学史研究》2012 年第 1 期。

[21] 姜亮夫:《古籍辨伪私议——有关古籍整理研究的若干问题之四》,《学术月刊》1983 年第 6 期。

[22] 金春峰:《〈周官〉的成书时代及研究方法》,《求索》1991 年第 1 期。

[23] 来新夏:《〈别录〉和〈七略〉——〈目录学浅谈〉之二》,《图书馆工作与研究》1979 年第 3 期。

[24] 李锦全:《批判古史辨派的疑古论》,《中山大学学报》1956 年第 4 期。

[25] 李先明:《康有为载儒学近代转型路上的三个失误》,《船山学刊》2010 年第 2 期。

[26] 廖名春:《梁启超古书辨伪方法平议》,载陈明主编《原道》第 3

辑，中国广播电视出版社 1996 年版。

[27] 廖名春：《论古史辨运动兴起的思想起源》，载陈明主编《原道》第 4 辑，中国广播电视出版社 1997 年版。

[28] 廖名春：《钱穆与疑古学派》，载陈明主编《原道》第 5 辑，中国广播电视出版社 1998 年版。

[29] 廖名春：《试论冯友兰的"释古"》，载冯钟璞、蔡仲德编《冯友兰先生百年诞辰纪念文集》，清华大学出版社 1997 年版。

[30] 林艳红：《从〈伪书通考〉中考寻张心澂的辨伪学思想及贡献》，《桂林师范高等专科学校学报》（综合版）2005 年第 3 期。

[31] 林艳红：《张心澂与〈伪书通考〉》，《津图学刊》2003 年第 5 期。

[32] 刘芳：《试论民初管子研究之转向——以梁启超、胡适为中心的考察》，《船山学刊》2010 年第 1 期。

[33] 刘贵福：《黎锦熙〈钱玄同先生传〉献疑三则》，《鲁迅研究月刊》2004 年第 1 期。

[34] 刘贵福：《论钱玄同的疑古思想》，《史学理论研究》2001 年第 3 期。

[35] 刘贵福：《钱玄同思想研究》，中国社科院近代史所 2000 年博士学位论文。

[36] 刘贵福：《钱玄同与顾颉刚、傅斯年、胡适有关〈春秋〉性质的学术讨论》，《史学史研究》2013 年第 3 期。

[37] 刘贵福：《钱玄同早年经学思想述论》，《中国社会科学院研究生院学报》2002 年第 6 期。

[38] 刘巍：《〈刘向歆父子年谱〉的学术背景与初始反响》《历史研究》2001 年第 3 期。

[39] 刘巍：《从援今文义说古文经到铸古文经学为史学——对章太炎早期经学思想发展轨迹的探讨》，《近代史研究》2004 年第 3 期。

[40] 刘重来：《中国二十世纪文献辨伪学述略》，《历史研究》1999 年第 6 期。

[41] 卢毅：《关于钱玄同几封往来书信的系年考辨》，《东方论坛（青岛大学学报）》2006 年第 2 期。

[42] 卢毅：《刘歆与经古文学》，《唐都学刊》2000 年第 3 期。

[43] 卢毅：《试论钱玄同对顾颉刚的学术影响》，《东方论坛（青岛大学学报）》2006 年第 6 期。

［44］路新生：《诸子学研究与胡适的疑古辨伪学》，《华东师范大学学报》
2000 年第 4 期。

［45］罗义俊：《钱穆与顾颉刚的〈古史辨〉》，《史林》1993 年第 4 期。

［46］倪伟：《〈新青年〉时期钱玄同思想转变探因》，《杭州师范大学学报
（社会科学版）》2015 年第 4 期。

［47］欧阳哲生：《"五四"新文化人与清代学术思潮》，《开放时代》1992
年第 1 期。

［48］钱秉雄、钱三强、钱德充：《回忆我们的父亲——钱玄同》，《新文
学史料》1979 年第 3 期。

［49］钱穆：《维新与守旧——民国七十年来学术思想之简述》，《幼狮杂
志》（台湾）1980 年第 12 期。

［50］邱巍：《钱玄同家族留学日本考述》，《西北工业大学学报（社会科
学版）》2005 年第 1 期。

［51］容肇祖：《驳马非百〈关于管子轻重篇的著作年代问题〉》，《历史研
究》1958 年第 1 期。

［52］沈世培：《钱玄同与章太炎的交往》，《民国春秋》2001 年第 6 期。

［53］沈颂金：《论古史辨的评价及其相关问题——林甘泉先生访问记》，
《文史哲》2003 年第 2 期。

［54］佟大群：《论唐代的文献辨伪与官方学术——以〈孝经〉孔、郑注
真伪之辩为中心》，《陕西学前师范学院学报》2014 年第 6 期。

［55］王国强：《汉代文献辨伪的成就》，《图书馆杂志》2006 年第 8 期。

［56］王树民：《〈古史辨〉评议》，《河北师院学报》1997 年第 2 期。

［57］魏义霞：《论梁启超对康有为著作的侧重、解读和态度变化》，《周
易研究》2015 年第 4 期。

［58］邬锡非：《〈左传〉争议诸说述评》，《浙江学刊》1992 年第 1 期。

［59］吴铭能：《梁启超的古书辨伪学》，台湾师大国义研究所 1990 年硕士
论文。

［60］吴仰湘：《刘逢禄〈春秋〉学著述考》，《湖南大学学报（社会科学
版）》2012 年第 4 期。

［61］徐仁甫：《论刘歆作〈左传〉》，载中华书局编辑部编《文史》第 11
辑，中华书局 1981 年版。

［62］徐旭生：《尧、舜、禹》（上），载中华书局编辑部编《文史》第 39

辑，中华书局 1994 年版。

［63］薛绥之：《新文学运动初期的刘半农和钱玄同——〈中国现代文学史话〉之一节》，《山东师大学报（哲学社会科学版）》1985 年第2 期。

［64］杨天宇：《略述〈周礼〉的成书时代与真伪》，《郑州大学学报（社会科学版）》2000 年第 4 期。

［65］杨向奎：《"古史辨派"的学术思想批判》，《文史哲》1952 年第3 期。

［66］杨向奎：《周礼的内容分析及其著作时代》，《山东大学学报》1954年第 4 期。

［67］杨绪敏：《明清辨伪学的成立及古书辨伪之成就》，《中国社会科学院研究生院学报》1999 年第 4 期。

［68］杨绪敏：《张心澂与〈伪书通考〉》，《徐州师范大学学报》2000 年第 2 期。

［69］易竹贤：《胡适年谱 1891—1962》及《续》，《武汉大学学报（社会科学版）》1985 年第 2—3 期。

［70］张京华：《顾颉刚与考古学》，《古籍整理研究学刊》2008 年第 2 期。

［71］张京华：《论胡适"缩短""拉长"两阶段的古史观》，《江南大学学报（人文社会科学版）》2002 年第 5 期。

［72］张尚英：《疑古思潮与 20 世纪〈春秋〉学研究》，《求索》2014 年第 1 期。

［73］张书学：《傅斯年与中国现代史学的科学化》，《东岳论丛》1997 年第 6 期。

［74］郑良树：《古籍真伪考辨的过去与未来》，《文献》1990 年第 2 期。

［75］郑师渠：《"五四"后关于"新文化运动"的讨论》，《北京师范大学学报（社会科学版）》2010 年第 4 期。

［76］朱洪涛：《"胡适批判"中的顾颉刚》，《读书》2014 年第 2 期。

后　记

　　民国时期的文献辨伪绝不简单！它是一个牵涉颇广、意蕴丰富的"文化现象"，是一场影响深远、发人深思的"文化运动"，是一次试图整合古今、弥缝中西而未竟的"文化革命"，是一场思想与学术、传统与现代、继承与创新、本土与外来之间的冲突与妥协。

　　十九大以来，特别是习近平"新时代中国特色社会主义思想"提出后，如何认识民国学者的文献辨伪研究，如何评估民国时期的学术思想，如何认识这场声势浩大的"文化运动"，如何评估这场立意高远的"文化革命"，如何接续这条已然断裂的文化传统，如何在文化解构中实现文化建构，无疑具有不容忽视的学术价值和现实意义。

　　我们发现，民国学者试图破解"世纪命题"的本身，在"新时代"，又成为当下学者的"世纪命题"。这是近百年来，"文化自觉"与"文化自信"的逻辑演绎。

　　近年来，笔者一直尝试从"文献辨伪"的角度，诠释这个广为人知的命题，旨在通过梳理他们的辨伪实践，剖析他们在这场"文化运动"中的自觉和觉他。由于条件限制，许多问题未能展开，缺漏甚多，得失皆有，瑕疵互见，敬请方家不吝教正！

　　本书在吉林省社科基金项目（项目号：2013BS25）的基础上改写而成。在内容上，其与拙著《清代文献辨伪学研究》前后相继，堪称姊妹篇。在立项、撰写、修改、出版过程中，有幸得到吉林省社科院领导、老师的鼎力支持。若要一一致谢，将是长长的一份名录。我远在西安的学友黄彦震博士、中国社会科学出版社安芳老师及校读专家不厌琐屑，教正良多。

　　本书是恩师白新良教授、王俊义教授数年督导的成果。大群毕业后负箧远行，游走白山黑水之间，与先生离多聚少。二位先生年事渐高，对大群眷顾不减，并期以学术自觉、文化担当。大群不敏，蹉跎数载，学术未名，师恩有负，孝心难尽，情何以堪！

多年来，父母、妻子一直默默支持、无私奉献，为我营造了制心一处的温馨港湾。

大群凡有所进步，都是父母师长、家亲眷属、挚友知音真情加被的结果。大群无以为报，唯有不舍初心，借以文辞，为弘化利生，为文化复兴而勤勉不怠！

佟大群

2018 年 1 月 16 日于盛京念在堂